그림책 토론
100

일러두기
- 외래어 표기는 국립국어원의 원칙을 기본으로 삼되 인명이나 지명 등 통상적으로 굳어진 표현은 해당 표기를 따랐습니다.
- 본문에 등장하는 책의 출간 연도는 현재 유통되는 판본의 발행 연도를 기준으로 삼아 표기했습니다.
- 책에 소개된 활동과 그림책은 찾아보기(476쪽)에 정리해두었습니다.

그림책 토론 100

그림책사랑교사모임

지음

그림책 토론을 고민하는
선생님을 위한 활동 백과사전

학교도서관저널

여는 글

그림책 토론의 완결판

그림책 토론의 시작은 『생각이 자라는 그림책 토론 수업』(학교도서관저널, 2018)으로, 교실 현장에서 가장 많이 사용하는 12가지 토론 방법을 활용한 그림책 토론 수업 사례를 보여준 책이다. 책에 소개된 대로 따라만 해도 아이들의 생각하는 힘을 기를 수 있어서 많은 선생님에게 사랑받았다. 하지만 그림책 토론을 처음 접하는 분들에게 다소 어렵고, 그림책 선정부터 그림책 읽기, 토론 단계를 조금 더 상세하게 설명해주면 좋겠다는 판단하에 두 번째 책인 『그림책 토론』(교육과실천, 2019)을 출간했다. 그림책 토론의 기본을 다루고 있어서 그림책 토론을 시작하고자 하는 분들이 읽으면 좋은 책이다. 이렇게 두 권의 책으로 재미있으면서 학생들의 생각을 키울 수 있는 그림책 토론 수업을 진행하면서도 어딘가 아쉬움이 남았다. 그림책 토론이 교사가 그림책으로 학생들과 토론하는 것인 만큼, 그림책 작가의 생각과 의도를 반영하여 토론한다면 '교사-그림책/작가-학생 간의 3주체 토론'이 가능해지리라 생각했다. 그래서 『작가와 함께 하는 그림책 토론 수업』(학교도서관저널, 2021)을 출간했다. 작가와의 인터뷰를 통해 그림책을 깊이 이해하고 작가의 의도와 생각을 살피며 학생들과 토론하니 좀 더 깊이 있는 그림책 토론을 경험할 수 있었다.

『그림책 토론 100』은 그림책 토론의 완결판이다. 그림책 토론을 다루는 건 앞서 출간한 도서만으로도 충분하다고 생각했으나, 여전히 그림책 토론 방법을 알고 싶어 하는 분들이 많았다. 그래서 다양한 그림책 토론법이 모여 있어 백과사전처럼 필요할 때마다 찾아볼 수 있는 책을 펴내고자 했다. 그 결과 드디어 이 책을 선보인다.

그림책 토론이란?

학생들에게 토론 하면 떠오르는 단어를 말해보라고 하면 '말싸움' '찬성과 반대' '경쟁' '승자와 패자' 등을 주로 이야기한다. 상대와의 경쟁이나 싸움에서 이기는 것을 토론이라고 생각하는 것이다. 비단 학생뿐만이 아니다. 많은 선생님도 토론에 대해 학생들과 비슷한 이미지를 떠올린다. 보통 토론은 토의와의 비교를 통해서 정의 내려지곤 한다. 토의는 협력을 통한 협의가 목적인 반면, 토론은 논리적 주장을 펼쳐 상대를 설득하는 데 목적이 있다고 여겨진다. 토론은 경쟁 토론, 비경쟁 토론으로 나뉘기도 한다. 특히 예전에는 찬반 토론이 유행했지만, 최근 들어 토론이 갖고 있는 경쟁적 요소라는 단점을 극복하고자 비경쟁 토론을 많이 하고 있다.

그렇다면 그림책 토론에서 토론을 어떻게 이해해야 할까? 궁금한 것을 마음껏 묻고 자기 생각을 이야기하는 것이라고 생각하면 좋겠다. 다만 한 가지 유의할 점은 그림책 토론이 대화는 아니라는 것이다. 그림책을 읽고 단순히 대화를 나누는 것을 토론이라고 하기에는 부족하다. 토론은 기본적으로 논증적 말하기이다. 나와 다른 생각을 지닌 사람들을 설득하려면 자신의 주장을 타당한 이유와 근거를 들어서 말해야 한다. 때로는 상대 의견에 반박하고 재반박도 해야 한다. 어려운 일 같지만 꼭 그렇지만도 않다. 그림책 토론은 말 그대로 그림책을 읽고 그림책에 관한 자신의 생각을 나누는 것이다. 대화가 아닌 토론으로 말이다.

그럼에도 여전히 그림책 토론이 어렵다고 느끼는 분들이 많다. 그림책으로 다양한 활동 수업을 해왔음에도, 막상 그림책으로 아이들과 토론하려고 하면 두려움부터 들곤 한다. 따라서 『그림책 토론 100』의 경우 그림책 토론의 기초, 기본, 심화로 구성을 나누어 막막하게만 느껴졌던 그림책 토론에 보다 쉽고 체계적으로 접근할 수 있도록 했다.

1부 '토론 기초'에서는 토론의 필수 요소인 논증 및 입론, 반론하는 방법, 그리고 그림책 토론을 하기 위해서 필요한 질문 만들기와 자기 생각을 편하게 얘기하는 그림책 토론을 안내한다.

2부 '토론 기본'에서는 다양한 토론 기법을 활용한 그림책 토론을 소개한다. 일반적으로 많이 사용하는 토론부터 교구 활용 토론, 온라인 토론까지 실제로 교실에서 가장 활용도가 높은 토론 방법을 다룬다.

3부 '토론 심화'에서는 질문 기법 활용 토론, 대표적인 비경쟁 토론, 그림책으로 하는 찬반 토론 등 아이들의 깊이 있는 생각을 끌어낼 수 있는 토론법을 제시한다.

그림책 토론은 정답을 강요하지 않고 아이들이 탐구를 통해 더 나은 답을 찾아가도록 한다. 올라브 H. 하우게가 「모든 진리를 가지고 나에게 오지 말라」라는 시에서 내가 목말라한다고 바다를 가져오지는 말라고, 내가 빛을 찾는다고 하늘을 가져오지는 말라고 했던 것처럼, 하나의 암시, 이슬 몇 방울, 파편 하나를 보여줄 뿐임에도 아이들이 토론을 통해서 진리를 찾았으면 좋겠다.

그림책 토론을 통해 우리는 다양한 시각, 관점으로 세상의 문제를 바라볼 수 있다. 그림책에 반영된 삶의 문제를 해결하기도 하고, 더 나은 삶을 위한 가치를 탐구하기도 한다. 논리성에 바탕을 둔 생각의 나눔을 통해 아이들의 사고력은 향상된다. 더 많은 선생님이 그림책 토론으로 아이들과 만나길 바라는 이유이다.

그림책을 사랑하는 마음을 담아
그림책사랑교사모임

차례

여는 글 4

토론 기초

1 | 2단 논법 14
2 | 3단 논법 17
3 | 6단 논법 21
4 | 프렙 활용 토론 26
5 | 모둠 문장 만들기 31
6 | 더블버블맵 36
7 | 플로우맵 40
8 | 포토스탠딩 토론 44
9 | 하나 주고 하나 받기 48
10 | 꼬리물기 토론 52
11 | 버즈 토론 56
12 | 마인드맵 토론 60
13 | 롤링페이퍼 토론 64
14 | 갤러리워크 68
15 | 둘 가고 둘 남기 73
16 | 논제 도출 80
17 | 입론하기 85
18 | 반론하기 91

19 | 신호등 토론 98
20 | PMI 토론 103
21 | 둘둘 토론 108
22 | 스펙트럼 토론 113
23 | 사칙연산 토론 117
24 | 만다라트 토론 121
25 | 불가사리 모형 토론 126
26 | 생선뼈 토론 130
27 | 보석맵 토론 135
28 | 바람개비 토론 141
29 | 5WHY 토론 144
30 | 브레인라이팅 149
31 | 브레인스토밍 콜라주 153
32 | 역브레인스토밍 156
33 | 핫시팅 160
34 | SWOT 토론 164
35 | 라운드 로빈 170
36 | 질문 피라미드 토론 173
37 | 모서리 토론 177
38 | 목표나무 토론 181
39 | 리치픽처 토론 185
40 | 타블로 토론 189
41 | 디즈니 창의성 전략 토론 194
42 | 핵심어 중심 토론 200
43 | 직소 토론 204
44 | 가치수직선 토론 209

45 | 육색사고모자 토론 213
46 | 두 마음 토론 218
47 | 멀티 피라미드 토론 223
48 | ERRC 토론 227
49 | E-D-S 토론 231
50 | K.W.L 차트 토론 235
51 | 밸런스 토론 239
52 | 회전목마 토론 243
53 | 만장일치 토론 247
54 | 어항 토론 252
55 | 사모아 토론 255
56 | 강제 결합법 259
57 | 무지개 독서 토론 카드 활용 토론 263
58 | 독서자람 카드 활용 토론 268
59 | 독서질문 스틱 활용 토론 272
60 | 하브루타 토론 스틱 활용 토론 276
61 | 기후위기 해결사 카드 토론 281
62 | 생각톱니 카드 토론 285
63 | 트리즈 카드 활용 토론 290
64 | 패들렛 활용 토론 295
65 | 띵커벨 토론 301
66 | 메타버스 ZEP 활용 토론 305
67 | 윔지컬 활용 가지치기 토론 310
68 | 캔바 활용 플레이스 메이트 토론 315
69 | 생성형 AI 뤼튼 활용 토론 319
70 | 멘티미터 활용 토론 324

토론 심화

71 | 질문 만들기-사실적 질문,
　　해석·추론적 질문, 비판·감상적 질문 330
72 | DVDM 질문 활용 토론 334
73 | 스캠퍼 질문 활용 토론 339
74 | ORID 질문 활용 토론 343
75 | QAR 질문법 350
76 | 싱크트릭스 토론 355
77 | 블룸의 사고수준 질문법 360
78 | 문제해결서클 토론 366
79 | 월드 카페 토론 370
80 | 전지 찬반 토론 375
81 | 헥사 토론 379
82 | 구름모형 토론 383
83 | 개념 탐구 토론 388
84 | 위시리스트 토론 393
85 | 패널 토론 397

86 | 딜레마 토론 402
87 | 모의재판 토론 406
88 | 오픈 스페이스 토론 411
89 | 소크라틱 세미나 418
90 | 주도권 토론 423
91 | 프로콘 토론 428
92 | 역지사지 토론 432
93 | 청문회식 토론 437
94 | 원탁 토론 442
95 | 하브루타 토론 448
96 | 서울형 토론 모형 452
97 | 3단계 비경쟁 독서 토론 456
98 | 퍼블릭 포럼 디베이트 461
99 | 링컨-더글러스 토론 467
100 | 의회식 토론 471

찾아보기 476

1부

토론 기초

1 2단 논법

○ '논법'이란 말이나 글, 그리고 생각을 논리적으로 펼쳐나가는 방법이다. 2단 논법은 의견을 나타내는 가장 기초적인 표현 단계로, 1단-주장, 2단-이유나 근거로 구성하여 전개한다. 2단 논법으로 생각을 표현할 때는 이유와 근거를 개념적으로 명확히 구분해서 사용하지 않는 편이다. 초등 저학년 대상 수업에서도 2단 논법을 활용할 수 있는 이유이다. 특히 저학년 학생들에게는 개념을 구분하는 지적 교수법보다 자기 생각을 조리 있게 전달하고자 하는 의지를 격려해주는 전략이 더 효과적이다. 2단 논법은 글자 크기 11포인트 기준으로 5줄 정도 분량이며 '30초 말하기'라고도 부른다. '토론은 말하기가 아니라 글쓰기'라는 문구에서 알 수 있듯, 기초 단계에서 글쓰기로 생각을 먼저 정리한 후 토론에 임하면 보다 자신감을 갖고 활동에 참여할 수 있다.

어떤 그림책이 좋을까?
- 살면서 당연하게 여겨온 일상을 성찰하고 사소한 일의 소중함을 깨닫게 하는 책이어야 한다.
- 바쁘게 생활하면서 놓치기 쉬운 많은 일을 기억하고 살아가도록 격려하는 내용이어야 한다.
- 만남의 단계뿐만 아니라 이별의 순간에도 주변의 소중한 사람들을 응원하는 글이 좋다.

그림책 읽고 토론하기

○ 『작은 당부』(제인 고드윈 글, 안나 워커 그림, 신수진 옮김, 모래알, 2021)

하루하루 정신없이 살아가느라 평범한 일상의 소중함을 망각한 현대인에게 사소하지만 중요한 일들을 잊지 말자고 다정하게 속삭이는 책. 주변 사람들을 향한 격려와 응원의 메시지를 전하고 있기 때문에 학년 초뿐만 아니라 학년 말에 친구들이나 부모님, 선생님께 하고 싶은 당부를 2단 논법으로 자연스럽게 나타내기에 적합하다. 자기 생각을 정리하여 말하고 친구들과 함께 당부를 나누면서 잊지 못할 소중한 기억을 공유해보자.

토론 순서

1. 논제 정하기 ➡ 2. 2단 논법 글 쓰고 발표하기 ➡ 3. 생각 분류하고 결과 공유하기

● 1단계

그림책을 함께 읽은 뒤 책 내용에 기반한 질문이나 인상적인 장면 등에 대한 이야기를 나누며 토론 논제를 정한다. 학생들은 친구나 가족 등 지금 내 주변에 있는 사람들에게 '작은 당부'를 전하고 싶어 하기도 하고, 반대로 그들은 자신에게 어떤 '작은 당부'를 건넬지 궁금해하기도 한다. 이 내용을 논제로 삼아 2단 논법 활동을 전개한다. 본 수업에서처럼 학기 초일 경우 학생들의 주장을 바탕으로 '우리 반 약속' 만들기와 연계하여 진행하면 더 효과적이다. 학년 말일 경우에는 곧 헤어지게 되는 친구들에게 전하고 싶은 당부를 나눌 수 있다. 논제가 일상생활과 관련될수록 더 실감 나게 논리를 전개하고 활동에 참여하므로 교사는 학생들이 삶과 연계한 주제에 대해 논법을 정리하도록 안내한다. 이렇게 한다면 이후 논법이 조금씩 복잡해지더라도 자신의 논리를 펼쳐나가고자 하는 의욕을 지속적으로 발산하게 될 것이다.

● **2단계**

30초 말하기 분량의 글쓰기로, 논제에 대한 주장을 타당한 이유나 근거를 들어 전개한다. '이유'가 주장에 대해 자신이 생각한 까닭이라면, '근거'는 책, 논문, 기사 등에서 가져온 자료 또는 통계이다. 글자 크기 11포인트로 5줄 정도가 기준이나 글씨를 크게 쓰는 저학년의 경우에는 6~7줄, 가지런히 작게 쓰는 고학년 학생의 경우에는 4줄이 될 수도 있다.

다음은 학생의 2단 논법 글쓰기 결과물을 요약 정리한 것이다.

> **논제: 친구들에게 전하고 싶은 나의 작은 당부**
>
> 제가 친구들에게 하고 싶은 작은 당부는 '배움 기록 많이 하기'입니다. 왜냐하면 그날 그날 배운 것을 정리하면서 내용을 더 빨리 습득할 수 있기 때문입니다. 그 과정에서 어휘력 또한 향상되기 때문에 중학교 생활에도 많은 도움이 될 것입니다.

자신의 주장을 글로 정리한 후에는 발표에 앞서 글을 읽고 몇 초가 걸리는지 확인하면서 말하기 속도를 조절하는 과정이 필요하다. 이 활동은 학생들의 수업 참여를 북돋우는 역할을 할 뿐만 아니라 글의 내용도 스스로 수정·보완하는 등 자기주도학습을 하도록 이끌어준다. 이후 여건에 따라 짝 대화나 모둠 대화, 혹은 전체 활동으로 발표한다.

● **3단계**

발표 후에는 논제에 대한 주장 부분만 다시 붙임 쪽지에 기록하여 칠판에 붙이고 내용이 비슷한 것끼리 분류한다. 이후 분류한 내용에 근거하여 학급 약속을 정리·기록하고 게시한다. 글쓰기를 마쳤다면 30초 동안 각자 쓴 내용을 공유한다.

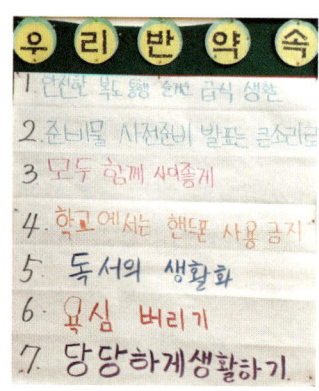

우리 반 약속 게시판

2　3단 논법

○ 3단 논법은 1단-주장, 2단-이유, 3단-근거 순으로 정리하는 논리 전개 방식이다. '주장'은 논제에 대한 의견이나 생각을 내세우는 진술의 결론 부분이라고 할 수 있다. '이유'는 주장이 왜 그런지 논리적인 측면에서 생각한 것으로 개개인의 머릿속에서 나온다. '근거'는 우리의 주관적인 경험 밖에 있는 사실과 데이터 등으로 주장을 뒷받침한다. 즉 이유가 주관적인 것이라면 근거는 객관적인 것이다. 2단 논법이 30초 말하기 분량이므로 3단 논법은 45초 동안 전개하면 알맞다. 글자 크기 11포인트 기준 7~8줄 정도로 정리한다. 3단 논법은 2단 논법을 더욱 탄탄하게 다지는 단계이며, 이후 4단 논법과 6단 논법으로 나아가는 토대가 될 뿐만 아니라 생각을 펼쳐나가는 과정에 연결고리를 제공한다.

어떤 그림책이 좋을까?
- 경쟁적인 생활에서 벗어나 더불어 살아가는 삶에 대해 생각해볼 수 있는 내용이 좋다.
- 생명 존중과 먹거리 문화 등 서로 상반되는 입장에서 자신의 의견을 펼칠 수 있을 만한 주제를 다루고 있어야 한다.
- 스토리가 두드러지는 내용을 바탕으로 생각 탐구를 지속할 수 있어야 논제를 펼쳐나가기 용이하다.

그림책 읽고 토론하기

◎ 「모르는 게 더 많아」(윤구병 글, 이담 그림, 휴먼어린이, 2010)

사냥으로 용기를 인정받는 숲속 문화 속에서 주인공 아침놀은 오히려 동물을 치료하고 살리는 일에 관심이 많다. 경쟁보다는 숲을 사랑하는 아이로 자연과 교감하고 다른 생명체와의 공존에 의미를 둔다. 다분히 경쟁적인 오늘날의 교육 현장에서, 학생들은 같은 길을 가더라도 지향점이 다르다면 다르게 행동할 수 있는 '용기 체험'을 통해 생명과 자연이 들려주는 이야기에 귀를 기울이게 될 것이다.

토론 순서

1. 질문 만들기 및 최고의 질문(논제) 선정하기 ➡ 2. 3단 논법 정리 및 발표하기 ➡
3. 논제에 대한 주장의 핵심 기록 공유하기

● **1단계**

그림책을 읽고 이야기와 연계된 질문을 만든 뒤 짝과 묻고 답한다. 이후 자신이 만든 질문 중에서 가장 마음에 와닿는 질문을 선택하고, 모둠을 구성하여 친구들과 함께 최고의 질문을 선정한다. 모둠별 최고의 질문을 이젤 패드에 기록한 다음 학급 최고의 질문을 투표로 정한다. 학생들은 인당 세 개씩 배부받은 스티커를 자기 모둠을 포함하여 좋은 질문이 기

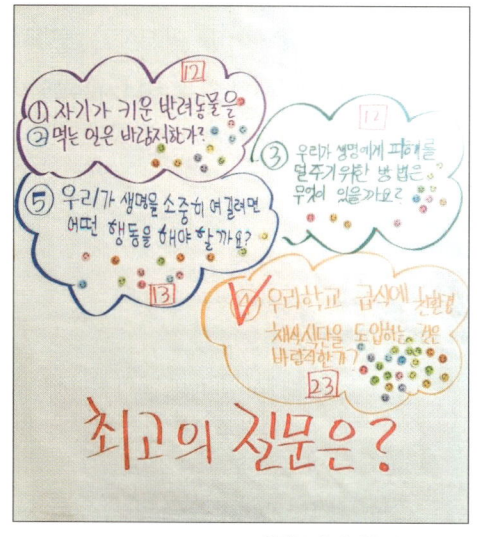

학생들이 선정한 최고의 질문

록된 영역에 붙임으로써 의견을 표시한다. 일반적으로 가장 많은 스티커가 붙은 질문을 논제로 제시한다. 때로는 두 모둠 이상에서 비슷하거나 동일하게 선정된 논제를 제시할 수도 있다. 세상에 가장 좋은 질문이란 건 없으며, 각각의 모둠에서 나온 의견이 모두 소중하다는 점을 알려줄 수 있는 기회가 되기 때문이다.

● 2단계

논제를 읽고 이에 대한 자신의 생각을 주장-이유-근거 순으로 정리한다. '주장-이유나 근거' 순으로 의견을 정리한 2단 논법에 뒤이어 다루면 3단 논법 전개 방식을 자연스럽게 익힐 수 있다.

먼저 '주장' 부분에서 '자기가 키우던 동물을 먹는 것에 대해 어떻게 생각하는가?'라는 논제에 대해 '~할 수 있다고 생각한다' 혹은 '~하지 말아야 한다고 생각한다'로 의견을 제시한다. '이유' 부분에서는 그 의견에 관련하여 '왜냐하면 ~이기 때문이다'와 같이 까닭을 덧붙인다. 마지막 '근거'에서는 명언, 논문, 기사, 통계 자료 등 객관적이고 사실적인 자료를 활용하여 자기 주장의 타당성을 뒷받침한다.

> **논제: 내가 키우던 동물을 먹는 것에 대해 어떻게 생각하는가?**
>
> 저는 키우던 동물을 먹어도 된다고 생각합니다. 왜냐하면 동물의 생명도 소중하지만, 인간과 동물 중 하나만 살릴 수 있다고 가정했을 때 사람들은 대체로 인간을 선택할 것이기 때문입니다. 재난이 발생해 자신이 키우던 동물을 먹어야만 생존할 수 있는 상황에서 주인이 동물을 먹지 않고 죽는다면 결국 동물 혼자 남게 됩니다. 혼자 남은 동물은 무엇을 할 수 있을까요? 반대로 사람이 남는다면 도움을 구해 살아날 확률이 더 높습니다. 물론 모든 생명은 소중하지만, 재난 상황에 닥칠 경우 내가 키우던 동물을 먹을 수 있다고 생각합니다.

기록 정리를 마친 학생들은 본인이 정리한 글을 읽어가면서 발표 시간이 얼마나 걸리는지 확인해본다. 이 과정을 통해 논리의 타당성과 내용의 관련성 여부를 스스로 점검할 수 있다. 정리한 내용을 발표하는 방법은 다양하다. 짝 대화, 모둠 대화 외에도 토킹피스를 주고 받으며 써클 활동처럼 돌아가면서 발표하기, 회전목마 토론 방식으로 생각 말하기 등의 방식을 접목하여 논법 전개를 입체적으로 경험하도록 안내할 필요가 있다. 흥미를 느껴야 배움도 즐겁고 함께 성장하는 분위기 형성에도 도움이 되기 때문이다.

● **3단계**

발표를 마친 후에는 핵심 문장을 다시 기록한 후에 학생들의 생각을 모두 게시하여 공유한다. 격자보드판에 기록지를 붙이면 동일 논제에 대한 친구들의 다양한 생각을 살펴보는 데 유용한 자료가 된다. 세워지는 클립보드에 질문 만들기 활동지를 끼워 전시하는 방식도 좋다. 학생들은 의견을 게시해놓은 자료를 통해 수업 시간 이후에도 배움을 생활 속에서 계속해나간다. 이것은 '환경이 제3의 교사'라는 말을 교실에서 실행하는 방안 중 하나이다. 논제에 관한 생각을 확장할 수도 있고, 다양한 생각을 지속적으로 경험할 수 있는 장 또한 제공한다.

학생들은 발표 활동에 차츰 자신감을 갖고, 말하기 전에 생각을 정리하는 과정에서 이해의 폭을 넓힌다. 나아가 타당한 근거가 되는 자료를 탐색함으로써 정보처리·활용 능력도 길러나간다. 토론은 결국 자료 전쟁이라고 한다. 학생들은 논법을 전개하는 일련의 과정 속에서 관련 자료를 찾아 더욱 타당한 주장을 펼치려 할 것이다. 자기주도적인 학습 태도 형성이 기대되는 이유이다.

격자보드판

3. 6단 논법

○ 6단 논법은 논제-결론-이유-설명-반론-정리 단계로 전개한다. 글자 크기 11포인트 기준으로 20줄 정도이며 2분 말하기 분량이다. 일반적으로 세 단계로 전개하는 논설문의 구성과 연계해보자면 '논제-결론-이유'의 1~3단계는 처음, '설명-반론'의 4~5단계는 가운데, '정리'의 6단계는 끝에 해당된다. 처음 부분에는 주어진 논제에 대한 자신의 찬반 입장을 명시하고 결론을 내린 이유를 밝힌다. 가운데 부분은 결론과 이유에 대한 자세한 설명과 반론으로 구성된다. 반론에서는 결론에 대한 반대 의견을 예측하여 자신의 주장을 더욱 강하게 관철해야 한다. 끝부분은 주장을 명확하게 종합해서 총체적으로 정리하는 단계이다. 학생들은 서로를 통해 함께 성장한다는 점에서 '토론은 모두가 이기는 싸움'임을 체험하고, 생각을 체계적으로 전개하는 6단 논법 활동에 즐겁게 참여하게 될 것이다.

어떤 그림책이 좋을까?
- 다양한 정보를 포함하고 있으며 시야를 넓혀주고 생각거리가 많은 책이어야 한다.
- 찬성과 반대가 서로 맞서고, 상대방의 의견에 반론을 제기하기 좋은 주제를 다루고 있어야 한다.
- 우리의 생활이나 상황과 밀접한 관련이 있어 조사할 수 있는 자료가 충분해야 한다.

그림책 읽고 토론하기

◎ 『기차 타고 부산에서 런던까지』(정은주 글, 박해랑 그림, 키다리, 2019)

『기차 타고 부산에서 런던까지』는 한 가족이 우리나라의 KTX부터 유럽 각국의 특색 있는 기차를 타고 이동하는 풍경을 담은 정보 그림책이다. 실제 여정으로 구성되어 있어 여행 전 각국의 정보를 얻기에도 유익하다. 안타깝게도 현재 전 구간 기차 여행은 불가능한 상황이므로 학생들은 북한의 철로를 이용하기 위한 조건인 남북통일 이야기를 자연스럽게 나누게 된다. 주제에 대한 의견을 6단 논법 글쓰기로 전개하면서 논제에 대한 입장을 정리할 수 있다.

토론 순서

1. 논제 정하기 ➡ 2. 6단 논법 글쓰기 ➡ 3. 발표하기 ➡ 4. 발표 결과 공유하기

● 1단계

이 그림책은 한 명씩 돌아가며 읽는 방법으로 읽으면 좋다. 함께 읽기 후 교사는 내용 파악을 돕는 퀴즈 문제를 사전에 준비하여 제시하고, 친구들과 나누어보고 싶은 주제가 무엇인지도 같이 쓰도록 한다. 학생들의 응답 중에서 가장 많이 나온 의견을 논제로 활용할 수 있다. 학생들은 부산에서 런던까지 가는 경로 중에서 북한 땅을 기차로 통과하지 못한 상황을 인식하고, 남북통일 문제에 많은

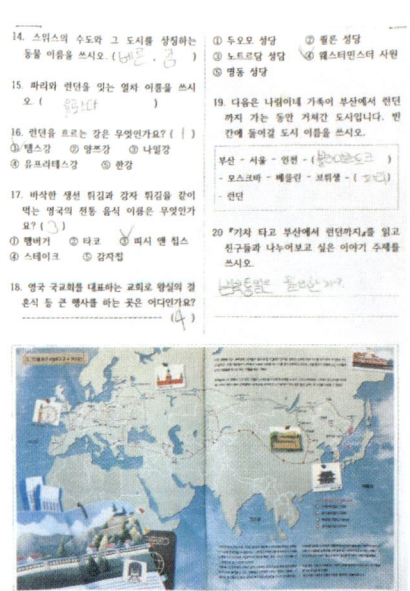

퀴즈 예시

관심을 보인다. 이에 '우리나라 남북통일은 필요한가?'를 이번 수업의 토론 논제로 선정한다.

● 2단계

논제-결론-이유-설명-반론-정리 단계로 이어지는 6단 논법의 각 단계는 다음과 같은 방법으로 전개할 수 있다.

1단: 논제

논제는 찬반 주장이 나올 수 있는 의견으로 '~이다' '~인가?' '~ 해야 한다' '~해야 하는가?'와 같은 형식으로 나타낼 수 있다.

> 예) 우리나라 남북통일은 필요한가?

2단: 결론

결론 단계에서는 논제에 대한 자기 의견의 결론을 제시한다. 이때 찬성 혹은 반대 입장을 꼭 명시해야 한다.

> 예) 우리나라는 남북통일을 해야 한다고 생각한다.

3단: 이유

이유 단계에서는 결론을 내린 이유를 밝힌다. 이유는 안건과 상관관계가 있고 많은 것을 포함하는 '큰 생각'으로 표현해야 한다. '왜냐하면 ~이기 때문이다' 형식으로 나타낼 수 있다.

> 예) 남한과 북한은 한민족이고 통일이 되면 더 발전된 나라가 될 수 있기 때문이다.

4단: 설명

'결론'이나 '이유'에 대해 자세하게 설명하는 단계이다. 이 단계에서는 통계나 기사 자료, 전문가의 의견, 명언, 연구 결과 등을 인용하여 이유의 타당성을 제시한다. '에 따르면' '~에 의하면' '예를 들면' 등의 표현을 사용하여 나타낼 수 있다.

> 예) 통일이 되면 대륙과 연결되어 다른 나라와의 교류가 활발해진다. 현재 남한은 섬나라나 마찬가지라 북한을 둘러서 다른 나라로 오가야 하는 상황이다. 북한 땅이 열리면 세계 여러 나라와 직선 코스로 교류가 가능해져서 시간과 비용을 절약할 수 있다.

5단: 반론

반론에서는 결론에 대한 반대 의견을 예측하여 자신의 주장을 더욱 강하게 표현해야 한다. '물론 ~할 수도 있지만 ~하다'라든가 '그렇게 생각할 수도 있지만'과 같은 문구를 사용하여 상대측의 반론에 대한 해결법이나 대안을 제시할 수 있다. 상대측이 어떤 공격을 할지 예측하여 대비하는 것이기에 학생들은 그 과정에서 사고의 폭을 넓히고 보다 탄탄하고 역동적인 토론을 위한 기반을 다진다.

> 예) 물론 통일 이후에는 북한 경제까지 남한이 책임져야 하기 때문에 경제력이 추락할 수 있다. 그러나 통일 직후 경제가 추락했다가 다시 상승한 독일의 사례와 같이 우리도 함께 어려움을 극복해나갈 것이다.

6단: 정리

정리는 주장을 명확하게 종합해서 총체적으로 정리하는 단계이다. '~에 따라 다를 수도 있지만'이나, '예외가 있을 수는 있지만' 등의 표현을 사용하여 앞에서 말한 내용을 정리하고 입장을 마무리한다.

> 예) 통일된 국가에서 남북한 국민들이 서로를 어떤 태도로 대하냐에 달려 있긴 하지만, 더 나은 나라의 국민으로 살아가기 위해 우리나라 남북통일은 필요하다고 생각한다.

다음은 학생의 6단 논법 글쓰기 결과물을 요약 정리한 것이다.

> **논제: 우리나라 남북통일은 필요한가?**
>
> 남북통일은 필요하다고 생각한다. 왜냐하면 이동이 편리해지고, 이산가족이 사라지고, 전쟁에 대한 두려움이 없어지기 때문이다. 각 이유에 대한 근거는 다음과 같다.
> 첫째, 그림책 속에서 장군이네 가족은 북한을 지나갈 수 없어 비행기를 타고 간다. 만약 통일이 된다면 비행기를 타지 않고도 런던까지 갈 수 있을 것이다.
> 둘째, 북한과 남한에는 수많은 이산가족이 있다. 탈북을 해서 남한으로 왔는데 북한에 가족이 남아 있어서 만나지 못하는 경우가 많다고 한다.
> 셋째, 우리나라는 휴전 중이라 북한이 언제 침공해올지 모른다. 통일을 하면 우리를 언제 공격할지 모른다는 두려움이 없어질 것이다.
> 통일을 하면 우리나라는 경제적 위기에 처하겠지만, 통일을 한 많은 나라처럼 금방 한 나라가 될 것이므로 통일은 꼭 필요하다.

● 3단계

6단 논법으로 정리한 글을 소리 내어 읽으면서 각 논법 단계에 맞게 전개되었는지, 2분 말하기 분량에 알맞은지 확인한다. 자기 확인에 따른 성찰을 통해 수정 및 보완 과정을 거치면서 생각을 더 매끄럽게 나타낼 수 있다. 이후 전체나 모둠활동 시 정리한 내용을 발표한다. 나와 생각이 다른 친구들의 발표를 듣는 일은 자신의 주장을 재정리하는 기회가 될 뿐만 아니라 이후 토론에서도 유리한 고지에 서도록 돕는다.

● 4단계

6단 논법으로 전개한 내용을 발표한 뒤 스탠딩보드판으로 글쓰기 결과물을 공유한다. 이때 전자책을 1인 1권씩 제작하여 오프라인과 온라인을 병행해 공유해도 좋다. 전자책은 시공을 초월해서 언제 어디서나 살펴볼 수 있는 이점이 있어 효과적이기 때문이다. 북크리에이터(bookcreator.com) 프로그램으로 편리하게 제작할 수 있다.

4 프렙* 활용 토론

○ 토론과 글쓰기는 뗄 수 없는 관계다. 토론을 잘하려면 글쓰기 능력이 요구되고, 글을 잘 쓰려면 논리적으로 생각하고 토론하는 힘이 필요하다. 자신의 의견을 표현하기 힘들어하는 학생들이 프렙(PREP) 글쓰기 형식을 배우고 익혀 글쓰기에 자신감을 붙게 한 후 토론을 하면 논리적으로 자신의 주장을 전달할 수 있다. 뿐만 아니라 프렙 구조를 활용하면 토론 과정에서 효과적인 의사전달이 가능해지고 표현력이 탄탄해진다. 프렙을 통해 조직적이고 의미 있는 말하기와 글쓰기 연습을 해야 하는 이유이다. 논리력과 전달력을 갖춘 프렙 글쓰기 구조는 다음과 같다.

P(Point): 핵심 내용을 주장한다.
R(Reason): 주장을 뒷받침하는 근거로 이유를 설명한다.
E(Example): 근거를 증명하기 위해 사례나 예시를 제시한다.
P'(Point): 주제나 주장이 되는 핵심 내용을 강조한다.

* 이정균 외, 『하루 30분, 프렙으로 완성하는 초등 글쓰기』(글라이더, 2021, 228~264쪽) 참고.

어떤 그림책이 좋을까?
- 학생들이 관심 있게 읽고 싶어하면서 찬반에 대한 논쟁거리가 분명한 책이어야 한다.
- 프렙 구조에 맞는 글을 쓰고 토론할 수 있는 주제를 다루고 있어야 논리적 사고를 확장시킬 수 있다.
- 사회에서 이슈가 되는 주제를 다루거나, 학생들이 논리적 사고로 서로 주제에 대한 토론을 하고 이를 기초로 합의를 이뤄내는 데 적합한 주제를 갖춘 책을 추천한다.

그림책 읽고 토론하기

○ 『형제의 숲』(유키코 노리다케 글·그림, 이경혜 옮김, 봄볕, 2022)

자연과 더불어 살려고 노력하는 이와 자연을 훼손하면서까지 이익만을 추구하는 사람 중 '당신은 어느 쪽입니까?'라는 질문을 던지는 책이다. 풍성한 자연을 유지하며 더불어 살아가는 왼쪽 그림과 자연을 훼손해가며 개발에만 몰두하는 오른쪽 그림이 대비되어 전개된다. 그림이 압도적으로 크고 글의 비중이 적어 그림만으로도 생각을 많이 할 수 있게 해 책을 읽고 주제를 정해 토론하기 좋다. 찬성과 반대로 맞부딪칠 수밖에 없는 주제를 놓고 프렙의 원칙과 구조에 따라 논리적으로 토론과 주장을 해나가는 과정에서 상대방과의 합의점을 끌어내고 합리적인 대안을 찾는 것이 중요하다.

토론 순서

1. 주제 정하기 ➡ 2. 프렙 구조에 따라 글 쓰기 ➡ 3. 토론 주제에 대한 주장 발표하기

● 1단계

프렙 글쓰기 주제는 토론 시 질문에 대한 답이 찬성과 반대 의견으로 나올 수 있는 것이면 된다. 처음에는 주제로 쓸 만한 질문이 쉽게 만들어지지 않을 수도 있다. 이때 학생들의 생각을 키워주고 책을 능동적으로 읽게 하는 방법 중 하나가 질문을 스스로 찾게 하는 것이다. 주제를 정하기 위해 책을 읽으면서 질문을 떠올려보고 그에 대한 생각을 넓혀나가는 과정은 글쓰기의 첫 단계와 같다.

 학생의 사고력을 키워주는 토론을 위한 질문으로는 책의 내용을 묻는 사실 질문, 상상을 유도하는 질문, 실천을 내용으로 한 질문 등이 있다. 다양한 질문 만들기 과정을 통해 학생들과 책에 대해 이해하고 의견을 나누면서 다시

질문을 만들면 눈덩이 효과가 생긴다. 좋은 토론 질문은 한 가지 답이 아니라 여러 가지 답과 대안을 찾아낼 수 있는 것이다. 학생들과 함께 만든 토론 질문들을 살펴보며 좋은 질문과 그렇지 않은 질문을 고르는 연습을 해보자.

● **2단계**

앞선 단계에서 고른 질문을 토대로 토론 주제를 정한다. 처음 프렙 글쓰기를 시작할 때는 찬반 형식으로 나뉘어지는 주제로 진행해야 학생들이 쉽고 재미있게 진행할 수 있다.

주제가 정해지면 각 프렙 구조에 따라 글을 쓴다. 이때 자신의 주장을 먼저 제시하고 그 근거가 되는 구조를 구체화해서 풀어가는 두괄식 구조를 활용해야 한다.

P (주장)

'나는 이렇게 생각하고 주장한다'에 해당한다. 주제에 대한 문제점이나 현상에 관한 의견 및 주장을 논리적으로 설명하여 상대방을 이해시키고 설득하는 데 주안점을 둔다. 핵심 주장을 서두에 간결하고 명확하게 제시한다.

> 예) 숲을 보존해야 합니다.

R (이유나 근거)

'왜냐하면'에 해당하는 구조이다. 주장한 의견에 대한 이유나 근거를 제시하는 단계이다. 주장을 뒷받침할 수 있는 논리적 이유를 구체화해서 제시한다. 이때 객관적 사실, 사실에 기초한 데이터, 전문가 의견 등을 활용해 주장이 되는 근거를 강조한다.

> 예) 왜냐하면, 도시를 발전시키는 데에는 전기가 필요하기 때문에 그 과정에서 환경이 파괴되기 쉽습니다. 여러 동물이 사는 숲들을 개발하면 동물들이 살 자리가 사라져서 그들의 생명이 위험할 수 있습니다. 숲이 파괴되면 환경오염으로 인간까지도 살기 어려워질 것입니다.

E (예시나 경험)

'예를 들면'에 해당하는 구조이다. 근거를 더 보강하고 강화하기 위해 예시, 자료, 사실, 통계 등을 들어 설명한다.

> 예) 지구촌의 다양한 동물들은 극심해지는 지구온난화로 멸종 위기에 처했습니다. 방글라데시나 인도 습지에 살고 있는 벵골호랑이는 기후변화로 인한 해수면 상승으로 삶의 터전이 잠길 위험에 놓여 있습니다.

P' (결론)

'따라서'에 해당하는 결론 구조이다. 다시 한번 자신의 주장을 정리한다. 마지막으로 주장을 강조하고 상대를 설득하는 재주장을 한다.

> 예) 그러므로 멸종 위기의 동물들을 보호하기 위해서라도 숲을 보존해야 합니다.

● 3단계

토론 주제에 대한 주장을 발표한다.

프렙 구조	찬성	반대
P(주장)	자연 보호를 우선해야 한다.	지속 가능한 개발도 중요하다.
R(이유)	학생 1: 자연 보호는 우리 생태계와 환경을 지키는 데 중요하다. 학생 2: 그 이유는 숲, 강, 동식물 등이 사람들의 생활과 생존에 꼭 필요하기 때문이다. 학생 3: 자연 보호는 생태계 균형을 유지하고 생물의 다양성을 지킨다. 학생 4: 자연에 대한 개발이 지나치게 이루어지면 지구온난화를 비롯한 여러 환경오염과 파괴가 발생한다.	학생 1: 지속 가능한 개발은 경제·사회 발전을 위해 필요하다. 학생 2: 개발 없이는 현대사회가 발전할 수 없다. 학생 3: 개발은 산업·기술·공공기반 시설 만들기 등을 통해 경제 성장을 이루는 데 중요하다. 학생 4: 개발은 교육·의료 공공시설 개선 등을 통해 사회 발전을 이루어낸다.

E(예시)	학생 1: 숲을 보호하면 숲이 대기 중 이산화탄소를 흡수하여 이상기온이나 열대화 등 기후변화를 줄일 수 있다. 학생 2: 강이나 호수를 보호하면 수생 생태계와 생물의 다양성을 지켜낼 수 있다.	학생 1: 도로, 전기, 통신, 철로, 건축물 등 모든 사람을 위한 시설은 개발 없이는 불가능하다. 학생 2: 산업과 기술 발전은 일자리를 만들고 경제 활동을 활발하게 한다.
P'(재주장)	따라서 자연 보호는 우리 모두의 책임이며 자연 친화적 환경을 만들기 위해서도 우선되어야 한다.	따라서, 자연 보호와 지속 가능한 개발을 균형 있게 추진해야 한다.

〈자연 보호에 대해 찬성하는 글 예시〉

숲을 보존해야 한다고 생각합니다.

왜냐하면, 도시를 발전시키는 데에는 전기가 필요하기 때문에 그 과정에서 환경이 파괴되기 쉽습니다. 여러 동물이 사는 숲들을 개발하면 동물들이 살 자리가 사라져서 그들의 생명이 위험할 수 있습니다. 숲이 파괴되면 환경오염으로 인간까지도 살기 어려워질 것입니다. 지구촌의 다양한 동물들은 극심해지는 지구온난화로 멸종 위기에 처했습니다. 방글라데시나 인도 습지에 살고 있는 벵골호랑이는 기후변화로 인한 해수면 상승으로 삶의 터전이 잠길 위험에 놓여 있습니다.

그러므로 멸종 위기 동물들을 보호하기 위해서라도 숲을 보존해야 합니다.

5 모둠 문장 만들기

○ 모둠 문장 만들기(Team sentences) 토론 기법의 목적은 모둠 구성원 어느 누구도 소외되지 않고, 힘을 합쳐 모둠 과제를 완수하는 것이다. 교사가 먼저 주제를 제시하고 개인활동으로 그 주제에 대한 문장을 만든 후, 모둠별로 문장을 섞어 제시한 주제어에 대한 모둠 문장을 만들고 발표한다. 주제어가 다양할수록 그에 따른 여러 모둠 문장이 도출되기에 책의 주제어, 등장인물의 성격, 감상 등을 활용하면 좋다. 모둠 또는 학급 전체와 공유하여 추가 토론을 하거나 시간이 부족할 경우 제출한 모둠 문장을 교사가 피드백해주는 방법으로 마무리해도 된다. 자신의 의견을 모둠 학생들과 공유하고, 모둠의 의견을 하나의 문장으로 다듬어 가는 과정에서 서로의 의견을 조율하는 과정이 필수적이므로 의사소통 역량을 키울 수 있다.

어떤 그림책이 좋을까?
- 구체적인 답 없이 상상력을 자극하는 주제를 다룬 그림책이어야 한다.
- 창의적 사고를 촉진할 수 있는 내용을 담고 있다면 적합하다.
- 생각을 연속석으로 이어갈 수 있는 열린 결말의 책을 활용하는 것도 좋다.

그림책 읽고 토론하기

◎ 『그랬구나!』(치웨이 글·그림, 조은 옮김, 섬드레, 2023)

180도 돌려 보는 형식의 그림책이다. 1부는 가짜뉴스가 퍼져나가는 과정을 다룬다. 농사일을 하느라 피곤한 소의 푸념을 들은 개는 소가 하지 않은 말을 다른 동물에게 전달한다. 여러 동물을 거치며 부풀려진 소문은 결국 소의 주인인 농부에게까지 전달된다. 2부에서 농부는 와전된 이야기의 진위를 알기 위해 이야기의 전달 과정을 거친 동물들을 역으로 찾아다니며 결국 소의 진심을 알게 된다.

이렇듯 이 책은 학생들이 각 동물의 행동에 대한 주관적인 판단을 내릴 수 있도록 한다. 가짜뉴스가 퍼져나가는 과정과 문제를 해결하는 과정이 제시되어 있고, 가짜뉴스의 책임은 어떤 동물에게 있는지 가벼운 토론으로 접근할 수도 있다. 실제 가짜뉴스가 퍼져나가는 과정을 비판적인 시각으로 바라보며 개별 의견 정리 및 모둠 문장 만들기 활동을 해봐도 좋다.

토론 순서

1. 주제 생각하기 ➡ 2. 개별 문장 만들기 ➡ 3. 모둠 문장 만들기 ➡ 4. 모둠 과제 발표하기

● **1단계**

다양한 매체가 가짜뉴스에 대해 다루고 있는 만큼 일부 학생은 가짜뉴스의 정의를 인식하고 있다. 하지만 대다수는 남의 일로 받아들이고 그 심각성을 인지하지 못한다. 함께 그림책을 읽고 모둠을 구성한 후, 교사는 가짜뉴스의 정의에 대해 알려준다. 그리고 가짜뉴스는 정치적으로 이용되니 막연하게 어른들에게만 적용되는 문제가 아니라 우리의 삶 속에서 다양한 모습으로 존재하고 있다. 이를 설명하는 자료로 배달 앱 가짜 리뷰의 작성 과정, 자영업자의 피해 사례, 가짜뉴스가 작성되는 이유와 가짜뉴스를 퍼뜨리는 심리 등의 예를 들어준다. 교사가 설명을 마치면 학생들은 자신이 가짜뉴스로 인해 피해를 본

경험이나 자신과 가까운 누군가가 피해를 봤던 경험 등 주제와 관련하여 모둠원들과 이야기 나눈다.

● **2단계**

충분히 이야기를 나누었다면 가짜뉴스와 관련한 개별 문장을 만든다. 가짜뉴스와 관련된 내용이어야 하며, 그림책 본문을 활용해 만든다. 본문에는 없더라도 가짜뉴스가 생기는 이유, 가짜뉴스를 만드는 주체, 가짜뉴스를 접했을 때 해결 방안 등의 확장된 주제로 연결할 수 있다. 교사는 포스트잇을 1인당 두 장씩 배부한다. 학생들은 모둠에서 그림책 주제 관련 이야기를 나눈 뒤 모둠에서 정한 주제를 가지고 개별 문장을 작성한다. 개별 문장 만들기를 통해 학생들은 주제에 대한 자신의 생각을 정리하는 시간을 갖고 스스로 생각해보는 힘을 기르며, 모둠 토론으로 들어가기 전에 자신의 의견을 한 번 더 정리해볼 수 있다.

〈모둠 주제 '이러한 상황이 벌어진 것에는 누구의 잘못이 가장 클까?'에 대한 개별 문장〉
학생 1: 가짜뉴스를 처음 퍼뜨리는 사람이 가장 나쁘므로 '개'의 잘못이 크다.
학생 2: 정보를 많이 부풀려 과장하기 시작한 '염소'의 잘못이 크다.
학생 3: 사실 확인을 하지 않고 감정적으로 대응한 '아저씨'의 잘못이 크다.
학생 4: 인간인 주인 부부에게 최종적으로 확인 없이 정보를 전달한 '돼지'의 잘못이 크다.

● **3단계**

개별 문장을 모두 만들었다면 모둠활동을 통해 모둠 문장을 만든다. 모둠 문장 만들기란 서로의 문장을 모두 공유한 후에 더 나은 문장으로 만드는 과정이다. 이때 교사는 학생들에게 문장의 틀을 제공해줘야 한다. 문장 구조 안에 (   )를 넣거나 글의 구조를 짜주어 완성된 문장의 근거가 잘 드러나도록 한다.
　학생들은 각자 포스트잇에 적은 문장 중 가장 마음에 드는 문장을 골라 모둠원에게 직접 읽어준다. 1번 학생이 자신의 문장을 읽으면 2번 학생이 자신의 문장을 읽는 식으로 돌아가면서 서로의 문장을 한 번에 한 문장씩 공유한다. 각자 자신의 문장이 괜찮은 이유를 이야기하고 토론을 거쳐 모둠 대표 문장을 만든다.

예를 들어 '이러한 상황이 벌어진 것에는 누구의 잘못이 가장 클까?'를 주제로 정한 모둠의 경우, '이 농장에서는 (아저씨)가 가장 문제이다'라는 틀을 활용할 수 있다. 학생들은 "(아저씨)가 동물에게 휴식 시간도 없이 지나친 노동을 시켰기 때문이다" "(아저씨)가 상황을 알아보지 않고 다짜고짜 화부터 냈기 때문이다"와 같이 해당 주장을 뒷받침하는 근거를 제시한 뒤 토론을 통해 따져본다. 주어가 빠진 문장에 주어를 넣어준다거나 의미가 불분명한 표현을 수정해준 뒤 의견을 취합해 모둠 대표 문장을 만든다. 이때 서로의 문장을 섞을 수도, 일부 삭제할 수도 있다.

> 예) 학생 1: (아저씨)가 동물에게 휴식 시간도 없이 지나친 노동을 시켰기 때문이다.
>   ⇨ (아저씨)가 '소'에게 휴식 시간도 없이 지나친 노동을 시켰기 때문이다.
> 학생 2: (아저씨)가 상황도 알아보지 않고 다짜고짜 화부터 냈기 때문이다.
>   ⇨ (아저씨)가 상황도 알아보지 않고 다짜고짜 (소에게) 화부터 냈기 때문이다.
>
> **수정한 모둠 문장**
> ⇨ 이 상황이 일어난 것은 (아저씨)의 문제이다. 왜냐하면 아저씨가 소에게 휴식 시간 없이 지나친 노동을 시켰고, 가짜뉴스를 전하는 동물들의 이야기만 듣고 사실 확인 없이 소에게 화부터 먼저 냈기 때문이다. 이런 일이 일어나지 않으려면, 타인의 말을 들을 때 사실 확인을 하는 습관을 가져야 한다.

● **4단계**

학생들이 토론을 진행한 뒤에는 그것을 공유하는 과정이 꼭 필요하다. 모둠 문장 공유를 통해서 우리 모둠과 다른 생각을 가진 모둠의 의견을 들을 수 있기 때문이다. 각 모둠 문장은 모둠별 발표를 통해 공유한다. 각 모둠이 발표를 마치면 질문 시간을 주어 학생들이 질문을 하게 한다. 학생 질문이 없다면 교사가 추가 질문을 던져 모두 함께 생각해보고 토론하는 과정을 반복한다. 이를 통해 학생들은 자신들의 문장이 더 나은 문장으로 수정되는 것을 경험한다. 따라서 각 모둠활동에 대한 피드백을 주는 것은 학생들이 더 열심히 참여하게 되는 동기가 된다.

추가 활동으로 모둠 문장 만들기 토론을 한 번 더 진행할 수도 있다. 이 경우 모둠 문장을 공유한 후, 각 모둠에서 문제라고 생각한 사건의 해결 방안을 도출한다.

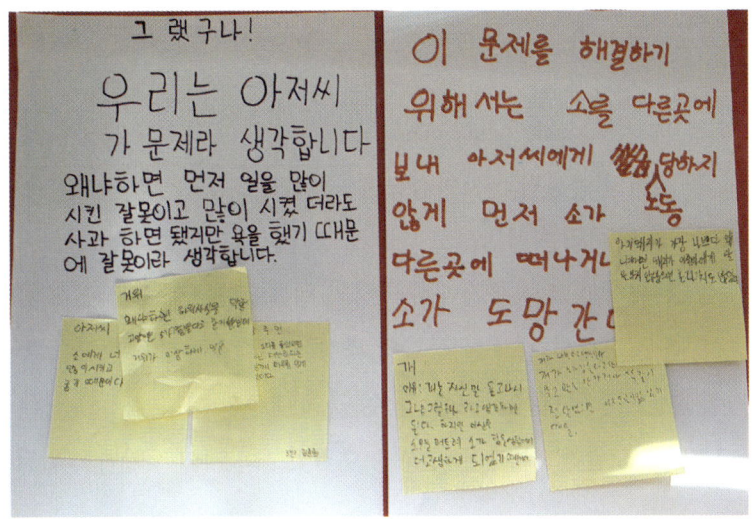

모둠 문장 예시

6 더블버블맵

🟡 더블버블맵(Double bubble map)은 두 개의 핵심 단어나 문구를 정해서 그 둘 사이의 공통점과 차이점을 찾는 맵이다. 공통점과 차이점을 찾는 과정에서 아이들은 복잡하고 다양한 생각을 정리하고 확장·심화시킬 수 있다. 전체적인 토론 과정에서 말하기 힘들어하는 학생도 쉽게 참여할 수 있음은 물론이다. 또한 생각의 과정을 시각화하여 표현하므로 논리적이면서도 창의적인 사고를 할 수 있고 내용의 이해에도 도움을 준다. 더블버블맵 활동지는 '비주얼씽킹 수업연구회'에서 제공하고 있다.

어떤 그림책이 좋을까?
- 그림책 제목에 두 개의 소재나 단어가 나와 있는 그림책이 좋다.
- 상징적인 요소가 많이 담긴 그림책을 추천한다.
- 확실한 찬반 토론 형식으로 의견이 나뉘기보다는 학생들이 편하게 이야기할 수 있는 내용의 책이 좋다.

그림책 읽고 토론하기

✪ 『키오스크』(아네테 멜레세 글·그림, 김서정 옮김, 미래아이, 2021)

키오스크라고 말하면 우리는 무인 단말기를 떠올린다. 하지만 이 그림책에서는 사람이 조그만 공간에 들어가서 잡화나 먹거리를 파는 공간을 말한다. 키오스크 안에서 생활하면서 물건을 팔던 올가에게 어느 날 갑자기 작은 소동이 벌어지고, 그 때문에 키오스크가 넘어간다. 올가는 그 소동에 어떠한 행동을 보이고 어디로 흘러가게 될까? '키오스크'가 어떠한 의미인지, 그대로 있는 것이 나은지 시도하는 것이 나은지 더블버블맵을 통해 이야기해보자.

토론 순서

1. 모둠 구성하고 질문 만들기 ➡ 2. 핵심 단어 두 개 정하기 ➡ 3. 공통점과 차이점 찾기

● **1단계**

4인 1모둠(최소 2인 1모둠)을 구성한 뒤 교사는 다음과 같이 '?(질문)'과 '!(느낀 점)'으로 표가 나누어진 활동지를 제공한다. 그런 뒤 학생 개별로 그림책을 읽고 생각나는 질문을 '?(질문)' 칸에 적도록 안내한다. 이는 모둠에서 두 개의 핵심 단어를 추출하기 위한 밑작업이다.

❓ (질문)	❗ (느낀 점/더블버블맵 하고 나서)

두 개의 핵심 단어는 교사가 제시해도 되지만 학생들이 정해서 그것에 대해 이야기하도록 하면 학생들에게 보다 의미 있는 경험이 될 것이다. 다음은 모둠 내 학생들이 각각 뽑은 '?(질문)' 예시이다.

- 올가는 왜 키오스크에서 나오지 않았나?
- 올가는 정말 키오스크에서의 삶이 행복할까?
- 올가는 평생 키오스크를 나오지 못하는 것일까? 안 나오는 것일까?
- 올가에게 바다는 어떤 의미였을까?
- 지나가는 사람들은 올가와 키오스크를 어떻게 보았을까?

● 2단계

학생들은 모둠 내 다른 학생들에게 왜 그런 질문을 썼는지 개별적으로 설명한다. 그런 뒤 공통으로 궁금해하는 핵심 단어 두 개를 선정한다. 질문을 들으면서 생각해보고 싶은, 혹은 같이 이야기하고 싶은 단어들을 포스트잇에 한 개에서 세 개까지 써서 정한다. 토론의 시작은 핵심 단어나 문구를 무엇으로 정할지부터이다. 공통점과 차이점을 이야기하고 합의를 도출하는 과정에서 토론이 일어난다.

어떤 모둠의 경우 질문 속에서 반복적으로 '올가'와 '키오스크'가 나와서 이것에 대해 생각하기로 의견을 모았다. 교사는 더블버블맵 활동지를 모둠별로 나눠준다. 학생들은 더블버블법 활동지에서 동그라미가 하나만 있는 곳에 선정된 핵심 단어를 쓴다. 시간은 10분 정도를 주되, 모자랄 경우 몇 분씩 더 부여할 수 있다. 시간을 많이 준다고 생각의 깊이가 깊어지는 것은 아니다.

● 3단계

먼저 공통점을 이야기한 뒤 더블버블맵 활동지 가운데에 있는 동그라미 세 개에 적는다. 예를 들어 '올가'와 '키오스크'의 공통점은 '요지부동' '베풂, 서비스'

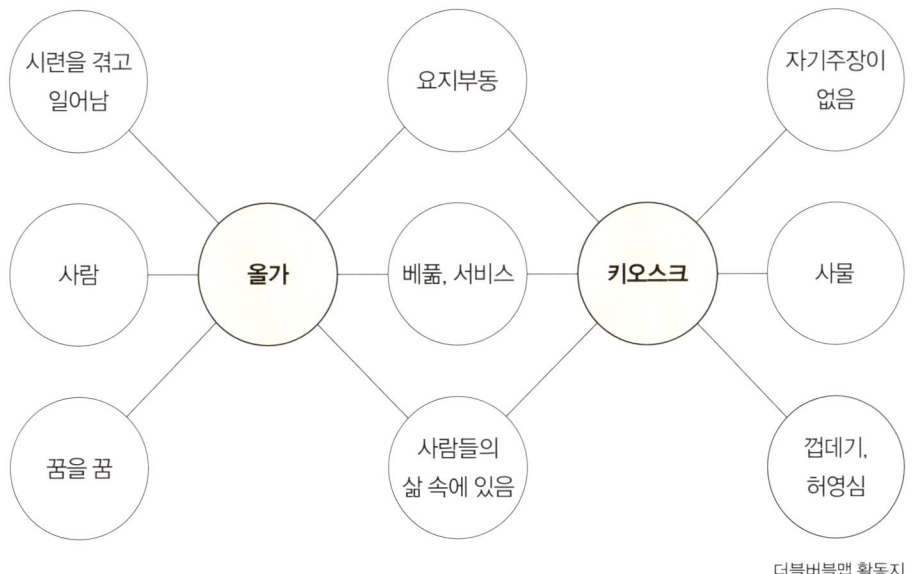

더블버블맵 활동지

'사람들의 삶 속에 있음'이다. 공통점을 세 개 이상 이야기하고 싶다면 동그라미를 더 만들어서 써도 된다.

그다음 차이점을 생각하여 더블버블맵 활동지 양쪽에 있는 동그라미 세 개에 적는다. 먼저 가장 큰 차이점을 생각해내면 다른 것은 찾기가 쉬워진다. 예를 들어 '사람과 사물'이라는 가장 큰 차이점을 이야기한다. 올가는 '시련을 겪었지만 다시 일어나 시도한다'인 반면 키오스크는 '자기주장이 없고 올가를 따라갈 수밖에 없다'로 쉽게 나온다.

더블버블맵을 마친 뒤엔 처음 나눠준 활동지의 '!(느낀 점)' 칸에 느낀 점을 쓴다. 하기 전과 하고 난 후의 생각과 느낀 점을 쓰면 학생들이 쉽게 쓰기 활동에 접근할 수 있다. 나아가 교사가 학생들의 의견에 동의해주고 의문점을 물어보는 형태로 진행한다면 더욱 풍성한 생각이 도출된다.

7 플로우맵

🟡 플로우맵(Flow map)은 일정한 기준에 따라 순서를 정렬하는 틀을 제공하므로 이를 활용해 시간순, 원인과 결과, 단계 등에 따라 생각을 정리할 수 있다. 장점은 줄거리, 생각의 흐름을 단순화하여 이해와 분석이 쉽고 명료해지며 논리적으로 오류를 파악할 수 있다는 것이다. 플로우맵에서 흐름을 잘 나타내려면 교사가 상세 단계를 잘 제시해주어야 한다. 학생들은 자신의 생각을 다채로운 색깔의 그림으로 나타내는 과정에서 더욱 적극적으로 활동에 참여하게 된다. 또한 교사가 격려하고 지지해주기만 해도 저마다의 경험을 새롭게 인식하고 시각화하여 폭넓은 지식을 얻을 수 있다.

어떤 그림책이 좋을까?
- 열린 결말로 이야기가 끝나야 한다.
- 시간 순서로 내용을 정리할 수 있어야 한다.
- 원인과 결과의 분명하거나 장면들이 서로 영향을 주는 책이 좋다.

그림책 읽고 토론하기

○ 「오리건의 여행」(라스칼 글, 루이 조스 그림, 곽노경 옮김, 미래아이, 2017)

서커스단에서 재주 부리는 곰 오리건은 난쟁이 어릿광대인 듀크에게 커다란 숲속으로 데려다달라고 부탁한다. 오리건과 듀크는 미국 대륙을 횡단하는 여행을 한다. 차를 얻어 타기도 하면서 떠돌이 장사꾼, 인디언 추장, 흑인 트럭 운전사 등 다양한 사람을 만난 끝에야 그들은 마침내 광활한 숲에 도착한다. 오리건은 숲속으로 사라지고 듀크는 광대의 상징인 빨강 코를 버리고 눈길에 자신의 발자국을 남긴다. 열린 결말로 끝난 '오리건의 여행'을 플로우맵으로 깊이 살펴보자. 학생들은 다른 친구들의 그림을 보면서 다양한 생각을 떠올리고 또 다른 상상을 이어나갈 것이다.

토론 순서

1. 인상 깊은 장면 발표하기 ➡ 2. 교사 질문에 답하기 ➡ 3. 다섯 칸 활용하여 결말 만들기

● **1단계**

먼저 학생들은 그림책에서 인상적이었던 장면이나 친구들과 이야기하고 싶은 것을 써본다. 그다음 쓴 내용을 바탕으로 각자 어떤 부분을 중요하게 봤는지 이야기한다. 이때, 왜 그것을 중요하게 생각했는지 판단한 근거를 다른 친구들이 그림책에서 찾아 이야기해야 한다. 예를 들어 한 학생이 "힘든 일이 있으면 휴식을 취하면서 여행을 갈 수 있다. 여행에서 다양한 경험을 하면서 여유로운 감정을 느끼면 좋겠다. 여행 후 여유로운 감정 때문에 힘든 일이 잘 풀릴 수도 있고 사소한 일에도 기분이 좋을 수 있다"라고 이야기했다고 가정해보자. 이 상황에서 다른 학생들은 "그림책을 보면 주인공이 서커스에서 일하는 어릿광대와 곰이라는 걸 알 수 있다. 구경거리가 되는 게 직업인 그들인데 그걸 그만둔 상태에서 과연 여유로운 마음이 들까?"라고 이야기할 수 있다. 이뿐만 아

니라 여행 중 이용한 이동 수단과 먹은 음식 등도 꼼꼼히 살피며 주인공들의 처지를 이해하는 과정을 거친다.

● 2단계

교사가 학생들이 그림책을 다양하게 생각해볼 수 있는 질문을 준비한다. 그림책에 나오는 인물들이 처한 상황과 시간과 공간 배경에 대한 이해 심화 질문, 주인공들의 문제 상황이 무엇이었고 그것을 어떻게 해결했는지 알아볼 수 있는 질문이어야 한다. 다음은 그 예시이다.

- 첫 장을 넘길 때 나오는 노란색의 의미는 무엇일까?
- 서커스단에서 나올 때 무거운 짐과 열쇠 꾸러미를 전부 놓고 간 이유는 뭘까?
- 표지에서 보여주는 그림이 중간 정도에 있는데 오리건과 듀크가 가는 방향이 반대로 그려진 그림은 무엇을 의미하는 것일까?
- 듀크가 서커스단을 나온 이후에도 빨강코를 떼지 않고 있던 이유는 무엇일까?

● 3단계

플로우맵은 학생이 그림책의 여러 장면 중 중요한 내용을 선별해야 만들 수 있다. 따라서 교사는 전 단계에서 한 토론 활동을 바탕으로 학생 개인이 그림책에서 중요한 장면을 세 개 선정해서 플로우맵에 그리게 한다. 그림 밑에는 왜 그런 그림을 선택하고 그렸는지 이유를 쓴다.

플로우맵 세 칸을 완성했다면 왜 그런 장면을 선정했는지 이야기하고 다른 학생들의 피드백을 받는다. 학생 개인이 선택한 주요 장면을 가지고 이것이 왜 중요한 장면인지, 어떠한 근거가 있는지 토론을 진행한다. 말하고 피드백 받는 활동을 하면 객관화하는 힘이 생기고, 결말에 대한 아이디어까지 떠올릴 수 있다.

나머지 두 칸에는 학생 자신만의 결말을 담아낸다. 여러 피드백을 통해 자연스럽게 다양한 시각으로 그림책에 접근할 수 있다.

여기서는 학생 개인활동으로 진행했으나 모둠으로도 플로우맵을 사용할 수 있다. 그림책 전체에서 중요한 장면을 몇 개 선정해야 하는 플로우맵의 특성상 모둠으로 진행했을 때 장면을 선별하는 과정에서 어느 장면이 더 중요한지, 어떤 기준으로 그림책을 봐야 하는지 보다 깊이 논의할 수 있다.

플로우맵 활동지

8 포토스탠딩 토론

🟡 포토스탠딩(Photo standing) 토론은 주제와 사진을 연결 짓고 모둠별로 토론하여 정의를 내린 뒤 글로 정리하는 방법이다. 먼저 토론 주제를 정하고 그 주제와 관련되는 사진을 한 장 고른다. 개별로 주제와 사진을 관련시켜 한 문장을 쓰고, 모둠별로 각자 쓴 문장을 바탕으로 그 주제에 대해 토론한 뒤 완결된 한 편의 글을 쓴다. 이 과정에서 학생들은 언뜻 주제와 관련이 없어 보이는 사진과 주제를 연결 지음으로써 창의력을 높일 수 있다. 또한 모둠 친구들과 함께 한 편의 글을 쓰는 과정에서 자연스럽게 토론이 일어나고 논리적인 사고력을 기르게 된다.

어떤 그림책이 좋을까?

- 주제가 한 가지로 명확하게 나오는 그림책은 해당 주제에 대한 여러 학생의 깊이 있는 생각을 이끌어낼 수 있다.
- 다양한 주제가 등장하는 그림책을 고르면 모둠별 토론과 글쓰기가 활발하게 이루어진다.
- 시간적 여유가 있다면 그림책의 글 양은 많아도 된다. 주제를 뽑기 어려운 책은 토론 주제를 정하는 데 시간이 오래 걸리므로 유의한다.

그림책 읽고 토론하기

○ 『코끼리는 왜 그랬을까?』(이셀 글·그림, 글로연, 2023)

친한 친구 사이인 코끼리와 생쥐는 술래잡기를 하기로 한다. 생쥐를 찾기 위해 좁은 굴속으로 들어가게 된 코끼리는 위험에 처한 생쥐의 비명을 듣는다. 생쥐를 구하기 위해 포기하지 않고 결국 생쥐와 함께 굴 밖으로 빠져나온 코끼리의 모습이 인상적이다. 코끼리는 어떻게 그 좁은 굴을 통과할 수 있었을까? 그것을 가능하게 한 힘은 무엇일까? 우정이라는 주제를 다루는 만큼 더욱 활발한 토론을 유도하는 책이다.

토론 순서

1. 모둠 구성하고 토론 주제 정하기 ➡ 2. 주제와 관련된 사진 고르기 ➡
3. 개인별로 문장 만들기 ➡ 4. 모둠별로 토론하여 하나의 정의 도출하고 글로 정리하기

● 1단계

먼저 모둠을 구성한다. 개별로 문장 만들기를 한 다음 모둠별로 문장 만들기를 해야 하므로 모둠 인원은 서너 명 정도가 적당하다. 다섯 명 이상일 경우 더욱 다양한 의견이 나올 수 있으나 모둠원 간의 거리가 멀어져서 토론이 활발하게 일어나기 어렵다. 또한 모둠 인원이 너무 많으면 모둠 문장으로 만드는 데 시간이 많이 걸리는 문제가 있다.

함께 그림책을 읽고, 작가가 전하고자 하는 메시지인 주제를 찾는다. 각자 생각하는 주제를 개별로 보드판에 쓰고 칠판에 붙인다. 같은 주제끼리 붙임으로써 다른 학생들의 의견을 자연스럽게 살펴보도록 한다. 시간적 여유가 없거나 보드판이 없을 때는 일어서서 나누기 등의 전원 발표 방법을 써도 된다. 그 다음 전체 학생들이 생각한 토론 주제를 보면서 모둠별로 토론 주제를 정한다. 또는 같은 주제를 정한 학생끼리 모둠을 구성해도 무방하다.

● 2단계

모둠에서 고른 주제가 무엇인지 명확하게 알고 있는 상태에서 사진을 고른다. 개수는 모둠 인원의 세 배 정도가 적당하다. 너무 적게 제공해도, 너무 많이 제공해도 학생들이 고르는 데 어려움을 겪기 때문에 교사가 적절히 제시하도록 한다. 또한 주제와 관련된다고 예상되는 사진뿐만 아니라 언뜻 보았을 때 관련이 없어 보이는 사진도 제공한다.

● 3단계

모둠별로 정한 주제와 자신이 고른 사진을 관련시켜서 개별로 한 문장을 쓴다. 보통 비유적 표현을 많이 사용하므로 해당 학습을 하기 전에 비유적 표현이 무엇인지 가르쳐주면 훨씬 좋다. 학년 수준이 낮아서 개별 문장 쓰기를 어려워한다면 '우정은 ~이다. 왜냐하면~'과 같은 예시 문장을 제공한다. 예시 문장은 학생들의 글을 단조롭게 만들 수도 있으므로 꼭 필요한 경우에만 제시한다. 모둠 안에서 먼저 개별 문장 만들기가 끝난 학생은 번갈아 말하기나 바꾸어 읽기의 방법으로 서로의 생각을 공유하는 시간을 가진다. 학생들이 고른 사진과 개별 문장을 모아 그림책을 만들 수도 있다. 사진을 제공하는 것이 아니라 학생들이 주제와 관련된 사진을 직접 찍어 활용하는 것도 가능하다.

사랑은 가족입니다.
가족들이 저를 사랑해주는 마음이
느껴지기 때문입니다.

사랑은 집착입니다.
왜냐하면 상대가 없어지거나 떠나면
걱정과 분리불안이 생겨 상대를 찾으려
하고 우울해지기 때문입니다.

사랑은 불안입니다.
왜냐하면 옆에 없으면 걱정되기
때문입니다.

사진 출처: 이미지 프리즘, 학토재

● **4단계**

모둠 안에서 학생들이 쓴 개별 문장을 서로 읽거나 돌려보면서 서로의 생각을 알아본다. 그런 다음 모둠별로 토론을 통해 하나의 정의를 내린다. 일치하거나 공통되는 의견이 있으면 그것이 주제에 대한 정의가 된다. 일치하거나 공통된 의견이 없으면 정해진 형식 없이 자유롭게 토론함으로써 주제에 대해 어떤 정의를 내릴 수 있을지 의논한다. 모둠별 협의를 통해 하나의 정의를 내렸으면, 순서를 정해서 개별 문장을 먼저 배열해 넣고 맨 앞이나 맨 뒤에 모둠별로 정의 내린 것을 덧붙여 쓴다. 부연 설명이 필요하다면 그림책의 특정 장면과 연결 지어 자세하게 써도 된다. 마지막으로 제목을 붙이고 발표한다.

> **제목: 희생은 사랑이다.**
>
> 희생은 생물이 죽는 것이다. 왜냐하면, 생물을 먹는 사람들을 위해 목숨을 내놓기 때문이다. 그리고 희생은 양보이다. 왜냐하면 상대방에게 양보하고 자기 자신을 포기하기 때문이다. 또, 희생은 사랑이다. 왜냐하면 경찰이 추운데도 공연하시는 분을 지켜주기 때문이다. 따라서 우리 모둠에서는 희생은 사랑이라고 정의 내렸다. 사랑의 한 모습이기에 기꺼이 양보하고 자기가 힘든데도 상대를 지켜주고 싶으며 목숨까지 내놓을 수 있기 때문이다.

9 하나 주고 하나 받기*

🟡 하나 주고 하나 받기 토론은 모둠원과 주제와 관련된 정보나 아이디어를 공유하고(하나 주기), 다른 학생들과 만나 다양한 정보와 아이디어를 주고받아(하나 받기) 의견을 정립하는 토론 방식이다. 학생들은 하나 주제에 대한 새로운 정보나 다양한 아이디어를 주고받으며 지식을 습득하고 확장하는 능력을 향상시켜나간다. 모인 정보와 아이디어를 근거로 주제에 대한 자신이나 모둠의 의견을 세우는 데 특히 적합하다.

* 이상우, 『협동학습으로 토의·토론 달인 되기』(시그마프레스, 2011, 305~307쪽) 참고.

어떤 그림책이 좋을까?
- 다양한 정보와 지식을 주고받아 지식의 습득, 확장 능력을 향상하는 토론이므로 다양한 정보나 지식이 공유될 수 있는 그림책이 좋다.
- 그림책을 읽고 생각할 수 있는 아이디어가 찬반으로 나뉘는 것보다는 다양하게 나올 수 있는 주제여야 한다.
- 토론 후 얻게 되는 정보나 아이디어가 학생들의 삶에 적용할 수 있도록 학생 주변과 연관되어 있어야 한다.

그림책 읽고 토론하기

◎ 『나는 안내견이야』(표영민 글, 조원희 그림, 한울림스페셜, 2022)

안내견이 화자가 되어 시각장애인의 안내견으로서 겪는 여러 가지 어려움에 관해 이야기하는 그림책이다. 많은 학생이 안내견의 존재는 알고 있으나 안내견이 받는 훈련이나 어려움에 대해서는 잘 모르고 있었다. 이때 하나 주고 하나 받기 토론을 통해 안내견에 대한 다양한 정보를 찾고 공유한다면 공유된 정보를 근거로 안내견이 겪는 어려움, 관련한 문제 해결 방안, 일상에서 안내견을 만났을 때 어떻게 행동해야 하는지를 살필 수 있다.

토론 순서

1. 주제 선정 및 주제 관련 브레인라이팅 & 정보 찾기 ➡
2. 모둠 내 정보 공유 및 다수결 또는 만장일치로 하나 주기 의견 결정하기 ➡
3. 다른 학생들과 일대일로 정보 하나 주고 하나 받기 토론하기 ➡
4. 새롭게 얻은 정보를 원 모둠원과 공유하고 의견 세우기

● **1단계**

교사는 학생들과 함께 그림책을 읽고 토론 주제를 선정한다. 안내견과 관련된 것으로 학생들과 함께 정하거나 교사가 적절한 주제를 제시해준다. 그림책을 통해 안내견이 생활하면서 겪게 되는 어려움을 알게 되었기 때문에 일상에서 우리가 '안내견을 만나면 어떻게 행동해야 할까?'의 주제로 토론을 진행한다. 안내견에 관해 자신이 이미 알고 있는 정보를 브레인라이팅으로 나열하고, 검색을 통해 1~5가지 정보를 추가로 찾는다. 보다 다양한 정보를 찾기 위해 도서 또는 인터넷 검색을 활용할 수 있다.

● **2단계**

1단계에서 개별로 찾은 정보를 모둠 내 친구들과 돌아가며 말하기로 공유한다. 말하기 순서를 정하여 자신이 안내견과 관련하여 알고 있었던 지식이나 새롭게 알게 된 정보를 돌아가며 이야기한다. 모둠에서 나온 정보 중 다른 모둠원과 공유할 '하나 주고' 항목에 넣을 것은 다수결이나 만장일치의 방법으로 정한다. 정해진 정보는 각자 활동지의 '하나 주고' 칸에 기록한다. 다른 모둠과 공유할 '하나 주고' 항목의 수는 토론자의 나이, 주제의 난이도에 따라 1~10개로 정한다.

하나 주고
(모둠에서 모아진 의견)
1. 안내견의 옷이 노란색인 까닭은 사람들이 쉽게 알아볼 수 있는 색이기 때문이다.
2. 안내견은 주인을 위해 10년 동안 동행한다.
3. 안내견은 1923년 즈음에 생겼다.
4. 안내견은 주인의 편안하고 안전한 환경을 조성하는 데 도움을 준다.
5. 안내견은 배변 훈련, 주인의 지시에 따르는 훈련, 장애물을 피하는 훈련 등을 한다.

● **3단계**

모든 학생은 활동지를 가지고 자리에서 일어나 다른 모둠원과 일대일로 만난다. 정보를 교환할 짝이 없는 학생은 손을 들고, 손을 든 학생 중 만나지 않은 친구를 선택한다. 다른 모둠원을 만나면 활동지의 '하나 주고'에 있는 정보 중 한두 개를 읽어주고, 짝으로 만난 학생은 듣는다. 들은 정보 중 자신에게 없는 정보 한 개를 활동지의 '하나 받기' 칸에 적는다.

다른 모둠원을 계속 만나 정해진 시간 동안이나 정해진 조건(하나 받기 칸에 다섯 가지 정보 기록하기 등)을 완료하기까지 토론을 계속한다. 토론이 완료된 학생들도 정보를 받지 못한 다른 모둠원의 요청이 있는 경우, '하나 주고'의 정보를 공유할 수 있다.

하나 받기
(우리 모둠에는 없는 다른 모둠의 의견)
1. 우리나라에는 현재 60여 마리의 리트리버 안내견이 있다.
2. 시민들은 안내견에게 먹을 것을 주어서는 안 된다.
3. 안내견은 꼭 목줄을 착용해야 한다.
4. 안내견도 마트에 출입할 수 있다.
5. 안내견의 훈련 과정은 총 7단계이다.

● **4단계**

다른 모둠원과 만나 '하나 주고 하나 받기'를 완료한 학생들은 활동지를 가지고 자신의 자리로 돌아온다. 토론을 통해 새롭게 알게 된 정보를 모둠원과 공유한다. 새롭게 모은 정보를 근거로 개인 의견을 세운 후, 모둠원이 순서를 정해 자신의 의견과 근거를 돌아가며 이야기한다. 토론자의 나이, 주제의 난이도에 따라 개인 의견을 세우는 것으로 토론을 마무리하거나 모둠의 의견을 추가로 세워본다. 모둠원이 돌아가며 말한 개인 의견에 대한 장단점을 생각하여 각각 포스트잇에 적는다. 단점이 적고 장점이 많은 의견을 곧장 선택하거나 여러 의견을 취합해 단점이 줄어든 하나의 의견을 만들 수 있다.

토론 전, 대다수 학생들은 안내견이 시각장애인을 도와주는 존재라는 간단한 정보만 알고 있었다. 그러나 그림책을 읽은 뒤에는 '노란 조끼를 입고, 훈련을 받는다' 등의 정보를 습득하고, 안내견이 겪는 어려움(식당이나 마트에 출입하지 못하는 것, 사람들이 입마개를 하지 않은 대형견이라고 신고하는 것, 먹을 것을 주거나 사진을 찍는 것 등)을 알게 되었다. 습득한 다양한 정보를 근거로 안내견이 겪는 어려움, 관련한 문제 해결 방안, 일상에서 안내견을 만났을 때 어떻게 행동해야 하는지에 대한 의견을 세우는 기회가 되기도 했다.

10 꼬리물기 토론

○ 꼬리물기 토론은 학생들이 서로의 의견을 연속적으로 이어가며 깊이 있는 논의를 할 수 있도록 돕는 토론 방법이다. 이 토론의 특징은 한 학생이 의견을 제시하면 다음 학생이 그 의견을 받아 자신의 생각을 덧붙이거나 반박하는 방식으로 진행된다는 점이다. 서로의 의견을 이어가며 토론이 진행되므로 학생들은 논리적 사고와 경청 능력을 기를 수 있다. 모든 학생이 적극적으로 참여할 수 있고, 다양한 관점을 공유함으로써 주제에 대한 이해가 깊어진다는 점이 장점이다. 또한 존중과 협력을 강조하여 긍정적인 토론 문화를 형성하는 데 탁월하다.

어떤 그림책이 좋을까?
- 도덕적 딜레마를 다루는 그림책으로 선과 악, 규칙과 사유, 책임과 권리 등 도덕적 갈등을 포함하는 이야기여야 한다.
- 우정, 가족, 용서, 이해 등 감정의 다양성과 인간관계를 탐구하는 이야기를 담은 책으로 그에 따른 다양한 의견을 낼 수 있어야 한다.
- 서로의 의견을 연속적으로 이어갈 수 있는 내용이면서도 다양성과 포용성 등 사회적 주제를 담고 있어야 한다.

그림책 읽고 토론하기

❂ 『착해야 하나요?』(로렌 차일드 글·그림, 장미란 옮김, 책읽는곰, 2021)

착한 아이로 사는 것에 대해 생각해보게 하는 책이다. 착한 아이 유진은 먹기 싫은 브로콜리도 잘 먹고, 잠자리 시간도 잘 지키며, 동생 제시와 번갈아 청소하기로 한 토끼장도 도맡아 청소하는 반면, 동생 제시는 브로콜리는 절대 안 먹고, 밤늦게까지 과자를 먹으며 텔레비전을 본다. 이 책은 주변 사람의 기대에 부응하기 위해 '착한 아이'라는 틀에 스스로를 끼워 맞추기보다는 나답게 사는 것이 중요하다는 것을 일깨워준다. 꼬리물기 토론 기법을 사용하여 유진과 제시의 행동을 비교하고 착함의 의미를 찾아가보자. 착함의 다양한 측면을 탐구하고 자신과 타인의 행동을 이해하는 데 큰 도움이 될 것이다.

토론 순서

1. 토론 주제 설정 및 토론 순서 정하기 ➡ 2. 순서대로 토론 이어가기 ➡ 3. 마무리 및 요약

● **1단계**

그림책을 읽고 난 후, 모둠별로 각각 질문 한두 개를 만든다. 이때 책의 주제인 착함과 자기 자신다움의 균형을 중심으로 한 구체적인 질문을 설정한다. 예를 들어, '착하게 행동하는 것이 항상 옳은가?' '자기 자신답게 사는 것이 왜 중요한가?'와 같은 질문이 주제가 될 수 있다. 발언 순서는 원형으로 앉아서 시계 방향이나 반시계방향으로 진행하는 것이 일반적이며, 이는 모든 학생이 토론에 참여할 수 있도록 돕는다. 토론의 기본 규칙을 설정하는 것도 중요하다. 한 사람당 참여 시간을 1~2분으로 제한하고, 다른 사람의 토론에 경청하며 존중하는 태도를 유지하도록 한다. 교사는 학생들에게 규칙과 토론 순서를 명확히 안내한다.

● 2단계

토론이 시작되면, 먼저 토론자 모두가 자신의 의견을 발표하거나 쓴다. 이때 토론자는 그림책을 읽고 '착해야 하나요?'에 대한 자신의 의견을 바탕으로 시작 질문을 꺼내놓는다. 최대한 명확하고 간결하게 자신의 생각을 전달한다. 예를 들어, "저는 유진처럼 착하게 행동하는 것이 중요하다고 생각합니다. 착한 행동은 다른 사람들과의 관계를 좋게 유지하고, 사회에서 긍정적인 평가를 받을 수 있기 때문입니다"라고 발표할 수 있다. 첫 번째 발언자는 논의의 출발점을 제공하며, 다른 학생들이 토론을 이어갈 수 있는 기초를 마련한다.

이어서 다음 발언자는 첫 번째 발언자의 의견을 받아 자신의 생각을 덧붙이거나 반박한다. 이 과정에서 발언자는 자신의 의견을 명확히 하고, 이전 발언자의 의견을 존중하면서도 자신의 시각을 제시한다. 예를 들어, "그렇지만 제시의 행동도 이해할 수 있습니다. 자신의 욕구를 표현하는 것은 개인의 행복과 정체성을 찾는 데 중요한 역할을 하기 때문입니다"라고 발표할 수 있다. 이렇게 발언자는 논의의 흐름을 이어가며 다양한 시각을 추가한다.

학급 전체나 모둠이 원형으로 진행할 수도 있고 짝과 서로 바꿔가며 진행을 할 수도 있다. 모든 학생이 차례대로 발언하여 자신의 의견을 제시한다. 각 학생은 이전 발언자의 의견을 고려하면서 자신의 생각을 추가한다. 이 과정에서 학생들은 서로의 의견을 연결하고, 다양한 관점을 종합하여 토론을 발전시킨다. 교사는 필요한 경우 추가 질문을 던진다. 이는 학생들이 깊이 있는 논의를 할 수 있도록 촉진하며, 새로운 시각을 제시하는 데 도움을 준다. 예를 들어, "착하게 행동하는 것이 다른 사람에게 어떤 영향을 미칠까요?"와 같은 질문을 던질 수 있다.

● 3단계

교사는 토론 내용을 요약하여 학생들이 주요 결론을 도출하도록 돕는다. 이때 각 발언의 핵심 포인트를 정리하고, 학생들이 토론을 통해 어떤 인사이트를 얻었는지 설명하는 것이 좋다. "오늘 우리는 착함의 중요성과 자기 자신답게 사는 것의 필요성에 대해 이야기했습니다. 착한 행동이 중요한 반면, 자신의 감정을 억누르기보다는 솔직하게 표현하는 것도 필요하다는 결론을 내렸습니다"라고 이야기해보자.

마지막으로 토론에 참여한 소감을 나눈다. 자신의 생각이 어떻게 변했는지, 무엇을 배웠는지, 토론 과정에서 무엇을 느꼈는지 공유하는 것이 중요하다. 이 과정은 학생들이 자신의 배움을 반성하고 토론에 대한 개인적인 소감을 표현하는 기회를 제공한다.

11 버즈 토론

🟡 버즈(Buzz) 토론은 많은 사람의 참여를 유도하여 교육 효과를 높이는 기법이다. 토론이 진행되면 마치 벌집을 건드린 것처럼 참가자들의 말소리가 붕붕거려서 버즈 토론이라고 부른다. 특정한 주제를 갖고 여섯 명으로 구성된 모둠이 6분간 토론을 진행해서 6×6 토론이라고도 한다. 소수 인원으로 그룹을 형성하여 전개하기 때문에 참가자들이 친밀감을 느끼고 자유롭고 편안한 분위기에서 토론할 수 있다는 장점이 있다. 또한 과정을 중시하여 정답을 규정하는 것보다 답에 도달하는 과정을 가치 있게 여긴다.

어떤 그림책이 좋을까?
- 천천히 읽으면서 다양한 질문을 자유롭게 만들 수 있는 그림책이 좋다.
- 학생들의 삶과 연계될 수 있는 사실, 정보, 가치, 주제를 가지고 있어야 한다.
- 찬반 토론이 아니기 때문에 학생들의 다양한 생각과 감정을 공유할 수 있는 내용을 담고 있어야 한다.

그림책 읽고 토론하기

○ 『돼지왕』(닉 블랜드 글·그림, 김혜진 옮김, 천개의바람, 2015)

제멋대로 권력을 휘두르는 돼지왕과 그 아래에서 고통받는 양들의 이야기이다. 돼지왕은 양들이 왜 자신을 좋아하지 않는지 이해하지 못하다가, 추위하는 양들에게 미안한 마음을 갖고 배려하려고 애쓰게 된다. 진정한 지도자는 어떤 생각과 마음을 가지고 어떻게 행동해야 할까? 다양한 의견을 나누면서 누군가에게 미안한 마음을 품는 일, 다른 이의 입장에서 이해하고 공감하며 배려하려 애쓰는 일은 지도자의 덕목이며, 지도자가 아니더라도 함께 살아가는 사회에 꼭 필요한 가치임을 알아가보자.

토론 순서

1. 마인드맵으로 그림책 내용 정리하고 3~6명으로 모둠 구성하기 ➡
2. 주어진 주제를 갖고 5~20분간 자유롭게 토론한 뒤 결론 내리기 ➡
3. 소그룹 대표자(사회자나 서기)는 자기 그룹에서 나온 결론을 전원에게 발표하기

● **1단계**

학급 전체가 그림책을 함께 읽고 브레인스토밍을 통해 내용을 분석한다. 교사는 마인드맵으로 내용을 정리하고 토론 주제를 함께 찾아보자고 이야기한다. 『돼지왕』은 돼지왕과 양들의 이야기라서 인물을 중심으로 마인드맵을 만들면 좋다. 인물의 행동을 파악하며 토론 주제가 될 만한 질문을 만든다. 여기서는 토론 주제로 '좋은 리더(반장)의 조건은 무엇일까?'를 선택했다. 그런 뒤 3~6명으로 모둠을 구성한다.

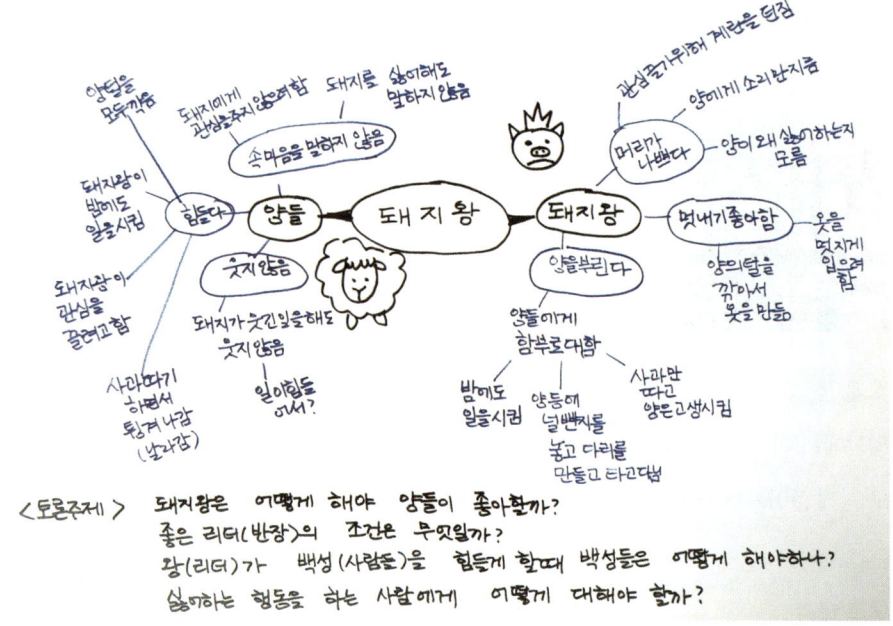

마인드맵으로 정리한 그림책 내용

● **2단계**

교사는 참가자에게 버즈 집단 토론의 목적과 실시하는 방법을 설명한다. 각 버즈 집단은 원형으로 둘러앉아 잠깐 동안 서로 소개를 하고, 발표를 맡을 사회자와 서기를 선출한다. 모둠원들에게 토론 주제를 제시하고, 토론 시간을 5~20분으로 제한한다. 각 그룹은 주어진 주제를 가지고 자유롭게 토론한 후 결론을 내린다. 버즈 토론은 형식이나 발언 순서가 정해져 있지 않기 때문에 자유롭게 진행하는 것이 중요하다. 교사는 각 모둠을 다니며 도움이 필요한지 확인하고, 구성원들이 서로의 발언을 경청하도록 지도한다. 토론을 종결하기 위해서는 종료 2분 전에 예비 신호를 보내고, 시간이 다 되면 토론을 중단시켜 각 모둠이 원래 자리로 돌아가게 한다. 서기는 모둠 내의 발언을 기록하고 요약하여 발표한다.

다음은 학생들이 진행한 토론 예시이다.

사회자: 좋은 리더(반장)의 조건은 무엇일까요?

발표자1: 돼지왕처럼 자기 마음대로 하면 안 됩니다. 자기 마음대로 하면 다른 사람들이 힘들고 제대로 된 학급이라고 할 수 없기 때문입니다.

발표자2: 동의합니다. 다른 사람들의 마음을 잘 알고 도와주는 사람이 리더를 해야합니다.

발표자3: 관심을 받으려면 잘해줘야 하는데 돼지왕은 관심을 받으려고 양들에게 계란을 던졌습니다. 자기가 하는 행동이 나쁜 행동이 아닌지 살펴볼 줄 알아야 합니다.

발표자4: 동의합니다. 리더는 착해야 합니다.

발표자5: 그런데 착하기만 해서는 안 됩니다. 도와주는 능력이 있어야 합니다.

서기: 그러면 우리 모둠의 의견은 '다른 사람의 마음을 잘 알고 도와주는 사람이 리더를 해야 한다'로 하겠습니다.

● 3단계

각 모둠 대표자(사회자나 서기)는 자기 모둠에서 나온 결론을 전원에게 발표한다.

서기1: 돼지왕은 늘 자기 멋대로 굴었습니다. 우리 모둠의 의견은 '다른 사람의 마음을 잘 알고 도와주는 사람이 리더를 해야 한다' 입니다.

서기2: 돼지왕은 아무도 좋아하지 않아서 자꾸 화를 냈습니다. 다른 사람에게 화를 내고 못되게 굴면 좋은 리더라고 볼 수 없습니다. 친절한 사람이 리더가 되어야 합니다.

서기3: 내가 잘못한 사람에게 미안한 마음을 갖고 사과할 줄 아는 사람이 리더가 되어야 합니다.

서기4: 다른 사람을 이해하고 공감하며, 배려하려 애쓰는 사람이 리더가 되어야 합니다.

교사: 각 모둠에서 나온 의견을 잘 발표하였습니다. 발표한 내용처럼 리더는 다른 사람에게 친절하고 공감해야 하고, 우리는 그런 리더를 잘 선출해야겠습니다. 리더가 아니더라도 다른 사람들과 잘 지내기 위해서는 돼지왕처럼 함부로 굴지 말고 공감하고 배려하는 사람이 되어야겠습니다.

12 마인드맵 토론

🟡 마인드맵(Mind map)은 이미지와 핵심 단어를 사용해 생각의 관계를 지도처럼 시각적으로 정리하는 기술이다. 이를 통해 복잡한 문제를 한눈에 파악하고 다양한 의견을 연결해 창의적인 해결책을 찾을 수 있다. 마인드맵 토론에서는 먼저 주제를 브레인스토밍으로 이야기한 후, 마인드맵으로 책의 내용을 정리하고 토론 논제를 만든다. 각 모둠은 하나의 논제를 선택해 찬성과 반대로 나뉘어 토론하고 마인드맵으로 의견을 정리한다. 소집단 내에서 진행되기 때문에 학급 전체를 대상으로 발표하기를 두려워했던 학생들도 보다 자신감 있게 토론에 참여할 수 있으며, 같은 토론 논제를 선택했을지라도 토론 결과가 조금씩 달라서 발표 내용을 서로 비교하며 사고를 확장시킬 수 있다.

어떤 그림책이 좋을까?
- 여러 측면에서 논의할 수 있는 그림책이 좋다.
- 천천히 읽으면서 다양하고 자유로운 질문을 만들 수 있도록 구성되어 있다면 적합하다.
- 그림책의 주제가 학생들의 삶과 연계되거나 학생들이 흥미를 느껴 많은 대화를 나눌 수 있어야 한다.

그림책 읽고 토론하기

○ 『물고기는 물고기야!』(레오 리오니 글·그림, 최순희 옮김, 시공주니어, 2001)

작은 연못에서 사는 물고기와 올챙이. 어느 날 올챙이는 개구리가 되어 세상을 경험한다. 개구리가 들려준 이야기에 물고기도 바깥 세상이 궁금해져 연못 밖으로 나가지만, 숨을 쉴 수 없게 된다. 물고기의 행동에 대해 마인드맵으로 내용을 정리한 후 찬성과 반대 입장을 정하고 토론한다면 자신의 의견과 반대되는 이야기를 들으면서 폭넓은 사고를 하고 상대편을 이해할 기회를 갖게 될 것이다.

토론 순서

1. 그림책 읽으면서 마인드맵으로 정리하고 질문 만들기 ➡
2. 모둠별 토론 논제 선정 및 마인드맵으로 의견 정리 ➡ 3. 아이디어 평가 및 결과 공유

● **1단계**

학급 전체가 그림책을 읽고 브레인스토밍을 통해 내용을 이야기 나눈 후, 교사가 마인드맵으로 정리한다.

〈마인드맵 만드는 방법〉

1. 마인드맵은 종이의 중심에서 시작한다.
2. 중심 생각을 나타내기 위해 이미지나 사진을 이용해도 좋다.
3. 의견이 달라지면 다른 색깔을 이용한다.
4. 중심 이미지에서 주 가지로 연결한다.
5. 주 가지의 끝에서부터 부 가지로 연결한다.
6. 부 가시의 끝에서 세부 가지를 연결한다.
7. 가지당 하나의 키워드만 사용한다.

『물고기는 물고기야!』 그림책은 두 인물의 행동과 대화를 중심으로 서술되어 있기 때문에 인물 중심으로 마인드맵을 만들면 좋다. 두 인물의 특징과 성격, 어떤 일을 했는지 학생들과 브레인스토밍하면서 교사가 정리한다. 마인드맵을 만들고 학생들과 이야기를 나누면서 토론 논제가 될 만한 문장이나 질문을 쓴다.

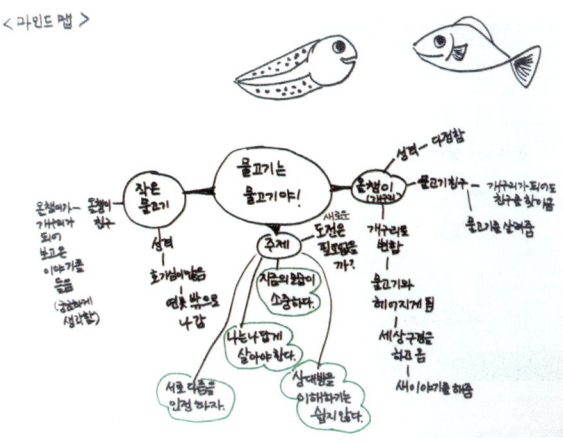

그림책 속 인물 중심으로 정리한 마인드맵

● 2단계

소집단으로 모둠을 구성한다. 찬성 둘, 반대 둘(또는 찬성 셋, 반대 셋)으로 구성하는 것이 좋다. 그다음 모둠별로 토론 논제를 하나 고른다. 1단계에서 나왔던 문장과 질문 들을 살펴보며 모둠에서 토론하고 싶은 주제를 의논한다. 결정된 논제에 대한 찬성과 반대 입장을 정한다.

모둠에서 정한 토론 논제로 토론한다. 먼저 찬성쪽에서 한 사람이 의견을 내고 다 같이 들어본다. 그 의견이

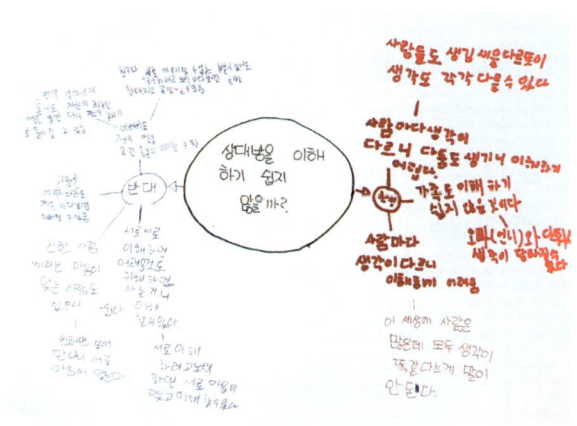

'상대방을 이해하기 쉽지 않을까?'를 주제로 한 찬반 마인드맵

괜찮으면 의견을 낸 사람이 빨간색으로 마인드맵에 쓴다. 반대쪽은 찬성 쪽의 의견을 듣고 반대하는 이유나 반대하는 입장의 의견을 낸다. 다 같이 들어본 후 그 의견이 괜찮으면 의견을 낸 사람이 파란색으로 마인드맵에 쓴다. 그다음 찬성 쪽에서 의견을 내지 않은 사람이 의견을 내고 다 같이 들어본 후 그 의견이 괜찮으면 마인드맵에 쓴다. 반대쪽에서도 의견을 내지 않은 사람이 찬성 쪽의 의견을 듣고 반대하는 이유나 반대하는 입장의 의견을 낸다. 다 같이 들어본 후 그 의견이 괜찮으면 파란색으로 마인드맵에 쓴다. 모둠원 전체의 발표가 끝나면 마인드맵에 쓴 내용을 같이 읽어본다. 발표할 사람을 정하고 비슷한 내용을 묶어 발표 준비를 한다.

● **3단계**

모둠별로 마인드맵 작성한 내용을 실물화상기로 보면서 모둠 대표가 전체 내용을 발표한다. 마인드맵에 정리한 모든 내용을 다 발표하지 않아도 되고 찬성과 반대 의견에서 중요한 내용만 발표해도 된다. 발표 후에는 칠판에 게시하여 전체 의견을 공유한다.

13 롤링페이퍼 토론

🟡 '종이를 돌린다'는 뜻을 지닌 롤링페이퍼(Rolling paper)는 한 장의 종이에 여러 명이 돌아가며 하고 싶은 말을 적는 활동이다. 주로 생일이나 졸업, 전학 등과 같은 특별한 이벤트가 생겼을 때 활용해왔다. 이 방식을 토론에 차용한 것이 롤링페이퍼 토론이다. 함께 나누고 싶은 이슈나 해결해야 할 문제를 논제로 올리고 이에 대해 여러 사람이 자신의 생각을 돌아가며 적는다. 논제에 대한 자신의 생각을 종이에 쓰기만 하면 되므로 시간과 공간의 제약이 적고, 거의 모든 주제의 토론에 무난하게 적용할 수 있다. 또한 말하기에 두려움을 가지고 있는 학생들도 부담 없이 참여할 수 있다는 장점이 있다.

어떤 그림책이 좋을까?
- 우리 주변에서 흔히 볼 수 있는 또래 어린이가 관찰자 또는 주인공으로 설정된 그림책이 문제 이해와 수월한 의견 개진에 좋다.
- 이야기 구조가 너무 복잡하지 않으면서 누구나 한 번은 겪어보거나 고민해봤을 생활 속 주제를 다룬 그림책이 좋다.
- 생활 속에서 생기는 크고 작은 갈등이나 고민을 소재로 한 그림책이 학생들의 공감과 참여 의욕을 이끌어내기에 적합하다.

그림책 읽고 토론하기

❂ 『걱정 유리병』(루 존 글, 제니 블룸필드 그림, 엄혜숙 옮김, 미래엔아이세움, 2023)

주인공 소녀는 수많은 걱정을 안고 생활한다. 학교에 갈 때, 쉬는 시간에, 수영장에 갈 때나 잠을 잘 때도 걱정은 끊이지 않는다. 걱정은 불안의 다른 이름이다. 정도의 차이만 있을 뿐 누구에게나 걱정과 불안은 존재한다. 어른들처럼 자신의 감정을 자세히 표현하지 못할 뿐 학생들이 겪는 불안은 결코 작지 않다. 그래서 학생들은 이야기 속 소녀의 걱정과 불안에 대해 어렵지 않게 공감한다.

작가는 우리가 저마다의 걱정을 다스림으로써 인격의 성숙과 마음의 평화를 얻을 수 있음을 말해준다. 걱정을 다스리는 방법 중 하나는 걱정을 숨기지 않고 드러내는 것이다. 그림책 속에 나온 것처럼 다정한 조언자의 이야기를 듣는 것도 좋은 방법이다. 이 두 가지 방법을 학급 구성원 모두가 동시에 경험할 수 있는 활동으로 롤링페이퍼 토론을 활용해보고자 했다.

토론 순서

1. 토론 주제 선정 ➡ 2. 주제에 대한 의견 돌려 쓰기(롤링페이퍼) ➡ 3. 의견 정리하여 글쓰기

● **1단계**

교사는 학생들과 함께 그림책을 읽는다. 그림책을 읽어주는 도중에 학생들은 자연스럽게 걱정에 대한 이야기를 꺼내놓는다. 그림책의 이야기와 연결해 다양한 걱정의 경험을 나눠본 뒤 토론의 대주제를 '요즘 나의 걱정은 무엇인가'로 결정한다. 학생들은 반 친구들의 조언을 얻고 싶은 걱정 한 가지를 활동지 상단에 작성한다. 이때 실명을 밝히기보다는 익명으로 작성하는 것이 좋다. 자신의 걱정을 솔직하게 드러내는 것에 대한 심리적 부담감을 줄여주기 위함이다.

● **2단계**

토론 주제를 정했다면 활동지를 모두 걷고 활동 방법을 자세히 설명해준다. 롤링페이퍼, 즉 활동지를 돌리는 범위는 다양하게 선택할 수 있는데, 시작하기 전에 책상 대형을 그에 맞게 바꾸는 것이 좋다. 보통 모둠형, 분단형, 학급 전체로 나뉘며, 토론 주제와 학급 상황에 맞게 선택하면 된다. 본 학급에서는 다음 그림과 같이 분단형 롤링을 기본으로 하였다.

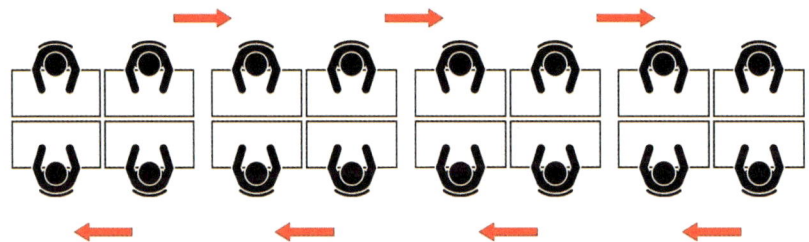

활동지를 무작위로 나눠준 후 롤링페이퍼를 작성한다. 그림책의 주제인 '걱정'의 경우 감정과 정서를 다루므로 토론자들이 부담을 느낄 수 있다. 자신의 고민을 여러 사람에게 밝히고 도움을 요청한다는 것은 생각보다 용기가 필요한 일인데, 이럴 때 롤링페이퍼의 익명성은 큰 도움이 된다. 교사는 롤링페이퍼 작성 시 유의 사항을 다음과 같이 설명한다.

- 토론 주제를 꼼꼼히 읽고 주제에 벗어나지 않게 쓴다.
- 답변을 쓸 때는 상대방의 마음을 헤아리며 쓰고, 글쓴이의 이름을 밝힌다.
- 답변을 작성한 후 시계방향으로 활동지를 전달한다.
- 한 자리에 활동지가 쌓일 경우 다음 자리로 활동지를 넘겨 정체되지 않도록 한다.
- 활동지 마지막 칸을 작성한 학생은 교사에게 제출한다.

● **3단계**

롤링페이퍼 활동이 끝나면 자신의 활동지를 돌려받아 다른 학생들이 써준 의견들을 살펴보고 정리한다. 가장 마음에 든 답변 서너 개를 골라보는 것도 좋다. 나의 고민에 가장 공감해준 답변, 생각지 못한 아이디어를 제시한 답변, 현재 나에게 가장 도움이 되는 답변 등을 기준으로 고르도록 가이드를 제시한다. 마지막으로 자신이 고른 토론 주제에 대한 최종 생각을 글로 나타낸다. 활동 이후 생각이 변한 점이 있다면 자세히 글로 써본다.

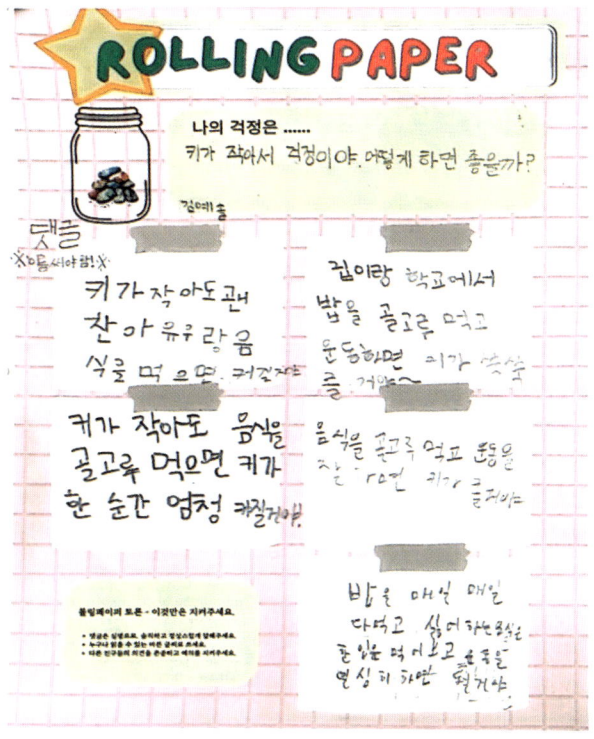

롤링페이퍼 토론 활동지

14 갤러리워크*

○ 갤러리워크(Gallery walk)는 전시장을 거닐며 작품들을 바라보듯이 학생들의 발표 자료에 접근하는 방법으로, 전시장 관람 토론법이라고도 한다. 한 공간 내에서 각 모둠의 소규모 토론이 청중을 바꾸어가며 계속 이루어지는 형태이다. 그렇기에 전체 학생을 대상으로 한 일반적인 발표 방법에 비하여 발표자의 발언 기회가 많아진다는 장점이 있다. 또한 이야기를 듣는 관람객 역할의 학생들도 3~6명 내외의 소수 인원끼리 자료를 접하게 되어 보다 집중하여 정보를 습득하고 토론할 수 있다.

전시된 발표 자료를 각자 자유롭게 보는 방법도 있지만, 도슨트가 작품에 대해 알려주고 정보를 전달하듯 발표자를 두는 경우가 많다. 학생이 다른 학생들에게 자기 모둠의 토론 결과에 대해 설명을 하고, 이에 대해 다른 모둠의 학생들과 토론하는 것이 일반적이다. 같은 내용의 발표를 한 사람이 여러 모둠을 대상으로 반복하여 말할 수도 있지만, 모둠 내에서 발표자를 바꾸어가며 소규모 토론을 진행하고 청중으로서 참여하는 것이 바람직하다.

* 김경훈, 『토의토론수업, 배움을 디자인하다』(행복한미래, 2018), 이상우, 『협동학습으로 토의·토론 수업 완전 정복』(피앤씨미디어, 2022) 참고.

어떤 그림책이 좋을까?

- 부담 없이 많은 생각들을 접해보고 나눌 수 있다면 그 어떤 책이라도 활용할 수 있다.
- 일상적인 소재부터 찬반 의견이 갈리거나 무게감 있는 토론 주제를 담은 그림책까지 폭넓게 적용할 수 있다.
- 글 형태의 발표 자료뿐만이 아니라, 전시장의 느낌을 살려 그림이나 사진 등의 이미지 작품으로 함께 표현할 수 있는 주제의 그림책도 좋다.

그림책 읽고 토론하기

○ 『겨울 이불』(안녕달 글·그림, 창비, 2023)

풍부한 소재가 담겨 있어 갤러리워크를 진행하기에 부담 없는 그림책으로, 저학년에게도 고학년에게도 추천한다. 대가족 풍습이나 계절감의 경계가 조금씩 흐려져가는 현시대에 가족과 함께 보내는 시간과 추억, 사계절 이야깃거리 등에 대해서 가볍게 토론해볼 수 있다. 또 교과와 연계해 기후나 의식주 생활, 생활 풍습이나 동식물의 생활, 계절적 습성 등으로 토론 주제를 확장하여 접근할 수도 있다. 따뜻하고 푸근한 그림체는 전시장에 온 듯한 기분으로 자유롭게 의견을 떠올리게 하고 학생들이 편안한 토론 분위기를 이어가도록 돕는다.

토론 순서

1. 발표 자료 만들기 ➡ 2. 발표 준비 ➡ 3. 발표 ➡ 4. 활동 마무리 및 내용 정리

● 1단계

함께 그림책을 읽고 가벼운 대화를 나눈 뒤 교사가 토론 주제를 제시한다. 이번 수업에서 선정한 토론 주제는 '우리나라의 사계절과 우리 생활'이다. 4~5인 1모둠을 구성한 뒤, 각 모둠에서 봄, 여름, 가을, 겨울 중 하나의 계절을 주제로 선택한다. 5~6개의 모둠으로 이루어진 학급은 상대적으로 소재가 많은 여름과 겨울을 두 개 모둠이 발표해도 좋다. 어느 정도의 내용 보완을 고려하여 모둠 간에 주제를 겹치게 할 수 있고, 학급별 상황이나 시간에 따라 모둠별로 모두 다른 주제를 선택하게 할 수도 있다.

먼저 인터넷, 도서 등의 매체를 활용하여 계절별 기후의 특징, 의식주 생활이나 계절마다 다른 모습의 지역 행사 등에 대한 자료를 조사한다. 가족과 함께한 특정 계절의 추억이나 학생들의 특별한 에피소드를 곁들이는 것도 좋은 토론 소재가 될 수 있다. 이후 모둠별로 충분한 대화와 준비 시간을 가지면

서 모둠별 발표 자료를 만든다. 예를 들어, 여름을 주제로 선택한 학생들은 덥고 습한 계절적 특성으로 인하여 에어컨이나 선풍기를 사용하고, 바다나 계곡과 같은 시원한 곳으로 물놀이를 떠난다고 했다. 또 이와 더불어 빙수, 삼계탕 등의 시원하고도 몸 건강을 챙길 수 있는 식생활에 대해 말하며 가족과 수박을 나누어 먹은 추억을 그림으로 표현하였다. 다른 모둠의 학생들은 여름철 건강을 지키기 위한 주의 사항과 더불어, 사회 시간에 학습한 호우와 태풍 등의 여름철 자연재해를 주제로 토론하였다.

발표물이 글과 그림이 담긴 평면의 형태가 아니라 입체 작품이나 다양한 형태의 전시물이 될 수도 있다. 일반적인 전지를 사용할 수도 있지만 접착력을 가진 포스트잇 형태의 큰 종이(메모 패드)를 사용하는 것도 좋은 방법이다. 이렇게 하면 학생들이 접착 면에 유의하며 조심히 종이를 다루기도 하고, 자료 제작이나 토론 과정에서 종이가 이리저리 흔들려 찢어지는 것을 방지할 수 있다. 어디에나 손쉽게 붙일 수 있기에 토론 및 발표 진행 때에도 수월한 면이 있다.

● **2단계**

발표 자료가 완성되면 발표 준비를 한다. 정해진 장소에 전시물을 붙이고 실제 관객이 눈앞에 있는 것처럼 도슨트의 역할을 해본다. 4~5인으로 이루어진 여섯 개 모둠을 기준으로 했을 때, 자신들의 모둠에 다녀갈 나머지 다섯 개 모둠에게 누가 먼저 설명하고 누가 다른 모둠에 관람객으로 다녀올 것인지와 그 내용을 정한다. 모둠 배치는 두 자리는 앞을 보고, 나머지 두 자리는 마주 보도록 책상을 놓는 것을 추천한다. 그리고 발표자의 의자 하나를 마주 보는 책상 끝 쪽에 위치시켜 등받이 자리에 발표 자료를 붙이면 학생들의 눈높이와 적정 가시거리가 확보된다. 이렇게 함으로써 관객 학생은 앞을 보는 자리에 앉아 발표 자료에 집중할 수 있으며, 도슨트 학생은 발표 자료에 가깝게 위치하여 효과적인 토론 진행이 가능하다.

도슨트 학생들은 동일한 대본을 준비하여 그대로 읽어 줄 수도 있고, 핵심적인 발표 내용만 공통으로 숙지하여 각 발표자의 역량에 맡길 수도 있다. 한두 명의 학생이 계속 모둠에 남아 설명을 반복할 수도

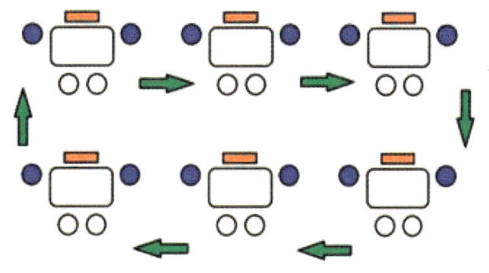

모둠 자리 배치도

있다. 하지만 발표 기회를 고루 가지며 타인의 발표를 들어보는 경험도 중요하기에 가능한 모든 학생이 고루 역할을 경험해보도록 한다.

● **3단계**

교사의 시작 및 이동 신호에 맞추어 학생들은 관람 순서에 따라 다른 모둠으로 옮겨간다. 각 모둠의 토론 결과에 대한 발표, 발표 내용에 대한 추가적인 토론을 진행한다. 가능한 발표자는 일어서서, 관객은 앉아서 발표에 집중할 수 있도록 환경을 조성한다. 한 공간에서 여러 발표가 동시적으로 일어나기에 자칫 소란스럽다고 느낄 수 있는 상황이 발생하기도 한다. 하지만 학생들이 자유로운 분위기에서 활발한 토론을 하기 위해 거쳐야 할 과정이다. 교사는 사전에 토론 진행 방법과 발표자와 관객 사이의 기본 예절, 이동 방향, 발표 시간 등에 대하여 충분히 반복하여 안내한다.

전체적으로 한 바퀴나 두 바퀴 정도를 도는 사이에 발표자와 관객의 역할을 바꿔주면 좋다. 중복되는 주제도 많기에 두세 팀을 거쳐갔을 때 발표팀과 관객팀을 교체한다. 5~6회 정도 이동하여 원래 모둠으로 돌아오면 정보를 충분히 얻게 된다. 또는 한 바퀴 내외의 횟수로 이동하여 한 학생이 사계절에 대해서 일부 듣지 못한 자료가 있도록 해도 좋다. 이 경우 본 모둠으로 돌아와 기존 모둠원들과 서로 정보를 나누고 정리하여 내용을 채워 마무리한다.

관객 역할의 학생은 다른 준비 없이 듣기에만 집중할 수도 있으나, 별도의

활동지나 공책을 준비하여 보다 경청할 수 있도록 해주는 것이 좋다. 학생들의 학습장을 클립보드에 끼워서 새롭게 알게 된 점이나 흥미로운 점, 더 알고 싶은 점 등에 대하여 기록하는 것을 추천한다. 발표 시간과 이동 시간 안내를 위해 타이머나 시계 등을 교실 앞에 시각적으로 제시할 수도 있다. 하지만 줄어드는 시간을 보며 학생들이 조급해할 수도 있고 모둠별로 필요한 시간이 다를 수도 있기에, 교사가 진행 상황을 보며 말로써 유연하게 안내해주는 것도 좋은 방법이다.

갤러리워크는 토론을 진행하는 공간을 교실에 한정 짓지 않아도 된다. 다른 반에 피해를 주지 않는 선에서 복도와 같은 넓은 공용 공간이나 강당, 교실보다 규모가 있는 특별실 등 교실 내외의 공간을 활용하여 발표를 진행할 수 있다.

● 4단계

활동 소감을 나눔과 더불어 교사가 전체적인 내용을 한 번 더 정리해준다. 나아가 토론 과정에서 학생들이 느낀 점이나 다음 활동에 반영하고 싶은 점 등을 이야기하며 수업을 마무리한다.

15 둘 가고 둘 남기

○ 둘 가고 둘 남기는 ○ 가고 ○ 남기 토론법 중 하나로, 주제에 대한 다양한 의견과 대안을 고려하여 문제를 해결하기에 적합하다. 문제 상황에 대하여 충분히 생각하는 개인 시간을 가진 뒤에 모둠원끼리 토론하여 의견을 다듬어본다. 그런 다음에 특정 인원은 원래 모둠에 남아서 찾아온 다른 모둠원에게 토론 결과를 설명해주고, 나머지 인원은 이동하여 다른 모둠의 토론 정보를 수집해 온다. 소규모 토론이 계속 이루어지기에, 발표하는 학생은 의견을 반복적으로 전달하며 발표력이 향상되고 질문에 즉각적으로 답변하는 능력을 기를 수 있다. 또 발표를 듣는 학생들은 경청하며 내용을 분석하는 능력을 기르고 다른 친구들에게 이해한 내용을 다시 설명하며 정리하는 기회를 가져볼 수 있다. 하나의 주제를 두고 다양한 해결 방법에 대해 토론하거나, 각각 다른 주제를 가지고 토론하여 다른 모둠원들에게 정보를 알려주는 지식 전달 위주의 활동 역시 가능하다.

어떤 그림책이 좋을까?

- 하나의 문제에 대해서도 열린 생각으로 여러 대안을 찾을 수 있는 그림책이 정해진 방향이나 모범적인 답안이 있는 경우보다 좋다.
- 모둠별로 다른 주제를 맡거나 서로 다른 해결책을 떠올려 볼 수 있는 문제가 담긴 책도 좋다. 다양한 지식을 나누고 습득할 수 있는 기회가 된다.
- 토론을 더 생동감 있게 이끌기 위해서는 학생들이 깊이 생각하지 못하거나 학생들에게 생소한 주제를 담고 있는 책을 골라야 한다.

그림책 읽고 토론하기

○ 『도시에 물이 차올라요』(마리아호 일러스트라호 글·그림, 김지은 옮김, 위즈덤하우스, 2022)

사회문제와 관련된 이야기를 시각적인 효과를 극대화하여 표현한 그림책이다. 눈앞에서 발생한 문제가 점점 커지는 상황을 목격하면서도, 우리는 일상을 지속하며 누군가의 목소리를 외면하고 심지어 이를 웃음의 소재나 새로운 기회로 삼곤 한다. 언젠가 알아서 해결되리라 생각하고 던져둔 문제는 더는 돌이킬 수 없는 수준이 되어버리고, 그제야 다 같이 힘을 모아 해결 방법을 찾아내려 한다.

생태교육과 연계해 우리가 살아가는 지구환경을 살펴볼 수도 있지만, 더 나아가 사회 전반의 상황에 대해서도 생각해보기 좋다. 모두가 문제 현상에 대한 관심을 가지고 해결해야 한다는 경각심을 일깨워주는 그림책이기에 둘 가고 둘 남기 토론을 위한 동기 유발 도서로 매우 적절하다. 학생들이 문제 현상을 파악하고 다양한 대안을 이끌어낼 수 있도록 하자.

토론 순서

1. 모둠 구성 후 토론 주제 선정 및 개인 의견 정리하기 ➡ 2. 모둠별로 토론하기 ➡
3. 둘 가고 둘 남아 다른 모둠과 토론하기 ➡ 4. 토론 내용 정리하기

● **1단계**

함께 그림책을 읽은 뒤 4인 1모둠을 구성한다. 책을 통해 떠올릴 수 있는 환경 문제를 시작점으로 하여 큰 토론 주제 몇 가지를 교사가 정리해준다. 환경오염과 기후 위기, 동물 보호와 인간 등이 그 예이다. 수업에서 그림책과 함께 보여준 실제 지구의 환경 문제 뉴스나 다큐 영상, 다른 교과 수업에서 학습한 내용, 시기별 및 계절별 소재거리, 학생들의 관심사, 그림책 수업이나 대화를 통해 언급되었던 내용 들을 함께 연결하여 제시해줘도 좋다.

학생들은 해당 주제에 대해 각자 생각해본 뒤 한두 문장으로 의견을 정리하여 적는다. 교사가 제시한 큰 토론 주제에 답하면서도 더 알아보고 싶거나 모둠원들과 함께 토론하고 싶은 주제를 생각하는 단계이다. 이후 모둠원들과 함께 토론 주제를 구체화한 다음 다루고 싶은 주제를 모둠별로 선정한다. 같은 주제라도 모둠별로 다른 대안이 나오거나, 모둠별로 주제가 달라서 여러 의견이 나올 수 있다면 좋다. 다양한 내용으로 토론이 이루어질수록 학생들의 흥미가 유발되어 소규모 토론이 반복되는 내내 집중력을 이어갈 수 있다.

큰 토론 주제 (교사 제시)	학생 생각 정리 (개인 의견 기록)	함께 토론해볼 문제 (모둠 선택, 구체화)
환경오염과 기후 위기	- 편리한 택배도 쓰레기 문제를 야기한다. - 친환경 물품을 정말 친환경이라고 할 수 있을까? - 종이 빨대가 과연 친환경적일까? - 사람들이 도시로 많이 모이면서 더 문제가 된다. 인구, 교통, 도시 문제가 모두 연결되어 있다.	쓰레기와 환경오염, 친환경 물품
	- 옷도 적당히 만들면 좋겠다. 버려지는 옷이 많다. - 헌옷수거함에 옷을 넣는다고 그게 잘 쓰일까?	옷과 환경오염
동물 보호와 인간	- 우리 집 거북이를 잘 키워야겠다. - 동물을 키우다 버릴 것 같으면 키우지를 말아야겠다.	애완동물에 대한 자세
	- 멸종 위기 동물들을 잡아가는 사람에 대한 뉴스를 봤다. - 코뿔소 뿔을 몰래 잘라서 파는 사람들이 문제다. - 애완동물로 예쁨받다 버려지거나 불쌍하게 죽는 개가 많다. - 사람들이 쓰는 화장품이나 약을 제조하기 위해서 아무 것도 모르는 동물을 대상으로 실험을 한다.	위험에 처한 동물, 동물 실험 문제

● **2단계**

앞선 단계에서 기록한 개인의 생각을 바탕으로 보다 구체화된 문제에 대해 모둠끼리 의견을 나눈다. 문제 상황, 해결 방안, 개인적인 생각 등을 자유롭게 이야기한다. 학생들은 다양한 의견을 주고받으면서 한 가지 문제에 대해서도 여러 대안이 존재할 수 있음을 알게 된다. 최종적으로 의견을 두세 개로 추려서 다른 모둠과 나눌 수 있도록 준비한다.

    교사가 추가 자료를 준비하여 제시하거나 관련 교과서를 참고할 수도 있지만, 태블릿 등의 전자기기를 활용하여 자료를 검색하면 토론 진행에 큰 도움이 된다. 단, 전자기기는 처음부터 제공하기보다 토론 상황에 따라 적절히 제공하기를 추천한다. 학생들이 탐색할 자료를 명확히 인식하고 있거나, 문제에 대한 해결법을 어느 정도 파악하게 된 시점이 좋다. 관련 지식 습득 단계에서 전자기기를 알맞게 활용한다면 지식을 얻고 해결 방안을 도출하기 용이한 데다 토론 시간을 효율적으로 사용할 수 있다. 1단계와 2단계 활동을 다른 날에 실시하여 모둠별 토론 전에 각자 자료를 조사해 오는 것도 가능하다.

모둠 선택 주제	모둠별 토론 및 대안 검토
친환경 물품	- 친환경적인 택배 용품을 쓰는 마켓을 주요 이용해야겠다. - 종이 상자를 만들기 위해 나무도 돈도 많이 들어간다. 『상자 세상』을 보면 그 상자들이 모두 푸른 나무들이었다. - 택배를 조금만 써서 환경을 좋게 만들어야겠다. - 종이 빨대는 젖어서 재활용도 못 하고 분리하기도 어렵다. - 썩지도 않는 플라스틱보다 종이 빨대가 낫다. - 종이도 많이 쓰면 문제가 된다. 다른 대안을 찾아야 한다.
옷과 환경오염	- 헌옷수거함에서 다시 가져간 옷은 잘 안 쓰게 될 것 같다. - 헌 옷들도 상태가 좋으면 쓰겠지만 많이 버려지는 것이 문제다. - 지구 반대편에는 이런 옷들이 계속 버려져서 쌓여 문제가 되고 있다고 한다. 배고픈 소들은 옷을 풀처럼 뜯어서 먹는다고 한다. - 옷을 그냥 사지 말아야 한다.
동물 실험	- 더 철저히 검거해 밀수를 막으면 좋겠다. - 동물들도 생명이므로 자기 지인같이 소중하게 대해야 한다고 생각한다. - 반려견도 생명이 있다. 강아지들도 버려지고 난리여서 보호해줘야 한다. - 누군가에겐 소중한 가족인데 꼭 실험에 동물을 써야 할까.

● 3단계

토론 내용을 정리하고 역할을 나누어 본격적으로 둘 가고 둘 남기 활동하는 단계이다. 이동하기 전에 역할을 어떻게 나누고 이동하는지에 대해 설명하고, 남아 있는 사람과 이동하는 사람이 어떻게 모둠 토론 결과를 정리하여 전달할지에 대해서도 아래처럼 예시를 들어준다. 이동 전에 모둠끼리 회의할 수 있는 시간을 3~5분 정도 주면 좋다.

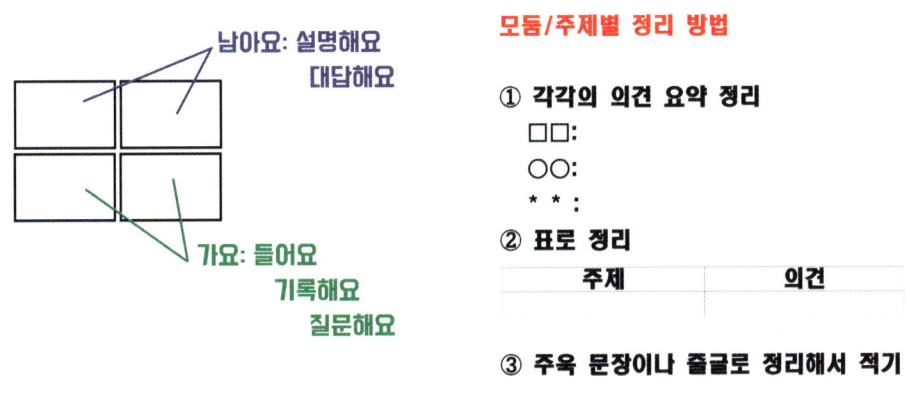

둘 가고 둘 남기 활동법

　한 사람이 남고 세 사람이 이동하여 의견을 듣고 올 수도 있지만, 적절히 역할을 나누고 협동할 수 있도록 두 명씩 짝을 이루어 토론하는 것을 추천한다. 두 학생은 원래 모둠에 남아 찾아온 다른 모둠원에게 모둠 토론 결과를 설명한다. 찾아온 다른 모둠원은 해당 모둠의 의견을 들어보고, 의견의 타당성과 문제점 등에 대해 질문하고 토론한다. 정해진 시간 동안 각 대안을 비판적으로 검토한다. 소규모 토론 한 번의 소요 시간은 5~7분 정도면 적당하다. 기존 모둠이 토론 내용을 발표하고, 그 내용을 듣고 질문하고 이에 대해 대답하여 필기하는 시간까지 모두 포함된다. 교사가 진행 상황을 살피며 이동 시간을 조정할 수도 있지만, 무소음 타이머를 사용하여 주어진 시간을 효과적으로 사용하는 능력을 길러줄 수도 있다. 전체 모둠을 방문해도 좋으나, 모든 모둠이 공통된 주제를 선택하여 비슷한 의견이 반복되는 경우에는 두세 개의 모둠에만 방문해도 충분하다.

● 4단계

원래의 모둠으로 돌아와 모아온 정보들을 나누며 토론을 마무리한다. 발표자 중 한 명이 모둠 토론 결과와 질의응답 내용 전반을 발표한다. 토론 내용뿐만 아니라 참여 과정이나 태도에 대해서도 함께 나누면 좋다. 또, 모둠별 발표가 끝날 때마다 교사가 짧게라도 각 모둠의 의견을 정리하고 피드백한다.

모든 모둠이 공통적인 주제에 대하여 대안을 찾아본 경우에는 모둠에 상관없이 가장 적절하고 좋은 의견이 무엇인지에 대해 논의하고 한두 가지를 최종 선택한다. 다양한 주제에 대하여 의견을 나눈 경우에는 어떤 내용을 나누고 들었으며, 다른 모둠으로부터 받은 질문과 답변이 무엇인지 간단히 정리하여 발표한다.

모둠 선택 주제	모둠별 토론 및 대안 검토	다른 모둠 의견 및 질의응답
친환경 물품	– 급하지 않으면 택배보다는 직접 가서 물건을 사야겠다. – 꼭 배달이 필요하다면 가능한 친환경 택배 용품을 쓰는 곳을 많이 이용해야겠다. – 환경을 위해 분리수거도 잘하고 일회용품도 최대한 사용을 줄여야겠다. – 종이컵이나 종이 빨대보다는 내 텀블러를 들고 가서 써야겠다.	– 아예 유리 빨대가 낫지 않을까? ⇨ 깨질 수 있어 위험하다.
옷과 환경오염	– 옷을 사는 것은 어쩔 수가 없으니, 아름다운 가게나 내가 이용했던 곳에 드려야겠다. – 옷을 큰 사이즈로 사서 오래 입어야겠다.	– 헌옷수거함을 본 적이 없다. 그게 무엇이냐? ⇨ 나는 입지 않는데 깨끗해서 다시 입을 수 있는 옷들을 모아서 좋은 곳에 쓰는 것이다. 통에 옷을 넣으면 가져간다.

동물 실험 문제	- 특정 견종을 꼭 실험견으로 쓸 필요는 없는 것 같다. - 개를 먹거나 학대하는 것처럼 실험도 문제가 되니 보호해야 한다. - 모기 같은 곤충들도 우리와 비슷한 DNA가 있는데 왜 꼭 비글을 써야 할까? 다른 방법들을 찾아야 한다. - 동물들을 소중하게 생각해야겠다.	- 왜 꼭 개만 보호해야 하나, 다른 동물도 살려야 하지 않을까? ⇨ 평소 가장 가까이에서 볼 수 있는 개를 먼저 보호하는 것뿐이다. 당장 할 수 있는 일부터 해보는 것이다. - 소나 돼지 등 우리가 많이 먹는 동물 문제는 어떡할 것인가? ⇨ 그래서 콩을 활용한 가짜 고기를 만들어 먹기도 한다.

16 논제 도출

🟡 그림책을 활용한 논제 도출 토론은 질문을 만들어 그 질문에 대한 생각을 나누는 과정에서 사회적 쟁점이 될 만한 토론 주제를 찾고 이를 논제로 도출하는 방법이다. 이 수업법은 다인수 교실 현장에서 쟁점 토론 수업을 실천하던 교사들이 실제 수업을 하면서 고안해낸 것이다. 남녀노소 누구나 공감할 수 있는 소재와 내용을 다룬 그림책을 통해 우리 일상에 쉽게 적용할 수 있는 논쟁적 주제를 끄집어낸다. 이를 활용해 쟁점 토론 형태의 수업을 진행해보자.

어떤 그림책이 좋을까?

- 교과별 성취기준, 핵심 개념에 근거하여 질문할 거리, 토론할 수 있는 주제가 내포되어 있어야 한다.
- 가치나 정책 등 학생들이 호기심을 가지고 질문을 생성할 수 있는 그림책을 선정해야 토론을 원활히 진행할 수 있다.
- 개인적, 사회적으로 함께 생각해보고 해결해야 할 문제에 대하여 질문을 던지고 생각을 나눌 수 있는 책을 선정해야 한다. 한쪽으로만 의견이 모아지거나, 확실하게 하나의 정답이 있는 그림책은 가급적 선정하지 않는다.

그림책 읽고 토론하기

○ 『우리 가족입니다』(이혜란 글·그림, 보림, 2005)

중국집을 운영하며 바쁘게 살아가는 가족의 삶에 어느 날 치매에 걸린 할머니가 나타났다. 할머니를 가족으로 받아들이지 못하는 '나'와 그런 할머니를 묵묵히 받아들이는 아빠와 엄마의 모습을 통해 가족이 어떤 존재인지를 묻고 토론할 수 있다. 아이는 갑자기 나타난 아픈 할머니 모습이 못마땅하지만 차츰 부모님의 마음을 인정하게 되고 할머니를 가족으로 받아들인다. 치매 가족 돌봄의 문제는 최근 사회적인 이슈로 대두되고 있다. 가족이기에 마땅히 짊어져야 할 개인적 책임인지, 사회적 제도가 필요한 국가의 책임인지 토론으로 이야기해보자.

토론 순서

1. 모둠 구성 및 그림책 읽기 ➡ 2. 개인 질문 만들기 ➡ 3. 모둠별 대표 질문 선정하기 ➡
4. 전체 토론으로 논제 도출하기

● **1단계**

그림책은 스토리텔링 매체이다. 4인 1모둠 구성 후, 교사는 그림책의 표지와 제목, 서지정보를 알려주고 그림책을 한 장씩 넘기며 읽어준다. 구연동화하듯 읽어줄 필요는 없지만, 가급적 학생들이 몰입할 수 있도록 등장인물과 배경, 이야기 흐름을 고려하여 천천히 읽도록 한다. 이때 학생들은 그림책이라는 매체와 이야기, 누군가 책을 읽어줄 때 느끼는 경험 등으로 인해 호기심을 갖고 그림책의 매력에 빠지고 독서에 흥미를 가질 수 있다. 간혹 학생이 스스로 읽어주기를 원하는 경우 교사 대신 그 학생이 읽어도 무방하다.

● **2단계**

학생들은 개인당 두세 개의 질문을 만든다. 자신이 갖고 있던 경험, 지식, 가치관과 충돌하거나 지적 호기심이 발동하는 지점에서 질문이 만들어진다. 그러기 위해서는 그림책을 다시 읽고 그림책의 글과 그림을 자세히 보아야 한다. 질문은 최대한 구체적이어야 하며, 만약 질문이 잘 떠오르지 않을 경우에는 등장인물이나 중심 사건, 스토리를 중심으로 마인드맵이나 브레인스토밍 활동을 해볼 수 있다. 이 단계에서 유의할 점은 좋은 질문을 만들어야 한다고 강요하지 않는 것이다. 학생들이 과정 자체를 즐기고 적극적으로 참여할 수 있도록 분위기를 조성하는 것이 무엇보다 중요하다.

〈개인 질문 예시〉

학생1	1. 어렸을 때 자신을 버린 엄마를 아빠는 왜 돌보는 것일까?
	2. 할머니는 왜 갑자기 '나'의 가족을 찾아왔을까?
	3. 치매에 걸린 할머니를 꼭 가족이 돌보아야 하는가?
학생2	1. 마지막 장면에서 아버지가 우는 이유는 무엇일까?
	2. 주인공 '나'가 할머니를 싫어한 이유는 무엇일까?
	3. 치매에 걸려 이상한 행동을 하는 할머니를 보는 주인공의 마음을 어떠했을까?
학생3	1. 주인공은 과연 할머니를 자신의 가족으로 받아들였을까?
	2. 할머니는 아빠를 과연 사랑했을까?
	3. 치매 환자 돌봄은 개인의 책임인가? 국가의 책임인가?

● **3단계**

4인 1모둠을 기준으로 개인 질문은 8~12개 정도 만들어신다. 모둠 내 토론을 통해 가장 이야기 나누고 싶은 대표 질문을 선정한다. 이 과정에서 모둠원들은 자신이 만든 질문이 어떤 부분에서 왜 궁금한지 등 자신의 생각을 밝힌다. 더 깊이 토론할 여지가 있거나 논쟁이 이어질 만한 질문을 대표 질문으로 선정하는 것이 좋다. 무엇보다도 그림책을 보면 질문의 답을 바로 알 수 있는 닫힌 질문이 아니라, 다양한 주장과 생각을 끄집어낼 수 있는 열린 질문을 채택해야 한다.

〈모둠 대표 질문 예시〉
1모둠: 할머니와 아빠는 서로 떨어져 살아야만 했을까?
2모둠: 아빠는 어렸을 때 자신을 버린 엄마를 왜 돌보는 것일까?
3모둠: 주인공 '나'는 아빠에게 일 센티미터 컸다고 말한 의미는 무엇일까?
4모둠: 마지막 장면에서 '나'는 아빠를 이해했을까?
5모둠: 치매에 걸린 할머니를 꼭 가족이 돌봐야 할까?
6모둠: 치매에 걸린 노인이나 환자는 가족이 있더라도 국가가 책임져야 하지 않을까?

● **4단계**

학급 전체 토론을 통해 논제를 도출한다. 각 모둠은 모둠별 대표 질문이 만들어진 이유와 선정 과정을 순서대로 발표한다. 이때 반드시 거쳐야 할 과정이 있다. 한 모둠의 발표가 끝난 뒤 교사가 다른 모둠 학생들에게 발표 내용을 어떻게 생각했는지 꼬리물기식으로 묻는 것이다. 예를 들어 A모둠의 발표가 끝나면 B, C, D 모둠 학생들에게 A 모둠의 발표에 대해 어떻게 생각하는지 묻고, 다른 학생이 자기 생각을 발표하면 또 한 번 의견을 묻는다. 그 의견에 대해 또 다른 학생이 답변하는 식의 즉석 토론 과정을 이어간다. 같은 그림책을 읽었더라도 모든 학생이 각자 질문을 만들었기에 서로 다른 생각이 나올 수 있다. 또는 같은 생각일지라도 그에 대한 이유가 다를 수도 있다. 교사의 꼬리물기식 질문과 학생들의 답변을 반복하며 전체 토론을 하다 보면 학생들이 가장 흥미롭게 생각하면서도 쟁점이 될 만한 토론 논제가 자연스레 도출된다. 모둠별 발표와 전체 토론이 모두 마무리되면 가장 많이 이야기된 주제를 중심으로 토론 논제를 선정한다.

토론 논제가 갖추어야 할 요소는 다음과 같다.

- 논제는 뚜렷하게 대립되는 찬성과 반대 입장이 존재해야 한다.
- 논제는 특정한 입장을 선호하거나 편향되지 않아야 한다.
- 논제는 하나의 주장만이 진술된 평서문이어야 한다.
- 논제는 현 상태의 변화를 지향하는 내용이어야 한다.
- 논제는 현재 학생들의 흥미나 관심을 가진 이슈를 선정해야 한다.

교사는 위와 같이 논제가 갖추어야 할 요소와 형식을 간략히 설명한다. 학생들은 이를 참고하여 자신들이 만들었던 질문을 논제 형태로 전환한다.『우리 가족입니다』그림책으로 도출된 토론 논제는 '치매 환자의 돌봄은 가족이 있더라도 국가의 책임이다'이다.

17 입론하기

○ 찬반 토론에서 입론은 자신의 주장을 근거와 사례를 들어 논리적으로 주장하는 단계이다. 입론에 포함되어야 하는 중요한 요소는 논의가 있게 된 사회적 배경, 해당 논제에 대한 중요한 개념 정의이다. 또한 입론은 상대방을 설득하기 위해서 논제의 핵심이 되는 쟁점을 찾아 논리적으로 쟁점을 구조화하여야 한다. 여기서 논증은 주장과 이유, 근거로 구성된다. 입론은 무엇인가 주장할 때 효과적인 방법으로서 토론의 과정 중에서 가장 먼저 이루어지는 단계이다. 찬성측 또는 반대측 첫 번째 토론자가 논제의 필수 쟁점을 어떻게 주장하느냐에 따라 토론의 방향이 결정될 수 있다.

어떤 그림책이 좋을까?
- 사실의 진위 여부를 따지는 사실 논제가 도출 가능한 그림책을 선정하면 좋다.
- 가치의 유무 또는 가치의 우선순위를 토론할 수 있는 가치 쟁점 논제가 도출될 수 있어야 한다.
- 현재 상황이나 정책 등에 변화, 개선을 추구하는 사회문제를 다루는 정책 논제가 도출될 수 있어야 한다.

그림책 읽고 토론하기

○ 『벌집이 너무 좁아!』(안드레스 피 안드레우 글, 킴 아마테 그림, 유 아가다 옮김, 고래이야기, 2022)

꿀벌들의 집이 왜 좁아졌을까? 꿀벌들은 이 문제를 해결하기 위해 대표자를 뽑고 벌집을 샅샅이 조사하며 침입자를 찾느라 소동을 벌인다. 그러나 침입자를 찾는 대신 방 하나를 더 만들자는 여왕벌의 창의적 제안으로 꿀벌들의 대소동은 끝이 난다. 우리는 낯선 이방인들을 편견 어린 시선으로 바라보며 하나의 공동체로 받아들이는 데에는 인색하다. 꿀벌 사회를 통해 우리 사회 이주민에 대한 편견, 차별의 원인을 찾아보고 다문화 사회에서 공생과 공존할 수 있는 대안을 모색해보는 토론 수업에 도입하기에 좋은 그림책이다.

토론 순서

1. 토론 논제 도출 ➡ 2. 논제의 배경 및 용어 개념 정의 ➡ 3. 필수 쟁점 주장 및 이유 찾기 ➡ 4. 찬성측 입론서 작성하기

● 1단계

교사는 학생들과 함께 그림책을 읽고, 모둠별로 토론 논제를 도출하도록 한다. 학생들이 만든 모둠별 대표 질문은 다음과 같다.

1모둠: 만약 벌집을 더 만들 수 없는 구조라면 결말이 어떻게 달라졌을까?
2모둠: 벌들은 왜 갑자기 벌집이 좁아졌다고 생각했을까?
3모둠: 여왕벌의 한마디에 벌들의 소동이 그친 이유는 무엇일까?
4모둠: 외국인 이주민들에 대한 우리의 인식은 어떠한가? 그 이유는 무엇일까?
5모둠: 이주민들로 인해 우리가 느끼는 불편이 있는가? 만약 있다면 무엇인가?
6모둠: 우리나라는 이주민을 더 많이 받아들이는 정책을 도입해야 할까?

위 질문들을 통해 도출된 토론 논제는 다음과 같다.

> 토론 논제 : 우리나라는 이주민 수용을 더 확대해야 한다.

● 2단계

논제가 제시된 후 찬반 양측은 각각 토론 논제가 제시된 배경을 찾아본다. 논제에 대한 키워드를 중심으로 신문 기사나 뉴스, 동영상, 기타 도서를 검색하고 참고 자료를 수집하여 탐구한다. 다음으로 논제에 제시된 용어 중 중요한 개념을 재정의한다. 이는 짧은 시간 동안 이루어지는 토론에서 용어로 인해 생기는 오해를 차단하고 쟁점을 효과적으로 부각하는 데 효과적이다. 따라서 오해의 소지가 있다고 여겨지는 개념이 있는 경우, 최대한 구체적으로 용어의 개념을 정의함으로써 토론이 소모적으로 흘러가는 것을 예방해야 한다.

토론 논제	우리나라는 이주민 수용을 더 확대해야 한다.
용어 정의	1. 이주민이란 자신의 본국을 떠나 다른 국가에 거주하거나 일하기 위해 이동한 사람을 말한다. 경제적 이주민, 난민이나 망명자, 유학생, 가족 이주민 등을 포함한다. 2. 수용이란 이주민이 사회에 통합되고 그들의 존재가 인정받는 과정을 말한다. 그들이 경제적, 사회적, 문화적으로 안정적으로 정착하고 상호작용할 수 있는 환경을 조성하는 것을 포함한다.

● 3단계

필수 쟁점 주장, 이유와 그 이유를 뒷받침해줄 수 있는 근거를 찾는다. 찬성측과 반대측은 각각 자신이 주장할 필수 쟁점 논증을 구성한다. 다음 그림이 설명해주듯, 여기서 논증이란 주장-이유-근거를 통해 하나의 논리적 사고 체계를 구성하는 것을 말한다. 찬성측이 필수적으로 주장할 핵심 쟁점을 세 가지 논증을 세워 구성한다.

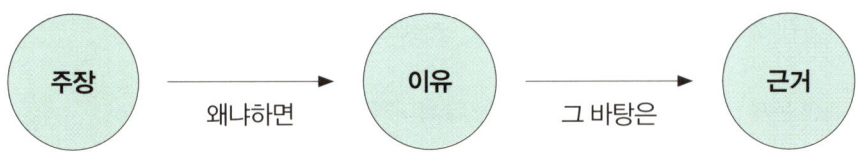

논증의 핵심은 주장과 이유이다. 먼저 '주장'은 전체 논증이 다루는 문제에 대한 해법을 진술하는 명제와 같은 문장이다. '이유'는 주장을 뒷받침하는 진술로서 우리가 생각해내는 주관적인 진술문이다. '근거'는 이유를 뒷받침하는 것으로 우리가 생각해내지 않고 바깥세상에서 끌어오는 것이다. 독자들이 직접 눈으로 볼수 있는 실제 사례들이다. 이처럼 찬성측과 반대측은 서로 주장하고자 하는 바를 논증의 틀(주장-이유-근거)을 세워 정당화하면서 논리적으로 상대측을 설득해야 한다.

〈찬성측 필수 쟁점〉

주장1	이주민 수용은 경제 활동을 활성화할 수 있다.
이유	한국은 저출산과 고령화로 인해 노동 인구가 감소하고 있으며, 이는 경제 성장에 큰 장애가 된다. 한국은 세계에서 가장 낮은 출산율 중 하나를 기록하고 있으며, 이는 장기적으로 국가의 경제적 지속 가능성을 위협한다. 이주민의 유입은 인구 증가를 통해 소비를 촉진하고, 노동력 부족 현상을 해소시키며, 주택 수요를 증가시켜 전반적인 경제 활동 활성화를 촉진시키며 이는 국내 시장의 확대로 이어져 기업들의 성장과 발전에도 기여할 것이다.
근거	농촌 지역에서는 이주민들이 농작물 수확 및 재배 작업에 참여하여, 농업 생산성을 높이고 있다. 이들은 원주민 농민들이 겪는 일손 부족 문제를 해결하는 데 중요한 역할을 하고 있으며, 농업 경제의 유지와 발전에 기여한다. 이주민들은 생활비와 소비를 위해 다양한 상품과 서비스를 구매하며, 이는 소매업과 서비스업의 성장으로 이어진다. 또한 외국인 근로자가 많이 거주하는 지역에서는 음식점, 마트, 생활용품점 등이 활성화되며, 이는 지역 경제에 긍정적인 영향을 미친다.

주장2	문화적 다양성을 증진하는 효과가 있다.
이유	다양한 문화적 배경을 가진 사람들이 모여 살면 사회는 더욱 풍부하고 창의적으로 변할 수 있다. 이주민과의 상호작용을 통해 한국인들은 타문화에 대한 이해와 수용력을 키울 수 있으며, 이는 사회적 통합과 연대를 강화하는 데 중요한 역할을 한다. 이는 교육, 예술, 음식, 패션 등 다양한 분야에서 새로운 아이디어와 혁신을 가져올 수 있다. 또한 다문화 사회는 국제적인 이해와 협력을 증진시키고 글로벌 시대에 발맞춰 국제 경쟁력을 높이는 데 도움이 된다.
근거	각 지역마다 다양한 문화적 배경을 가진 이주민들이 참여하는 문화 축제와 행사들이 활발하게 열리고 있다. 예를 들어, 안산이나 서울에서 열리는 '다문화 축제'는 다양한 나라의 음식, 음악, 전통 공연 등을 통해 서로 다른 문화를 체험할 수 있는 기회를 제공한다. 이러한 행사는 한국인과 이주민 간의 소통을 촉진하고, 서로의 문화를 이해하는 데 도움이 된다.

〈반대측 필수 쟁점〉

주장1	경제적 관점에서 이주민 유입은 일자리 경쟁 문제를 유발할 수 있다.
이유	이주민 노동력이 국내 노동 시장에서 저임금 경쟁을 유발하여 기존 한국인 노동자들의 일자리와 임금을 압박할 수 있다. 이는 특히 저숙련 노동자들에게 큰 타격을 줄 수 있으며, 소득 불평등과 사회적 격차를 확대시킬 수 있다. 또한, 이주민들이 시스템을 통해 제공받는 혜택이 증가하면 국가 재정 부담이 커질 수 있다.
근거	우리나라는 특히 제조업, 건설업, 서비스업 등 저숙련 일자리를 중심으로 이주민이 많이 유입된다. 예를 들어, 건설 현장에서 외국인 근로자가 대량으로 고용되는 경우, 한국인 노동자들이 일자리를 잃거나 경쟁에서 밀릴 수 있다. 이는 특히 경제 불황 시기에 더욱 두드러져 일자리 문제로 인한 갈등이 발생할 수 있다.

주장2	사회적 통합과 관련하여 이주민의 유입은 문화적 충돌과 사회적 긴장을 초래할 수 있다.
이유	한국 사회는 비교적 단일 민족 국가로서 오랜 전통과 문화를 가지고 있으며, 갑작스러운 다문화 사회로의 전환은 갈등을 유발할 수 있다. 이러한 갈등은 사회적 불안정을 초래하고, 결국 사회 통합을 저해할 수 있다.
근거	예를 들어, 다문화 가정의 자녀들이 학교에 다니게 되면서 교육 과정이나 교실 문화가 변화할 수 있다. 다문화 수업이 도입되거나, 다양한 문화적 배경을 가진 학생들을 위한 각종 프로그램이 학교 교실 수업에 필요하게 되면, 전통적인 교육 방식과 가치가 변화할 수 있다. 이는 일부 부모들이 전통적 교육 방식을 중시할 때 더 큰 반발감을 불러일으킬 수 있다.

● 4단계

마지막으로 필수 쟁점에 근거하여 입론서를 작성한다.

〈찬성측 입론서 예시〉

팀명	○○팀	팀원	△△△	□□□	◇◇◇
논제	우리나라는 이주민 수용을 더 확대해야 한다.				

논의 배경

오랫동안 단일 민족 신화를 간직해 온 한국 사회는 '다문화 사회'로 급속히 변모하고 있다. 동질적 문화를 가진 사회에서 이질적 문화를 아우르는 다문화 사회로 바뀐 직접적 원인은 이주민 유입에서 찾을 수 있다. 우리 사회는 급격한 경제 성장과 함께 글로벌화가 진행되면서 이주민의 수도 증가하고 있다. 이주민은 다양한 분야에서 중요한 역할을 하고 있으며, 그들의 수용 확대는 한국 사회의 다양성과 경제적 발전을 촉진할 수 있는 중요한 요소로 자리 잡고 있다. 이에 대한 논의는 현재의 사회적 맥락에서 매우 중요하며, 긍정적 효과와 장기적 과제를 함께 고려해야 할 필요성이 제기된다.

용어 정의

- 이주민이란 자신의 본국을 떠나 다른 국가에 거주하거나 일하기 위해 이동한 사람을 말한다. 경제적 이주민, 난민이나 망명자, 유학생, 가족 이주민 등을 포함한다.
- 수용이란 이주민이 사회에 통합되고 그들의 존재가 인정받는 과정을 말한다. 그들이 경제적, 사회적, 문화적으로 안정적으로 정착하고 상호작용할 수 있는 환경이 조성하는 것을 포함한다.

[찬성측]

논점 1. 경제적 이점이 있다.

이주민 수용은 단기적으로 경제 성장 효과를, 중장기적으로 노동 공급 및 수요 효과를 창출할 수 있게 될 것이다. 농어촌 지역에서는 농수산물 수확과 재배를 담당하며, 건설 현장에서도 많은 외국인 근로자들이 일하고 있다. 이주민의 수가 늘어나면 내수 시장이 확대되고, 소비가 증가하여 우리나라의 경제 활성화에도 기여하게 될 것이다.

논점 2. 문화적 다양성을 증진하는 효과가 있다.

다양한 문화적 배경을 가진 사람들이 모여 살게 되면 이주민과의 상호작용을 통해 타문화에 대한 이해와 수용력을 키울 수 있으며, 사회적 통합과 연대를 강화할 수 있다. 이주민들이 많이 거주하고 있는 지역마다 다양한 문화적 배경을 가진 이주민들이 참여하는 문화 축제와 지방자치단체 행사들이 활발하게 열리고 있는데 이러한 '다문화 축제'는 서로 다른 문화를 체험할 수 있는 좋은 기회를 제공한다.

이러한 이유들로 인해 대한민국은 이주민 수용을 확대하는 것이 필요하다. 이주민이 한국 사회에 기여할 수 있는 긍정적인 요소들을 최대한 활용하며 그들의 사회적 통합을 위한 정책을 강화해야 한다. 이주민 수용 확대는 단순한 경제적 이익을 넘어, 우리의 미래를 위한 필수적인 선택임을 인식해야 한다.

따라서 '우리나라는 이주민 수용을 더 확대해야 한다'에 찬성한다.

18 반론하기

○ 토론에서 반론은 상대측 의견에서 모순되는 점을 논리적으로 지적하고 자기주장의 논리성을 강화하는 것을 말한다. 상대측은 자신의 주장을 최대한 논리적으로 설득하려 할 것이다. 그러나 상대방이 논리적으로 구축한 그 주장을 무력화시켜야만 평가하는 구성원들이 자기 측 주장을 받아들이게 된다. 새로운 주장을 하는 것이 아니라 상대측 논증에 대한 반론으로 그 논증을 무너뜨리고 자기 측의 주장을 강화하는 것이 반론이다.

어떤 그림책이 좋을까?
- 가치의 유무 또는 가치의 우선순위를 따지는 가치 논제가 도출될 수 있는 그림책을 선정하면 좋다.
- 현재 상황이나 정책 등에 변화, 개선을 추구하는 사회문제를 다루는 정책 논제가 도출될 수 있어야 한다.
- 사회적으로 함께 생각해보거나 개선되어야 할 문제에 대한 질문을 던지고 창의적 해결 방안을 모색할 수 있어야 한다.

그림책 읽고 토론하기

○ 『늑대의 선거』(다비드 칼리 글, 마갈리 클라벨레 그림, 김이슬 옮김, 다림, 2021)

농장 대표를 뽑는 선거에 출마한 늑대 후보. 그는 모두에게 친절한 데다 매력적인 공약을 내세웠지만 정작 약속했던 공약들은 지켜지지 않는다. 이처럼 선거철만 되면 수많은 선심형 공약들이 쏟아지는 행태가 반복되는 것은 과연 후보자의 책임이기만 할까? 후보자와 공약을 제대로 검증하지도 않고 투표하는 투표권자들의 책임일까? 잘못된 후보자를 뽑았을 때 벌어질 상황을 미리 예상해보고 국회의원의 역할과 선거제도의 의미에 대해 토론할 수 있는 그림책이다.

토론 순서

1. 토론 논제 결정 및 상대방 주장의 모순점 찾아 반론하기(사실성, 충분성, 관련성 반론) ➡
2. 상대측 주장의 부작용 제시하고 우리측 주장 재강조 ➡ 3. 새로운 대안 제시

● **1단계**

교사는 학생들과 함께 그림책을 읽은 뒤 토론 논제를 도출해보자고 안내한다. 이번 수업에서 학생들이 결정한 토론 논제는 다음과 같다.

> 토론 논제 : 국회의원 임기 중 소환 제도를 도입해야 한다.

*소환 제도란, 국민에 의해 선출된 공직자, 특히 국회의원을 특정 사유에 따라 부적합하다고 생각될 때 임기 중에 투표로 해임할 수 있는 제도를 의미한다.

상대방 주장을 반론하는 구체적 방법은 다음과 같다.

① **사실성 반론**

자신이 주장하는 바를 상대방이나 제3자가 믿게 하려면 그 주장의 각 요소가 사실이어야 한다. 즉 주장과 이유, 그 이유를 뒷받침하는 근거가 참이어야 한

다. 만약 어떤 주장이 사실이 아닌 거짓이라면 상대방은 쉽게 받아들이지 않을 것이다. 따라서 사실성 반론은 상대방이 주장하는 요소들이 과연 믿을 만한 것인지를 검증해보는 데 중점을 둔다.

찬성측 주장	반대측 반론
국회의원은 국민의 의사를 대변하는 역할을 수행해야 하는데, 임기 동안 국민의 기대와 요구에 부응하지 못하는 의원이 있을 수 있다. 국민이 직접 의원의 활동을 감시하고, 필요 시 소환할 수 있는 권리를 부여함으로써 국회의원의 민주적 대표성을 강화할 수 있다. 우리나라는 소환 제도가 없기 때문에 당선만 되면 국민의 의사를 대표하는 활동에 소홀해지는 것이다. 국회의원이 국민을 대표하는 의정활동을 제대로 하지 못하더라도 임기 동안 국회의원을 평가할 방법이 없다.	소환 제도가 도입될 경우, 오히려 의원들은 여론에 지나치게 민감해질 수 있다. 이는 정치적 불안정성을 초래하고, 단기적인 여론에 흔들리는 정치가 이루어질 위험이 있다. 소환 제도가 아니더라도 국회의원 임기 중 의정 활동을 평가할 수 있는 방법이 있다. 각종 언론, 시민단체나 일부 지방자치단체에서 의원 발언, 공청회 참석, 법안 제출 등 활동을 평가지표로 하여 국회의원 활동을 평가하는 시스템이 있고 국민들에게 정보를 제공하고 있다.

② **관련성 반론**

주장과 근거, 이유와 근거, 주장과 이유 간에 서로 관련성이 있는지, 연결고리가 과연 적절한지를 검토하는 반론법이다. 근거가 아무리 그럴 듯해 보여도 주장과의 연관성이 부족하다면 해당 논증은 문제가 있는 것이다. 따라서 관련성 반론은 상대방이 주장하는 논증 요소들 간의 모순이나 오류를 검증할 목적으로 사용된다.

찬성측 주장	반대측 반론
소환 제도는 국민의 정치적 참여를 촉진시키는 효과를 가지고 있다. 국민이 국회의원 소환에 참여하게 되면, 정치에 대한 관심과 참여도가 높아질 것이다. 이는 정치적 의사 결정 과정에 대한 국민의 이해도를 증진시키고, 민주주의의 토대를 더욱 강화하는 데 기여할 수 있다. 즉 소환 제도가 활성화되면, 국민들이 자신의 의견을 더욱 적극적으로 표현하고, 정치적 변화에 참여할 수 있는 기회를 제공받게 된다.	소환 제도는 실제로 매우 절차가 복잡하고 비용이 많이 들어 국민들이 적극적으로 참여하지 않을 가능성이 높다. 소환을 위한 서명 모으기, 절차적 요구 사항 등 많은 시간과 노력을 필요로 하기 때문이다. 따라서 소환 제도를 도입하면 국민의 정치 참여를 촉진시킬 수 있다는 찬성측 주장에서 인과 관계를 찾아보기 어렵다. 소환 제도가 도입되지 않더라도 현재 정치 시스템에서 국민의 정치에 대한 관심과 참여를 촉진시킬 수 있는 수단과 방법은 많다.

③ 충분성 반론

충분성 반론은 상대방이 주장하는 이유나 근거의 요소를 면밀히 분석하고 토론 시점을 기준으로 어느 정도의 비율을 차지하고 있는지 검증하는 반론법이다. 주장의 이유나 근거로 제시된 자료의 비율 및 정도가 주장을 뒷받침하기에 무리가 있을 만큼 미미하다면 성급한 일반화의 오류를 지적할 수 있다.

찬성측 주장	반대측 반론
소환 제도는 국회의원에게 정치적 책임성을 부여하는 중요한 수단이 될 수 있다. 의원들이 자신의 직무를 소홀히 하거나 불법적 행위를 저지를 경우, 국민이 그들을 소환할 수 있는 권한을 갖게 되면, 의원들은 보다 신중하게 행동할 것이다. 이는 정치적 부패를 예방하고, 국민의 신뢰를 회복하는 데 기여할 수 있다.	○○신문 기사 자료에 의하면 10대~20대 국회의원이 불법 행위로 조사받고 법원의 최종 판결을 받은 국회의원은 전체 국회의원에 5퍼센트에 해당한다고 보도되었다. 5퍼센트의 국회의원들이 하는 활동을 전체 국회의원의 일반적인 현상인 것처럼 주장하는 것은 무리라고 생각한다.

● 2단계

상대측 주장의 부작용을 제시하고 우리측 주장을 재강조하는 단계이다.

예를 들어, 찬성측은 사회 변화가 필요하다고 주장하지만 정책을 새로 도입하거나 기존의 정책을 바꾸려면 현실적으로 여러 위험을 감수해야 한다. 따라서 반대측은 이러한 위험 요소를 다각적으로 분석한 뒤 우려되는 문제나 부작용을 반론으로 제시한다.

반대측 반론

첫째, 찬성측은 국회의원의 민주적 대표성을 강화할 수 있다고 주장하고 있으나, 소환 제도가 도입될 경우 오히려 의원들이 여론에 지나치게 민감해질 수 있다. 이는 오히려 정치적 불안정성을 초래하여 국가 운영의 안정성이 심각하게 훼손될 수 있다.

둘째, 찬성측은 소환 제도가 국민의 정치적 참여를 촉진시키는 효과를 가지고 있다고 주장하지만 이는 반드시 긍정적인 방향으로 작동되지는 않는다. 특정 이슈에 대한 여론이 과도하게 반영되면, 단기적인 감정이나 여론에 의해 정치적 결정이 왜곡될 수 있으며 소환 절차가 복잡하거나 비용이 많이들 경우 국민이 실제로 정치에 참여하지 않을 가능성이 더 높다. 따라서 국회의원 임기 중 소환 제도는 도입하지 않는 것이 더 바람직하다고 생각하므로 이 논제에 반대한다.

● 3단계

반대측은 단순히 찬성측 주장의 부작용을 짚어내는 것에서 나아가 그러한 문제점을 해결할 수 있는 제3의 대안을 제시한다. 일반적인 토론에서는 찬성측이 기존 질서를 변화시키고자 하고, 반대측은 기존 질서에 문제가 없음을 증명하여 현상을 유지하려 한다. 그러나 이번 수업의 경우에는 반대측이 좀 더 가치 있는 제안을 제시함으로써 '합리적 문제 해결'이라는 토론의 궁극적 목표에 다가서본다.

반대측 대안

1. 기존 제도 개선: 소환 제도 대신, 정기적인 국민 의견 조사나 평가 시스템을 통해 의원의 활동을 감시하는 방법 제안한다.
2. 정치적 책임성 강화: 현재 운영되고 있는 국회의원의 활동에 대한 투명성을 높이고, 그에 대한 책임을 물 수 있는 다른 제도적 장치의 마련이 필요함을 주장한다.

반론하기 단계에서 유의할 점은 상대방 논증의 요소를 하나씩 검증해보는 과정이 필수적이라는 것이다. 즉 '주장과 이유가 과연 사실인가?' '주장과 이유, 또는 이유와 근거 간의 논리적 인과관계가 충분한가?' '그 주장을 받아들였을 때 부작용은 없는가?' '다른 제3의 대안은 없는가?' 등 각각의 논증에 따라 다양한 반론의 관점을 제시하는 것이 좋다.

2부

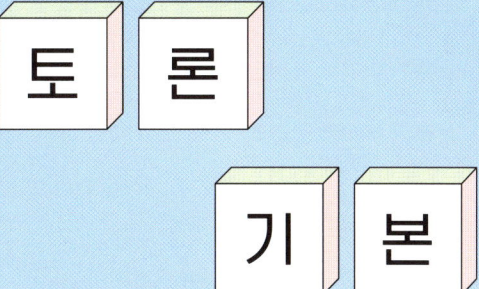

토론
기본

19 신호등 토론

◯ 신호등 토론은 초록, 노랑, 빨강의 신호등 색깔을 이용하여 토론 주제에 대한 학생의 의사를 찬성, 중립, 반대로 표현하는 토론 방법이다. 신호등 카드 등의 도구를 활용하면 학생들은 토론 참여자들의 의사를 한눈에 쉽게 파악할 수 있는 것은 물론 자신의 의사를 분명히 하는 연습까지 재미있게 해볼 수 있다. 교사는 찬반 의견의 분포를 보고 학생들을 지목하여 그 근거를 말하도록 한다. 학생들은 친구들의 의견을 들어보고 다시 한번 신호등을 들 때 자신의 의사를 바꿀 수 있다.

어떤 그림책이 좋을까?
- 학생들이 자기 의사를 찬성, 중립, 반대로 표현할 수 있는 찬반 토론 주제가 다양하게 나오는 그림책이 좋다.
- 학생들의 수준에 알맞으며 학생들이 공감할 수 있는 문제 상황이 등장해야 한다.
- 사회문제를 다룬 그림책도 좋으나, 학생들에게 너무 어렵거나 와닿지 않는 주제를 다루고 있는 그림책은 피해야 한다.

그림책 읽고 토론하기

○ 『초능력』(윤여림 글, 최미란 그림, 위즈덤하우스, 2023)

말도 통하지 않고 친구도 하나 없는 이상한 나라로 이사를 온 아이의 불안한 심리를 잘 표현한 그림책이다. 낯선 곳으로 이사 와서 외로움과 고립감을 느끼는 주인공에게 매일 아침 낯선 괴물이 나타난다. 괴물이 얼굴을 핥고 난 다음부터 아이에게는 초능력이 생기는데, 어떤 초능력일까? 그리고 주인공의 눈에만 보이는 괴물은 무엇을 의미하는 걸까? 상상 속에서라도 자신에게 호의적이지 않은 선생님과 친구들을 괴롭히는 초능력을 발사하는 주인공의 모습에서 통쾌함이 느껴진다. 이 그림책은 이사나 전학, 낯섦, 친구, 성장 등 학생들이 공감할 만한 주제를 다루고 있어 다양한 토론 주제를 만들어 신호등 토론을 연습해보기 좋다.

토론 순서

1. 토론 주제 선정 ➡ 2. 주제에 대한 입장 표명 ➡ 3. 입장에 대한 근거 대기 ➡
4. 다시 한번 신호등 들어 이전과 비교하기 ➡ 5. 바뀐 주제로 위의 과정 반복하기

● **1단계**

교사는 그림책을 처음부터 끝까지 읽어주면서 학생들이 내용을 파악할 수 있도록 한다. 토론 주제는 교사가 만들 수도 있고, 학생들이 만들 수도 있다. 학생들이 토론 주제를 만들 때는 그림책을 다시 한번 살펴볼 수 있도록 모둠별로 그림책을 한 권씩 제공한다. 토론 주제는 한 문장으로 된 의문문의 형태이면서 찬반 토론을 나누기에 적합해야 한다. 주제를 만들기 어려워하는 경우에는 교사가 몇 가지 예시를 들어준다. 그림책과 관련된 토론 주제가 여러 개 준비되면 신호등 토론을 시작한다.

다음은 『초능력』 그림책으로 만든 찬반 토론 주제이다.

- 부모 마음대로 이사를 결정해도 되는가?
- 부모님이 내가 다닐 학교를 정해도 되는가?
- 친구에게 놀리는 말을 해도 되는가?
- 친구들이 놀려도 무조건 참아야 할까?
- 폭력은 무조건 나쁠까?
- 친구가 놀린다고 책상보를 잘라도 될까?
- 학교에 가기 싫다는 아이를 계속 억지로 학교에 보내도 될까?
- 선생님은 전학생을 혼자 교실에 남겨놔도 될까?
- 선생님의 간식을 몰래 먹어도 될까?
- 선생님의 간식을 몰래 먹은 것은 도둑질일까?
- 나에게 초능력이 있다면 초능력을 마구마구 써도 될까?
- 초능력으로 다른 사람을 괴롭혀도 될까?

● 2단계

초록, 노랑, 빨강의 신호등 카드를 모든 학생에게 세 장씩 나누어준다. 신호등 카드가 없을 때는 신호등 색깔의 색지나 색종이를 이용한다. 교사가 토론 주제 한 가지를 말하면 학생들은 신호등 색깔로 의사를 표현한다. 초록은 찬성, 노랑은 중립, 빨강은 반대를 의미한다. 교사가 말하는 토론 주제에 대해 학생들은 초록, 노랑, 빨강 가운데 한 가지만 골라서 들어야 한다.

찬성, 중립, 반대가 골고루 나온 경우

반대가 많이 나온 경우

● **3단계**

신호등 토론은 한 주제를 깊이 있게 다루기 위한 목적이 아니라 여러 주제를 빠르게 다룰 때 많이 사용한다. 따라서 신호등 색깔이 똑같이 나왔을 때는 학생들의 근거를 들어보지 않고 다음 주제로 넘어가도 된다. 교사는 신호등 색깔이 다르게 나왔을 때, 다른 의견을 가진 학생을 지목하여 그 근거나 이유를 말하도록 한다. 학생들은 친구들이 하는 말을 듣고 부족한 점이 있으면 보충해서 말하거나 반대 의견을 가지고 있으면 반박하며 여러 의견을 듣는다.

찬성 의견	- 선생님이 부당하게 그 아이만 혼자 교실에 남겨놓았기 때문에 선생님의 개인 간식을 몰래 먹는 행동 정도는 괜찮다. - 학생이 간식을 먹는다고 해서 선생님이 간식을 살 돈이 없는 것은 아니기 때문에 괜찮다. - 선생님의 건강을 위해서 학생이 대신 먹은 것이다.
반대 의견	- 선생님의 간식을 몰래 먹은 것은 도둑질이다. - 선생님의 간식을 몰래 먹으면 처벌받을 수 있다. - 선생님의 간식을 몰래 먹었다가 엄마에게 연락이 가면 그날은 가지범벅밥을 먹어야 한다.

● **4단계**

학생들의 근거나 이유를 들어보고 나서 교사는 다시 한번 똑같은 토론 주제를 말한다. 그러면 학생들은 생각에 따라 다시 신호등을 든다. 교사는 이전과 찬성, 중립, 반대 의견이 어떻게 변화되었는지 칠판에 숫자로 표시해준다. 찬성과 반대 의견이 어느 한쪽으로 쏠리면 그 주제에 대한 학생들의 의견이 모인 것이 되고, 찬성과 반대 의견이 비슷하게 나오면 그만큼 그 주제가 논쟁적인 것으로 본다.

● **5단계**

교사는 다른 주제를 제시하고 위의 과정을 반복하여 진행한다. 학생들은 자신의 의견을 신호등 카드로 표시하고 다른 친구들의 의견도 신호등 카드로 빠르게 확인할 수 있다는 점에서 이 토론 방식에 흥미를 느낀다. 또한 자신의 근거나 이유를 조리 있게 말하면 친구를 설득할 수 있다는 점에서도 재미를 느껴 활발하게 자신의 의견을 말한다. 교사는 토론의 진행자로서 학생들의 의견이 어느 한쪽으로 치우칠 때는 다른 쪽의 입장에서 생각해볼 수 있도록 하는 질문을 던져 학생들의 사고를 촉진할 수 있다.

시간적 여유가 있다면 토론이 끝난 후, 여러 가지 토론 주제 가운데 기억에 남는 것을 하나 골라 글로 정리할 수 있다. 신호등 토론을 할 때 토론 전과 토론 후의 자신의 생각이나 의견이 변화한 경험이 있다면 그 변화에 주목하여 쓰도록 한다. 또는 토론 주제 여러 개를 묶을 수 있는 주제를 생각해보도록 하여 글을 쓸 수 있다. 예를 들어,『초능력』그림책과 관련해서는 부모와 자녀의 의견 충돌 문제 해결 방법, 올바른 학교생활, 낯선 학교생활에 적응하는 방법, 친구와 사이좋게 지내는 방법 등을 주제로 토론에서 이야기 나온 내용을 정리하여 글을 썼다.

20 PMI 토론

○ PMI는 주제 또는 대상을 긍정적인 점, 부정적인 점, 흥미로운 점, 총 세 가지 관점에서 분석하고 토론하면서 최선의 결론을 끌어내는 방법이다. Plus, Minus, Interesting의 앞 글자를 따와 PMI라 부른다. 세 가지 측면에서 아이디어나 의견 등을 평가하는 방법이지만, 상황에 따라 다양하게 변형하여 사용한다. Interesting 단계를 개선점(Improvement)으로 변형하거나 도전적인 점(Challenging)으로 변경하여 아이디어의 실행 가능성을 탐색할 수 있다. 또는 마지막 단계에 행동 계획(Action)을 추가하여 PMIA(Plus-Minus-Interesting-Action) 형태로 바꾸고 구체적인 실행 방안도 넣어 토론할 수 있다. 다양한 관점을 고려해야 하므로 의사결정 과정에서 명확하고 균형 잡힌 결정을 도출할 수 있다. PMI는 정해진 구조에 따라 사고하는 과정이므로 체계적인 토론이 필요할 때 적용하기 좋다.

어떤 그림책이 좋을까?
- 등장인물이 한 일이나 문제점이 명확하게 드러나야 한다.
- 문제 상황이 제시되어 있고 다양한 해결 방안 중 각각에 관해 평가할 수 있는 것이 좋다.
- 현재 학급의 문제나 사회 쟁점과 관련되어 하나 이상의 관점을 고려해야 하는 주제나 소재를 담고 있다면 어떤 그림책이든 가능하다.

그림책 읽고 토론하기

○『늑대의 선거』(다비드 칼리 글, 마갈리 클라벨레 그림, 김이슬 옮김, 다림, 2021)

농장의 대표를 뽑는 선거에서 새로운 후보 늑대 파스칼은 매력적이고 친절하며 잘생겼다는 이유로 당선된다. 그러나 파스칼이 당선된 뒤 농장에는 이상한 일이 일어난다.『늑대의 선거』는 대표를 뽑을 때 무엇을 보아야 하는지 생각하게 하는 그림책이다. 대표란 어떤 자질을 가져야 하는지 PMI로 살펴보고 토론하는 과정은 직접 선거를 할 수 있을 때 큰 도움이 될 것이다.

토론 순서

1. PMI로 등장인물에 대한 자기 생각 정리하기 ➡
2. PMI로 우리 반 대표에게 필요한 덕목 모둠별 토론하기 ➡ 3. 토론 결과 정리하고 공유하기

● 1단계

그림책을 읽고 등장인물에 대한 자기 생각을 PMI로 정리한다. 그림책을 읽은 뒤 늑대 파스칼에 대해 어떻게 생각하는지 물으면 학생들은 대개 '나쁘다' '못됐다' 등 이분법적 기준으로 평가한다. 이때 PMI는 학생들이 창의적인 사고를 촉진하고 다른 관점에서 바라볼 수 있도록 도와준다. PMI를 활용해 늑대 파스칼을 긍정적인 면, 장점, 좋아하는 이유(Plus)와 부정적인 면, 단점, 싫어하는 이유(Minus), 그리고 흥미로운 면, 재미있는 이유, 질문(Interesting)의 세 관점에서 분석한다. 학생들은 긍정적인 점과 부정적인 면으로 늑대 파스칼을 잘 분석할 수 있지만 흥미로운 면을 분석할 때는 어려워한다. 흥미로운 면을 어려워한다면 I 칸에는 질문도 할 수 있다고 안내한다. 늑대 파스칼에게 가장 궁금한 점이 무엇인지 떠올려보라고 하니 학생들은 I칸에 "동물을 잡아 먹는 게 목표였으면 그냥 먹지 왜 대표를 했을까" 등의 문장을 써넣었다.

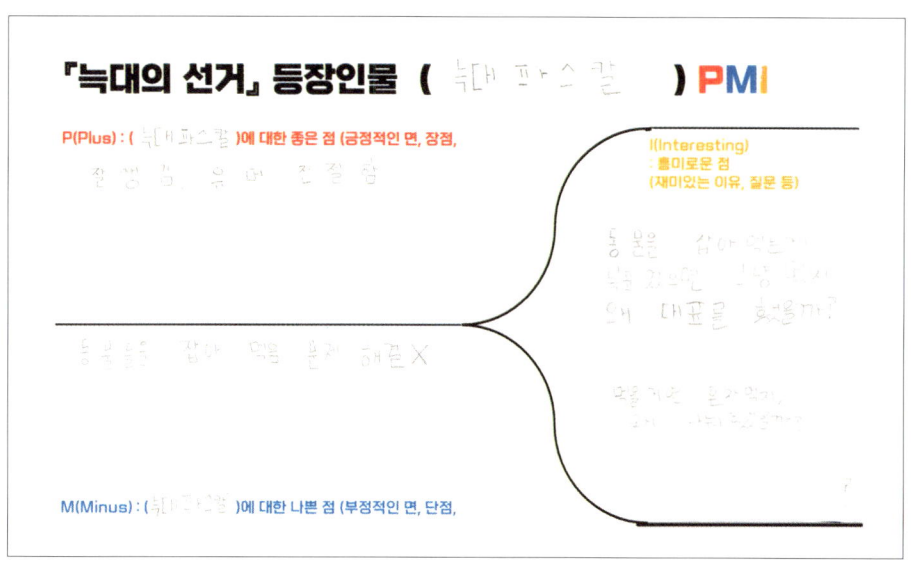

PMI 토론 활동지

● 2단계

'우리 반 대표에게 필요한 것(덕목)은 무엇인가?'를 주제로 모둠끼리 PMI를 활용하여 토론한다. 모둠을 구성할 때는 서너 명이 적당하다. 모둠 인원이 늘어나면 결론을 도출하기 어렵기 때문이다.

먼저 모둠원 각자가 우리 반 대표에게 필요한 것이 무엇인지 생각한다. 해당 토론 주제를 어렵게 받아들이는 학생에게 필요한 것을 필요한 덕목으로 바꾸어 생각하라고 안내한다. 덕목을 칠판에 게시하면 학생들이 쉽게 의견을 떠올릴 수 있다.

자신의 의견과 그렇게 생각한 이유를 발표한다. 토론이 원활하게 이루어질 수 있도록 모둠 안에서 사회자, 기록이 등의 역할을 부여한다. 모둠원이 발표한 의견을 기록이가 모둠활동지에 기록한다. 모둠원 발표가 끝나면 각각의 의견을 PMI로 분석한다. 의견을 낸 모둠원이 먼저 장점(P)을 말하고 덧붙일 장점(P)이 떠오른 모둠원이 있을 경우 그 의견도 함께 듣고 정리한다. 단점(M)도 마찬가지로 의견을 낸 모둠원이 먼저 말하고 추가할 단점(M)을 듣고 모둠

활동지에 정리한다. 모둠원 전체 의견을 장점(P)과 단점(M)으로 분석한 다음 영향력(I)에 대해 모둠에서 토론한다.

1단계 PMI에서 I(Interesting)가 흥미로운 측면이나 질문을 적는 항목이었다면, 2단계에서는 I(Influence)로 바꾸어 대표에게 필요한 덕목의 영향력 정도를 토론한다. 주로 사용되는 PMI는 1단계처럼 좋은 점(P), 나쁜 점(M), 흥미로운 점(I)이지만 토론 주제나 학생들의 수준에 따라 흥미로운 점(Interesting)을 영향력(Influence)이나 중요도(Important)로 변형하여 사용할 수 있다.

사회자는 모둠원의 의견과 이유, 의견에 대한 장단점을 정리하여 읽는다. 모둠원은 친구의 의견이 대표를 뽑을 때 영향력이 어느 정도인지 말한다. 영향력이 매우 크다면 별 세 개, 크다고 생각하면 별 두 개, 보통이면 별 한 개로 자기 의견을 표현한다. 한 모둠원이 영향력이 매우 크다고 생각해서 별 세 개라 하였지만, 별 두 개라 생각하는 모둠원은 근거를 들어 자기 의견을 피력한다. 이런 과정을 반복하여 토론하면서 결론을 정한다.

PMI 토론 활동지

● **3단계**

모둠에서 토론한 결과를 학급 전체와 공유한다. 결론을 중심으로 발표하기보다는 모둠에서 가장 격렬하게 토론한 부분 위주로 이야기한다. 결과보다는 그 과정에서 어떻게 토론하고 사고하였는지를 들으면서 학생들은 토론의 어려운 과정에 공감하고 의견을 수렴하는 다양한 방법을 배운다. 처음에 대부분의 학생들은 자기가 낸 의견이 최선이라고 생각하고 좋은 점만 떠올렸다. 하지만 PMI를 활용함으로써 자기 의견에도 부족한 점이나 단점이 있음을 깨닫고 보다 객관적으로 판단할 수 있었다.

21 둘둘 토론*

○ 둘둘 토론은 4인 모둠에서 각각 찬성과 반대로 토론자를 둘씩 나누어 토론하는 방식이다. 입론을 하는 사람이 두 명씩이라 짧은 시간 안에 토론이 가능하여 몰입도가 높고, 모든 학생이 참여 가능하다는 장점이 있다. 진행 방법도 간단하다. 각자 정해진 용지에 찬성과 반대 등 해당하는 주장을 적고 교차질의 시간에 질문하고 싶은 질문을 여러 개 적으면 된다. 평소 발표에 소극적인 학생도 토론자가 되어 질문하고 답하는 기회를 많이 가질 수 있으며, 적합한 논제를 찾아보고 토론하는 과정에서 사고력을 확장할 수 있다.

* 이영근, 『초등 따뜻한 교실토론』(에듀니티, 2014) 참고.

어떤 그림책이 좋을까?
- 찬성과 반대 의견으로 입장이 나뉘는 내용이면서 다양한 질문거리를 던져주어야 한다.
- 그림책의 주제가 일상 속에서 흔히 일어나는 일이고 어렵지 않을수록 전체 교차질의하기에 좋다.
- 찬반 토론이기 때문에 생각과 감정을 공유하고 자신의 이야기를 편하게 할 수 있는 내용은 되도록 피한다.

그림책 읽고 토론하기

○ 『상자 세상』 (윤여림 글, 이명하 그림, 천개의바람, 2020)

물품을 손쉽게 주문하고 받을 수 있는 세상에서 배송이 완료되면 바로 버려지는 상자들의 이야기를 담은 그림책. 현대인들의 편리한 생활을 위해 종이 상자의 재료인 나무가 사라지고 환경이 오염되는 것에 경각심을 갖도록 해준다. 둘둘 토론 기법과 연계한다면 '환경을 보호하기 위해 택배에 종이 상자를 사용하지 않아야 한다'를 주제로 스스로 생각해보는 기회를 갖고 다른 사람들의 다양한 의견도 들으면서 폭넓은 고민을 해볼 수 있을 것이다.

토론 순서

1. 토론 주제 선정 ➡ 2. 토론 준비 ➡ 3. 입론 및 교차질의 ➡ 4. 발표 및 결과 공유

● 1단계

함께 그림책을 읽은 뒤 토론 주제를 정한다. 적합한 토론 주제에 대해 학생들과 이야기 나누며 정해도 되고, 교사(사회자)가 사전에 정하여 제시해도 무방하다. 상자 세상에서 상자는 사람들의 물건을 집까지 배송해주는 것으로 임무를 끝마친다. 책을 읽으며 이런 상자의 모습을 들여다본 학생들은 대부분 환경오염과 관련된 주제가 좋겠다는 의견을 낸다. 택배를 보낼 때 종이 상자를 사용하면 환경이 오염된다는 의견부터 종이 상자 이용이 환경에 어떤 악영향을 미치는지 생각해보아야 한다는 의견이 나왔다. 책 속에서 상자가 자신의 본래 모습을 떠올리는 장면과 연관 지어 이번 수업의 주제를 '환경을 보호하기 위해 택배 발송 시 종이 상자를 사용하지 않아야 한다'로 정하였다.

● **2단계**

학생들에게 논제에 대해 생각해보는 시간을 준다. 교사는 개인별로 A4용지 한 장(활동지)을 나눠준다. 자신의 입장을 정하고 이유와 근거를 정리하는 데 집중할 수 있도록 한다. 각자 입장과 근거를 두 개씩 적는다. 토론자는 입론과 질문을 함께 해야 하므로 떠오르는 질문을 미리 세 가지 적어두면 도움이 된다. 둘 둘 토론이므로 토론자들이 모두 입론을 할 수 있다는 것과 입론 후 상대편 토론자가 교차질의할 수 있다는 것을 설명한다. 더불어 입론한 토론자가 질문에 대해 대답해도 되지만 대답이 어려울 경우 누구든지 대답할 수 있다는 것도 알려준다. 모두 토론의 주체가 되어 입론, 교차조사가 가능하다는 것을 기억하고 참여하도록 하면 더욱 집중도를 높일 수 있다. 상대편 입론을 잘 듣고 전체 질의 시간에 학생들이 미리 적어둔 질문을 하는 시간을 가질 수 있다는 것도 함께 안내한다.

다음은 '환경을 보호하기 위해 택배에 종이 상자를 사용하지 않아야 한다'라는 토론 논제에 대한 찬성과 반대 이유 및 근거이다.

〈찬성 입장〉

이유1	종이 상자의 무분별한 사용은 나무와 숲을 훼손시킨다.
근거1	종이 상자가 재활용이 된다는 이유로 나무를 쉽게 사용하면서 나무가 훼손된다.
이유2	종이 상자를 만들면서 환경이 오염된다.
근거2	종이의 75퍼센트는 폐지를 재활용해서 만들지만 나머지 25퍼센트는 순환 경작으로 수급된 나무를 펄프로 가공해서 만든다.

〈반대 입장〉

이유1	상자를 만들기 위한 어린 묘목은 자라면서 더 많은 이산화탄소를 흡수하고 다량의 산소를 생산하고 지구온난화 현상도 막아준다.
근거1	- 국내외 제지 회사들은 나무가 성장하기 좋은 지역 해외 여러 나라와 협약을 맺고 현지에서 인공조림 사업을 진행하여 천연림이 아닌 합법적인 나무를 원료로 하여 만든다. - 종이 상자를 만들어 이용하는 것이 오히려 환경에 도움이 된다.

이유2	종이 상자를 이용하는 것이 다른 재료를 사용하는 것보다 환경에 좋다.
근거2	– 종이 상자는 여러 번 재생이 가능하여 재활용이 쉽다. – 플라스틱은 분해되는 데 수십 년에서 수백 년이 걸린다.

● 3단계

찬성측 첫 번째 토론자가 입론을 한 후, 입론을 듣고 반대측 토론자 두 명 중 누구든지 찬성측에 질문을 한다. 찬성측 토론자들 중 누구든 대답할 수 있다. 다음은 반대측 첫 번째 토론자가 입론을 한다. 찬성측 토론자 중 질문하고 싶은 이가 있다면 누구든 반대측 토론자에게 질문할 수 있다. 찬성측의 질문을 듣고 반대측 토론자 중 누구든 대답할 수 있다.

교차조사와 교차질의가 끝나면 이어서 찬성측 두 번째 토론자가 입론한다. 마찬가지로 찬성측 두 번째 토론자의 입론에 대해 반대측에서 누구든지 질문할 수 있다. 찬성측 토론자 중 누구든지 질문에 대해 답하는 것도 가능하다. 다음으로 반대측 두 번째 토론자가 입론한다. 찬성측에서는 입론을 잘 듣고 질문한다. 찬성측 누구나 질문에 대한 응답을 할 수 있다. 만약 중복되는 질문을 다른 친구가 이미 했다면 같은 질문이 나오지 않도록 한다.

다음은 찬반측 토론자들의 입론 및 질문 예시이다.

반대측 2토론자: 종이 상자가 재활용이 되기 때문에 나무를 쉽게 사용하고 훼손한다고 하셨는데, 종이 상자에 사용되는 나무는 천연림 벌목으로 만들어지는 것이 아닙니다. 조림지를 형성하여 나무를 길러 종이를 제작하기 때문에 천연림의 훼손과는 관련이 없습니다. 그렇기에 1번 패널분이 말씀하신 것처럼 나무가 쉽게 훼손되는 상황은 없을 것입니다.

찬성측 1토론자: 반대측 1번 패널에게 질문드리겠습니다. 어떤 이유든 한번 심은 나무를 잘 키워 훼손시키지 않는다면 지구의 환경은 더욱 보호되지 않을까요?

반대측 1토론자: 앞서 천연림이 아닌 인공조림지에서 나무를 키워 사용한다는 말씀을 드렸습니다. 지속 가능성을 보유한 환경 친화 사업 중 하나입니다.

찬성측 2토론자: 말씀하신 것처럼 상자를 만들기 위해 우리는 침엽수, 활엽수를 심습니다. 심긴 나무들은 어린 묘목 시기를 거쳐 자라면서 더 많은 이산화탄소를 흡수하고 다량의 산소를 생산하고 지구온난화 현상도 막아줍니다. 그렇기에 나무를 심고 난 뒤 벌목을 하지 않는다면 환경을 보호하는 데 더욱 큰 도움을 줄 것입니다.

● 4단계

각 모둠에서 토론한 결과를 반 전체 학생들과 공유한다. 모둠별로 토론을 하면서 변화된 생각들을 발표한다. 교사는 각 모둠에서 나온 이야기들을 모아 전체 토론을 정리하고 마무리한다. 『상자 세상』 그림책을 통해 '환경을 보호하기 위해 택배에 종이 상자를 사용하지 않는다'는 논제로 토론하면서 "종이 상자를 만들면 지구가 많이 오염될까?" "종이 상자를 재활용하면 환경에 얼마나 도움이 될까?" 등 여러 깊이 있는 질문을 던져보기도 했다.

22 스펙트럼 토론

○ 스펙트럼(Spectrum)이란 추상적 개념이나 견해 따위에서 여러 가지 갈래로 나뉠 수 있는 범위를 뜻한다. 그렇기에 스펙트럼 토론은 논쟁적 질문에 대한 찬반 정도에 따라 0~100 중의 숫자로 수치화하여 일렬로 선 뒤, 옆 사람과 서로 생각을 나누면서 자신의 의견을 점검하는 방식으로 진행된다. 이 과정을 통해 학생들은 논점을 명료하게 할 수 있으며, 찬성 반대 자체나 한쪽 의견의 승리가 아니라 자신의 의견을 드러내고 생각의 차이가 어디서 비롯됐는지 이성적으로 살필 수 있다. 가치에 대한 개인별 의사 표시를 수직선 위에 나타내는 '가치수직선' 토론 방법과 일부 비슷하나, 논쟁적 문제를 다루고 옆 사람과 의사소통하면서 자신의 의견을 바꿀 수 있다는 점에서 차이를 보인다. 스펙트럼 토론을 활용하는 과정에서 사고의 구조를 파악하고 관점의 전환을 가져오며 유연한 사고를 경험할 수 있다.

어떤 그림책이 좋을까?
- 생각과 관점의 전환을 가져오거나 찬반이 아닌 다양한 견해가 나올 수 있는 상황이 제시된 것이 좋다.
- 대화하면서 의견을 조정하는 과정이 있으므로 학생들이 쉽게 접근할 수 있는 일상적인 소재이거나 관심이 많을 만한 상황이 제시되어 있어야 한다.
- 정답 찾기가 아닌 해당 주제에 대해 숙고할 수 있는 내용을 담고 있는 책이어야 한다.

그림책 읽고 토론하기

○ 『암탉은 파업 중』(필라르 세라노 글, 마르 페레로 그림, 김지애 옮김, 라임, 2017)

열악한 생활 환경을 바꾸고자 파업을 선언하는 암탉들의 이야기로 인간과 가축이 함께 건강하고 행복하게 살아가는 방법이 무엇인지 생각하게 하는 책이다. 우리가 자주 먹는 달걀이 어떻게 생산되는지를 아는 것은 물론 '동물복지'가 필요한 이유까지 생각해 볼 수 있다. 동물복지는 우리의 삶과 밀접한 관계가 있으므로 학생들과 공장식 축산에 문제를 제기하고 동물복지와 윤리적인 소비에 관해 토론하기에 적절하다. 또한 동물복지 문제는 찬반 극과 극으로 나뉘는 문제가 아니므로 스펙트럼 토론의 논제로 다루기 좋다.

토론 순서

1. 논쟁적 질문 또는 주장 제시 ➡ 2. 스펙트럼으로 논제에 대한 입장 정하기 ➡
3. 좌우 사람과 이야기하면서 개인의 입장 점검 및 이동 ➡ 4. 각자의 입장 재정립

● **1단계**

토론을 시작하기 전에 여덟 명 내외로 모둠을 구성한다. 학급별 인원수에 따라 모둠 수를 조정하면 된다. 모둠을 정했다면 논쟁적 질문이나 주장을 제시한다. 이 책은 '동물복지'와 '공장식 축산'에 관련된 내용이므로 이것과 관련된 논쟁적 질문을 제시한다. 논제를 제시하기 전에 동물복지와 공장식 축산에 대해 학습한다. 중요 개념에 대한 이해가 없이는 토론이 불가하기 때문이다. 본 수업에서는 암탉이 파업하는 이유에 초점을 맞추어 '공장식 축산'에 대한 논쟁적 질문을 선정하였다. 논제를 가시적으로 보여주기 위해 칠판에 '공장식 축산은 인간에게 도움을 준다'라고 적고 양쪽으로 길게 선을 그린 다음, 왼쪽 끝에는 0점, 오른쪽 끝에는 100점을 써넣는다.

● 2단계

각자 논제에 대한 자신의 점수를 결정한다. 찬성과 반대, 이분법적인 사고에서 벗어나 두 팀으로 나누는 것이 아니라 스펙트럼으로 이어지도록 자신의 동의 정도를 나타낸다. 100퍼센트 찬성을 100점으로 두고 0~100점 사이에서 점수를 정한다. 모둠별로 자신의 의견 점수에 따라 일렬로 세운다. 100점이면 오른쪽 끝에 서고, 절대 아니라고 생각하면 왼쪽 끝에 선다. 동물복지에 여러 활동을 통해 접해온 학생들은 공장식 축산에 대해 대부분 부정적인 쪽으로 점수를 주었다. 부정적인 부분에 학생들의 점수가 몰려있지만, 정도의 차이는 있었다.

● 3단계

자신의 좌우에 있는 옆 사람과 자신의 의견과 까닭을 나눈다. 옆 사람과 생각을 나누며 자신의 의견과 같은 점, 다른 점을 찾으면서 자신의 점수를 다시 점검한다. 이때 점수가 변경되면 자리를 옮길 수 있다. 스펙트럼 토론의 가장 큰 장점은 모둠원이 여덟 명이라면 여덟 가지의 다양한 의견을 공유할 수 있다는 것이다. 서로의 의견과 까닭에 관한 생각을 비교·대조하면서 자신이 왜 이 자리에 서 있는지 확인한다. 극과 극이 서로 만나서 논쟁하는 것이 아니라 나와 비슷한 듯 다른 친구들과 이야기를 나누니 대화가 활발히 이루어진다. 위치가 바뀌고 나면 또 다른 옆 사람과 대화를 이루어지므로 의사소통이 지속해서 일어난다. 또한 토론자의 위치가 계속 바뀌는 만큼 논의가 지속적으로 이루어질 수 있도록 충분한 시간을 주어야 한다.

● 4단계

주어진 토론 시간이 끝나면 자신의 최종 위치를 정한다. 최종적으로 자신이 준 점수를 확인하고 그 점수를 주게 된 이유를 적어본다. 점수가 변화했다면 변화한 이유를, 변하지 않았다면 바꾸지 않은 이유를 설명한다. 이를 모둠 안에서 혹은 학급 전체를 대상으로 공유한다. 이를 통해 학생들은 '공장식 축산'에 대해 대부분 비슷한 의견을 가질 거라고 예상했는데, 각자의 가치관과 경험에 따라 결론이 이렇게 변할 수도 있다는 것을 깨닫게 된다.

최종적으로 이번 토론에 참여한 학생들은 '공장식 축산은 인간에게 도움을 주지 않는다' 쪽에 치우쳐 분포되었다. 공장식 축산이 인간에게 도움이 된다는 학생들의 중요한 이유는 경제적 이유에 국한되어 있던 반면, 인간에게 도움이 되지 않는다는 쪽의 까닭은 바이러스와 세균의 측면, 기후 위기를 가속화하는 측면, 동물의 복지가 곧 인간에게 도움이 된다는 논리 등 다양했다. 이것을 통해 토론을 통해 다루고자 했던 중심 개념(쟁점)이 무엇인지 명확히 하고, 토론 과정에서 소통할 수 있는 내용을 미리 준비하는 것이 중요하다는 것을 알 수 있었다. 또한 준비를 철저히 한 만큼 옆 사람이 평소에 헤아리지 못했던 부분을 확인하고 관점의 전환을 가져오도록 도울 수 있었다.

스펙트럼 토론 활동지

23 사칙연산 토론*

○ 사칙연산 토론은 말 그대로 덧셈, 뺄셈, 곱셈, 나눗셈의 방식을 적용한 사고 발상법을 교실 현장에 적용한 토론법이다. 덧셈은 현재 상황에서 새롭게 추가했으면 하는 것, 뺄셈은 현재 상황에서 중단하거나 삭제했으면 하는 것, 곱셈은 현재의 것 중 지속적으로 진행했으면 하는 것, 나눗셈은 현재 상황을 발전시키기 위해 내가 가진 것 중 나누거나 베풀 수 있는 것을 의미한다. 학생들이 각 사칙연산 기호의 의미를 이미 파악하고 있기에 따로 자세한 설명이 필요하지 않아 안내가 용이하며, 토론을 통해 주어진 과제에 대해 다양한 사고가 가능해지므로 문제 해결을 위한 다양한 아이디어를 얻고 싶을 때 활용하면 좋다. 새 학기나 새해, 방학 계획을 세울 때 활용한다면 획일화된 계획에서 탈피해 나의 삶 전반을 돌아보며 구체적인 계획을 세울 수 있을 것이다.

* 김경훈, 『슬로리딩수업, 토의토론을 만나다』(행복한미래, 2021, 217~220쪽) 참고.

어떤 그림책이 좋을까?

- '행복이란 무엇일까?' '좋은 학급이란 무엇일까'처럼 도덕적 판단이 필요한 문제와 관련된 내용을 다루어야 한다.
- 인물이 처한 상황이 나타나 이를 해결하기 위한 다양한 방안을 생각해볼 수 있는 내용이 좋다.
- 사회적으로 함께 생각해보거나 해결해야 할 문제에 대한 질문을 던지고 해결 방안을 생각해보도록 유도하는 책이어야 한다.

그림책 읽고 토론하기

○ 『산다는 건 뭘까?』 (채인선 글, 서평화 그림, 미세기, 2021)

산다는 건 뭔지, 왜 살아야 하는지, 살면서 어려움이 찾아오는 순간에 어찌해야 하는지 등 삶을 대하는 우리의 마음가짐이나 자세에 대해 생각할 거리와 질문거리를 주는 책이다. 학생들은 그림책을 통해 살아 있음을 행복하게 여기고, 살아 있는 동안 내가 쌓아가야 할 것이 무엇인지 고민해보며 계획을 세울 수 있다. 이때 새 학기나 새해의 계획을 사칙연산 토론 기법으로 연결하면 다양한 생각이 오가는 데 도움이 된다. 혼자 떠올린 생각이나 아이디어에 서로의 생각을 공유하는 과정에서 아이디어가 더해져 다양한 방안을 탐색하게 되며 이를 통해 나만의 계획을 세우게 될 것이다.

토론 순서

1. 모둠 구성 및 토론 과제 제시 ➡ 2. 개인활동을 통한 사칙연산 활동지 작성 ➡
3. 모둠별로 아이디어 공유 ➡ 4. 토론 결과 공유 및 발표

● **1단계**

4~6명이 한 모둠을 구성한다. 이때 서로의 이야기를 잘 들을 수 있는 범위 내에서 인원을 조정해야 한다. 그런 뒤 교사는 『산다는 건 뭘까?』 그림책을 함께 읽는 과정에서 산다는 것의 의미에 대해 생각하며 다가오는 새해 계획을 세워보는 토론 과제를 제시한다. 현재 나의 삶의 모습을 생각할 수 있는 시간을 충분히 주고 난 후 과제를 내야 하며, 각각 처한 상황과 생각이 다른 만큼 주어진 과제에 대해 정답이 없음을 분명히 이야기함으로써 학생들이 다양한 사고를 할 수 있도록 한다.

● **2단계**

앞으로의 나의 모습을 그리며, 내 삶에 채우고, 빼고, 지속하고, 나눌 수 있는 것이 무엇일지를 구체적으로 생각해보고 이를 적어보는 단계이다. 활동지는 '+' '-' '×' '÷'가 적힌 네 칸으로 나누어 제시하되, 칸의 순서와 상관없이 떠오르는 대로 적는다. 또한 사칙연산 기호의 의미 및 예시를 자세히 설명해주어 생각을 떠올리는 데 어려움이 없도록 한다. 아이들의 특성에 따라 메모하듯 글로 작성할 수도 있지만 비주얼씽킹 등 나만의 방법으로 떠오르는 생각을 적어도 좋다.

+ (추가해야 할 것)	- (중단해야 할 것)
- 좋은 추억 만들기 - 체중 관리 - 방, 책상 등 주변 정리	- 시간 약속 못 지키는 것 - 언어 습관 - 너무 많은 후회, 짜증
× (지속해야 할 것)	÷ (나누고 베풀어야 할 것)
- 잘 웃기 - 어른에게 인사하기 - 꿈에 대해 생각하기	- 미소 짓기 - 행복하기 - 식사할 때 수저 놓기

● **3단계**

개인별로 사칙연산 활동지를 작성했다면 모둠 내에서 친구들과 생각을 공유하는 시간을 갖는다. 더하기 단계부터 시작하여 나의 새해 계획을 돌아가며 말하되 친구가 이야기한 것은 제외하고 말한다. 단순히 쓴 것을 읽는 것이 아니라 내가 쓴 계획을 말하며 왜 그것이 필요한지도 같이 이야기하고, 궁금한 점을 질문하고 답하는 과정을 통해 서로의 생각을 충분히 들으며 계획을 공유한다. 예를 들어 현재 상황에서 더하고 싶은 것이 '공부 시간 늘리기'라고 이야기했다면, 모둠원 친구들이 '어떤 공부를 하려고 계획하고 있니?' '어떤 방법으로 할 예정이니?' 등의 질문을 던질 수 있다. 여기에 답을 하는 과정에서 계획이 좀 더 구체적이고 명확해진다. 이때 모둠에 공유된 계획은 작은 붙임 종이에 기록하면 다음 단계에서 전체 생각을 모으는 데 용이하다.

● **4단계**

모둠에서 나눈 결과를 함께 본다. 칠판이나 큰 종이를 네 개의 칸으로 분할하여 공유된 아이디어를 기록해주면 더 좋다. 1모둠부터 차례로 더해야 할 것을 한 가지 이야기하면, 2모둠이 1모둠이 이야기한 것을 제외한 다른 한 가지를 이야기하는 방식이다. 생각을 나눠준 학생이 그 생각이 적힌 붙임 종이를 칠판의 + 칸에 붙이는 식으로 모든 모둠이 돌아가며 여러 번 반복하면서 서로의 생각을 공유한다. 이 방식을 활용했을 때 아이들은 다른 모둠 친구들의 이야기에 귀 기울이게 되며, 모두 돌아가며 이야기하기에 모든 아이들이 동등한 발언권을 가지게 된다. 또한 이미 모둠원 친구들과 이야기한 내용을 전체 친구들 앞에서 이야기하는 거라 발표에 대한 부담도 적어진다. +, -, ×, ÷ 순서대로 전체 토론 내용을 공유하며 활동을 마무리한다.

24 만다라트 토론

○ 만다라트는 'manda+la+art(목적+달성+기법)'의 합성어로 인간의 사고 과정이 하나의 방향으로만 흐르지 않고 거미줄처럼 뻗어나간다는 점에 착안하여 만들어진 발상 기법이다. 항상 중심 주제로부터 사고하며 외연을 확장해나가되, 하나의 주제에 여덟 개의 하위 요소만 허용되므로 아이디어의 발산과 수렴이 동시에 이루어지는 장점이 있다.

이번 수업에서는 만다라트의 여덟 가지 하위 요소를 절반으로 줄여 총 네 가지 하위 요소를 다룬다. 구조화된 활동지를 필수로 활용하기 때문에 학생들이 활동지의 빈칸을 채우는 과정에서 함께 소통하며 수업에 집중할 수 있다. 창의적인 아이디어 창출이 요구되는 모든 교과, 모든 주제에서 사용할 수 있어 활용도가 높다.

어떤 그림책이 좋을까?
- 등장인물이 해결해야 할 과제와 해결 과정을 보여주는 스토리 구조를 가진 책이 좋다.
- 특히 역사, 환경, 인권 등 다양한 방향과 시각에서 바라볼 수 있는 주제를 다루고 있다면 적합하다.
- 그림 속 함의가 풍부하여 다양한 해석이 가능한 그림책은 만다라트 토론을 더욱 풍성하게 만들어준다.

그림책 읽고 토론하기

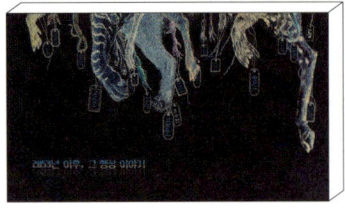

◐ 『2053년 이후, 그 행성 이야기』(조수진 글·그림, 글로연, 2023)

기후 위기에 대한 경각심과 생태 교육의 중요성이 날로 커지고 있는 이 시대에 아이들과 어른이 함께 읽으면 좋을 그림책이다. 수직 스크롤 접이책 방식, 표지 날비 가공, 야광 인쇄, 본책과 별책의 이중 구성 등 그림책의 물성을 최대한 이끌어낸 흔치 않은 장치들은 오로지 작가의 메시지를 독자들에게 효과적으로 전달하기 위해 세심하게 고안된 것이다.

이 책의 내용을 제대로 이해하기 위해서는 본책인 '코스모빌라'를 읽은 후 별책 '오징어 박사의 연구 노트'를 읽어야 한다. 문제집에 비유하자면 '코스모빌라'는 수수께끼와 상상력으로 가득한 문제지이고 '오징어 박사의 연구 노트는'가 해답지인 셈이다. 이 책의 구성에 활용된 아이디어들은 거미줄처럼 확산되어 있지만 기본 개념으로 수렴되는 만다라트적 사고와 상당히 흡사하다. 따라서 이 책의 내용을 파악하고 주제 의식을 도출하는 활동이나 중심 키워드인 환경오염, 멸종위기종, 기후 위기 등에 대한 토론 활동에 만다라트 토론을 활용하면 풍부한 의견들이 도출될 것이라 보았다.

토론 순서

1. 질문 산출 후 중심 주제 및 하위 주제 정하기 ➡ 2. 하위 만다라트 완성 ➡ 3. 발표 및 정리

● **1단계**

『2053년 이후, 그 행성 이야기』의 본책 '코스모빌라'를 먼저 감상한다. 텍스트를 읽기 전 표지 앞·뒷면과 수직으로 펼쳐진 코스모빌라 그림을 살펴본 뒤 관찰한 내용과 관련한 질문을 만들어본다. 질문 만들기 활동을 통해 학생들은 책이 함의하는 주제의식에 한발 더 가까워진다.

〈학생들이 만든 질문 예시〉

- 표지 속 동물들의 다리와 꼬리표는 무슨 의미인가?
- 코스모빌라에 사는 동물들은 왜 사람처럼 그려져 있는가?
- 뒤표지에는 왜 해골들이 그려져 있는가?
- 코스모빌라 1층에 사는 인간은 왜 우주복을 입고 있는가?

　본책을 다 읽은 후 별책 '오징어 박사의 연구 노트'의 앞부분을 함께 감상한다. 그 과정에서 코스모빌라에 사는 동물들이 이미 멸종되었거나 멸종위기종이고, 멸종의 이유가 대부분 인간으로 인한 환경오염이며 2053년은 지구에 닥쳐올 위기를 상징하는 해라는 사실을 파악한다. 교사는 해당 내용과 관련되어 있으면서도 구조화된 질문을 통해 학생들이 중심 주제에 자연스럽게 접근할 수 있도록 돕는다. 만약 학생들이 토론에 익숙하지 않아 주제 도출을 어려워할 경우 질문을 단계적으로 조절하여 제시해야 한다. 본 수업에서는 중심 주제와 1, 2번 하위 주제를 교사가 제시하였고 나머지 두 개의 하위 주제를 학생들이 선정하였다.

　최종 결정된 만다라트 토론의 중심 주제는 다음과 같다.

중심 주제	위기에 빠진 지구를 구하기 위한 방법
하위 주제	1. 멸종위기종 2. 지구온난화 3. 환경오염 4. 제로 웨이스트

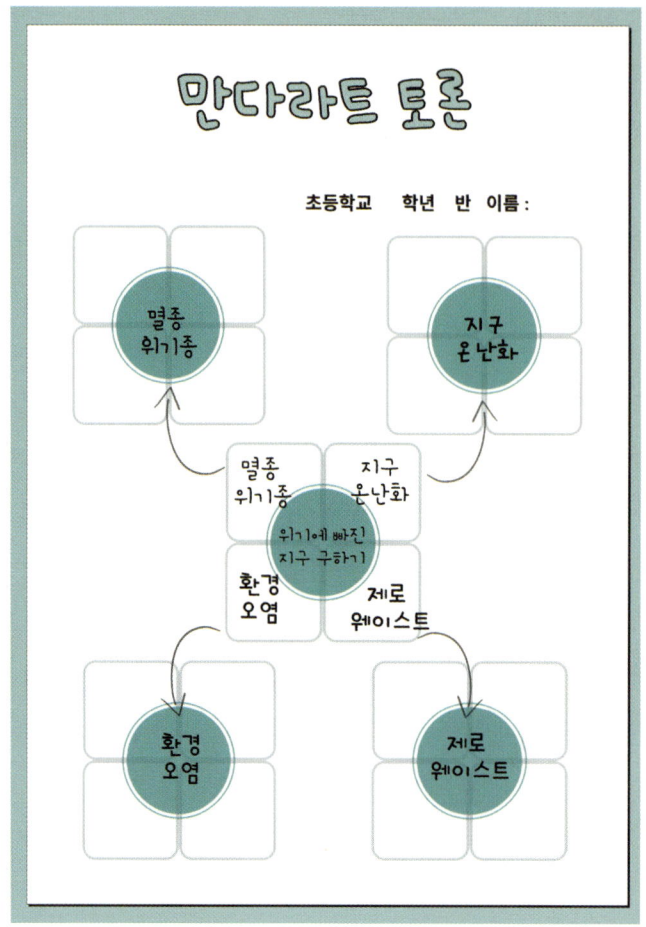

단계 중심 주제와 하위 주제 정하기

● 2단계

네 개의 하위 만다라트를 모둠별로 하나씩 분담한다. 모둠별로 맡은 주제가 중복되는 경우 토론을 통해 니디니는 의견의 차이를 비교해본다. 필요한 경우 각각의 주제에 대한 사전 조사 시간을 주어야 활발한 논의가 일어날 수 있다.

먼저 주제에 관해 떠오르는 생각들을 하나씩 포스트잇에 적는다. 포스트잇에 쓰는 문장은 핵심이 드러나는 간결한 문장이나 낱말이어야 한다. 모둠활동지에 포스트잇을 붙이면서 자신의 의견을 발표한다. 모든 학생이 빠짐없이 이야기하되 다른 의견과 비슷하다고 생각되더라도 자신의 말과 글로 표현해 보도록 격려하는 것이 좋다.

산출된 의견들을 비슷한 것끼리 묶어 유목화하고 만다라트를 완성한다. 토론에 익숙한 학생들이라면 의견 나누기를 하며 유목화 과정까지 동시에 진행할 수 있다. 유목화를 스스로 하기 어려운 경우 교사의 지도하에 학급 전체 활동으로 변형하여 활동을 전개한다.

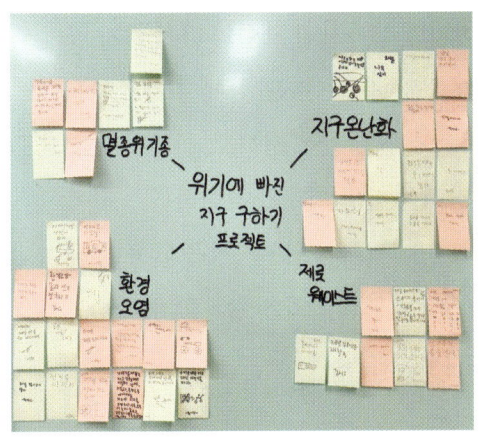
유목화하기(전체)

유목화하기(모둠)

● 3단계

위기에 빠진 지구를 구하는 방법에 대한 모둠별 토론 결과를 발표하고, 학생들은 다른 모둠의 발표를 들으며 만다라트 토론 활동지를 최종 완성한다.

이후 별책 '오징어 박사의 연구 노트'의 마지막 부분을 함께 읽으며 오징어 박사가 멸종된 모든 동물의 복원 이후 가장 마지막으로 인류의 복원을 고민하는 이유를 생각해본다. 마지막으로 토론을 통해 알게 된 점, 느낀 점 등을 공유하며 수업을 마무리한다.

25 불가사리 모형 토론

○ 패트릭 쿠아가 2006년 개발한 모형으로, 다섯 가지 질문으로 구성된 활동지가 마치 불가사리를 닮았다 하여 이름 붙여졌다. 만다라트 토론처럼 아이디어를 발산하는 기법이지만 불가사리 모형의 다섯 가지 질문이 기존의 활동에 대한 반성과 대안을 촉구한다는 점에서 차별성을 띤다. 다섯 가지 질문에 따라 구체적인 실천 방안을 정하고, 실천을 위한 구체적 시간 설정까지 마침으로써 강력한 실천 의지를 부여한다는 점에서 상당히 매력적이다. 개인의 발전뿐만 아니라 집단 지성을 활용한 다양한 사회문제 해결을 위한 토론 기법으로도 유용하게 활용할 수 있다. 불가사리 모형의 다섯 가지 질문은 다음과 같다.

KEEP: 계속해야 할 것은 무엇인가?
MORE: 좀 더 해야 할 것은 무엇인가?
LESS: 좀 더 줄여야 할 것은 무엇인가?
START: 새로 시작해야 할 것은 무엇인가?
STOP: 당장 그만두어야 할 것은 무엇인가?

어떤 그림책이 좋을까?

- 그림책의 주제가 어렵지 않고 학생 관점에서 쉽게 공감힐 수 있는 것으로 누구라도 한두 가지의 의견을 낼 수 있는 것이 좋다.
- 찬반 토론이 아니므로 생각과 감정을 공유하고 자신의 이야기를 부담 없이 꺼낼 수 있는 내용이어야 한다.
- 회복적 생활교육의 관점에서 그림책을 읽고 얻은 깨달음이 일상생활과 자연스럽게 이어질 수 있다면 좋다.

그림책 읽고 토론하기

○ 『플라스틱 인간』(안수민 글, 이지현 그림, 국민서관, 2022)

인간의 삶을 편리하게 바꾸어준 플라스틱이 어느새 환경오염의 주범이 되었음을 고발하는 그림책이다. 처음에는 작고 귀여웠던 플라스틱 인간이 거인이 되어간다는 설정은 플라스틱으로 인한 환경오염이 지구와 인간의 안전을 위협하는 가장 큰 요인이 되었음을 의미한다.

누구나 무분별한 플라스틱 소비를 줄여야 한다는 데에는 동의한다. 그럼에도 플라스틱 소비는 날이 갈수록 늘어나고 있으며 줄어들 낌새는 보이지 않는다. 플라스틱 사용 규제에 대한 실천적 논의가 필요한 때이다. 그런 의미에서 기존 상황에 대한 반성과 실천, 대안 찾기에 중점을 둔 불가사리 토론은 해당 그림책을 바르게 읽는 좋은 방법 중의 하나라 하겠다.

토론 순서

1. 토론 주제를 다섯 질문과 연결하기 ➡ 2. 의견 정리하기 ➡ 3. 우선순위 정하기

● **1단계**

그림책을 함께 읽은 뒤 연계 활동으로 미세플라스틱이 야기하는 피해에 대한 동영상을 시청한다. 그런 뒤 플라스틱에 점령당한 지구 환경을 깨끗하게 변화시키기 위한 대안적 아이디어 산출을 중점으로 '플라스틱으로 가득 찬 지구를 살리는 방법'이라는 토론 주제를 정한다.

학생들은 토론 주제에 대한 의견을 자유롭게 돌아가며 발표한다. 발표자가 의견을 내면 다른 학생들은 그 의견이 불가사리 토론의 다섯 가지 질문 'KEEP' 'MORE' 'LESS' 'START' 'STOP' 중 어디에 해당하는지 이야기한다. 어느 정도 의견이 쌓였으면 산출해낸 아이디어들을 포스트잇에 나누어 적는다.

떠오른 생각을 바로 적기보다는 브레인스토밍을 한 후 기록한다. 그렇게 했을 때 다음과 같은 좋은 점이 있다. 첫째, 의견의 중복을 줄일 수 있다. 둘째, 토론 주제에 대해 생각할 시간이 생기므로 모든 학생이 토론에 참여할 수 있다. 셋째, 브레인스토밍 과정을 거치지 않을 때보다 정돈되고 이해하기 쉬운 표현으로 자신의 생각을 적을 수 있도록 돕는다.

● **2단계**

불가사리 토론은 만다라트 토론처럼 활동지가 반드시 필요하다. 모둠이 함께 활용해야 하므로 A3 정도의 큰 종이에 출력하여 주거나 활동지를 4절지 중앙에 붙여 활용한다. 앞선 단계에서 각자 포스트잇에 적은 종이를 게시판에 붙인다. 시간이 부족하다면 모둠원 모두가 한 번에 붙이되, 한 영역씩 진행한다. 중

불가사리 토론 활동지

복되는 것은 제거하고 좀 더 어울리는 영역으로 재배치한다.

모둠활동지가 완성되면 모둠별로 발표한다. 이때 불가사리 토론의 질문 순서에 따라 KEEP→MORE→LESS→START→STOP 순으로 발표하도록 한다. 학생들은 모둠별 발표를 들으며 궁금한 것을 묻고 답하며 개인활동지에 최종 정리한다.

● **3단계**

개인활동지에 정리한 내용들을 살펴보며 실천할 사항을 우선순위대로 정해본다. 시간 흐름에 따라 아래와 같이 설정하는 것이 일반적이나 학생들이 원하는 기간으로 다양하게 조정할 수 있다.

1. 오늘(지금) 해야 하는 것 2. 일주일 안에 해야 하는 것 3. 한 달 안에 해야 하는 것 4. 일 년 안에 해야 하는 것	1. 오늘 당장 할 것 2. 이번 주까지 할 것 3. 이번 달까지 할 것	1. 오늘부터 할 것 2. 이번 학기 내에 할 것 3. 졸업까지 할 것

본 수업에서는 학급 토의를 거쳐 위의 항목을 지금, 올해, 어른이 되는 10년 뒤 실천해야 할 세 가지로 설정하였다. 그다음 각자의 우선순위를 정한 후 학급 전체 발표로 공유하는 시간을 가졌다.

26 생선뼈 토론*

◯ 생선뼈 토론은 문제의 원인을 파악하고 분석하여 해결 방안을 찾는 토론법으로, 토론하면서 활용하는 활동지 형태가 생선뼈와 닮아 이름 붙여졌다. 문제의 원인을 시각적으로 구조화한 형태로 정리하면서 토론하기 때문에 원인과 결과를 분석하고 문제를 해결하는 것을 목적으로 하는 토론에 활용하기 좋다. 떠오르는 생각을 활동지에 쓰는 부분은 마인드맵과 비슷하지만, 생각을 넓히는 마인드맵과 달리 생각을 하나로 모아 분석하며 토론한다는 점에서 차별화된다. 토론 주제의 근본적인 원인을 파악하는 데 도움을 주는 토론 방법이다.

* 정문성, 『토의·토론 수업방법 99』(교육과학사, 2022, 314~316쪽) 참고.

어떤 그림책이 좋을까?

- 책의 주제가 직접적으로 드러나 있어 읽으면서 몇 가지 의견이 바로 떠오르는 그림책이 좋다.
- 토론하면서 원인과 해결 방안을 마련해야 하므로 학생들이 경험해본 적이 있거나 생활과 밀접한 관련이 있는 소재로 쓰인 책이 좋다.
- 오늘날 사회에서 고민하는 문제를 다룬 그림책이면 학생들의 살아 있는 의견으로 활발한 토론을 할 수 있다.

그림책 읽고 토론하기

○ 「노란 길을 지켜 줘」(박선영 글·그림, 노란상상, 2023)

세 명의 어린이는 노란 길을 따라 신나게 달린다. 노란 길은 끝까지 이어져 있을까? 이 책은 시각장애인을 위해 설치된 점자블록을 따라 달리는 세 명의 어린이가 여러 장애물을 만나는 장면을 보여주면서 주변의 점자블록을 살펴보게 한다. 점자블록처럼 이동 약자를 위해 설치된 시설을 살펴보고 관리 문제의 원인과 해결 방법을 고민하기 위해 생선뼈 토론 기법을 사용한다. 이동 약자를 위한 설치 시설에서 문제를 찾고 문제의 원인과 해결 방법을 토론하며 이동 약자를 위해 할 수 있는 일이 무엇인지 생각하는 계기가 될 것이다.

토론 순서

1. 문제 상황 찾기 ➡ 2. 문제의 원인과 해결 방법 토론하기 ➡ 3. 토론 결과 정리하기 ➡
4. 해결 방법 공유하기

● **1단계**

생선뼈 토론은 생선뼈가 그려진 활동지가 토론에서 중요한 역할을 한다. 교사는 학생들에게 생선뼈 토론 활동지에 관해 설명한다. 활동지는 교사가 미리 준비하거나 학생들과 함께 그릴 수 있다. 활동지를 학생들과 함께 그린다면 먼저 종이 가운데에 생선 등뼈인 굵은 가로선을 긋는다. 왼쪽에는 생선 꼬리, 오른쪽에는 생선 머리를

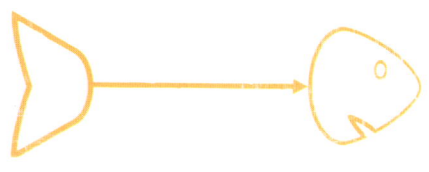

그려 등뼈와 연결한다. 꼬리에서 머리 방향으로 화살표로 그려 토론 진행 방향과 마찬가지임을 안내한다. 생선 갈비뼈는 토론을 진행하면서 완성한다. 교사는 예시 자료를 보여주면서 활동지 작성법을 안내한다. 생선 꼬리에는 문제

상황을 쓴다. 등뼈 위쪽 45도로 갈비뼈를 그리고 문제 상황의 원인을 쓴다. 등뼈 아래쪽 45도로 갈비뼈를 그리고 문제 상황을 해결하는 방법을 쓴다. 문제 상황의 원인이 세 개라고 토론했다면 갈비뼈도 세 개를 그린다.

교사는 학생들과 함께 그림책을 읽고 문제 상황을 찾는다. 학생들이 찾은 문제 상황에 대해 의견을 나누고 모둠별로 문제 상황을 정해도 되고, 교사와 함께 문제 상황에 관해 이야기 나눈 뒤 학급에서 하나의 문제 상황을 정해도 된다. 본 수업에서 학생들이 찾은 문제 상황은 '점자블록이 제대로 관리되지 않고 있다는 것'이었다.

● 2단계

그림책에서 점자블록이 어떤 상태였는지 모둠에서 이야기 나누고 문제의 원인과 해결 방법을 토론한다. 개인별로 색깔이 다른 포스트잇에 각자가 생각한 문제 상황의 원인을 쓰고 생선뼈 토론 활동지 위쪽에 붙인다. 자신이 생각한 문제의 원인을 모둠원에게 논리적으로 주장하고 그림책과 주변에서 본 점자블록의 모습을 떠올리면서 모둠원의 주장이 문제 상황의 원인으로 적절한지 토론한다. 비슷한 내용으로 쓴 포스트잇을 유목화하고 비슷한 내용을 쓴 모둠원끼리 서로의 주장을 보충할 수 있다고 안내한다. 각자의 주장을 듣고 토론을 통해 모둠 안에서 문제의 원인을 정리한다. 토론으로 문제의 원인이 정해졌다면 생선 갈비뼈를 그리고 원인을 쓴다. 문제의 해결 방법도 같은 과정을 거쳐 도출한다. 포스트잇에 문제의 해결 방법을 쓰고 토론을 통해 문제의 해결 방법을 정한다. 생선의 위쪽 갈비뼈에는 문제의 원인을 정리하고 아래쪽 갈비뼈에는 원인에 따른 해결 방법을 정리한다.

● 3단계

토론을 통해 정해진 원인과 결과를 생선뼈 토론 활동지에 정리한다. 모둠 토론으로 정해진 원인이 두 개라면 생선 갈비뼈를 위로 두 개, 해결 방법도 원인의 개수와 같게 아래쪽으로 두 개 그린다. 아래쪽 생선 갈비뼈를 그릴 때는 위쪽 생선 갈비뼈와 가까이 붙여 그려 위에 정리된 원인과 아래의 해결 방법이 서로 관련이 있음을 시각적으로 파악할 수 있도록 한다. 꼬리에서 시작된 문제 상황을 바탕으로 문제의 원인과 해결 방법을 토론하고 토론한 결과를 활동지에 정리하였다면 생선 머리에는 문제를 해결하기 위해 사회나 개인에게 요구하거나 실천할 수 있는 일을 쓴다. 학생들은 '점자블록의 관리 부실'이라는 문제 상황을 해결하기 위한 실천법으로 '수리가 필요한 점자블록을 발견하면 신고하고 점자블록에서 자라는 꽃이나 잡초 등을 제거하겠다'를 적었다. 모둠마다 활동을 마치는 시간이 다르므로 시간이 남은 모둠은 토론 내용과 관련된 그림을 활동지에 그린다.

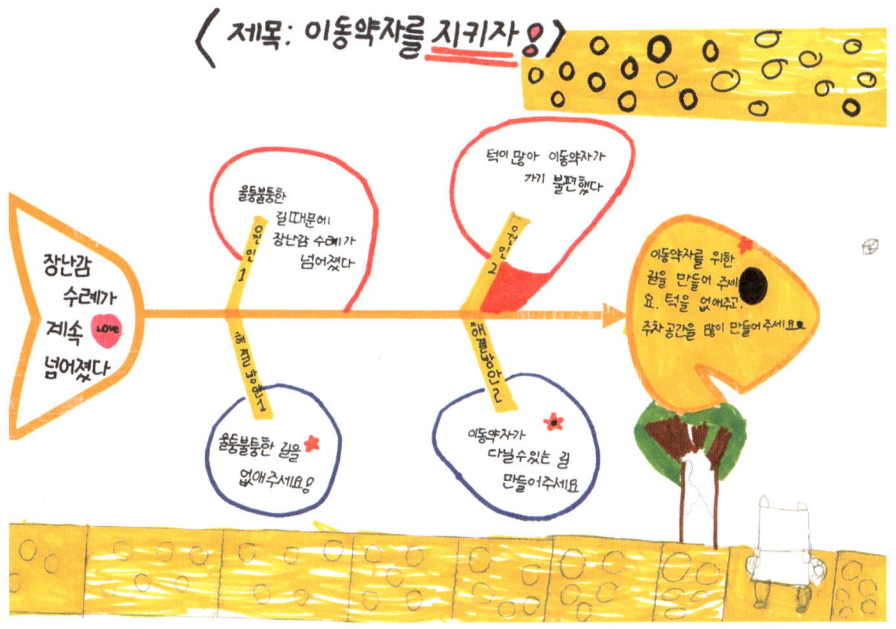

생선뼈 토론 활동지

● **4단계**

모둠별로 정리한 내용을 발표한다. 같은 문제 상황이라도 다른 원인을 찾고 해결 방법을 제시한 모둠의 발표를 들으며 학생들은 다양한 관점을 습득한다. 모둠별로 발표한 내용을 바탕으로 생선뼈 토론 활동지를 한 장으로 정리할 수도 있다.

점자블록의 관리 부실 문제로 생선뼈 토론을 한 뒤 학생들은 이동 약자에 관심을 갖는다. 배움의 공간인 학교에서 이동 약자를 위해 갖추고 있는 시설로는 무엇이 있는지, 그 시설이 제대로 관리되고 있는지 궁금해하기도 한다.

추가 활동으로, 학생들이 직접 학교를 돌아다니면서 느낀 이동의 불편함을 문제 상황으로 삼아 생선뼈 토론을 다시 해봐도 좋다. 본 수업에서는 토론 결과를 다모임 자리에서 발표하고 학교에 이동 약자를 위한 시설을 제대로 관리해달라고 요구하였다. 그림책을 읽고 토론한 경험을 바탕으로 주변의 문제를 찾고 스스로 해결한 경험은 사회참여 능력과 시민성을 기르는 데 있어 좋은 기회가 된다.

| 27 | # 보석맵 토론 |

○ 보석맵 토론은 마름모 모양의 도형이 있는 활동지를 사용하여 진행하는 토론 활동이다. 만들어진 도형이 보석을 닮았다고 해서 보석맵이라고 불린다. 가장 안쪽 칸에 책 제목이나 학생 이름을 적고, 그다음 칸에 책과 관련된 질문을 적는다. 그런 뒤 새로운 칸에 모둠원들과 질문에 대해 나눈 답을 써넣기를 반복한다. 다양한 질문에 관한 서로 다른 관점을 배울 수 있고, 자리를 이동하지 않고도 앉은 자리에서 토론이 가능하다는 장점이 있다. 질문에 대한 자신의 의견을 구조화하는 연습을 사전에 해본다면 더욱 효과적인 운영이 가능하다.

어떤 그림책이 좋을까?
- 책을 읽고 다양한 의견을 제시할 수 있는 그림책이 좋다.
- 다양한 화자가 등장하는 작품도 좋고, 등장인물의 입장이 상반된다거나 학생들이 가지고 있는 가치관에 따라 답이 다양하게 나올 수 있는 그림책이면 효과적이다.
- 사회문제처럼 다양한 해결 방안을 요구하거나, 정답이 명확하지 않더라도 각자 우선하는 가치에 대해 논할 수 있는 철학적인 주제의 작품도 좋다.

그림책 읽고 토론하기

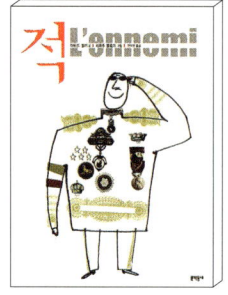

○ 『적』(다비드 칼리 글, 세르주 블로크 그림, 안수연 옮김, 문학동네, 2008)

두 개의 참호에 서로를 적으로 마주하고 있는 군인이 있다. 하지만 그들은 이 전쟁이 어디서 시작되었는지, 적은 어떤 사람인지 서로 알지 못한 채 자신의 가족과 국가를 위해 싸울 뿐이다. 책의 주제를 평화와 연결하여 평화교육으로 의견을 정리하기 좋은 책으로, 막연하게 전쟁이 나쁘다고 하는 게 아니라 가치 판단을 통해 개인의 입장이나 국가의 입장에서 생각해보고 그에 따른 근거로 전쟁에 대한 다양한 의견을 나눌 수 있다.

토론 순서

1. 4인 1모둠 구성하고 그림책 읽기 ➡ 2. 보석맵 작성 방법 안내 및 개별 질문 작성하기 ➡
3. 1차 답변 작성 ➡ 4. 2차 답변 작성 ➡ 5. 질문자가 마음에 드는 답변 공유하기

● **1단계**

교사는 4인 1모둠을 구성하고 그림책을 읽어준다. 전쟁의 분위기를 실감 나게 표현하기 위해 웅장한 클래식이나 어울리는 배경음악을 작게 틀어두고 읽어주어도 좋다. 그림책 본문은 서지정보보다 앞에서 시작된다. 표지부터 살펴보면서 학생들과 함께 그림책을 읽고 전쟁 혹은 평화와 관련하여 각자의 생각을 이야기 나눈다.

● **2단계**

그림책 내용과 관련하여 대화를 나눈 후에 교사가 토론 주제를 제시한다. 해당 그림책의 주제는 '전쟁'이므로 주제에서 크게 벗어나지 않는 선에서 전쟁과 관련된 질문을 각자 생각해본다. 질문을 만들기 전에 교사는 '참호'나 '지침서'

와 같이 학생들이 어려워할 만한 단어에 대해 충분한 설명을 해준다. 그 후 보석맵 토론 활동지를 나눠주고 활동지의 활용 방법을 안내한다. 먼저 보석맵의 네 칸 중 어떤 칸을 고를 것인지 정한다. 그런 뒤 각자 정한 칸에 자신의 이름을 적는다. 다음 칸에는 그림책의 주제와 관련해서 다양한 의견이 나올 수 있을 것 같은 토론 질문을 각자 적는다. 토론 질문은 되도록 겹치지 않는 것이 좋지만 부득이하게 겹치는 경우 다음 칸을 적을 때 답변에 차이를 둬야 한다.

● **3단계**

각자 토론 질문을 적고 나면, 작성한 토론 질문을 모둠원끼리 공유하고 질문을 작성하게 된 이유를 말해준다. 전쟁의 원인을 모르더라도 가족을 위해 목숨을 걸 수 있을지 묻는 학생이 있었다. 그 학생은 가족을 위해서 목숨을 건다는 것은 당연한 것이 아니라 굉장한 용기가 필요한 행동이기 때문에 해당 질문을 하게 되었다고 설명했다. 이런 식으로 학생들은 서로 토론 질문을 어떤 이유로 작성하게 되었는지 살피고 해당 질문에 대해 생각해본 후 답변을 이어간다.

토론 질문	작성 이유
전쟁이 왜 일어났는지도 모른 채 가족을 위해 목숨을 걸 수 있을까?	맹목적으로 자신의 생명을 바치는 군인들이 이해되지 않아서.
병사가 마지막에 던진 병이 상대방의 참호에 들어가서 상대편이 발견한 이후 어떤 일이 생겼을까?	상대방 참호에 평화의 메시지를 보냈을 때 상대방이 받아주었을지 아닐지 궁금해서.
전투지침서는 왜 만들게 되었을까?	전투지침서 때문에 상대편 참호에 있는 사람을 '적'으로 생각하게 되었으니까.

보석맵의 토론 질문을 각자 읽고 해당 주제로 토론한다. 모둠 책상은 4인이 각자 답을 작성하고 서로를 보며 토론하기 편하도록 두 자리씩 마주 보게 하고, 보석맵을 90도씩 돌려가며 자신의 질문 칸을 제외한 다른 학생의 질문

칸에 자신이 생각한 답변을 작성한다. 이때 보석맵 토론 활동지를 90도 돌리는 방법을 헷갈려하는 학생이 간혹 있을 수 있으므로 보석맵 토론이 익숙해질 때까지 교사와 함께 연습해보면 좋다. 답변을 작성할 때는 질문에 대해 충분히 생각해보고 답을 해야 한다.

각자 질문에 대해 답변을 마치면 보석맵의 답변을 살펴보고 자신의 생각과 다른 부분이나 새롭게 궁금해진 내용을 질문한다. 돌아가면서 순서대로 진행하며 생각이 필요한 경우 먼저 준비된 학생부터 질문한다. 주제가 적절함에도 질문을 잘 던지지 못하는 모둠은 교사가 함께 참여하여 생각을 이끌어내준다. 전 단계에서 제시된 질문 중 '전투지침서를 왜 만들게 된 걸까?'에 대해 "상대를 괴물로 생각하게 하려고 만든 것이다"라고 답변한 학생이 있었다. 그 학생에게 상대를 괴물로 만든다는 것은 어떤 것을 의미하는지 정의해보게 하거나 전투지침서를 작성한 사람은 누구인 것 같은지 등 관련 질문에 대해 언급하고 추가적인 내용으로 토론을 진행했다.

● 4단계

답변하기 활동을 마쳤다면 이전 단계에 적힌 내용을 보면서 다른 학생의 의견에 자신의 의견을 더하거나, 반론이 있는 경우 반대 의견을 네번째 칸에 적도록 한다. 이때, 보석맵은 바로 전 단계 답변을 작성한 위치에서 90도 돌려서 각자 자신의 위치에서 적게 하면 된다. 교사의 신호에 맞추어 학생들은 보석맵을 90도 돌린다. 자신의 생각을 보강하거나 반대 의견을 생각해본 뒤 토론을 거쳐 네번째 칸에 작성한다. 네번째 칸에 각자 자신의 의견을 작성하고 나면 마지막으로 보석맵을 90도 돌리게 되고 보석맵은 첫 질문을 했던 학생의 위치로 돌아오게 된다.

토론을 진행한 학생들은 "전투지침서를 만들게 된 대상은 상급 군인일 것이다. 왜냐하면, 참호 속 군인들은 실제 전쟁이 끝났는지 아닌지도 몰랐기 때문이다"라는 근거를 말하였다. 또한 적군이 '사람'이 아니라고 적힌 전투지침서

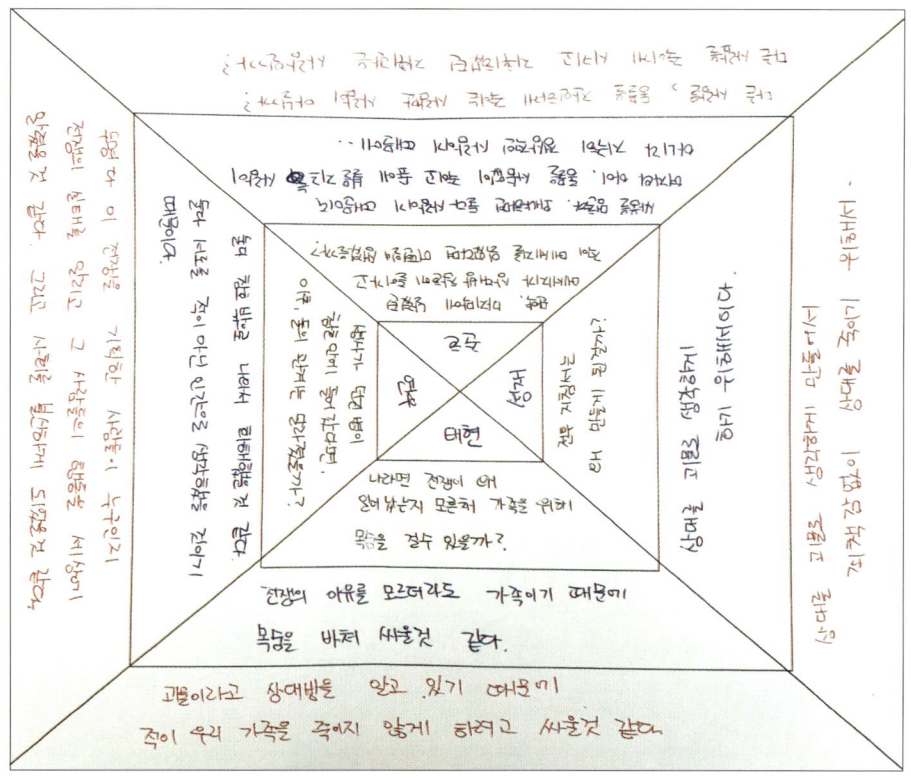

보석맵 토론 활동지

내용을 바탕으로, 그렇다면 적군을 잔인한 괴물로 표현한 이유는 무엇인지 이야기 나누었다. 그 과정에서 "죄책감 없이 상대방을 죽여야 하기 때문"이라는 답변이 나왔다.

● 5단계

모두가 질문을 작성하고 질문에 답했기 때문에 이제 토론 질문에 대한 답변이 어느 정도 정리된 상태이다. 따라서 모든 학생은 자신이 받은 답변을 정리한 뒤 그중 마음에 들었던 답변이나 미처 몰랐지만 답변을 들으며 설득되었던 다른 학생의 의견이 있다면 공유한다. 중복 질문이 생기는 경우 한 명이 정리하여 답한다. 시간이 충분하다면 모든 학생이 발표하도록 하고, 시간이 부족하다면 활동지에 적어서 토론 내용과 자신의 생각을 추가하여 개별적으로 제출하는 것으로 마무리한다. 후속 활동으로 평화 관련 영상자료를 본다거나 단행본을 참고 자료로 제공한 뒤 한 번 더 토론한다면 주제와 관련하여 확장된 사고력을 키울 수 있다.

28 바람개비 토론

○ 바람개비 토론은 여러 사람이 한 주제에 대해 자유롭게 의견을 나누는 토론 방식 중 하나이다. 주제를 다양한 각도에서 탐색하고, 다양한 의견을 수렴하여 더 깊이 있는 이해를 돕기 위해 주로 사용된다. 학생들은 명확하고 효과적인 의사소통 능력을 향상시키고, 협력과 팀워크를 강화하며 공동의 목표를 향해 협력하는 방법을 배운다. 또한 자기 성찰과 성장을 촉진하며, 피드백을 통해 자신의 강점과 약점을 파악할 수 있다. 복잡한 문제를 다양한 시각에서 분석하고 창의적인 해결책을 모색하는 능력을 키우며, 주제에 대한 깊이 있는 이해를 통해 지식과 사고의 폭을 넓히고 다양한 역량을 개발할 수 있다.

어떤 그림책이 좋을까?

- 서로 다른 관점에서 갈등을 해결하는 방법을 탐구할 수 있어야 한다.
- 공감과 이해를 돕는 인물의 행동과 대사를 통해 학생들이 공감하고 이해하는 계기를 제공하는 것이 좋다.
- 주제에 대해 다양한 시각을 탐색하고, 서로 다른 의견을 나누며, 깊이 있는 토론을 이끌어낼 수 있는 내용을 담고 있어야 한다.

그림책 읽고 토론하기

◎ 『문 밖에 사자가 있다』(윤아해 글, 조원희 그림, 뜨인돌어린이, 2023)

누구에게나 피하고 싶은 위기 상황은 존재한다. 무서운 사자와 같은 두려운 대상을 만났을 때 우리는 노랑이처럼 걱정에 휩싸여 꼼짝을 못 하기도 하고, 파랑이처럼 용기와 도전으로 나아가기도 한다. 이 책은 두려운 현실을 피할 것인지 이겨낼 것인지, 내 안의 상반된 감정이나 상황을 파랑이와 노랑이를 통해 그려낸다. 마음속의 고민이 색으로 선명하게 나타나 있어서 책을 한 장 한 장 넘기다 보면 내면의 용기도 함께 커지는 것을 느끼게 될 것이다.

토론 순서

1. 모둠 구성 및 대표 질문 선정 ➡ 2. 질문에 대한 답변과 댓글 달기 ➡
3. 다른 모둠으로 이동 및 최종 의견 쓰기

● 1단계

학생들에게 책의 표지를 보여주고, '보여요-생각해요-궁금해요'의 흐름에 따라 말하게 한다. 제목처럼 "우리 집 문밖에 사자가 있으면 어떤 선택을 할 것인가?"에 대해 질문하고 그 대답과 이유까지 들어본다. 그리고 노랑이와 파랑이의 행동을 주의 깊게 보면서 책을 천천히 읽는다. 다 읽은 후에는 돌아가며 각자의 생각과 느낌을 이야기한다.

학급 인원에 맞추어 모둠을 형성한다. 모둠원들은 책을 읽고 함께 나눌 수 있을 법한 질문을 각자 두세 개 만든다. 만든 질문을 소개하고, 모둠 대표 질문을 하나 선정하여 포스트잇에 적는다. 포스트잇 색깔은 모둠마다 다르게 하는 것이 좋다.

● **2단계**

이전 단계에서 포스트잇에 작성한 질문에 대한 답변을 달아본다. 이때 답변을 다른 색깔의 펜으로 쓰게 하면 더 좋다. 답변은 질문에 대한 답을 해도 좋고, 새롭게 질문해도 된다. 답변이 끝나면 토론지를 돌려서 옆 친구가 한 답변에 댓글을 다는 형식으로 진행한다. 혹은 자리를 한 칸씩 옆으로 옮겨가며 답변을 달아도 좋다. 앞의 친구들이 쓴

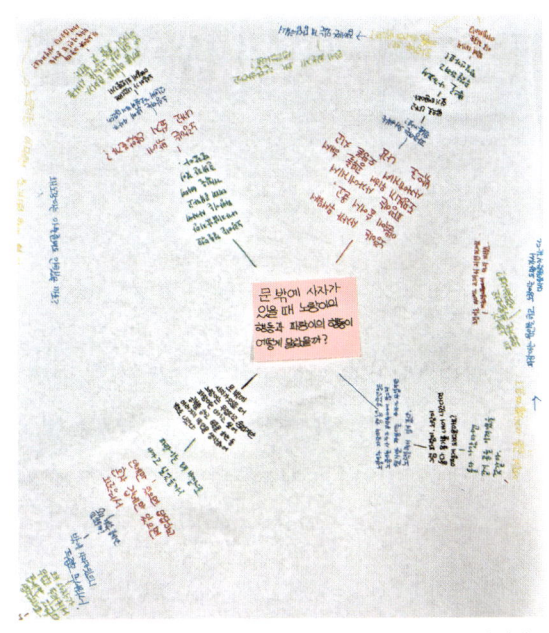

질문에 대한 학생들의 답변들

내용을 읽어보고 난 후에는 친구가 쓴 답변에 질문을 더하거나 새로운 의견을 쓰거나 동의할 수 있도록 한다. 한 모둠의 학생들이 모두 참여할 수 있을 만큼의 시간을 주되 다른 모둠의 진도 또한 고려해야 한다.

● **3단계**

교사는 학생들이 원 모둠에서 다른 모둠의 활동지를 받아 활동을 이어가거나, 모둠원들이 자리를 이동하여 댓글을 달도록 한다. 모둠 내에서 자리를 이동할 때에는 시계방향이나 시계반대방향을 기준으로 한다. 시간에 따라서는 두 모둠이 서로 바꾸어 댓글을 쓰고 갤러리워크 등 다양한 방법으로 나누어도 좋다.

마무리 활동으로 자신의 자리로 돌아와서 최종 의견을 쓴다. 최종 의견은 다양한 질문 중에서 기억나거나 인상 깊은 내용에 대한 생각을 정리하는 형태로 진행한다.

29 5WHY 토론

○ 5WHY 토론은 문제의 근본 원인을 찾기 위해 '왜?'라는 질문을 반복함으로써 근본 원인을 찾아 문제를 해결해가는 방식의 토론법이다. 해결하고자 하는 문제, 즉 '왜 그런 문제가 발생하였는가?'라는 질문에 '왜냐하면'이라는 이유를 넣어 답변한다. 이 답변을 다시 '왜?'라는 질문으로 바꾸고, 그 질문에 '왜냐하면'이라는 답변을 이어간다. 이렇게 반복적인 다섯 번의 질문을 통해 가장 근본적인 원인에 접근해서 문제를 해결해간다. 학생들이 익히기 쉬워 간단하고 쉽게 적용할 수 있으며, 의사소통을 통해 협력적으로 원인을 파악하고 해결할 수 있다. 효과적인 토론을 위해서는 부정적 감정을 담은 응답보다는 객관적이고 사실적인 답변으로 이어질 수 있도록 안내해야 한다. 학습 과제의 원인 분석, 의사결정, 해결 방안 모색 등 다양하게 적용할 수 있다.

어떤 그림책이 좋을까?
- 그림책의 전개 속에서 문제 상황이 명확히 드러나야 한다.
- 그림책의 주제를 현실에서도 직간접적으로 경험하여 해결의 필요성을 인식할 수 있어야 한다.
- 토론을 통해 원인과 해결 방안을 도출했을 때, 그것이 실천 의지로 이어질 수 있는 내용이어야 한다.

그림책 읽고 토론하기

○ 『B가 나를 부를 때』(수잔 휴즈 글, 캐리 소코체프 그림, 김마이 옮김, 주니어김영사, 2018)

주인공은 B와 B에 동조하는 아이들의 따돌림과 방관으로 학교폭력을 당한다. 엄마에게조차 쉽게 털어놓지 못하던 아이는 용기를 내어 엄마에게 사실을 말한다. 엄마는 네가 원하면 도와줄 수 있지만, 어쩌면 피해자인 주인공이 가해자를 도와줄 수 있을지도 모른다고 조언한다. 용기를 낸 주인공은 자기만의 방식으로 가해자와 대화하여 해결점을 찾아간다. 조력자인 어른이 가해자를 혼내고 처벌하는 방식으로 접근하는 것이 아니라, 피해자가 해결해갈 힘을 가질 수 있도록 조언을 건넨다. 이처럼 지혜롭게 문제를 풀어가는 방식이 감동을 준다. 문제 해결의 열쇠는 학교폭력에 노출된 가해자, 방관자, 피해자 모두가 가지고 있다. 5WHY 토론 기법을 각각의 관점에서 적용해서 문제의 다양한 원인 및 해결책을 찾아가보자.

토론 순서

1. 개인 질문 및 모둠 대표 질문 선정하기 ➡ 2. 질문을 바탕으로 이야기 나누고 결론 내리기 ➡
3. 이야기 나눈 후 내린 결론으로 5WHY 토론하기

● **1단계**

4인 1모둠을 구성한 뒤 그림책을 읽고 개인별로 다섯 개의 질문을 만든다. 만든 질문은 모둠원들과 공유한다. 이때 그림책의 어떤 장면으로부터 질문이 파생되었는지 공유해야만 질문의 의도를 파악하여 질문에 대한 이해도를 높일 수 있다. 서로의 질문을 충분히 공유했다면 모둠에서 이야기 나누기에 좋은 질문을 개인당 하나씩 선정한다. 모둠 안에서 정해진 네 개의 질문을 모두 사용할 것이므로 A4 틀에 각 질문을 모두를 쓰고 모둠 대표 질문도 선정해본다.

이번 수업의 경우 네 개의 개인 질문 중 '만약 엄마가 도와주지 않았다면 나는 어떻게 되었을까?'를 모둠 대표 질문으로 뽑았다.

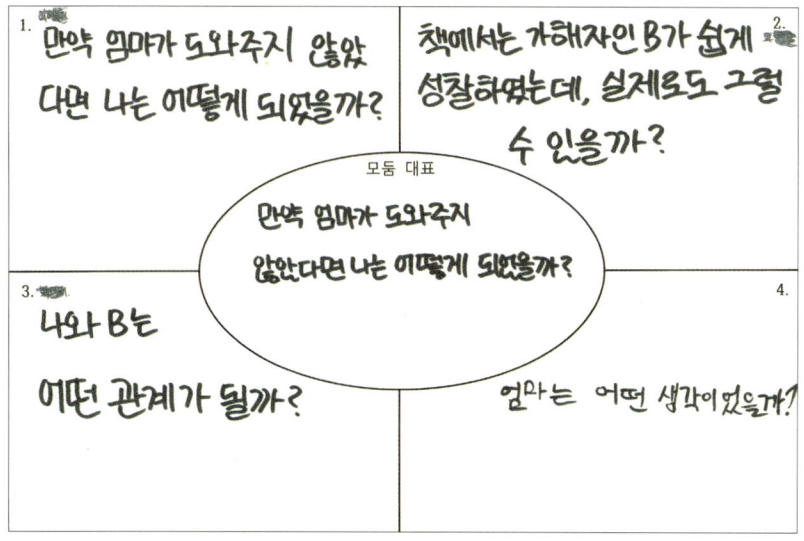

모둠 대표 질문 선정

● 2단계

모둠원의 질문을 전지 가운데에 붙이고 각각의 질문에 대해 생각을 적어가면서 이야기를 나눈다. 이해를 돕기 위한 그림을 그리거나 키워드를 적어도 된다. 먼저 자신의 질문에 자기 생각을 말하고, 서로의 질문에 돌아가면서 응답을 이어간다. 모둠원의 질문이나 응답에 대해 생각에 공감이나 질문 등의 의견을 덧붙여가면서 이야기를 진행한다. 충분히 이야기를 나눴다면 모둠원들의 핵심적인 질문과 토론 내용을 바탕으로 한 문장짜리 결론을 내려서 활동지에 적는나. 논의 끝에 '학교폭력을 없애기 위해선 용기가 필요하다'라는 결론을 도출했다.

● **3단계**

모둠이 내린 결론을 5WHY의 토론 주제로 가져온다. 학생들에게 5WHY 토론 양식을 제공하면 토론 방식을 쉽게 이해하여 토론이 원활히 진행된다.

토론 양식 첫 줄에 토론 주제를 적어넣고, 1WHY에 주제를 질문 형태로 적어넣어서 토론을 시작한다. 예를 들어 토론 주제가 '학교폭력은 사회악의 뿌리이다'라면 1WHY는 '왜 학교폭력은 사회악의 뿌리일까?'로 시작하면 된다. 그리고 '학교라는 작은 사회에서 문제들이 해결되지 않을 경우 더 큰 사회문제가 벌어질 수 있기 때문이다'라고 이유를 덧붙인다. 2WHY는 첫 번째 이유를 다시 질문의 형태로 바꾸어 작성하고, 마찬가지로 해당 질문에 대한 이유를 달면서 토론을 반복적으로 이어나간다. 이때 첫 번째 이유와 2WHY를 같은 색 펜으로, 두 번째 이유와 3WHY도 같은 색 펜으로, 이렇게 나머지 단계들도 반복적으로 다른 색의 펜으로 바꾸어가며 기록하도록 하면 토론의 내용이 훨씬 시각적으로 드러난다. 또 펜 색깔이 바뀔 때마다 돌아가며 기록하도록 하면 참여도를 훨씬 높일 수 있다. 처음 5WHY 토론 방식을 접하는 학생들에게는 설명과 더불어 완성된 토론 예시를 보여주어 이해를 돕는다.

어떠한 토론이든지 그 과정에서 주제를 벗어나는 경우가 종종 발생한다. 따라서 교사는 5WHY 토론의 각 단계마다 꼭 주제를 염두에 두고 토론을 진행해야 함을 학생들에게 안내한다. 또한 부정적인 가정보다는 긍정적인 가정으로 이유를 달도록 한다. '~이 없으면'이나 '~이 아니면'과 같은 가정은 해결책을 찾아가기가 쉽지 않기 때문이다. 이유는 가장 중요하다고 생각하는 명확한 이유로 한 가지만 쓰도록 한다. 다섯 번의 질문과 이유 달기가 끝났다면, 맨 처음 질문과 맨 마지막 이유를 연결해서 결론을 내린다. 5WHY 토론은 다섯 번이나 '왜?'를 묻지만, 꼭 5단계까지 진행해야 하는 것은 아니다. 그 전에 결론에 도달했다면 그대로 결론을 내려도 무방하다.

학생들은 모둠별로 각기 다른 원인과 해결책을 제시하는 모습을 보면서 자신의 생각을 더욱 확장시킨다. 문제의 원인이 다양한 만큼 해결 방안도 토론을 통해 다양하게 찾아갈 수 있다는 것을 알게 된 것이다. 교사는 학생들의 토론 결과를 바탕으로 내용 및 전개 방법에 대한 피드백을 건네며 수업을 마무리한다.

토론주제	학교폭력은 사회의악의 뿌리이다	
why	질문	이유
(1) Why	왜 학교폭력은 사회악의 뿌리일까?	학교라는 작은 사회에서 문제들이 해결되지 않응그대로 사회로 간후학시에는 더 큰 사회의 문제가 될 수 있기 때문이다.
(2) Why	학교라는 작은사회에서 일어났던 문제들이 왜 사회에서 큰 문제가 될 수 있을까?	외적이든 내적이든 서로 해결이되지 않았기 때문이다.
(3) Why	왜 해결되지 않았을까?	사회적 제도가 아직 미약하기 때문이다.
(4) Why	왜 미약 할까요?	우리나라의 급진적이였던 경제성장과 달리, 법이나 복지제도는 아직 다 따라오지 못했기때문이다.
(5) Why	왜 따라오지 못했을까?	우리나라가 경제성장만을 목표로 하고 살아왔기 때문이다.
결론	사회적 인식을 바꿔야 한다	

모둠별로 질문지 붙이고 이야기 나눈 후 결론 내리기

30 브레인라이팅

○ 브레인라이팅(Brain writing)은 브레인스토밍(Brainstorming)과 유사하지만, 말 대신 글로 아이디어를 표현하는 토론 방식이다. 대집단을 여섯 명의 소집단으로 나누고 각자 세 개의 아이디어를 5분 이내에 작성해야 하기에 '6-3-5 토론'이라고도 불린다. 조용히 혼자 생각하면서도 함께 아이디어를 만드는 방식이라 평소 발표에 소극적인 학생들도 부담 없이 참여 가능하다. 활동지에 각자의 아이디어를 차례대로 기록한 뒤 그중 좋은 아이디어를 3~5개 정도 뽑는 방식으로 진행된다. 모든 학생의 평가가 반영되기 때문에 토론이 끝난 후에는 소외되는 사람 없이 전원이 아이디어를 공유하게 된다.

어떤 그림책이 좋을까?

- 천천히 읽으면서 다양한 생각을 할 수 있는, 페이지 수와 텍스트가 적은 그림책이 좋다.
- 주제가 어렵지 않고 누구나 의견을 낼 수 있는 내용이어야 한다.
- 찬반 토론이 아니기 때문에 생각과 감정을 자유롭게 공유할 수 있는 내용이 적합하다.

그림책 읽고 토론하기

○ 「곰과 수레」(앙드레 프리장 글·그림, 제님 옮김, 목요일, 2023)

매일 아침 두 팔 벌려 하늘을 바라보며 행복해하던 곰은 우연히 수레를 줍는다. 수레를 가지게 된 곰은 수레에 채울 물건들에 집중하느라 예전과는 생활이 달라진다. 이 책은 곰이 수레만 바라보듯이 물질만 생각하는 우리를 반성하게 한다. 행복을 위해서는 물질도 필요하지만 인간관계와 감정도 중요하기 때문이다. '행복하기 위해 필요한 것은?'을 주제로 브레인라이팅 기법을 사용하여 자신의 생각을 정리하고 다른 사람들의 다양한 의견까지 들어본다면 진정한 행복이란 무엇인지 알아갈 수 있을 것이다.

토론 순서

1. 4인 1모둠 구성하고 토론 주제 제시하기 ➡ 2. 아이디어 작성하고 전달하기 ➡
3. 아이디어 분류하기 ➡ 4. 아이디어 평가하고 결과 공유하기

● 1단계

브레인라이팅은 여섯 명이 5분 동안 세 개씩 아이디어를 작성하는 방식이지만, 학급 내에서는 4인 1모둠으로 활동하는 것이 더 바람직하다. 여섯 명이 한 모둠이면 모둠원 간의 거리가 있어 대화가 활발히 이루어지지 않고, 무임승차자가 발생하기 쉽기 때문이다. 교사는 학생들과 함께 그림책을 읽고 토론 주제를 정한다. 이때 주제는 학생들과 함께 정하거나 교사가 제시할 수 있다. 본 수업에서는 '행복하기 위해 필요한 것은?'이라는 토론 주제를 선정하였다.

● 2단계

교사는 개인별로 A4용지 한 장(활동지)과 포스트잇을 나눠준다. 포스트잇은 네 개의 색깔로 준비해서 색깔을 통해 모둠원을 구별할 수 있게 한다. 학생들은

행복하기 위해 필요한 것이 무엇인지 생각해본다. 다른 친구들과 대화하지 않고 개인별로 A4 용지에 포스트잇을 붙이고, 각 포스트잇에 행복의 조건을 단어로 세 개 적는다.

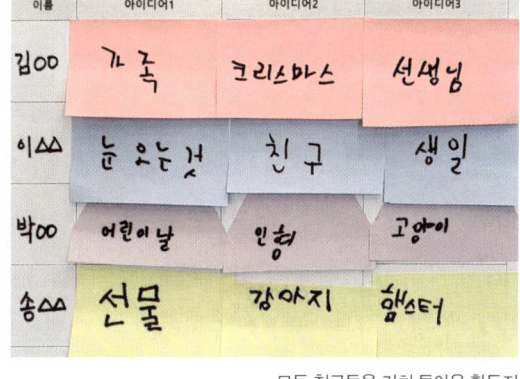

모둠 친구들을 거쳐 돌아온 활동지

자신이 작성한 핵심 단어가 적힌 활동지를 옆 친구에게 전달한다. 전달받은 옆 친구의 생각에 자신의 아이디어를 더한다. 옆 친구의 아이디어와 전혀 다른 아이디어를 작성하거나 옆 친구의 아이디어를 구체화하거나 보충하는 아이디어를 작성해도 된다.

예를 들어 옆 친구가 '돈'이라는 단어를 제시한 경우 그 밑에 '가족'이라는 전혀 다른 아이디어를 적어도 되고, '용돈 10만 원'이라고 구체적인 단어를 적을 수도 있다. 이때 주의점은 처음에 자신이 적은 세 가지 단어를 반복해서 사용하면 안 된다는 것이다. 최대한 중복되지 않는 단어를 선택해서 아이디어를 결합한다. 작성 후 다시 옆 친구에게 전달하고 이 과정을 맨 처음 자신이 작성한 단어가 적혀 있는 활동지가 자신에게 돌아올 때까지 반복한다.

● 3단계

각자 12개의 단어가 적힌 활동지를 갖고 있으므로 모둠별로 총 48개의 단어가 모인다. 이 단어들을 살펴보고 다른 사람의 아이디어에 대해 질의응답한다. 우수 아이디어 세 개를 선정하고 이유를 적는다. 그런 다음 모둠별로 기준을 정해 아이디어를 분류한다. 예를 들어 '물질적인 것과 아닌 것' '가족과 함께, 장난감과 함께, 친구와 함께' 등으로 분류할 수 있다. 활동지에 분류 제목을 적고 포스트잇을 붙인다. 시간이 남을 경우 활동지를 꾸며도 좋다.

● **4단계**

모둠별로 분류한 내용을 발표하거나 칠판에 게시한다. 이때 최소 세 개 이상의 단어를 사용해야 한다. 예를 들면 "그림책에서 우리 모둠이 행복하기 위해 필요한 것을 찾았는데 첫째는 가족, 생일, 어린이날, 크리스마스처럼 가족과 함께하는 것. 둘째는 레고, 웹툰, 유튜브처럼 장난감과 함께하는 것. 셋째는 친구, 캐릭터처럼 친구와 함께하는 것이었습니다. 우리 모둠은 혼자가 아니라 누군가와 함께하는 것이 행복이라고 생각했습니다"라고 발표할 수 있다.

31 브레인스토밍 콜라주

○ 브레인스토밍 콜라주는 머리에서 폭풍이 몰아치듯이 거침없는 발상과 자유로운 관점에서의 아이디어 도출 기법인 브레인스토밍과 신문지나 벽지, 잡지 등을 풀로 붙여서 표현하는 콜라주를 결합해 만든 토론 방식이다. 주제에 대해 자유롭게 이야기하면서 잡지 등을 찢고 오리고 붙여가며 함께 아이디어를 만드는 과정에서 자신의 생각을 말이나 글로 표현하기 어려워하는 학생들의 참여를 이끌어낼 수 있다. 모둠별로 부여된 용지에 잡지 등을 찢고 붙여가면서 학생들은 모든 자원이 주어질 수 있는 새로운 환경을 상상해낸다. 활동이 끝나고 난 뒤 갤러리워크 등의 활동을 통해 모둠의 아이디어를 전체와 공유해도 좋다.

어떤 그림책이 좋을까?
- 하나의 주제를 가진 그림책이어야 한다.
- 대안을 제시할 수 있는 주제를 가진 그림책이면 더 좋다.
- 일상에서 문제라고 인식할 수 있는 소재와 관련되어 있어야 한다.

그림책 읽고 토론하기

○ 「지구온난화가 가져온 이상한 휴가」(이윤민 글·그림, 미세기, 2020)

행복과 설렘을 주던 휴가가 지구온난화로 인해 더 이상 기쁘지 않게 되었다. 물놀이를 하러 간 계곡은 바닥이 보일 정도로 바싹 말랐고, 바다는 노을처럼 빨갛게 물들었다. 섬으로 가는 길에는 갑자기 상어가 나타난다. 행복한 휴가를 갈 수 있는 환경을 다시 회복하기 위해 우리가 할 수 있는 일들을 브레인스토밍 콜라주를 통해 찾아보자. 잡지 속의 다양한 장면들을 찢고 자르고 붙이면서 우리가 지켜야 할 환경이 회복되는 미래를 기대하게 될 것이다.

토론 순서

1. 모둠 구성 및 잡지 준비 ➡ 2. 브레인스토밍 콜라주 토론 ➡ 3. 모둠별 작품 공유

● **1단계**

학급 인원에 맞추어 모둠을 구성한다. 잡지에서 해당 주제에 대한 아이디어를 발산하고 가공해야 하므로 소통 및 역할 분담을 고려했을 때 4인 1모둠이 적당하다. 잡지는 서로 다른 주제로 두 권 이상 준비해야 보다 다채로운 콜라주 작품이 나오게 된다. 학교도서관, 지역도서관에서 과월호 잡지를 어렵지 않게 구할 수 있다.

● **2단계**

그림책을 읽고 지구온난화를 막을 수 있는 방안을 주제로 토론한다. 토론 주제와 연관성이 있는 장면을 잡지에서 찾아 오린다. 연관이 없을지라도 본인의 설명을 통해 서로 간의 연결고리가 있으면 괜찮다. 잡지에서 오린 부분을 전지에 붙인 뒤 사진(그림)에 대한 설명을 글로 작성하고 모둠원에게 설명한다. 개인별

로 각각 생각하는 이상적인 방안을 제시할 수도 있고 모둠원들의 의견을 들으면서 떠오르는 방안을 제시할 수도 있다. 학생들은 먹지 않는 과일로 얼굴 팩 하기, 새 옷을 사지 않고 이미 있는 옷을 리폼해 입기, 재활용품을 활용해 가방 만들기 등 쓰레기를 줄이고 자원을 아낄 수 있는 여러 방안을 찾아냈다.

지구온난화를 막을 수 있는 방안들

● **3단계**

모둠별로 만든 콜라주 작품을 서로 공유한다. 모둠 내에서 한 명은 모둠원들의 콜라주를 다른 모둠원들에게 설명하는 역할을 하고, 나머지 세 명은 다른 모둠을 방문하여 타 모둠의 콜라주 작품을 감상하고 작품에 대한 설명을 듣는다.

다른 모둠의 설명을 듣는 세 학생은 궁금한 점이 생길 경우 질문하고, 설명이 끝나면 다른 모둠으로 이동한다. 세 개 이상의 모둠에서 설명을 들은 뒤에 자신의 모둠으로 돌아와서 공유 활동을 마친다.

32 역브레인스토밍

○ 역브레인스토밍(Reverse brainstorming)은 브레인스토밍의 반대 개념이다. 일반적인 브레인스토밍이 자유로운 아이디어 발산을 목적으로 한다면, 역브레인스토밍은 비판적인 사고를 바탕으로 문제를 해결하는 것을 목적으로 한다. 이 방법은 문제를 깊이 있게 분석하고 다양한 관점에서 문제를 바라볼 수 있도록 도와준다. 또한 학생들의 논리적 사고력과 비판적 사고력을 향상시키는 데 효과적이다. 기존의 아이디어를 비판적으로 검토하고 개선할 수 있는 기회를 제공하며, 창의적인 아이디어를 도출하여 문제를 해결하는 데에도 도움이 된다.

어떤 그림책이 좋을까?
- 다양한 시각과 비판적 사고를 촉진하는 내용을 담고 있어야 한다.
- 주제가 어렵지 않으면서 상상력을 자극하고 창의적인 사고를 유도하는 내용의 책이 좋다.
- 여러 해석이 가능한 열린 결말을 가지고 있으며, 질문을 던지고 생각할 거리를 제공해야 한다.

그림책 읽고 토론하기

❍ 『아빠를 화나게 하는 10가지 방법』(실비 드 마튀이시윅스 글, 세바스티앙 디올로장 그림, 이정주 옮김, 어린이작가정신, 2017)

자녀와 아빠가 함께 읽으며 서로의 생각을 나눌 수 있는 그림책. 이 책을 역브레인스토밍 방법으로 읽으면 자녀들의 행동과 아빠의 반응을 비판적으로 분석하고, 가족 간의 소통과 이해를 증진시키는 여러 방법을 생각해볼 수 있다. 자녀들의 장난스러운 행동을 비난하는 대신, 아이의 마음을 헤아리며 가족 간의 갈등을 해결하는 데에도 도움이 될 것이다. 더 나은 소통법을 배우고 싶은 사람들에게 추천한다.

토론 순서

1. 문제 정의하기 ➡ 2. 문제를 악화시키는 방법 찾기 ➡ 3. 문제 해결 방안 찾기 ➡
4. 내가 실천할 행동 정하기

● **1단계**

6인 1모둠을 구성한 뒤 모둠별로 '우리 집에서 아빠가 화를 잘내는 문제'를 어떻게 해결할 것인지 정한다. 학생들은 아빠가 화를 내는 상황이나 화를 내는 이유를 간단히 설명한다. 예를 들어, "아빠가 좋아하는 게임을 삭제했을 때 화를 낸다"고 설명할 수 있다. 그런 뒤 그림책을 읽고 책에서 아빠를 화나게 하는 상황을 확인하여, 책에 나오는 방법 중 어떤 것이 문제를 일으키는지 생각해본다. 이번

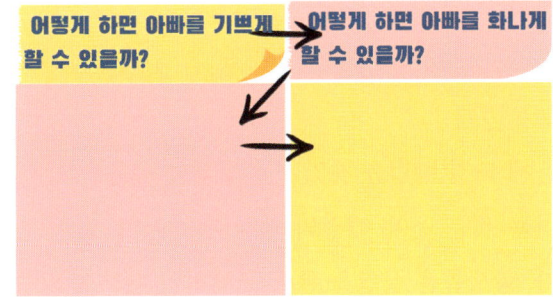

수업에서 다룰 주제는 '어떻게 하면 아빠를 기쁘게 할 수 있을까?'이다. 이 문제를 역브레인스토밍 방법으로 토론하기 위해 '어떻게 하면 아빠를 화나게 할 수 있을까?'로 질문을 바꿔 적는다.

● **2단계**

책에 제시된 방법 외에 문제를 악화시킬 수 있는 방법을 생각해본다. 예를 들어, '방을 더 엉망으로 만들기'나 '숙제를 아예 하지 않기' 등이 있다. 그런 뒤 문제를 악화시킬 수 있는 추가적인 방법을 더 고민해본다. 예를 들어, '방을 더 지저분하게 만들려면 어떻게 해야 할까?'라는 질문에 대해 각자 생각한 방법을 종이에 적거나 발표하며 여러 아이디어를 모을 수 있다. 학생들은 자신의 경험을 충분히 떠올리면서 다채로운 아이디어를 떠올린다. 무엇보다 소외되는 학생 없이 모두가 참여하는 것이 중요하다.

● **3단계**

책에 제시된 문제 해결법을 바탕으로 우리 집에는 어떤 해결책을 적용할 수 있을지 고민해본다. 앞선 단계에서 아빠와의 관계를 악화시키는 다양한 방법을 떠올렸다면, 이번에는 이를 해결하기 위해 무엇을 해야 하는지 찾는다. 예를 들어, "방을 더 엉망으로 만들면 아빠가 화를 내니까 방을 깨끗하게 유지해야 한다"는 것으로 생각을 바꾸는 것이다. 학생들은 이와 같이 문제를 해결할 수 있는 구체적인 방안을 정리한다. 예를 들어, '매일 방 정리정돈하기' '숙제 제때 하기' '식사 중에 조심스럽게 먹기'가 있다.

● **4단계**

문제 해결 방법을 찾았다면 실천할 내용을 정한다. 실천할 행동을 정하고 실천하는 것은 문제 해결의 핵심 단계이며, 앎이 삶으로 연결되는 중요한 과정이다. 학생들은 실천을 통해 구체적인 변화를 만들고 책임감과 자기 관리 능력을 향상시켜나가는 동시에 문제를 해결하는 좋은 습관을 형성하여 자신감과 성취감을 얻는다. 교사는 짧게는 일주일, 길게는 한 달 정도를 두고 학생들이 문제 해결 방법을 몸소 실천하도록 한다. 이때는 반 전체가 다른 모둠의 의견을 갤러리워크 등의 방법으로 나눈 뒤 몇 가지를 선택해도 좋다. 함께 정한 행동을 실천하는 가운데 실제적인 아빠와의 관계 변화까지 기대해볼 수 있을 것이다.

추가로 『아빠를 화나게 하는 10가지 방법』뿐만 아니라 엄마와 동생을 화나게 하는 10가지 방법을 다룬 그림책 『엄마를 화나게 하는 10가지 방법』 『동생을 화나게 하는 10가지 방법』까지 함께 다뤄봐도 좋다.

33 핫시팅

○ 핫시팅(Hot seating)은 가상의 인물과 만나 서로 대화하는 토론 방식이다. 가상의 인물은 그림책 속의 등장인물이나 가상의 작가일 수도 있다. 의자에 한 명이나 여러 명이 앉을 수도 있으며 이들이 주어진 인물의 역할을 하고 다른 사람들이 질문을 하는 방식으로 진행한다. 인터뷰 형식으로 질문하고 답하는 과정은 정해진 답을 해야 한다는 염려 없이 열린 토론을 이어가도록 돕는다. 다양한 입장의 질문과 대답을 통해 학생들은 인물에 대해 깊이 이해하게 되는 것은 물론 책의 주제에 보다 쉽게 접근할 수 있다.

어떤 그림책이 좋을까?
- 서로 다른 입장이 가진 등장인물이 각자의 마음이나 행동을 보여주는 책이 좋다.
- 인물들의 행동이나 생각이 잘 드러나 질문에 대답하기 쉬운 내용이어야 한다.
- 정해진 주제를 전달하는 토론이 아니기 때문에 관점을 다양하게 살펴볼 수 있어야 한다.

그림책 읽고 토론하기

○ 「30번 곰」(지경애 글·그림, 다림, 2020)

삶의 터전을 떠난 북극곰이 도시의 아파트에서 살게 되는 이야기를 그린 그림책. 이 책은 인간의 편리를 위해 발전만을 외쳐온 사회가 인간뿐만 아니라 다른 동물들의 삶에도 위협적이라는 사실을 다시금 생각해보게 한다. 자신을 불편해하는 주인을 떠날 때 곰은 어떤 마음이었을까? 핫시팅 토론을 통해 등장인물의 마음속 생각을 들어보면서 진짜 문제는 무엇이며, 어떤 해결 방법이 있을지 생각해보자.

토론 순서

1. 모둠 구성 및 현재의 상황에 대한 각 등장인물의 생각 쓰고 질문 만들기 ➡
2. 등장인물 역할 학생이 의자에 앉고 학생들과 질문 및 답하기 ➡ 3. 내용 정리 글 쓰기

● 1단계

핫시팅은 가상의 인물과 서로 대화하는 토론법이므로 그림책에 등장하는 인물 중 몇몇을 골라야 한다. 이번 수업에서는 등장인물 중 '곰' '다솜이' '아래층 아주머니' '아기곰 펫숍 주인'을 교사가 미리 선정하였다. 자신이 살던 도시를 떠나기까지 곰이 영향을 주고받은 주요 인물들이다.

선정된 등장인물 수에 맞춰 4인 1모둠을 구성한 뒤, 모둠별로 좀 더 깊이 있게 분석하고 싶은 인물을 하나 선택한다. 나아가 해당 인물을 연기할 학생을 정한다. 교사는 모둠별로 활동지를 나눠준다. '입장 펼치기' 칸에는 해당 인물이 하고 싶은 말을 쓰고, '질문하기' 칸에는 다른 등장인물에게 질문할 내용과 그 이유를 각각 한 개 이상 쓴다.

모둠 선택 주인공: 다솜이

◆ **입장 펼치기**

입장	곰이 떠나서 걱정돼요.

◆ **질문하기**

대상	질문	질문 이유
곰	곰은 어디로 갔을까?	곰이 어디로 갔는지 안 나왔기 때문이다.
아래층 아주머니	북극곰을 보면 어떤 생각이 드는가?	북극곰이 안쓰럽다는 생각이 들었다면 뭐라고 하지 않았을 것이다.
아기곰 펫숍 사장님	아기곰이 크면 곰은 어디로 가나?	길거리에 북극곰이 많기 때문이다.

● **2단계**

그림책 속 인물 역할을 할 학생이 앞으로 나온다. 나머지 학생들은 앞을 향해 앉아 질문을 하는 형식으로 수업을 진행한다. 핫시팅은 참가자의 몰입이 잘 될수록 수업 효과가 크므로 등장인물과 관련된 소품이나 음악을 준비하면 더욱 좋다. 먼저 등장인물을 연기하는 학생들이 돌아가며 하고 싶은 말을 한다. 이때 자신이 그 인물이라고 생각하고 현재의 상황에 대한 자신의 마음을 진술하게 전달해야 한다. 이후 학생들은 사전에 모둠에서 만든 질문과 개인적으로 궁금한 점 등을 등장인물에게 질문한다. 등장인물 중 누구에게나 질문할 수 있고 여러 번 질문해도 된다는 걸 안내하여 자유로운 분위기가 형성되도록 한다. 처음에는 재미 위주의 질문이 나오기도 하지만, 다양한 질문과 대답을 하면서 등장인물을 맡은 학생은 점차 그 인물의 마음과 생각을 깊이 이해하는 대답을 하게 된다. 질문하는 학생들 또한 인물의 생각과 마음을 이해하는 발언을 하기 시작한다.

다음은 『30번 곰』을 가지고 대화를 나누는 과정의 한 부분이다.

학생 1: 30번 곰에게 묻겠습니다. 지금 괜찮나요?
학생 2(곰 역할): 좁은 냉장고에서 구겨지듯이 살다 보니 병이 생긴 거 같아요. 요양차 떠난 거니까 괜찮아지겠죠.
학생 3: 고향에서는 빙하가 녹아서 살 곳이 없는데 가다가 죽는 거 아닐까요?
학생 2(곰 역할): 죽더라도 고향에서 죽고 싶어서 단체로 떠난 거라서요.
학생 3: 가다가 죽으면 고향에서 죽는 게 아니지 않나요?
학생 2(곰 역할): 그래도 안 가는 것보다는 시도라도 하는 게 마음이 편하네요.

● 3단계

등장인물에 대해 충분히 이야기 나누었다면 각자 토론한 내용을 글로 정리한다. 책 속 인물을 이해하고 공감하는 과정을 통해 주제에 다가가게 되므로 주제의식을 찾아보는 글을 작성해봐도 좋다. 이번 수업의 경우 토론을 통해 네 등장인물의 갈등 상황이 벌어진 근본적 원인을 생각해볼 수 있었다. 그래서 학생들에게 다음과 같이 그림책에서 제시한 문제의 원인과 자신들이 생각하는 해결 방안을 간단히 써보게 했다.

- **어떤 문제가 있나요?**
  ⇨ 지구온난화가 심해지는데 제대로 된 정책을 내놓지 못하는 정부가 가장 문제라고 생각합니다.

- **어떻게 해결할 수 있을까요?**
  ⇨ 플라스틱 사용 금지 등 환경을 위한 정책을 시행하고 북금곰들이 살 수 있는 환경을 만들어나가야 합니다.

34 SWOT 토론

○ SWOT 토론은 현 상황을 내적 요소인 강점과 약점으로, 외적 요소인 기회와 위협으로 분석하고, 이를 극복하기 위한 전략을 도출하는 토론 방법이다. SWOT는 강점(Strength)과 약점(Weakness), 기회(Opportunity)와 위협(Threat)의 첫 글자를 딴 용어이다. 스탠퍼드 대학교의 알버트 험프리 교수가 선정한 500대 기업을 분석하면서 사용한 뒤 유명해졌다. 경영학에서 유래하여 진로, 책 속 인물 분석, 면접, 제품 및 기관 분석 등 모든 영역에 널리 사용되고 있다. 현재 주어진 문제를 정확히 인식하고, 다양한 대책을 수립하는 과정에서 분석력, 비판력, 문제 해결력을 향상시킬 수 있는 장점이 두드러진다.

어떤 그림책이 좋을까?
- 쪽수나 텍스트 분량과 상관없이 다양한 생각을 이끌어내고 문제를 파악할 수 있는 책이어야 한다.
- 문제나 위기 상황에서 '무엇이 문제일까?' '나라면 어떻게 할까?'라는 질문을 던질 수 있는 책이어야 한다.
- 여럿이 고민하고 의견을 공유할 수 있고, 나 혼자 고민할 땐 생각하지 못했던 뜻밖의 해결책을 발견할 수 있는 내용이 좋다.

그림책 읽고 토론하기

○ 『좋은 아침』(김준호 글, 김윤이 그림, 교육과실천, 2023)

교사라는 직업은 학생, 학부모, 동료 교사라는 다양한 관계와 상황에서 벌어지는 일들을 매일 매일 맞닥뜨린다. 어제는 나를 힘들게 했던 학생이 오늘은 "선생님 안녕하세요"라고 인사를 걸어올 때, 이 평범한 말 한마디가 교사에겐 '좋은 아침'이 되기도 한다. 수업 내내 잠을 자거나 딴짓만 하는 아이들, 친구들한테 폭언하는 아이들을 지도하며 교사라는 직업의 한계를 느끼는 주인공의 강점, 약점, 위협, 기회를 찾아보고 문제를 극복하기 위한 전략을 세워보자.

토론 순서

1. 토론 모둠 구성 및 주제 제시하기 ➡ 2. SWOT 요소별로 분석하기 ➡
3. 네 가지 전략(S/O, S/T, W/O, W/T) 세운 후 가장 합리적인 최종 전략 선택하기 ➡
4. 전체 공유를 위한 발표하기

● **1단계**

SWOT 토론은 주제나 학급 상황에 따라 다양한 모둠 구성이 가능하다. 개인과 관련한 주제일 경우 1인으로 하고, 공동의 문제 해결이나 다양한 의견을 들어보고자 할 때 학급 상황에 맞춰 2인, 3인 4인을 한 모둠으로 구성할 수 있다. SWOT 토론이 익숙하지 않을 땐 학생들이 협업을 통해 다양한 대안을 생각해 볼 수 있도록 4인 1모둠을 만든다.

먼저 교사는 학생들에게 토론의 진행 과정을 설명한 뒤, 그림책을 함께 읽고 토론할 주제를 정한다. 토론 주제는 학생들과 의견을 나눈 후 정해도 되고, 교사(사회자)가 정해서 제시해도 된다. 수업 내내 잠을 자거나 딴짓만 하는 아이들, 친구들한테 폭언하는 아이들을 지도하며 교사라는 직업의 한계를 느끼고 있는 책 속 주인공의 모습을 보며 '어떻게 하면 교사로서 행복할 수 있을까?'라는 주제를 선택하였다.

● 2단계

SWOT 요소별 질문에 따른 개인 의견을 적는다. '교사'라는 직업을 가진 그림책 속 주인공의 내부 환경을 분석하여 강점과 약점을 발견하고, 외부 환경을 분석하여 기회와 위협을 찾아낸다. 강점, 약점, 기회, 위기를 질문 형태로 제시하면 학생들이 무엇을 찾아야 하는지 좀 더 쉽게 접근할 수 있다.

◇ 내부 환경 – 그림책 속 주인공에게는 어떠한 좋은 점과 안 좋은 점이 있나요?
　* 강점(Strength): 그림책 속 교사는 어떤 장점을 가지고 있나요?
　* 약점(Weakness): 그림책 속 교사는 어떤 약점을 가지고 있나요?

◇ 외부 환경 – 그림책 속 교사에게 주변 환경이 미치는 영향은 무엇인가요?
　* 기회(Opportunity): 그림책 속 교사에게 학생이 미치는 좋은 영향은 무엇인가요?
　* 위기(Threat): 그림책 속 교사는 학생들로 인해 어떤 위기에 처해 있나요?

개인활동	
내부 환경	외부 환경
장점(Strength)	기회(Opportunity)
• 긍정적이다.	• 개선될 수 있는 학생들(죄송하다고 쪽지 드림)
약점(Weakness)	위기(Threat)
• 아직은 학생 지도에 대해 경험이 적어 보이고 고민을 쉽게 떨쳐내지 못한다.	• 시대 변화에 따른 학생의 태도 변화로 교사로서 자존감이 떨어질 때가 있다.

개인이 작성한 SWOT를 바탕으로 모둠 SWOT를 작성한다. 모둠 안에서 돌아가며 각자 찾아낸 주인공의 장점, 약점, 기회, 위기를 발표한다. 그 과정에

서 자연스럽게 질문이 오가고 내가 생각해보지 못한 의견도 들을 수 있다. 발표 과정에서 다른 친구와 겹치는 부분을 먼저 쓴다. 생각이 다른 의견이 있다면 토론을 통해 이견을 조율한다. 예를 들면 그림책을 좋아하고 위로받는 것은 선생님에게 '장점'이기도 하지만, 학생들이 그림책 읽어주는 것을 좋아한다는 점에서는 '기회'이기도 하다. 그림책을 좋아하는 것과 관련하여 장점으로 할지 기회로 할지 토론하여 정한다. 기타 서로 겹치지 않는 항목별 모둠원의 나머지 의견도 모두 기록하여 전략 세우는 데 참고한다.

모둠활동	
내부 환경	외부 환경
장점(Strength)	기회(Opportunity)
• 긍정적이다. • 학생에 대한 애정이 있고 따듯하다. • 위로가 되는 그림책이 있다.	• 아이들에게 개선의 여지가 있다. • 교사가 그림책 읽어주는 것을 좋아한다. • 선생님 마음을 알아주는 학생들이 있다.
약점(Weakness)	위기(Threat)
• 내향적으로 보인다. • 아직은 학생 지도에 대해 경험이 부족해 보이고 고민을 쉽게 떨쳐내지 못한다. • 교사라는 직업에 대한 확신이 없다.	• 교사로서 자존감이 떨어지거나 심장이 요동칠 때가 많다. • 교권이 하락하였다. • 수업 규칙이 없어 보인다.

● 3단계

모둠 분석표가 완성되면 전략을 작성한다. 전략이라는 단어가 학생들이 어렵게 느낀다면 대안이나 방법이란 표현을 사용해도 된다. 강점·약점·기회·위협(SWOT) 분석을 토대로 강점은 살리고, 약점은 죽이고, 기회는 활용하고, 위협은 억제하는 전략을 수립한다. '어떻게 하면 교사로서 행복할 수 있을까?'라는 주제로 모둠 토론을 통해 네 가지 전략(S/O, S/T, W/O, W/T)을 각각 세운다. 각 전략의 특징은 다음과 같다.

- S/O 전략: 주인공의 강점은 살리고, 외부 환경의 기회를 살리는 전략.
- S/T 전략: 주인공의 강점은 살리고, 외부 환경의 위기는 피하거나 최소화하는 전략.
- W/O 전략: 약점은 보완하고, 기회는 살리는 전략.
- W/T 전략: 약점은 보완하고, 위기는 최소화하는 전략.

S/O 전략	S/T 전략
어린 학생들은 실수하며 배우고 개선될 수 있다고 긍정적으로 생각한다. 마음의 위로가 되고 학생들과 소통의 도구가 되는 그림책을 학생 지도로 사용한다.	긍정적인 마음을 학생들에게 계속 심어준다. 규칙을 정하여 학생이 교사의 자존감을 떨어트리는 행동을 할 때는 벌을 준다. 폭력적이지 않을 때는 약간의 거리를 두고 무관심한 태도를 보인다.
W/O 전략	W/T 전략
학생 지도력을 향상시키기 위한 연수를 듣거나, 마음을 털어놓고 동료나 선배 교사에게 조언을 듣는다. 학생들에게 인성을 기를 수 있는 그림책을 틈틈이 읽어주고, 지속해서 학생들과 소통하려고 한다.	시간이 지나길 기다린다. 교사로서 성장하고, 학생들도 성장하려면 시간이 필요하다. 그리고 너무 자책하지 않는다.

네 가지 전략을 고민한 후 '어떻게 하면 교사로서 행복할 수 있을까?'라는 질문에 가장 합리적이고 적합한 최종 전략을 세워본다. 본 수업에서 SWOT 토론을 통하여 세운 전략은 다음과 같다.

결론(최종 전략): W/O 전략

학생들은 커가며 실수할 수 있고, 실수하며 성장한다고 긍정적으로 생각한다. 자책하기보다는 연수 또는 주변 동료나 선배 교사의 조언을 통해 학생 지도 방법을 향상시킨다. 학생들이 서로에 대한 배려심을 좀 더 가질 수 있게끔 그림책을 읽어주고, 평소에 따뜻한 관심을 가진다.

모둠별 전략을 세우는 것이 완료되면 전체 공유를 위해 발표자를 뽑는다.

● **4단계**

발표자는 학급 전체에 의견을 공유한다. 이때 서기를 뽑아 '어떻게 하면 교사로서 행복할 수 있을까?'라는 질문에 각 모둠에서 발표된 전략을 칠판에 기록하고 정리하게 한다. 학생들은 집단 지성을 통하여 주어진 문제를 조금 더 정확히 인식하고, 다양한 전략에 귀 기울여 생각지 못했던 또 다른 전략을 떠올릴 수 있다. 문제 상황에 처했을 때 여러 분석을 거쳐 대안을 찾는 방법을 배워나갈 수도 있다.

35 라운드 로빈*

○ 라운드 로빈(Round robin)은 전체 집단의 의견을 소집단을 활용해서 모으는 토론 방법이다. 모든 구성원이 모둠 안에서 돌아가면서 의견을 낸 뒤, 전체 학급 안에서 모둠별로 돌아가면서 의견을 모으는 식으로 진행된다. 학급 전체 학생을 최대한 이용하여 다양한 의견을 도출하기 위한 목적으로 사용된다. 모둠 구성원에게 동등하게 차례가 주어지는 데다 친구들의 의견을 듣고 의견을 추가하거나 발전시킬 수 있다는 장점이 있다. 또한 의견이 없으면 발언 통과가 가능하고 의견이 많은 학생은 추가적으로 의견을 낼 수 있어서 효율적이다. 다양한 관점을 효과적으로 모아 학급 내 논의의 질을 높이는 데 유용한 방법이다.

* 정문성, 『토의·토론 수업방법 99』(교육과학사, 2022, 159~160쪽) 참고.

어떤 그림책이 좋을까?
- 일상생활에서 우리가 관심을 갖고 실천 가능한 주제를 다루고 있어야 한다.
- 짧은 시간 안에 읽을 수 있고 흥미로운 소재의 내용을 선택한다.
- 그림책의 상황을 자유롭게 확장하거나 변화시킬 수 있는 내용이 적합하다.

그림책 읽고 토론하기

○ 『디지톨』(패트릭 맥도넬 글·그림, 노은정 옮김, 스콜라, 2016)

그림책의 첫 장면은 디지털 세상에 들어가기 위해 비밀번호를 눌러야 하는 것처럼 보인다. 디지톨이라는 원시 소년은 낮이고 밤이고 내내 스마트폰이며 태블릿 컴퓨터며 게임기에 푹 빠져 있다. 엄마는 디지털 발달이 문제라고 탓하기도 해보고 다양한 방법으로 애를 썼지만, 디지털 세상에서 나오지 않던 디지톨은 화산이 폭발하면서 바깥세상으로 나와 세상의 신기함을 알게 된다.

토론 순서

1. 모둠 내 번호 부여 및 주제 선정 ➡ 2. 모둠별 토론 ➡ 3. 우선순위 결정 ➡ 4. 전체 토론

● **1단계**

라운드 로빈은 모둠에서 의견을 나누고 그 의견을 바탕으로 전체 학급 안에서 의견을 공유해야 하므로 4인 1모둠으로 구성하는 것이 효과적이다. 모둠원들에게 공평하게 기회가 주어지기 때문에 번호를 부여하여 발표 순서를 정한다. 그런 다음 함께 그림책을 읽고 토론할 주제를 선정한다. 주제는 학생들이 제시한 다양한 의견 중 하나를 투표로 결정하거나 교사가 미리 정해준다. 본 수업에서는 '디지털 기기 올바른 사용 방법은?'이라는 주제로 수업을 진행하였다.

● **2단계**

교사는 모둠별로 도화지와 펜을 나눠준다. 도화지 가운데 원을 그려 '디지털 기기 올바른 사용 방법은?'이라는 주제를 적고, 1번부터 돌아가면서 원 주변에 자기 생각을 기록한다. 기록 시에는 자기 번호를 적고 의견을 작성한다. 예를 들어 1번 디지털 사용 시간 줄이기, 2번 개인정보 잘 지키기, 3번 인터넷에서

모르는 사람과 대화하지 않기, 4번 하루 게임 시간 정하기라고 모둠 구성원들이 의견을 이야기하면 다시 1번으로 돌아가서 의견을 발표하고 기록한다. 모둠원의 의견을 더 구체화해서 이야기해도 되고 의견이 생각나지 않는 경우는 통과도 가능하다. 통과할 경우 모둠원의 의견에 공감한다는 의미로 작성된 의견 중 하나를 선택하여 별표를 한다. 이때 교사는 학생들이 별표만 계속 표시하는 상황을 방지하기 위해 최소 두 번의 의견을 내야 된다는 규칙을 미리 알려주면 좋다. 학생이 구성원들이 모두 의견이 고갈되면 토론이 종료된다.

● 3단계

모둠에서는 라운드 로빈 토론 내용 중 우선순위를 정하여 번호를 부여한다. 선정할 때는 그림책 주인공 디지톨이 필요한 실천 내용과 모둠원의 별표를 많이 받은 순서를 고려해야 한다. 이때 우선순위는 빨간색 펜으로 표시하여 강조한다.

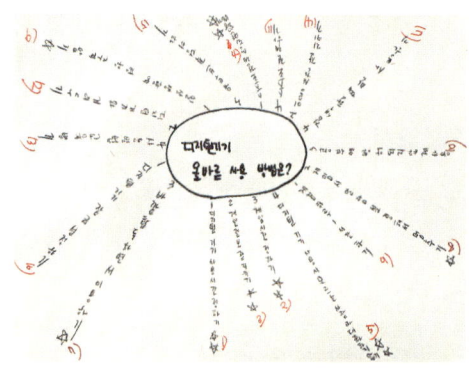

라운드 로빈 활동지

● 4단계

모둠별 기록된 내용을 바탕으로 학급 전체 앞에서 발표를 한다. 각 조 1번 학생이 1번 의견을 발표한다. 만약 이전 모둠과 의견이 중복되면 1번 학생은 중복되지 않은 다음 의견을 발표한다. 모든 소의 1번 학생이 발표했다면 2번 학생이 발표한다. 이런 식으로 모둠별 발표를 하다가 의견이 고갈될 시 통과를 외치고 다음 순서의 모둠이 발표를 이어간다. 학급 전체의 의견이 고갈될 때까지 계속한다. 이때 교사는 학생들이 발표하는 의견을 적고, 우리가 토론한 내용을 일상생활에서 실천할 수 있도록 노력하자고 이야기하며 마무리한다.

36 질문 피라미드 토론

○ 피라미드(Pyramid) 토론은 여러 의견 중에 대표 의견을 고르는 집단적 의사결정 토론 방법이다. 주제에 관해 두 명이 1:1로 논의하여 하나의 의견을 남기고, 이후 네 명이 2:2로 논의하여 하나의 의견을 남기고, 마지막으로 여덟 명이 4:4로 논의하여 하나의 의견을 남긴 후 마지막으로 전체 의견을 공유하여 결정한다. 만약 학급 인원수가 홀수라면 처음 시작한 팀은 세 명이 토론하고 그다음 다섯 명, 아홉 명 순으로 진행한다. 활동지가 아닌 포스트잇을 활용할 경우 1인당 포스트잇 세 개를 배부하고 토론을 시작하면 된다. 여러 생각을 하나로 모을 때, 우선순위를 정할 때, 합의안을 도출할 때, 탐구 질문을 만들 때 주로 사용한다. 집단 전체가 토론에 참여할 수 있고 토론 시 열린 마음과 배려를 경험할 수 있다는 장점이 있다. 여기서는 '질문 피라미드 토론'을 활용하여 대표 질문을 도출하기 위한 의견을 공유하는 활동을 진행한다.

어떤 그림책이 좋을까?

- 모두가 관심을 가질 수 있는 내용이 담긴 그림책이 좋다.
- 아이들이 호기심을 가지면서도, 단순히 그림책을 읽는 것을 넘어 질문을 뽑고 그에 대한 응답을 할 수 있어야 한다.
- 다양한 의견이 나올 수 있으면서 해석의 여지가 열려 있는 그림책이 적합하다.

그림책 읽고 토론하기

✪ 「거인의 사막」(고은지 글·그림, 계수나무, 2023)

조용한 사막에 커다란 거인이 산다. 거인은 마을에 놀러 가서 동물 친구들이 원하지 않는 행동들을 계속 한다. 동물 친구들도 거인의 마음을 이해하지 못하고 거리를 둔다. 그러던 어느 날, 사막에 모래 폭풍이 찾아오자 거인은 온 힘을 다해 친구들을 지켜내고, 그렇게 친구들도 거인의 마음을 알게 된다. 노력하지 않으면 상대방의 진심을 보지 못하고 자신만의 생각에 갇히기 쉽다는 것을 알게 해주는 책이다.

토론 순서

1. 토론 순서와 의도 안내하기 ➡ 2. 개인별 질문 3개 만들기 ➡ 3. 토론하여 질문 선택하기 ➡ 4. 학급 대표 질문 선정하기

● **1단계**

교사는 학생들과 함께 그림책을 읽은 후, 그림책의 표지, 면지, 내용 등을 탐구하며 대표 질문을 만드는 토론 활동을 안내한다. 피라미드 토론은 1:1, 2:2, 4:4, 전체로 점진적으로 확장된다. 처음에는 짝과 토론을 한다. 그다음에는 뒤에 있는 두 명과 의논하고, 이 네 명이 한 팀이 되어 그 뒤에 있는 네 명과 토론을 진행한다. 한 분단의 토론이 끝난 후 전체 토론을 한다.

● **2단계**

논제에 대한 토론을 진행하는 피라미드 토론과 달리 질문 피라미드는 질문만 제시한다. 그렇기에 학생들은 스스로 질문을 만들어보고 구성원들의 질문을 경험하는 과정에서 단순한 그림책 읽기를 넘어 그림책에 담긴 주제와 의미를 찾아가며 사고를 확장시킨다. 교사는 활동지를 배부하고 그림책을 보며 개인

별 질문 세 개를 만들어보도록 한다. 처음 질문을 만들어보는 학생들은 당장 질문을 만들라고 하면 당황하기도 한다. 답이 명확히 드러나는 경우도 있지만 숨겨진 의도가 있는 경우도 있으므로 교사는 다양한 관점으로 질문을 만들도록 안내한다.

도서명			저자	
			출판사	
개인 질문	1 질문 이유:			
	2 질문 이유:			
	3 질문 이유:			
1:1 짝 활동 질문	1			
	2			
	3			
2:2 모둠 내 활동 질문	1			
	2			
	3			
4:4 모둠 간 활동 질문	1			
학급 전체 활동 질문	1			
	2			
	3			
	4			
최종 선정 질문	최종 질문: 선정 이유:			
학급 대표 질문				

질문 피라미드 토론 활동지

친구들과 탐구하고 싶은 개인별 질문을 작성한다. 예를 들어 "표지의 끈이 의미하는 것이 뭘까?" "동물 친구들은 왜 거인을 피할까?" "동물 친구들은 어떤 계기로 거인의 진심을 알게 됐을까?", 총 세 가지 질문이다. 자신이 왜 이런 질문을 만들었는지 이유도 작성하면 토론 시 의견을 나누기 용이하다.

● **3단계**

1:1 토론, 2:2 토론, 4:4 토론으로 질문을 공유한다. 우선 1:1 토론은 짝 토론으로, 1번 학생의 세 가지 질문과 2번 학생의 세 가지 질문, 총 여섯 개의 질문을 토론을 통해 세 개의 질문으로 줄인다. 토론한 결과는 활동지에 작성한다. 중복되는 질문, 그림책에 더 적합하고 친구들과 이야기 나누면 좋은 질문이라고 생각하는 질문을 남긴다.

2:2 토론은 처음 토론을 함께한 두 사람은 똑같은 과정을 거친 다른 두 명과 만난다. 네 명이서 똑같은 방법으로 토론을 하여 총 여섯 개의 질문을 세 개의 질문으로 선택한다.

4:4 토론은 이전에 토론한 네 명이 똑같은 과정을 거친 다른 네 명과 만난다. 원래 피라미드 토론에서 학생 수는 늘어나고 질문은 계속 세 개를 유지한다. 그러나 학급 수에 따라 대표 질문을 선정할 질문의 개수가 많아 최종 선택에 어려움이 있어 토론을 통해 한 개의 질문을 선택하도록 한다.

● **4단계**

4:4 토론 종료 후 여덟 명이 나눈 한 개의 질문을 칠판에 적고 토론 결과를 학급 전체에 발표한다. 학급 수에 따라 네 개의 질문이 나온다. 학생들은 그림책과 관련된 질문들을 잘 살펴보며 드러나는 내용과 숨겨진 의미를 알아나가는 경험을 한다. 최종적인 질문을 개인별로 선택하여 왜 최종적으로 선정하였는지 작성한다. 그 후 다수결의 원칙으로 학급 대표 질문을 선정하면 토론은 종료된다.

37 모서리 토론

○ 모서리 토론은 학생들이 다양한 의견을 나누고 자신의 생각을 논리적으로 표현하여 확장할 수 있는 토론법으로, 모둠 내에서 협력하고 다른 사람의 의견을 존중하며 소통하는 방법을 배울 수 있다. 이름에서 알 수 있듯 같은 입장을 가진 사람들이 같은 모서리에 모여 서로의 의견을 나누고 입장을 강화하는 식으로 진행된다. 같은 입장의 사람들이 모이기 때문에 공감대 형성이 쉽고 주제와 입장에 대한 집중도를 높일 수 있다. 또한 여러 사람의 의견을 들으며 기존에 생각하지 못했던 근거를 찾으면서 사고의 폭을 넓힐 수 있다는 장점이 있다. 자신의 취향이나 좋아하는 색깔, 수학여행지 선택 등 학생들이 관심을 가질 수 있는 주제를 가지고 접근하면 어렵지 않게 진행 가능하다.

어떤 그림책이 좋을까?

- 이야기 흐름이 간단하지만, 일이 일어난 문제 상황을 다시 한번 되짚어 생각해볼 수 있어야 한다.
- 찬반 토론이 아니기 때문에 자신의 생각을 공유하고 주장을 편하게 펼칠 수 있는 내용이어야 한다.
- 주제를 쉽게 알 수 있으며, 학생들이 알고 있는 대상이나 경험한 내용이 있는 그림책으로 선택하면 주제에 대한 자신의 의견을 쉽게 말할 수 있다.

그림책 읽고 토론하기

○ 『우리 할아버지』(앤서니 브라운 글·그림, 장미란 옮김, 웅진주니어, 2024)

이 책은 "너희 할아버지는 어떤 분이야?"라는 질문으로 시작한다. 다양한 할아버지가 등장하여 각자의 독특한 성격과 외모, 손주와의 소중한 추억을 보여준다. 할아버지의 모습과 손주와의 관계를 통해 특별한 유대감과 사랑을 다루며, 할아버지라는 존재가 우리 삶에서 어떤 의미인지를 생각해볼 수 있다.

토론 순서

1. 모서리 제시하고 선택하기 ➡ 2. 모서리별로 근거 강화하여 발표하기 ➡
3. 발표된 근거를 바탕으로 질문과 반론하기 ➡ 4. 최종 변론 후 자신의 입장 재선택하기

● **1단계**

토론 주제를 설정한다. 이번 수업에서는 '할아버지는 우리에게 어떤 존재인가?'를 주제로 정하고, 네 가지 모서리를 첫 단계에서 제시하였다. 모서리를 제시할 때는 보통 네 가지의 다른 입장이나 관점을 가진 학생들이 각 모서리에 모여 토론하는 방식으로 진행되지만, 전체 구성원 수나 주제에 따라 3~5개의 모서리로 나누어 진행할 수 있다.

〈'할아버지는 우리에게 어떤 존재인가?'를 주제로 제시한 모서리〉

- 할아버지는 가족의 중심이다.
- 할아버지는 손주의 친구이다.
- 할아버지는 손주의 멘토이다.
- 할아버지는 가족의 일원이다.

그림책의 이야기 흐름은 간단하지만, 정확히 어떤 주제를 그림책이 다루고 있는지 다시 한번 되짚어주어야 토론에서 주장에 대한 근거를 잘 세울 수

있다. 따라서 교사가 각 주제를 뒷받침할 수 있는 근거를 생각하며 이동해달라고 제시한다면 학생들의 선택에 도움이 된다.

● 2단계

학생들은 자신이 고른 모서리로 이동한 뒤, 같은 모서리를 선택한 학생들과 토론을 통해 입장의 근거를 강화하여 발표문을 만든다. 이때 사회자를 한 명씩 지정해야 발표 준비를 원활하게 할 수 있다. 또한 각 모서리의 구성원 비율이 균형을 이루는 게 중요하기 때문에, 되도록 학생의 선택에 맡기되 어느 한쪽의 인원이 너무 적거나 많으면 사회자가 균형을 맞출 수 있도록 유도해줘야 한다. 발표자 선정은 가위바위보처럼 단순한 방법으로 정하는 것보다는 다수결이 적합하다. 알맞은 학생이 맡을 수 있도록 하기 위해 가장 활발히 의견을 말했던 사람을 손가락으로 투표하고, 제일 많은 표를 얻은 사람을 발표자로 선정한다.

발표자가 정해지면 개인의 의견만이 아닌 모둠의 의견을 종합해서 발표하되, 의견을 나열하지 않고 잘 정리해서 발표한다. 정리 시간은 1분이면 충분하다. 이때, 토론이 잘 이루어질 수 있도록 교사는 다음과 같은 세 가지를 꼭 안내한다.

- 왜 자신이 선택했는지에 대한 정확한 대답을 찾아라.
- 모든 학생이 돌아가면서 발언할 수 있도록 기회를 꼭 주어라.
- 토론 중에는 잊을 수 있으니 항상 적으면서 진행해라.

● 3단계

발표문을 만든 모둠은 자신들의 입장에 대해 5분간 발표한다. 이후 자리에서 일어나 의견이 바뀐 쪽으로 이동한다. 이때 '왜 옮기는가?' ' 어떤 주장이 와닿았나?' 등의 질문을 통해 그 이유를 들어야 한다. 그다음 미처 나누지 못한 내용까지 다시 정리하여 상호토론 및 질문을 거쳐 토론한다. 마지막으로 다시 발표자를 선정하여 모둠별로 발표한다.

우리 할아버지를 읽고 모서리토론을 해 봅시다.

■ [모서리제시] 우리 할아버지를 읽고 주제와 모서리는 다음과 같습니다.

주제 : 할아버지는 우리에게 어떤 존재인가요?
1. 할아버지는 가족의 중심이다.
2. 할아버지는 손주의 친구이다.
3. 할아버지는 손주의 멘토이다.
4. 할아버지는 가족의 일원 중 하나이다.

■ [모서리 선택하기] 내가 선택한 모서리를 적어볼까요? 발표를 듣고 최종 선택도 적어봅시다.

첫 번째 선택 :
할아버지는 가족의 일원 중 하나이다

최종 선택 :
할아버지는 손주의 친구이다

■ [모서리별로 근거 강화하여 발표하기] 선택한 모서리별로 모인 친구들끼리 근거를 찾는 토론을 하고 내용을 적어봅시다.

근거 1 :
할아버지는 우리의 가족이기 때문이다.

근거 2 :
할아버지는 가족의 일원 그 이상 이하도 아니다.

근거 3 :

발표문 정리 :

모서리 토론 활동지

● 4단계

모서리 토론은 정답을 찾는 토론이 아니므로, 너무 자신의 입장에만 매달리거나 다른 친구의 입장을 비방하는 편협한 태도를 취하지 않도록 다시 한번 상기시킨 후 자신의 입장을 재선택한다. 교사는 학생들에게 '우리 할아버지의 의미를 어떻게 설명할 수 있을까요?'라는 질문을 던짐으로써 수업을 마무리한다.

38 목표나무 토론*

목표나무(Target tree) 토론은 이스라엘의 엘리 골드렛 박사가 만든 'TOCfE(Theory of Constraints for Education)'에서 창안된 토론법이다. TOCfE는 목표 달성을 위한 목표나무, 위기 대응을 위한 가지, 갈등 해소를 위한 구름으로 구성되며, 이번 수업에서는 목표나무를 중점적으로 활용한다. 목표나무는 목표 달성을 체계적으로 계획하고, 목표와 현재 상태 사이의 상세한 중간 단계 행동 계획을 만드는 사고 도구이다. 개인활동이나 소집단 활동, 학급 전체 활동으로 진행할 수 있으며, 특히 프로젝트 학습에 익숙하지 않은 학생들이 이용하기에 적합하다. 교사가 세 가지 절차에서 제공한 표와 목표나무를 점검해주고 지도해주기만 하면 그에 따라 학생들이 실천하면 되는 것이라, 학급 구성원 모두가 원활히 목표를 달성할 수 있다. 학생들의 수준에 따라 표와 목표나무의 완성도를 조절하면 더욱더 수준 높은 결과가 나올 것이다.

* 정문성, 『토의·토론 수업방법 46』(교육과학사, 2011, 240~243쪽) 참고.

어떤 그림책이 좋을까?
- 어렵지 않으면서도 색채가 학생들에게 정감 있게 다가가는 그림책이 좋다.
- 전달하고자 하는 주제가 어렵지 않고, 누구라도 몇 가지의 목표를 찾아낼 수 있어야 한다.
- 학생들이 목표를 설정하고, 설정된 목표를 이루기 위한 생각거리와 함께 자유로운 상상력을 발휘하게끔 하는 그림책이 좋다.

그림책 읽고 토론하기

○ 『평화 시장』(김지연 글·그림, 북멘토, 2024)

평화 시장으로 심부름을 간 별이네 삼 남매. 그들은 그곳에서 아기 신발을 주고 '평화의 도구'라 불리우는 솔방울 폭탄과 총을 산다. 그러나 진정한 평화에 대해 다시 생각하게 되면서, 총을 다시 평화 아저씨에게 가져다주고 아기 신발을 받아 온다는 내용이다.

평화라는 명확한 주제를 가지고 있는 데다 전쟁과 폭력의 부정적인 영향에 쉽게 공감하기 때문에 학생들은 토론 과정에서 저마다의 생각을 자유롭게 표현한다. 평화를 위해 실천할 수 있는 작은 행동이나 평화의 의미, 전쟁의 영향 등의 토론 주제를 갖고 행동 계획을 세우는 목표나무 토론에 특히 적합한 책이다.

토론 순서

1. 걸림돌과 디딤돌 찾아 적기 ➡ 2. 목표나무 만들기 ➡ 3. 중간 목표 계획하기

● **1단계**

그림책을 읽고 난 후 그림책의 주제인 평화와 관련된 목표를 설정한다. 우선 학생들이 평화에 대해 어떻게 생각하는지 이야기를 나누고, 그림책의 내용을 바탕으로 느낀 점과 배운 점을 공유한다. 이후 목표를 달성하는 데 방해가 되는 요소들, 즉 걸림돌을 찾는다. 이후 목표를 달성하는 데 도움이 되는 요소인 디딤돌을 찾아본다.

그림책의 주제가 평화이기 때문에 평화의 중요성을 이해하고, 평화를 실천할 수 있는 방법 찾기로 목표를 정한다. 이후 목표를 달성하기까지 예상되는 걸림돌과 디딤돌을 찾아 붙임 쪽지에 적고 표로 만든다.

〈목표: 평화의 중요성을 이해하고, 평화를 실천할 수 있는 방법 찾기〉

	걸림돌	디딤돌
1	친구와 싸웠을 때 갈등 해결법을 몰라요.	갈등 해결 방법을 배우거나 찾아보기 예) 역할극을 통해 갈등 상황 연습
2	다른 사람의 의견을 잘 존중하지 않아요.	다른 사람의 의견을 존중하는 연습하기 예) 친구의 이야기를 끝까지 듣기
3	평화가 무엇인지 잘 몰라요.	평화에 대해 배우기 예) 평화에 관한 책과 동영상 보기
4	평화를 실천할 수 있는 구체적인 방법을 몰라요.	모둠별 토론 및 평화 관련 자료 찾기 예) 역사 속 평화운동 사례 조사

● 2단계

걸림돌(장애물)과 디딤돌(도움이 되는 요소)을 다시 한번 확인하고 시각적으로 정리하는 단계이다. 교사는 나무의 뿌리, 줄기, 가지, 잎이 그려진 큰 종이를 나누어주고 모둠에서 나온 걸림돌과 디딤돌 붙임 쪽지를 함께 보면서 토론을 통해 결정하여 작성한다. 각 요소에 적어야 할 것들은 다음과 같다.

뿌리	평화의 중요성을 이해하고, 평화를 실천할 수 있는 방법을 찾는다.
줄기	목표를 이루기 위해 필요한 단계를 적는다.
가지	평화를 실천할 수 있는 행동을 적는다.
잎	목표를 이루었을 때 얻을 수 있는 결과 혹은 느낌을 적는다.

● 3단계

디딤돌의 중간 목표가 정해지면 어떻게 실천할 것인지 계획을 세우고 실천 방안을 설정한다. 교사는 아이들이 최종 목표를 다시 한번 확인하고, 최종 목표를 이루기 위해 필요한 작은 단계들을 함께 생각하여 실천 방안을 세우도록 한다. 학생들이 중간 목표 관련 토론을 하는 과정에서 목표를 달성하기 위한 실천 목록을 추가할 수도 있다.

	중간 목표	실천 방안 1	실천 방안 2
1	갈등 해결 방법 찾기	서로의 말을 끝까지 잘 듣기	말하고자 하는 이유를 정확히 알기
2	다른 사람의 의견을 존중하는 연습하기	친구의 이야기를 끝까지 듣기	친구의 이야기를 듣고 공감하기
3	평화에 대해 배우기	평화에 관한 이야기책 읽기	평화 관련 동영상 보기
4	평화를 실천할 수 있는 구체적인 방법 찾기	역사 속 평화운동 사례 조사	전문가 찾아가기

목표나무 토론 활동지

39 리치픽처 토론

◯ 리치픽처(Rich picture)는 특정 주제를 중심으로 다양한 도구와 표현 방식을 활용해 주제를 시각적으로 탐구하고 이해를 돕는 토론 기법이다. 이 방법은 참여자들이 그림, 말풍선, 만화, 도형, 상징물, 기호, 숫자 등을 활용해 창의적으로 생각을 표현하도록 장려하며, 이를 통해 복잡한 문제나 주제를 단순화하고 핵심을 도출하는 데 효과적이다.

참여자들은 각자의 경험을 시각적으로 표현하며, 이를 공유하는 과정에서 서로의 경험 속 공통된 주제나 패턴을 발견하고 공감대를 형성한다. 마지막에는 주제를 가장 잘 나타낼 수 있는 제목을 함께 선정하여 협력과 팀워크를 강화한다. 단순한 토론을 넘어 주제에 대한 새로운 시각을 제공하고 창의적 사고를 확산시키는 데 큰 장점을 지닌다.

어떤 그림책이 좋을까?

- 그림책을 읽고 자신의 지식이나 경험, 생각을 떠올릴 수 있어야 한다.
- 내용과 주제가 학생들이 삶과 맞닿아 있을수록 쉽게 접근 가능하다.
- 그림, 상징물, 기호 등 도구들이 활용된 그림책이면 더 좋다.

그림책 읽고 토론하기

◎ 『나도 존중해 주면 안 돼?』(클레어 알렉산더 글·그림, 홍연미 옮김, 국민서관, 2022)

퐁퐁이는 모험을 떠나는 중 새 친구를 만나게 된다. 새 친구는 퐁퐁이를 꼬맹이라고 부르고, 퐁퐁이는 새 친구가 자신을 얕보는 것 같아 혼자 속상해한다. 그러던 중 자갈을 닮은 친구의 조언을 듣고 용기를 내어 새 친구에게 자신이 속상했던 이유를 이야기하고 사과를 받는다. 이 책은 상대에 대한 존중과 예의가 필요함을 알게 해준다. 학급에서도 소위 장난이라고 불리는 행동들로 인해 아이들이 서로 상처받는 경우가 있다. '서로 존중하는 학급 만들기'라는 주제에 대해 자신의 경험을 리치픽처 도구로 표현하고 이야기하며 우리가 생각하는 존중의 의미를 나눠보자.

토론 순서

1. 토론 주제 제시하고 자신의 경험 표현하기 ➡
2. 개인별 리치픽처 도구를 모둠의 이야기로 만들어 제목 정하기 ➡ 3. 모둠별 토론 내용 공유

● **1단계**

교사는 5~6명으로 모둠을 구성하며, 학급 인원에 따라 모둠원 수를 유동적으로 조정한다. 이때 모든 학생이 적극적으로 참여할 수 있도록 배려하고, 서로의 의견을 존중하는 분위기를 조성하는 것이 중요하다. 모둠 구성 후, 학생들과 함께 그림책을 읽고 토론 주제를 선정한다. 학생들이 추후 제목을 작성할 예정이므로 교사(사회자)가 주제를 제시하는 것이 효과적이다. 이번 주제는 '서로 존중하는 학급 만들기'이다.

A4용지를 개인별로 한 장씩 나누어주고 조별로는 4절지 한 장, 가위, 풀을 나눠준다. 매직, 색연필 등 그리기 도구 또한 준비한다. 그다음 학급에서 자신이 존중받았던 경험과 존중받지 못했던 경험을 생각해보도록 한다. 경험이

떠오르지 않으면 그림책 퐁퐁이의 상황을 적용해봐도 된다. 경험한 사건이나 상황에서 가졌던 느낌을 리치픽처 도구인 그림, 말풍선, 만화, 도형, 상징물, 기호, 숫자 등 활용하여 A4용지에 한 개 이상 표현한다. 그림을 못 그리는 학생들은 부담이 될 수 있기 때문에 잘 그리지 않아도 된다는 사실을 사전에 꼭 짚어준다. 만화나 말풍선을 그리다 보면 설명하는 문장을 쓰는 경우가 종종 생기기 때문에 언어 사용은 감탄사 정도로만 제한한다.

상황에 따라 서로 느끼는 감정이 다름을 표현

처음에는 존중받지 못하는 상태로 엉켜 있었지만 대화를 통해 엉켜 있는 상황이 해결됨을 표현

● **2단계**

자신이 표현한 리치픽처 도구를 가위로 자르고 모둠원들에게 보여준다. 그러면서 어떤 경험이었는지, 그림책 속 퐁퐁이의 상황에 대한 나의 생각을 이야기한다.

존중받지 못했던 경험과 존중받았던 경험은 그 내용이 각기 달랐지만, 서로 존중받는 학급을 만들기 위해서는 논의를 통해 상대를 인정해주어야 한다는 공통점이 있었기에 모둠별 제목을 '서로가 다름을 인정하기'라고 정하였다.

개인별 리치픽처 도구를 모둠의 이야기로 만들어 제목 정하기

제목은 '서로 존중하는 학급 만들기'와 관련된 것으로 모둠원들의 이야기에 맞는 핵심 단어, 핵심 문장이어야 한다. 모둠원이 개인별로 표현한 리치픽처 도구를 4절지에 알맞게 배치하여 붙인다. 제목은 가운데 크게 작성하고 강조해야 하는 내용이 있다면 색연필, 매직을 활용해서 눈에 띄게 표시한다.

● 3단계

모둠별로 발표자를 한 명 정하고 칠판에 게시하여 발표한다. 사회자(교사)는 그림책의 등장인물들과 같은 상황이 우리 학급에서도 일어날 수 있는 일로 상대방에 대한 예의와 존중이 필요함을 알려주고 '서로 존중하는 학급 만들기'라는 주제로 모둠이 발표한 내용을 정리한다.

40 타블로 토론

○ 타블로(Tableau)는 영어로 장면을 뜻한다. 역사적인 장면 등을 여러 배우가 정지된 행동으로 재현해 보여주는 것으로, 한 무리의 사람·동물 등을 일련의 조각상으로 묘사한 예술 작품을 지칭하기도 한다. 타블로 토론 기법은 주제를 표현할 때 구성원들이 무엇을 나타낼지 의논하고 정지된 동작으로 연속해서 나타내는 것을 의미한다. 이때 여러 명이 의견을 나누고 결정하여 정지될 동작을 만들고 그에 대해 이야기를 함으로써 토론이 이루어진다. 각자 어떤 동작을 만들고 정지하여 이야기를 만들 것인가에 따라 다양하게 의견을 낼 수 있다. 창의성과 협동심, 상호 의사소통능력을 기를 수 있음은 물론이다.

어떤 그림책이 좋을까?

- 동작의 순서에 따라 과정이 보이는 것이 좋다. 정지된 동작이 연속적으로 나올 때 무엇을 이야기하는지 처음부터 찬찬히 살필 수 있어야 한다.
- 너무 많은 장면이 나오는 그림책보다는 예측 가능한 장면이 제시될 수 있는 그림책을 골라야 활동을 원활히 전개할 수 있다.
- 찬반 토론이 아니므로 자기 모둠이 편안하게 표현할 수 있고 다른 모둠도 그 표현을 보며 어떤 장면인지 예측할 수 있는 내용이어야 한다.

그림책 읽고 토론하기

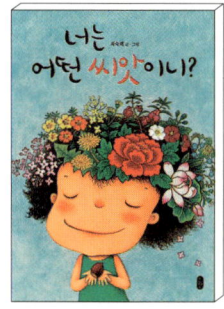

◎ 『너는 어떤 씨앗이니?』(최희숙 글·그림, 책읽는곰, 2013)

그림책 속에는 다양한 씨앗들이 나온다. 바람에 흩날리는 씨앗은 땅에 뿌리를 내리는 민들레로, 못생긴 씨앗은 향기 나는 수수꽃다리로 자라게 된다. 씨앗은 아직 어리고 미숙한 어린아이로, 피어난 꽃은 성장한 아이로 표현된다. 작고 보잘것없어 보이는 씨앗이지만 다 자라고 나면 멋진 꽃이 되어 있다는 내용이다. 다양한 모습과 성격의 씨앗 중 하나를 선택하고 성장 과정을 신체 동작으로 나타내기 위해서는 구성원들의 활발한 의견 교류가 필요하다. 모든 씨앗이 같지 않듯 피어난 꽃도 저마다 다른 모습임을 알고, 어떤 정지 장면을 나타낼 것인지 살피는 과정에서 입체적이고 함축적인 신체 표현에 대하여 이야기할 수 있다.

토론 순서

1. 표현할 정지 장면 결정 ➡ 2. 정지 동작 표현 ➡ 3. 표현에 대한 의미 설명

● **1단계**

그림책을 찬찬히 들여다본 뒤, 4~6명으로 모둠을 구성하여 이번 그림책에서 타블로 토론 기법으로 표현할 주제를 정해본다. 그림책에 나오는 씨앗 중에서 나와 비슷한 모습을 찾는다. 모둠원들의 의견을 모아 '우리는 어떤 씨앗일까?'로 주제를 정한다. 이때 교사가 미리 작성한 '씨앗과 꽃 목록표'를 보며 내용을 미리 살핀다. 각각의 씨앗이 어떤 성격과 모습을 가졌고 어떤 꽃을 피우는지를 정리한 것이다. '어떤 친구에게 들려주고 싶은가?' 항목의 경우 학생들의 생각과 의견을 반영하여 작성하였다. 목록표를 살펴본 학생들은 자신이 어떤 씨앗과 비슷한지 모둠원들과 이야기한다. 친구의 이름을 직접 언급하기보다는 꽃의 특징만으로 이야기 나눠야 한다. 특정 친구의 이름을 발표하지 않고 모

습의 특징을 이야기로 나누도록 했다. 자신이 어떤 씨앗과 비슷한지 모둠 친구들과 이야기를 나눌 수도 있다.

〈씨앗과 꽃 목록표〉

	어떤 씨앗인가?	꽃의 성격과 모습은?	꽃 이름은?	어떤 친구에게 들려주고 싶은가?
1	흩날리는 씨앗	거친 들에 뿌리박은	민들레	교실과 복도를 계속 돌아다니는 친구 한시도 가만히 있지 못하는 친구
2	쪼글쪼글 못생긴 씨앗	향기 나는	수수꽃다리	자기는 못생겼다고 실망한 친구 외모나 체형에 자신 없는 친구
3	꽁꽁 웅크린 씨앗	당당한	모란꽃	매사에 자신감이 없는 친구
4	툭 하면 우는 씨앗	지지 않는	봉숭아	조그만 일에도 잘 우는 친구
5	가시 돋친 씨앗	고운 및 살랑이는	섬꽃마리	상대방에게 말을 함부로 하는 친구
6	수줍어하는 씨앗	마주 보며 빙긋 웃는	접시꽃	부끄럽고 수줍어서 선뜻 말을 못 하는 친구
7	느긋하게 꿈꾸던 씨앗	긴 잠에서 깨어나 눈부신	연꽃	무엇을 하든 속도가 느린 친구

이제 모둠원들이 표현하고 싶은 꽃을 정한다. 1모둠을 예로 들었을 때 두 명은 연꽃을, 한 명은 섬꽃마리를, 한 명은 접시꽃을 표현해보자고 제안했다. 연꽃을 주장하는 친구들은 책상을 이용해서 연못을 표현하자고 했다. 섬꽃마리를 주장하는 친구는 손을 옆으로 뻗어서 가시 돋친 모양을 표현하면 좋겠다고 했다. 접시꽃을 하자는 친구는 마주 보고 웃는 장면을 마지막에 연출하자고 했다. 일곱 가지의 꽃 중에서 자기 모둠에게 어울리는 씨앗이 무엇인지에 대해서 이야기를 나누고, 자신이 되고 싶은 꽃은 무엇인지 각자 의견을 낸다. 충분히 의견을 나눈 뒤 다수결로 결정한다.

● 2단계

표현할 씨앗과 꽃을 결정하면 첫 장면을 정한다. 씨앗이 자라는 곳은 물 속인지 땅 위인지 이야기 나눈다. 모둠원들과 의견이 다를 수도 있다. 예를 들어, 당당한 모란꽃을 표현하기로 결정한 모둠의 경우 시작 단계에서 몸을 웅크리자고 의견을 모았다. 몸을 웅크릴지 얼굴을 숙일지, 모두가 같이 할지 각각 다르게 웅크릴지에 대해서도 의논했다. 동작을 수정해가며 대화를 주고받아 만들어가는 과정에서 아이들은 '토론'이라는 큰 바다에 한 발 내딛게 되는 경험을 하게 될 것이다.

세 번의 정지 동작을 어떻게 설정할지 결정한다. 세 번을 촬영한다고 미리 예고했으므로 정지된 동작들을 서로 맞춰본다. 씨앗의 모습, 자라는 모습, 꽃으로 핀 모습으로 나누어 조율한 의견대로 포즈를 취한다.

각 모둠이 결정한 씨앗에 따라 1번, 2번, 3번 동작을 촬영한다. 1단계는 씨앗의 모습을 나타낸다. 2단계는 자라는 과정을 나타낸다. 3단계는 꽃이 된 모습을 나타낸다. 단계별 촬영마다 동작을 서로 교정해가며 교사에게 신호를 준다.

모란꽃

수수꽃다리

● 3단계

한 모둠씩 나와서 세 번의 단계별 정지 동작을 보여주고 학생들에게 어떤 꽃인지 맞혀보게 한다. 맞힌 학생이 있다면 이유를 발표하게 하고 못 맞혔다면 발표자가 표현한 꽃의 이름을 말해주고 단계별로 그 의미를 설명한다.

다음은 학생들이 토론하여 결정한 표현한 꽃의 의미를 정리한 것이다.

모둠	꽃	의미 설명
1모둠	연꽃	느리게 천천히 움직이는 씨앗을 나타냈다. 그림책에서 '눈부시다'고 표현한 연꽃은 손을 펴서 표현하자고 하였다.
2모둠	봉숭아	우는 모습을 손으로 둥그렇게 말고 있는 것으로 표현했다. 그림책에 나오는 '꽃이 지지 않는다'는 표현은 두 팔을 펴서 나타냈다.
3모둠	접시꽃	접시꽃을 나타내기 위해 마주 보고 웃기로 하였다.
4모둠	모란꽃	한 명은 꽃받침을, 다른 한 명은 꽃잎을 맡아서 표현했다.
전체	수수꽃다리	못생겨서 웅크린다고 그림책에 나와서 모두 웅크리기로 했다. 꽃이 활짝 핀 모습은 일어서서 두 팔을 벌려서 나타냈다.

41 디즈니 창의성 전략 토론

○ 월트 디즈니가 쥐를 징그러워하는 사람들을 보고 생쥐의 뾰족한 귀와 코를 귀엽게 표현하고 장갑과 신발을 멋지게 착용시켜 미키 마우스라는 캐릭터를 구현한 것에 영감을 받아 로버트 딜트가 제안 및 체계화한 토론 방법이다. 징그러운 대상이었던 쥐를 여러 아이디어를 통해 귀여운 캐릭터로 재탄생시켰듯이, 학생들은 이상 추구와 현실 적응, 그리고 균형 있는 대안 만들기라는 과정을 차례로 겪어나간다. 어떻게 하면 현실을 정교하게 만들 수 있을지 고려하는 과정에서 상상력을 발휘하게 되므로 평소 자신의 의견이 틀렸을까 봐 두려워했던 학생들도 부담 없이 의견을 낼 수 있다. 몽상 과정, 현실화 과정, 비판 과정, 최종 대안 결정 순서로 진행되며, 모둠원 모두가 몽상이, 현실이, 비판이로 활동해야 한다.

어떤 그림책이 좋을까?

- 학생들과 밀접한 소재를 다루고 있어 경험을 통한 아이디어가 많이 나올 수 있고, 생각할 거리가 많은 책이어야 한다.
- 그림책의 주제가 어렵지 않고 누구라도 몇 가지의 아이디어를 낼 수 있는 것이 좋다.
- 자유로운 상상력을 발휘할 수 있고, 규제와 창의성 사이의 균형을 배우는 데 도움이 되어야 한다.

그림책 읽고 토론하기

◎ 『그 구덩이 얘기를 하자면』(엠마 아드보게 글·그림, 이유진 옮김, 문학동네, 2023)

아이들의 자유로운 놀이와 상상력을 중심으로 어른들의 규제와 충돌하는 모습을 유머와 긴장감 넘치는 장면을 통해 그려냈다. 학교 체육관 뒤편에 있는 '구덩이'는 아이들이 자유롭게 놀 수 있는 장소였으나, 어느 날 선생님들이 구덩이에서 노는 것을 금지하게 된다. 아이들은 구덩이 둘레에서 새로운 놀이와 놀이 장소를 만들어내기 위해 창의력을 발휘한다. 이 과정에서 '우리'라는 공동체의 힘과 어린이들의 자발성과 창의성이 강조되며, 서로 의견을 교환하고 가장 적합한 결과를 찾아낸다.

토론 순서

1. 몽상 과정 ➡ 2. 현실화 과정 ➡ 3. 비판 과정 ➡ 4. 최종 대안 결정

● **1단계**

교사는 학생들과 그림책을 읽고 난 후 모둠을 구성한다. 그런 뒤 선생님이 구덩이가 위험하다며 놀이를 금지한 것에 대해 모둠원끼리 의견을 교환하도록 한다. 그림책에서처럼 안전하지 못하다는 이유로 구덩이에서 노는 걸 금지한다면, 안전한 놀이를 할 수 있게 만들어서 위험하지 않다는 것을 알려줄 수 있다. 따라서 '구덩이에서 노는 것이 금지된 후, 아이들은 어떤 새로운 안전한 놀이를 창조했는가?'를 주제로 새로운 놀이를 찾아본다.

첫 단계의 이름이 몽상 과정 거치기인 만큼, 모둠원 모두가 몽상이가 되어서 상상 가능한 모든 것을 제안하도록 한다. 이때 몽상이(Dreamer)는 새로운 아이디어를 만들어내는 존재로 이상적인 세계를 상상하고, 상상으로 가능한 모든 것을 제안하며, 더 말도 안 되고, 더 불가능하고, 더 웃기는 아이디어를 낼수록 환영받는다. 모둠원 모두가 몽상가가 되는 이유는 학생들의 의견을 모으

면 많은 제안을 할 수 있기 때문이며, 협력적 토론을 이끌어내기 위해서이다.

나아가 학생들이 어려움이 겪거나 모둠 토론이 잘 이루어지지 않을 때 교사는 아래와 같은 질문을 통해 학생들이 토론에 참여할 수 있도록 유도할 수 있다.

- 무엇을 하고 싶은가?
- 왜 그것을 하려고 하는가?
- 그렇게 했을 때 이익은 무엇인가? 그러한 이익을 얻는 근거는 무엇인가?
- 언제 그러한 이익을 얻을 수 있는가?
- 이 아이디어가 우리를 어디로 이끌어갈 것인가?

〈학생 결과〉
1. 학교 운동장이 아니더라도 교실, 복도 등 학교의 모든 곳을 놀이터로 만들자.
2. 위험하지 않으면서 즐거운 놀이를 만들어보자.
3. 안전요원이 있는 놀이터를 만들자.

● 2단계

모둠원 모두가 현실이가 되어 충분히 생각하고 의견을 말한다. 이때 현실이(Realist)는 몽상이가 제안한 아이디어를 꼭 실현되게 하는 역할이다. 몽상 과정의 아이디어를 현실화시키기 위한 아이디어를 만들어내야 하고, 말도 안 되는 계획이지만 반드시 실천해야 한다고 생각해야 한다. 여기서의 핵심은 '어떻게 그것을 수행할 것인가?'로, "새로운 놀이를 실제로 어떻게 할 수 있을까?" "필요한 도구나 장소는 무엇인가?"와 같은 질문을 통해 몽상이가 상상한 아이디어를 현실로 구현할 수 있는 방법을 계획해야 한다.

이 단계에서는 현실적으로 가능한 아이디어를 제시해야 한다. 만약 엉뚱한 쪽으로 흘러갈 경우 교사는 아래와 같은 질문을 통해 학생들이 구현할 수 있는 방법을 찾아가도록 도움을 준다.

- 전체 목표는 언제 완성되는가?
- 그 계획을 수행할 사람들은 누구이며 역할은 어떻게 분배할 것인가?
- 그 아이디어가 구체적으로 어떻게 수행되는가? 단계별로 어떻게 진행되는가?
- 진행하면서 피드백은 어떻게 줄 것인가?
- 목표가 달성되었는지 어떻게 알 수 있는가?

〈학생 결과〉
1. 복도는 이야기하는 공간으로, 교실은 공부도 하고 놀이도 할 수 있도록 만들면 좋을 것 같다. 운동장은 뛰어놀 수 있는 곳으로 하자.
2. 복도는 통행하는 사람들이 있으므로 노는 공간이 있는지 확인하고 만들어야 한다. 교실은 쉬는 시간에 놀이를 해야 하니까 바닥을 활용하는 놀이를 찾아보자.
3. 모든 곳에 안전요원을 두는 건 어려울 것 같다. 학생자치회에서 매번 나누어서 하는 방법도 있지만 너무 넓으면 어려울 수 있으므로 위험하다고 생각되거나 거친 놀이를 하는 곳에만 안전요원을 두자.

● 3단계

모둠원 모두가 비판이가 되어 현실이가 계획한 아이디어를 비판적으로 검토하고, 개선점을 찾아 더 나은 해결책을 모색한다. 이때 비판이(Critic)는 문제점, 어려운 점, 불가능한 점을 발견하여 또 다른 가능성을 모색하는 존재다. 현실적인 대안을 주는 평가자의 역할로, 새로운 아이디어를 찾아내는 몽상 과정의 입력 역할을 한다. 여기서의 핵심은 '그렇게 하기 위해 어떤 요소들이 필요하거나 필요하지 않은가?' '이 아이디어의 약점은 무엇이며 어떻게 보완할 수 있을까?'에 두고 비판해야 한다는 것이다.

학생들이 상대방을 비판하거나, 아이디어에 대해 잘못된 부분을 찾는 토론을 어려워하거나, 전체적인 아이디어의 약점이나 보완점을 찾지 못하는 경우 교사는 아래와 같은 질문을 통해 해결책을 찾도록 한다.

- 이 아이디어가 누구에게 영향을 미쳤고, 무엇이 그 효과를 감소시키는가?
- 그들의 요구는 무엇인가? 어떤 사람들은 왜 이 아이디어에 반대하는가?
- 그 아이디어가 가져올 긍정적 효과는 무엇인가?
- 그 긍정적 효과를 어떻게 꾸준히 나타나게 할 것인가? 언제 어디서나 이 아이디어를 실천해야 하는가?
- 하지 말아야 한다면 그 조건은 무엇인가? 이 계획에서 필요한 것과 필요하지 않은 것은 무엇인가?

나아가 교사는 세 가지 역할을 맡은 학생들이 최선을 다해 자신의 역할을 감당하도록 지도하고, 일정하고 충분한 시간을 정해주어 다양하고 창의적인 의견이 나올 수 있도록 한다. 교사의 지시와 함께 세 가지 절차가 시작되고 끝나도록 주도하는 것이 좋다.

〈학생 결과〉
1. 안전하지 않은 곳을 놀이터로 하면 안 되니 복도보다는 운동장과 교실에 놀이터를 만드는 게 가장 현실적이다. 복도는 제외하자.
2. 교실 놀이에는 도구가 필요한데 놀이 도구를 구입하는 데 어려움이 있다. 이 부분을 어떻게 해결할 것인가?
3. 안전요원은 어른들이 하기에도 쉽지 않은 일이다. 우리 모두가 안전한 놀이터가 될 수 있도록 안전교육을 하는 게 더 중요하지 않을까?

● 4단계

최종 대안을 결정한다. 대안이 10개가 넘으면 학생들의 의견을 모아 대안을 하나씩 지워간다. 대안에 '가, 나, 다, 라' 기호를 붙이고 토론하면 좀 더 쉽게 판단할 수 있다. 최종안을 결정했으면 모둠별 아이디어를 발표하고 다른 모둠에게 피드백을 받는다. 이때 질문은 "다른 모둠의 아이디어에서 배운 점은 무엇인가? 어떤 점을 개선하면 좋을까?"이다.

 디즈니 창의성 전략 토론을 해보자.

📋 상상한 놀이를 현실적으로 구현하기 위해 필요한 것들을 적어보세요.

놀이 장소 운동장
구체적인 실행 계획
- 일단 구덩이 파기
- 톱으로 최대한 많이 조각냄 (시간동안)
- 구덩이에 넣으면서 수를 셈
- 가장 많이 조각낸 사람이 이긴다

놀이 장소 운동장
구체적인 실행 계획
- 똑같은 테니스처럼 티볼공을 친다
- 공에 맞으면 아웃이고 뒤로간다
- 다 아웃되면 게임이 끝난다

놀이 장소 운동장
구체적인 실행 계획
- 타자가 발로 공을 차면 수비가 잡는다
- 공을 꺼낸다음 루에 던진다
- 먼저 공이 루에 닿으면 아웃이고 타자가 먼저면 세이프

디즈니 창의성 전략 토론 활동지

42 핵심어 중심 토론

○ 핵심어 중심 토론은 독서를 한 후에 핵심어를 찾아 질문을 만들고 함께 이야기해보는 토론 방식이다. 4~5명으로 모둠을 구성한 뒤 각자 자신이 생각하는 핵심어를 제시한 뒤 모둠 대표 핵심어를 정한다. 핵심어를 중심으로 질문을 만들고 가장 많은 선택을 받은 질문으로 토론을 진행한다. 학생들은 책을 읽고 난 뒤 핵심어를 정하고 이유를 쓰면서 책에 대해 좀 더 깊이 있는 생각을 하게 된다. 같은 핵심어라도 다른 입장에서 선택하기도 하며, 하나의 핵심어에서 다양한 질문이 나오는 것을 몸소 겪으며 생각의 폭을 확장해나가고 자신의 생각을 수정·보완하는 시간을 가질 수 있다. 이어 모둠원들끼리 중요한 핵심어를 선택하고 질문을 만드는 과정에서 서로 이야기를 나누게 되어 토론 준비가 성실히 이루어진다.

어떤 그림책이 좋을까?
- 다양한 핵심어를 선택하고 이유를 적어볼 수 있도록 내용이 풍성한 책이어야 한다.
- 여러 입장에서 바라보면서 많은 질문을 부담 없이 던질 수 있어야 한다.
- 많은 궁금증과 질문을 불러일으킬 수 있는 숨은 의미가 녹아 있어야 한다.

그림책 읽고 토론하기

○ 『샘과 데이브가 땅을 팠어요』(맥 바넷 글, 존 클라센 그림, 서남희 옮김, 시공주니어, 2014)

월요일 아침, 샘과 데이브는 어마어마한 것을 찾아 땅을 파기 시작한다. 결국 가까이 숨겨진 다이아몬드를 발견하지 못하고 돌아오는 두 아이의 "정말 어마어마하게 멋졌어"라는 말을 통해 진정 소중한 것은 무엇일까 생각해보게 하는 책이다. 사물의 변화, 색의 변화, 고양이와 강아지의 등장 등 재미있는 요소들이 많이 담겨 있어 그 속의 숨은 의미에 대해 토론해볼 수도 있다. 각자가 선택한 핵심어를 통해 서로의 가치관을 비교해보면서 자신의 삶에서 진짜 중요한 것이 무엇인지 생각해보자.

토론 순서

1. 4~5인 1모둠 구성하고 각자 핵심어 선정 및 이유 쓰기 ➡
2. 발표를 통해 모둠 중심 핵심어 선정하고 질문 만들어 토론하기 ➡
3. 토론한 핵심어를 제목으로 한 300자 글 쓰고 발표하기

● **1단계**

모둠별로 핵심어를 선택, 질문을 만들어 자유롭게 토론하는 형식이므로 4~5인 1모둠을 구성한다. 자유롭게 대화가 오고 가야 하므로 적극적이지 못한 학생도 의견을 낼 수 있도록 너무 많은 인원을 한 모둠으로 구성하지 않는 게 좋다. 먼저 학생들에게 토론의 진행 과정을 설명한다. 특히 활동 하나하나가 다음 활동과 연계되는 점을 강조한다. 1단계로 각자 노트에 읽은 책의 핵심어 세 개와 선정 이유를 두 줄 정도로 쓰도록 한다. 핵심어는 책에 나온 내용이거나 책을 읽으면서 떠오른 단어를 써도 된다. 학생들이 내용을 통해 스스로 생각한 주제나, 의미를 핵심어로 선정하는 경우가 있으므로 적극 권장한다.

〈학생이 고른 핵심어와 그 이유〉

땅	샘과 데이브가 파고 내려가는 것으로, 초콜릿우유와 과자를 나눠 먹으며 돈독해지는 계기를 만들어준다.
다이아몬드	왜 이것만 피해갔는지 모르겠어서 무언가를 의미하는 것 같다.
고양이	강아지와 데이브와 샘만 내려보낸 후 땅 밑을 바라보는 이유를 모르겠다.

● 2단계

모둠 안에서 돌아가며 각자 선정한 핵심어와 선정 이유를 발표한다. 그 과정에서 자연스럽게 서로 질문이 오가게 된다. 다른 친구와 핵심어가 겹칠 수도 있는데, 자신만의 뚜렷한 선정 이유가 있다면 꼭 발표하도록 한다. 발표가 끝나면 모둠에서 중요하다고 생각하는 핵심어를 네 개 선정한다. 발표 과정에서 많은 이야기를 나누었으므로 선정이 손쉽게 이루어진다.

교사는 큰 종이를 나눠주어 학생들이 네 개의 핵심어와 그와 관련하여 떠오른 질문을 적게 한다. 이때 네 개의 핵심어에 각자 빠짐없이 질문을 만들게 하고 원하는 학생은 얼마든지 질문을 더 만들 수 있도록 한다. 찬반 토론 형식이 아니므로 질문은 각자의 생각을 자유롭게 말하는 형식으로 한다. 질문은 종이에 직접 작성해야 그 과정에서 다른 학생들이 이미 써놓은 질문에 대해 서로 이야기를 나누거나 책에 대한 이야기를 나누며 기다릴 수 있다.

각자 네 개씩의 질문을 쓰고 나면 가장 토론해보고 싶은 질문을 선택한다. 스티커를 붙이거나 직접 표시하는 방법을 써서 가장 많은 선택을 받은 질문으로 모둠 토론을 진행한다. 질문을 만든 학생이 그 이유를 설명하고 자유롭게 이야기를 나누는 형식으로 전개하면 된다. 『샘과 데이브가 땅을 팠어요』는 내용뿐만 아니라 그림에 대해서도 이야기할 것이 많아서 학생들은 그림책을 넘겨보면서 서로 궁금한 점을 주고받고 질문에 대한 활발한 토론을 이어나간다.

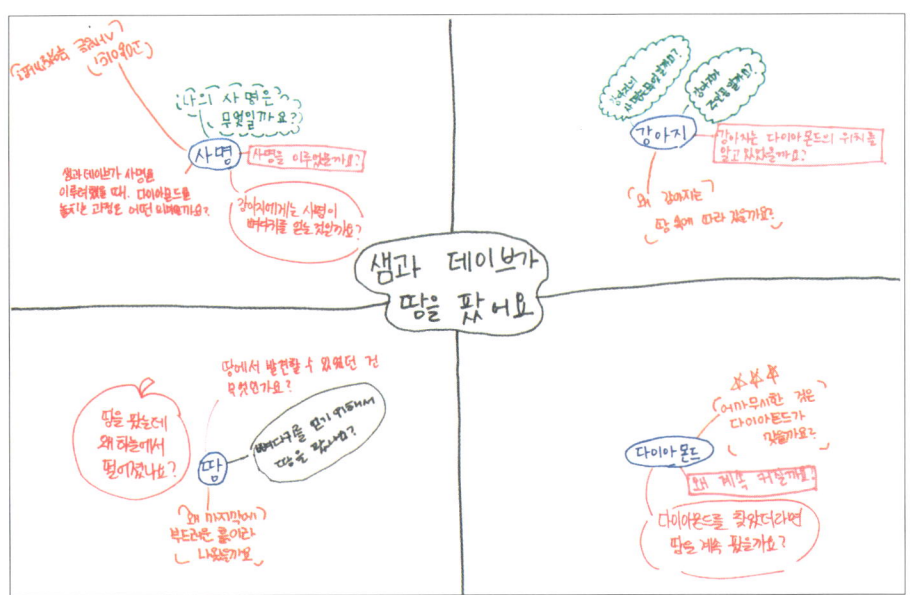

모둠 결과물

● 3단계

토론이 끝나면 각자 자신의 모둠에서 선정하여 토론한 핵심어를 중심으로 300자 글쓰기를 진행한다. 이때 토론한 내용을 그대로 정리하는 것이 아니라 토론을 통해 얻어진 자신의 생각을 중심으로 쓰도록 한다. 토론 과정을 통해 각자가 생각했던 것과 다른 점, 새롭게 알게 된 점 등이 드러난 감상문의 형식을 취하되, 토론 자체에 대한 평가를 하는 글이 되지 않도록 주의한다. 마지막으로 모둠별 발표자를 선정하여 전체 학생 앞에서 발표한다. 이 과정에서 한 권의 책에 대한 다채로운 생각을 다시 한번 공유할 수 있다.

43 직소 토론

○ 직소(Jigsaw) 토론은 학생 모두가 학습의 주체가 되어 서로 가르치고 배우는 소집단 협동 학습의 한 형태이다. 직소는 직소 퍼즐처럼 부분을 맞추어 전체 그림을 완성하는 모습을 가졌다고 하여 붙여진 이름이다. 서로의 도움 없이는 전체 내용을 학습할 수 없으므로 모둠 친구들의 발표를 주의 깊게 들어야 한다. 각 전문가 모둠에 과제를 배타적으로 분담하기 때문에 모든 구성원이 개별적 책무성을 가지게 되어 학습 동기가 강화된다. 또한 전문가 모둠활동에서 토론한 내용으로 원 모둠 친구들을 가르쳐야 하므로 인지정교화 효과를 기대할 수 있다. 누구나 가르치는 입장에 서게 되어 표현력과 발표력이 향상될 뿐 아니라 다른 친구에게 배우는 과정에서 경청 훈련까지 이루어진다.

어떤 그림책이 좋을까?
- 다양한 영역의 정보 제공을 목적으로 지식에 근거하여 만든 지식정보 그림책을 활용한다.
- 꼭 지식정보 그림책이 아니더라도 과제 분담을 할 수 있는 분절된 내용 요소를 포함하고 있다면 좋다.
- 전문가 모둠활동 시 활발한 토론이 일어날 수 있도록 학생들의 삶과 연계되는 내용이어야 한다.

그림책 읽고 토론하기

○ 『식량이 문제야!』(이지유 글·그림, 위즈덤하우스, 2022)

이 책은 기후변화로 인해 생기는 가장 큰 문제 중 하나가 식량 부족이며, 지구 가열화가 지속되면 옥수수, 감자, 사과, 벌을 더 이상 볼 수 없게 될지 모른다고 경고한다. 흔하고 풍족해 보이는 먹거리가 현재 어떤 위험에 처해 있는지 알아보고, 식량 부족을 해결하기 위한 방법을 토론해보기 위해 직소 토론 기법을 사용한다. 전문가 모둠에서 학습한 내용을 원 모둠에서 나누며 수업 주제인 '기후변화는 식량 부족에 어떤 영향을 줄까?' '식량 부족을 해결하기 위해 어떻게 해야 할까?'에 대한 의견을 정리한다. 학생들이 소중한 먹거리에 감사하고 지구에 살고 있는 생명을 소중하게 여기는 마음으로 실천을 이어나가길 기대한다.

토론 순서

1. 토론 주제 확인 및 소주제 분담하기 ➡ 2. 전문가 모둠활동하기 ➡
3. 원 모둠으로 돌아와 모둠원에게 돌아가며 말하기로 가르치기

● 1단계

수업에서 나눌 주제의 수에 맞춰 모둠을 구성한다. 이를 원 모둠이라고 한다. 교사는 원 모둠이 해결할 토론 주제를 제시하고, 몇 가지 소주제가 질문 형식으로 적혀 있는 전문가 활동지를 나눠준다. 토론 주제와 질문은 그림책 내용에서 뽑은 것으로, 학생들이 그림책을 함께 읽으며 해결할 수 있다. 원 모둠은 이 소주제들을 모둠 구성원 각각에게 하나씩 할당하며, 각 주제를 맡은 구성원은 그 소주제에 한하여 전문가가 된다. 원 모둠에서 전문가 모둠을 정할 때 학생들의 흥미와 관심에 따라 선택하게 하면 쏠림 현상이 나타날 수 있다. 이 경우 학생들의 특성을 고려하여 원활하게 토론이 진행될 수 있도록 교사가 개

입한다.

교사는 각 소주제를 맡은 학생들을 전체 학급에 소개하여 누가 어떤 주제를 선택했는지 서로 알게 한다. 동일한 주제를 선택한 학생들이 따로 만나 전문가 활동을 해야 하기 때문이다. 전문가 모임은 3~5명이 적당하다. 예를 들어, 학생 수가 20명인 학급을 4인 1모둠으로 총 다섯 개의 원 모둠으로 나누면 4개의 전문가 모둠을 만들 수 있다. 전문가 모둠은 각 원 모둠에서 온 다섯명의 학생으로 구성된다.

직소우JIGSAW 모둠 활동		이름
토론 주제		기후변화는 식량 부족에 어떤 영향을 줄까?
전문가 모둠1 ( )		▪ 옥수수에서 뽑은 당이 들어간 식품은 어떤게 있을까? ▪ 옥수수를 심으려고 나무를 베고 숲을 없애는 일은 옳은 걸까? ▪ 기후변화는 옥수수를 재배하는데 어떤 영향을 줄까? ▪ 옥수수를 계속 먹고 싶다면 어떻게 해야 할까?
전문가 모둠2 ( )		▪ 사과는 주로 어디에서 생산될까? ▪ 사과 재배지는 왜 변하고 있을까? ▪ 기온이 올라가도 사과를 계속 먹을 수 있을까? ▪ 사과를 먹고 싶다면 어떻게 해야 할까?
전문가 모둠3 ( )		▪ 벌은 어떻게 꿀을 만들까? ▪ 벌은 식물이 열매를 맺는데 어떤 역할을 할까? ▪ 계속 더워지면 벌은 어떻게 될까? ▪ 벌도 지키고 꿀과 과일도 먹고 싶다면 어떻게 해야 할까?
전문가 모둠4 ( )		▪ 소와 온실가스는 무슨 관계가 있을까? ▪ 우리가 먹는 소고기에 숲이 포함되었다는게 무슨 의미일까? ▪ 숲을 소에게 먹일 콩과 옥수수를 기르기 위한 밭으로 계속 바꾸면 어떻게 될까? ▪ 숲을 지키고 소고기도 먹으려면 어떻게 해야 할까?

직소 토론 활동지

● 2단계

각 모둠에서 동일한 주제를 맡은 전문가끼리 따로 모여 토론을 통해 전문가 활동지를 완성한다. 전문가 모둠은 그들이 맡은 주제에 해당하는 그림책 부분을 함께 읽으며 질문에 대한 답을 찾고 토론한다. 또한 원 모둠에 가서 어떻게 이 내용을 전달해줄 것인지에 대해서도 이야기한다. 교사가 전문가 모둠에서 다루어야 할 학습의 요점과 범위를 안내해주는 자료도 함께 제공해주면 좋다. 전문가 모둠활동량을 비슷하게 분배하고 다양한 피드백으로 학습 속도를 조절하는 것도 중요하다. 과제를 먼저 끝낸 전문가 모둠에게는 심화 자료 등을 제시하고 더딘 모둠의 경우 충분한 설명과 예시를 제공하여 활동을 촉진시킨다.

전문가 모둠 1은 '옥수수가 문제야!', 전문가 모둠 2는 '사과가 문제야!', 전문가 모둠 3은 '벌이 문제야!', 전문가 모둠 4는 '소가 문제야!'를 소주제로 그림책 부분을 함께 읽으며 기후변화와 식량 부족과의 관계를 토론한다. 전문가 모둠활동지에 참고자료를 QR코드로 제시해두면 학생들이 스마트기기를 이용하여 추가 정보를 찾아 토론에 적극적으로 활용할 수 있다. 예를 들어 옥수수 전문가 모둠은 옥수수에서 뽑은 당이 들어간 음식과 기후변화가 옥수수 재배에 미치는 영향 등에 대해 알아본다. 이때 교사는 기후변화로 사라지고 있는 농작물에 대한 뉴스 자료를 제시하여 학생들의 생활과 연계될 수 있도록 한다.

■ 옥수수에서 추출한 당이 들어간 식품으로는 어떤 게 있을까? ⇨ 과자, 조미료, 통조림, 햄, 주스, 요구르트	■ 옥수수를 대량 생산하기 위해 나무를 베고 숲을 없애는 게 옳은 일일까? ⇨ 옳은 것 같지 않다.
■ 기후변화는 옥수수 재배에 어떤 영향을 줄까? ⇨ 너무 더워서 옥수수를 재배할 수 없는 지역이 생겨난다.	■ 옥수수를 계속 먹고 싶다면 어떻게 해야 할까? ⇨ 지구의 온도가 높아지지 않도록 나무를 많이 심어야 한다.

● **3단계**

전문가 모둠활동이 끝났다면 다시 원 모둠으로 돌아와서 자신이 맡은 소주제를 모둠원에게 알려준다. 다른 학생들은 그 주제에 대해 공부하지 않았기 때문에 전문가의 도움을 받아 모둠활동지를 해결할 수 있다. 돌아가며 말하기 방법으로 옥수수, 사과, 벌, 소에 대해 알게 된 점, 기후변화가 식량 생산에 미치는 영향, 식량을 지키기 위해 우리가 찾은 해결 방법을 말한다. 예를 들어, '벌이 문제야!' 전문가 모둠에서 토론한 전문가는 원 모둠 친구들에게 벌이 꿀을 만드는 과정, 식물이 열매를 맺는데 벌의 역할, 기온상승이 벌의 개체수에 미치는 영향, 벌과 꿀, 과일을 지키기 위해 우리가 할 일을 이야기한다.

모둠원들은 전문가의 이야기를 듣고 궁금한 것은 질문하며 모둠활동지를 완성한다. 네 명이 돌아가며 말한 뒤 전문가 모둠 전체를 관통하는 토론 주제인 기후변화와 식량 부족과의 관계에 대해 정리한다. 지구온난화와 이상기후로 점점 식량을 기르기 어려워 식량 부족이 발생할 수 있으므로 생활 속에서 탄소중립을 실천해야겠다는 다짐으로 이어졌다.

44 가치수직선 토론

○ 가치수직선 토론이란 가치 판단의 경험을 통해 가치에 대한 자신의 의견을 수직선 위에 표현하고 생각을 나누는 토론 방식이다. 가치는 인간 행동에 영향을 주는 바람직한 것, 또는 인간의 욕구를 만족시킬 수 있는 대상이나 그 성질을 의미하는 것으로, 개인이 추구하는 바에 따라 어느 것이 더 중요하고 덜 중요한지 판단되기도 한다. 따라서 가치수직선 토론은 사람마다 다양한 가치 판단이 있을 수 있음을 인정하고 수용하는 태도를 기르기에 적합하다. 수직선 위에 자신의 가치에 대한 의견을 표현함으로써 다른 사람들의 다양한 의견을 한눈에 비교할 수 있고, 전체 토론에서 자신의 의견이 어느 위치에 해당하는지 확인할 수 있다.

어떤 그림책이 좋을까?

- 가치 판단이 필요한 주제가 있는 그림책이 좋다.
- 일상에서 경험을 통해 생각해 볼 수 있는 그림책이 좋다.
- 찬성과 반대가 명확하지 않아도 자신의 생각이 어느 쪽인지 판단할 수 있는 상황이 제시된 그림책이 좋다.

그림책 읽고 토론하기

○ 『두더지의 소원』(김상근 글·그림, 사계절, 2017)

첫눈 오는 날, 집으로 가던 두더지는 작고 하얀 눈덩이를 만나 외로운 마음을 털어놓는다. 눈덩이와 어느새 친구가 되어 함께 버스를 기다리던 두더지는 눈덩이도 버스에 태우려 하지만, 그저 눈덩이일 뿐이라는 기사 아저씨들의 말에 함께 버스를 타지 못한다. 사슴 기사 아저씨의 배려로 눈덩이와 함께 버스에 탄 두더지는 잠이 들고, 결국 눈덩이는 녹는다. 눈덩이가 먼저 내렸다고 말하는 사슴 아저씨와 눈덩이 친구가 찾아왔다고 말하는 할머니의 행동은 과연 옳은 행동일까? 두더지를 위한 거짓말이 가치 있는 것인가에 대해 판단하고 토론할 때 가치수직선을 사용한다면 학생들이 한 번쯤 경험했을 법한 하얀 거짓말에 대해 판단하고 생각해볼 수 있을 것이다.

토론 순서

1. 주제 선정 ➡ 2. 주제에 대한 의견을 가치수직선에 나타내고 토론하기 ➡ 3. 전체 토론 ➡
4. 최종 의견을 가치수직선에 나타내기

● 1단계

그림책을 읽고 함께 토론할 만한 주제를 허니컴보드에 적어 칠판에 붙인다. 질문들을 함께 보며 한 명씩 질문을 만든 이유를 발표하고, 발표를 들은 학생들은 다 같이 생각하기에 좋은 질문을 다수결로 정한다. 다양한 질문을 적어 붙여 이야기 나누다 보면 등장인물이 추구하는 가치나 상황에 대한 가치를 판단해야 하는 주제가 도출된다. 예를 들면, 학생들이 만든 질문 중에서 '할머니는 왜 두더지에게 눈사람 친구를 만들어주었을까요?'에 대해 많은 이야기를 하였다. 친구가 필요한 아기 두더지를 위해 눈사람을 만들어주신 할머니의 따뜻한 마음에 공감하면서도 멋진 손님이 왔다고 거짓말을 한 할머니의 행동은 옳지 않다고 말하는 학생들도 있었다. 눈덩이가 녹아서 없어진 건데 버스에서 내렸다고 말한 사슴 아저씨의 행동에 대해서도 거짓말을 한 것이라는 의견이 있었다. 모두 자유롭게 이야기를 하다 보면 하얀 거짓말에 대해서 생각하게 된다. 학생들은 '하얀 거짓말은 옳은 것인가?'를 토론 주제로 선정하였다.

● 2단계

주제가 정해지면 주제에 대한 자신의 의견을 가치수직선에 나타낸다. 가치수직선은 수직선 모양의 토론 교구로 '매우 옳지 않다' '옳지 않다' '보통' '옳다' '매우 옳다'의 다섯 단계로 나누는 것이 일반적이다. 가치수직선 교구는 자석이나 도화지 등을 이용하여 쉽게 제작할 수 있다. 의견을 적고 붙일 때에는 주제에 대한 생각을 정할 시간을 주고 허니컴보드나 포스트잇에 쓰도록 한다. 자신이 생각하는 의견 아래에 이름은 물론 그렇게 생각하는 이유까지도 함께 적어 붙일 수 있다.

● 3단계

모두 의견을 붙인 후 주제에 대해 발표한다. '매우 옳다-옳다-옳지 않다-매우 옳지 않다-보통' 순서나 '매우 옳다-매우 옳지 않다-옳다-옳지 않다-보통'의 순서로 말할 수 있다. 의견에 대한 근거를 말할 때에는 자신의 경험을 이야기하거나 자료를 찾아 활용한다. 예를 들면, 처음에는 할머니의 행동과 말은 아기 두더지를 위한 사랑의 마음이고 그러한 행동과 말이 아기 두더지에게 상처를 주지 않은 것이니 할머니의 하얀 거짓말을 옳다고 생각하는 의견을 먼저 말하게 한다. 다음으로, 나중에라도 거짓말인 것을 알게 되면 그 상처가 너무 크기 때문에 상처를 주지 않는다는 것은 잘못된 생각이라는 반대 의견을 말한다. 나중에 알게 되었을 때의 상처는 좀 더 성장해서 관심이 떨어졌을 때니까 괜찮다는 의견과 하얀 거짓말이라도 거짓말은 거짓말이라는 등 다양한 생각으로 토론이 진행되는 것을 볼 수 있다. 의견 발표가 모두 끝나면 자유롭게 서로의 의견에 대해 질문하고 답변하고 반대 의견을 제시한다. 질문을 할 때에는 '매우 옳지 않다' 의견부터 '매우 옳다' 순으로 진행한다. 무엇보다도 가치수직선 토론이 잘 진행되도록 하기 위해서는 허용적인 분위기 속에서 찬성과 반대의 극심한 대립이 일어나지 않도록 주의해야 한다.

● 4단계

전체 토론 후 자신의 생각을 정리할 시간을 주고 생각이 바뀌었거나 의견의 정도가 바뀐 학생들이 앞으로 나와 자신의 의견을 적었던 허니컴보드의 위치를 바꾼다. 위치를 바꾼 경우 '어디에서 어디로' 바꾸었는지와 그 이유를 말한다. 전체 토론을 한 후 서로의 의견을 다시 한번 이야기하며 토론을 마무리한다.

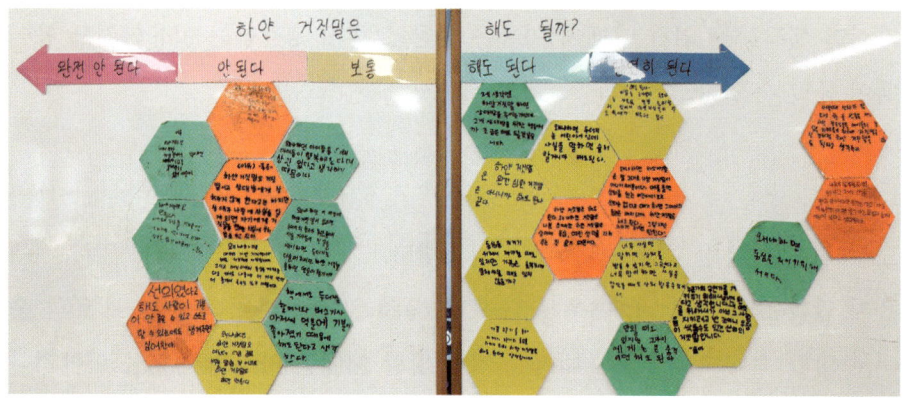

가치수직선에 나타낸 최종 의견

45 육색사고모자 토론*

○ 육색사고모자(6 thinking hats) 토론은 여섯 가지 색깔의 생각 모자를 활용하는 토론이다. '사실, 감정, 긍정, 부정, 문제 해결, 정리'와 같이 여섯 가지 관점으로 구분하며, 이를 통해 한 가지 주제를 여러 각도에서 분석하는 토론을 진행할 수 있다. 논제를 선정하여 사실적이고 객관적인 사실을 확인하고(흰색), 일어나는 감정 반응을 확인하고(빨강), 긍정적인 측면(노랑)과 부정적인 측면(검정)을 토론한다. 다양한 시각에서 문제를 바라봄으로써 창의적인 아이디어와 해결책(초록)을 찾는 데 도움이 되며, 현실적이고 실행 가능한 결론(파랑)에 최종 도달한다. 개별활동뿐만 아니라 모둠별로 각기 다른 모자의 역할에 맞게 함께 사고하고 문제 해결을 위해 협력하여 토론하면서 창의적이고 유연한 사고를 키울 수 있다.

* 그림책사랑교사모임, 『그림책 활동 100』(학교도서관저널, 2023) 참고.

어떤 그림책이 좋을까?
- 책 속 등장인물들의 감정이 잘 드러나는 그림책은 학생들이 감정적으로 공감하고 토론할 수 있다.
- 문제의 긍정적인 내용과 부정적인 내용을 동시에 상상하거나 분석할 수 있는 요소가 들어간 그림책이 좋다.
- 이야기의 결말이나 주제가 명확하고, 문제 제기의 메시지가 있는 책이어야 한다.

그림책 읽고 토론하기

○ 『아주 작고 슬픈 팩트』(조나 윈터 글, 피트 오즈월드 그림, 양병현 옮김, 라임, 2020)

'사실' 혹은 '진실'을 의미하는 팩트는 아주아주 작아서 슬플 때가 참 많다. 사람들이 쉽게 외면하기도 하고, 가둬서 깊은 곳에 묻어 버리거나 가짜 팩트를 만들어내기도 한다. 이 책은 각종 정보가 넘쳐나는 현대사회에서 우리 주변에 흩어져 있는 가짜와 진짜 정보를 분별해야 하는 이유를 생각하게 한다. 인터넷과 같은 미디어의 발달로 왜 많은 사람이 확인되지 않은 이야기에 현혹되는지, 진실은 왜 외면당하는지, 가짜 정보의 이면에 보이지 않는 의도는 무엇인지 육색사고모자 토론의 여섯 가지 관점으로 이야기 나누며 탐색해보자. 이를 통해 우리 삶에서 팩트를 똑바로 알고 지키는 것이 얼마나 중요한지 종합적인 사고를 경험할 수 있을 것이다.

토론 순서

1. 육색사고모자 토론의 6가지 관점 알기 ➡ 2. 책에서 이야기 나누고 싶은 주제 정하기 ➡
3. 6가지 관점으로 의견 말하기 ➡ 4. 모둠별 토론 및 종합 의견 정리

● **1단계**

그림책을 함께 읽기 전, 교사는 육색사고모자 토론이 무엇인지 그 의미와 방법을 설명한다. 이때 다음 사진과 같이 이미지화된 참고 자료를 보여주며, 각 색깔 모자의 특징을 재미있게 소개한다. 그림책에서 토론 주제를 선정하고 주제에 대한 여섯 가지 생각의 틀을 제공한다는 것에 대부분의 학생들은 생소하면서도 흥미롭다는 반응을 보인다. 익숙하지 않은 학생을 위해 일상에서 얻을 수 있는 토론 주제를 선정하여 연습의 기회를 가지는 것도 도움이 된다.

흰색 모자: 사실과 정보를 생각해보자.
빨간색 모자: 내 느낌을 말해보자.
노란색 모자: 이건 좋은 점이 뭘까?
검은색 모자: 문제가 있을까?
초록색 모자: 새로운 아이디어를 내보자.
파란색 모자: 모든 생각을 정리하자.

* 출처: 4차 산업혁명을 준비하는 열린 독서·토론 교육 연수물

교사는 육색사고모자 토론을 한 장으로 정리할 수 있는 활동지를 나눠주어 가볍게 활동해본다. 그림책에 등장하는 주인공, 사건, 인상 깊은 장면 등 쉽게 나눌 수 있는 내용을 주제로 활동지를 작성하며 저마다의 의미를 띤 여섯 색깔에 한정하여 생각을 표현하는 방법을 익힌다.

● 2단계

4~6인 1모둠을 구성한다. 모둠원들은 모둠장과 서기(기록이)를 각각 한 명씩 선정한다. 모둠장은 모둠 토론을 이끌어가고, 서기는 모둠에서 나온 의견을 정리하는 역할을 담당한다. 모둠원들과 토론할 주제를 선정하기 위해 그림책의 주제, 작가의 창작 의도, 질문거리 등을 생각하며 그림책을 읽는다. 책을 읽고 난 후 그림책에서 확인할 수 있는 키워드가 무엇인지 포스트잇에 작성하여 칠판에 붙인다. 비슷한 내용끼리 모아서 분류하여 중심 키워드를 확인한다. 중심 키워드를 어떻게 논제로 변환하면 좋을지 이야기 나눠본다.

● 3단계

모둠별로 의견을 나누어 모둠 대표 주제 하나를 선정한다. 다른 모둠에서 나온 주제도 함께 게시하고 다수결로 학급 대표 주제를 두세 가지 선정한다. 모둠 안에서 각각 다른 색깔을 맡아 의견을 나눌 수도 있고, 선정한 주제에 대해 모둠별로 색깔 모자를 부여할 수도 있다. 이때 색깔 모자로 대체할 수 있는 교

구를 활용하면 학생들의 더욱 활발한 반응을 끌어낼 수 있다. 이번 수업에서는 '왜 사람들은 진짜 팩트를 믿어주지 않았을까?'를 주제로 선정하였다.

하양 모자를 쓴 모둠은 그림책을 보며 확인한 사실적인 내용으로 누가 언제 어디에서 무엇을 어떻게 했는지 등을 모둠별로 의견을 나누고 모둠장이 발표한다. 빨간색 모둠은 팩트의 입장이나 상황에서 어떤 느낌, 감정이 들었는지 의견을 나누고 발표한다. 이어서 노란색 모둠은 밝고 긍정적인 생각 전환으로 내 생각을 바꾸어야 한다. "팩트 수색대가 팩트를 찾아내듯 주변에서 팩트를 믿도록 도와주는 사람이 있다"와 같은 의견이 제시된다. 검정색 모둠은 나쁜 점 말하기로 고칠 점, 아쉬운 점과 그에 따른 충고나 조언도 첨부하여도 된다. "가끔 지나친 팩트 폭격으로 친구의 마음을 상하게 하거나 친구를 위해 선의의 거짓말을 하는 때도 있어서 사람들이 팩트를 믿어주지 않는 것이 무조건 나쁜 것은 아니다"와 같은 다른 관점을 찾아낸다. 초록색 모둠은 문제 해결을 위한 여러 아이디어를 제시하고 종합하여 가장 합당한 대안을 제시해야 하며 모둠 간 협력이 많이 필요하다. 이를 위해 이야기 바깥의 인물이나 상황을 가져와 전환하는 것도 가능하다. 파랑색 모둠은 지금까지 나온 내용들을 요약 정리하여 발표한다. 여섯 가지 사고를 모두 해도 되고, 두세 가지를 선택적으로 운영해도 된다. 육색사고는 교사가 수업의 방향과 학생의 특성에 맞게 각 색깔의 선정과 순서를 유연하게 선택할 수 있다.

● **4단계**

모둠별로 토론한 내용을 한 장에 정리한다. 작성 형태를 교사가 지정해줘도 되지만 모둠별 자율성에 맡기면 모둠의 대표 의견란을 적거나 모둠에서 나온 여러 의견을 적거나, 모둠 구성원의 이름을 넣어 개별화하는 등 다양한 작성 형태를 확인할 수 있다. 다른 모둠에서 발표한 내용을 참고하여도 좋고, 새로운 의견을 보충하여 적어도 좋다. 작성한 것을 발표하거나 공유한다. 사실(하양), 감정(빨강), 긍정(노랑), 부정(검정), 해결(초록), 정리(파랑) 순으로 생각을 정리하다 보면 각 인물이 처한 상황과 입장에서 나라면 어떻게 했을지 문제 해결을 위한 실마리를 해석하고 찾을 수 있다.

사실(하양)	– 팩트는 아주 작아 사람들 눈에 잘 띄지 않는다. – 팩트는 거짓을 말할 수 없다. – 검은 악당이 진짜 팩트를 생매장했다. – 검은 악당은 진짜 팩트를 묻고 가짜 팩트를 대량으로 생산했다. – 우리 주위엔 진짜 팩트와 가짜 팩트가 공존한다.
감정(빨강)	– 주인공 팩트는 아주 작다는 이유로 사람들에게 외면당해서 슬플 것 같다. – 상자 안에 갇혀 있는 팩트는 무서울 것 같다. – 자신을 알아봐주는 팩트 수색대가 있다는 사실이 기쁠 것 같다.
긍정(노랑)	– 사람들이 팩트에게 팩트가 아니라고 해도 팩트는 팩트니까 끝까지 긍정적으로 나아갔다.
부정(검정)	– 세상에 팩트가 사라진다면 무섭고 두려울 것 같다. – 가짜 팩트가 자신이 팩트라고 하면 사람들이 쉽게 믿는다. – 좋은 의도로 거짓말(가짜 팩트)을 말하는 경우도 있다.
독창(초록)	– 여러 팩트들이 힘을 합쳐 자신의 존재를 알린다. – 가짜 팩트들과 진짜 팩트들이 구역을 나눠 쓴다. – 팩트의 중요성을 아는 팩트 수색대에 참여한다.
정리(파랑)	– 팩트 수색대가 땅에 묻힌 팩트를 찾아내고 구출했듯이 우리는 팩트와 가짜 팩트를 구분하고 진짜 팩트를 지키기 위한 노력을 해야 한다.

46 두 마음 토론*

○ 두 마음 토론은 찬성과 반대로 나누어 진행하는 찬반 토론으로, 찬성쪽 한 명, 반대쪽 한 명씩 총 두 사람만 토론에 참여한다. 찬성과 반대 두 사람만 의견을 주장할 수 있으므로 신속하게 토론이 이루어지고 동등한 참여를 보장한다. 찬성, 반대측과 더불어 찬성 및 반대 의견을 듣고 판정하는 판정관과 토론 시간을 재고 토론을 관찰하는 관찰자 역할이 필요하다. 모든 토론 기법은 말하기와 듣기 능력을 발전시키지만, 판정관 역할이 존재해 다른 토론 기법보다 듣기 능력 성장에 큰 도움을 준다. 다양한 관점을 이해하고 표현할 수 있어 논리적이고 비판적인 사고를 기를 수 있다는 장점 또한 크다.

* 유동걸, 『토론의 전사 2』(해냄에듀, 2012, 78~87쪽) 참고.

어떤 그림책이 좋을까?
- 어느 한쪽으로 결정해야 하는 상황이 책에 제시되어야 한다.
- 오늘날 사회 이슈와 관련해 찬성과 반대 의견을 찾을 수 있는 책이라면 다 가능하다.
- 짧은 시간에 근거를 떠올려야 하므로 토론자가 평소에 관심을 보였거나 자주 접한 소재의 그림책이 좋다.

그림책 읽고 토론하기

◐ 『이상한 동물원』(이예숙 글·그림, 국민서관, 2019)

설레는 마음으로 찾아온 동물원, 주인공은 우리에 갇힌 동물의 표정을 살피며 이상함을 느낀다. 주인공은 동물원에서 무엇을 느꼈을까? 두 마음 토론과 연계해 '동물에게 동물원은 필요할까?'를 주제로 찬성과 반대 토론자들이 판정관을 설득하는 과정에서 학생들은 자기 입장이 타당한지 다시 살펴보게 된다. 나아가 동물원이 존재해야 한다면 어떤 모습이어야 하는지도 생각해볼 수 있을 것이다.

토론 순서

1. 4인 1 모둠 구성하고 토론 주제 제시하기 ➡ 2. 두 마음 토론하기 ➡ 3. 토론 결과 나누기

● **1단계**

두 마음 토론은 찬성, 반대, 판정관, 관찰자 네 개의 역할이 필요하므로 네 명을 한 모둠으로 구성하는 것이 좋다. 학급 상황에 따라 세 명으로 한 모둠을 만들어야 한다면 판정관이 관찰자 역할을 같이 한다. 토론 주제는 그림책을 읽은 뒤 학급 전체와 함께 찾거나 교사가 제시한다. 이번 토론의 주제는 '동물에게 동물원은 필요할까?'이다. 본격적인 토론을 하기 전 토론 주제에 대한 자기 생각이 어느 쪽인지 칠판에 이름표를 붙여본다.

● **2단계**

찬성, 반대, 판정관, 관찰자 역할을 정한다. 판정관을 중심으로 오른쪽에는 찬성측을, 왼쪽은 반대측을 배치하고 관찰자는 판정관 맞은편에 두어 사각형 형태로 모둠 자리를 만든다.

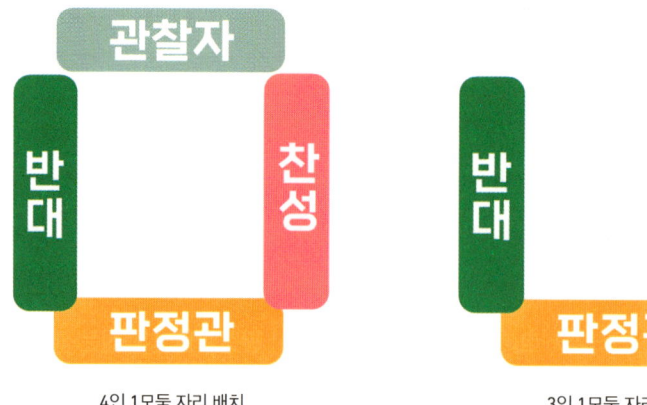

4인 1모둠 자리 배치   3인 1모둠 자리 배치

    교사는 두 마음 토론 규칙을 안내한다. 두 마음 토론에서는 판정관의 역할이 중요해서 활동 규칙은 대부분 판정관의 역할과 관련이 있다.

〈토론 규칙〉

1. 판정관이 고개를 돌려 쳐다본 토론자만 이야기한다.
2. 찬성과 반대 토론자는 판정관에게만 말할 수 있고 서로 대화하지 않는다.
3. 토론자는 자신의 주장을 펼치기 위해 판정관에게 한 번의 발언권을 얻어 자기 생각을 말할 수 있다.
4. 판정관은 토론자와 대화하지 않고 듣기만 한다.
5. 판정관은 번갈아 가며 찬성과 반대 의견을 듣는다. 만약 토론자가 같은 내용을 반복하거나 들을 필요가 없다고 판단되면 고개를 돌려 다른 토론자의 의견을 들을 수 있다.
6. 판정관은 주제에 대한 중립적인 태도를 유지해야 한다.

    토론 규칙을 안내했다면 본격적으로 토론을 시작한다. 동물에게 동물원이 필요하다는 의견에 찬성하는 학생이 먼저 2분 동안 자기 입장을 발표하고 다음 2분 동안 동물원이 필요 없다는 반대쪽 학생이 의견을 발표한다. 이때 판정관은 토론자에게 주장을 펼칠 충분한 시간을 주어야 하지만, 같은 말을 반복하고 있다면 고개를 돌려 다른 토론자의 주장을 들을 수 있다. 다시 찬성하는 학생이 1분 동안 발언하고 반대하는 학생도 다음 1분 동안 주장한다. 토론하는 중 관찰자는 시간을 확인하고 "30초 남았습니다" 하고 말하면서 토론 진행을 돕는다. 찬성과 반대 토론자의 주장을 듣는 시간이 끝나면 판정관은 3분 동안 판정문을 쓴다. 토론 주제에 대한 자기 생각은 버리고 토론자들이 주장한 내용을 바탕으로 판정한다. 판정관 역할을 맡은 학생이 판정문 쓰기를 어려워한다면 판정문 예시를 제시한다. 자신이 어느 쪽 의견에 설득되었는가를 떠올려 보라고 안내하면 좀 더 쉽게 판정한다. 판정관이 판정문을 쓰는 동안 찬성과 반대 토론자는 판정관과 눈을 마주치지 않도록 책상에 엎드린다. 토론 과정을 지켜본 관찰자는 판정문을 쓰는 동안 관찰한 내용을 쓴다. 판정관은 자신이 쓴 판정문을 읽고 어느 쪽에 설득되었는지 모둠에서 발표한다.

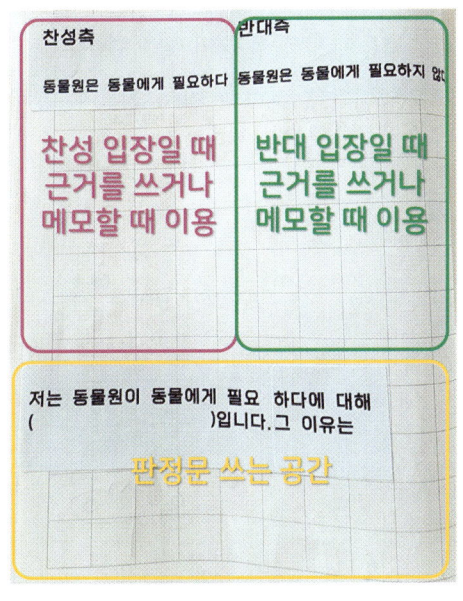

　두 마음 토론을 하는 동안 교사는 판정문과 근거를 쓰고 메모할 수 있도록 활동지를 배부하거나 라벨지를 공책에 붙여 역할마다 쓸 공간을 정해준다. 두 마음 토론을 거듭할수록 학생들은 자기 주장의 근거를 단단하게 마련하거나 관찰할 때 무엇을 살펴봐야 하는지 알게 될 것이다.

● **3단계**

두 마음 토론의 경우 학급 인원 모두가 판정관 역할을 경험하게 된다. 따라서 모든 학생은 자신이 판정관일 때 어떤 판정을 내렸는지 학급 전체와 공유한다. 이를 통해 토론을 시작하기 전 자기 생각과 자신의 판정 결과를 비교할 수 있다. 나아가 토론하는 동안 자신이 쓴 판정문이나 관찰 기록 중 학급 전체와 나누고 싶은 것을 발표하고 공유하는 시간을 갖는다. 같은 주제로 토론했음에도 불구하고 토론자와 판정관에 따라 다른 판정이 나온 토론 결과를 듣는 과정에서 학생들은 다양한 관점을 이해하게 된다. 이때 학생들에게 어느 역할이 힘들었는지 물어보거나 두 마음 토론에 대해 어떻게 생각하는지 물어볼 수 있다. '동물에게 동물원이 필요한가?'를 주제로 토론을 마친 뒤 학생들은 새로운 동물원이 필요하다고 말하였다.

47 멀티 피라미드 토론

멀티 피라미드 토론은 싱글 피라미드를 몇 개를 엮어 만드느냐에 따라 싱글 피라미드, 이중 피라미드, 멀티 피라미드로 나뉜다. 기본적으로 피라미드 토론은 개개인의 다양한 생각을 모아 모둠 또는 전체의 의견을 모으는 토론 기법이다. 피라미드 하단에서 상단으로 갈수록 다양한 의견에서 핵심 의견으로 좁혀진다. 멀티 피라미드 과정을 거치다 보면 그림책 속 상황과 인물에 대한 핵심 가치, 감정, 생각 들을 한눈에 살펴볼 수 있다. 토론이 진행될수록 인원이 늘어나 새로운 친구와 이야기한다는 즐거움을 주지만, 나의 의견이 반영되기 위해서는 그만큼 이유를 철저히 준비해야 한다. 또한 친구들과 이견을 조율할 때 자신의 의견만 고집하거나 경청하지 않으면 의사결정이 어려워지기도 한다. 토론이 추구하는 민주시민 양성이라는 목표인을 경험하고 싶다면 이 토론법을 적극 활용해보자.

어떤 그림책이 좋을까?

- 갈등과 선택은 가치와 감정에 영향을 주기도, 받기도 함으로 그림책 속 등장인물의 갈등이나 선택의 과정이 나와 있는 그림책이 좋다.
- 그림책 속 등장인물의 갈등 또는 선택 과정에서 얻는 것과 잃는 것, 감정을 분석해볼 수 있는 내용이어야 한다.
- 논쟁하는 토론이 아니기 때문에 가치와 감정을 공유하고 자신의 이야기를 편하게 할 수 있는 내용이 적합하다.

그림책 읽고 토론하기

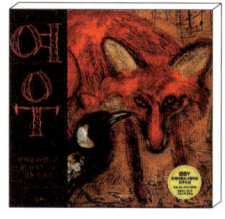

○ 『여우』(마거릿 와일드 글, 론 브룩스 그림, 강도은 옮김, 파랑새, 2012)

상실과 위로, 우정과 안정, 유혹과 배신, 그리움과 희망을 담은 그림책이다. 화재로 새카맣게 타버린 숲에서 날개를 잃어 다시는 날 수 없게 된 까치와 한쪽 눈이 보이지 않는 개가 서로 의지하며 같이 살아가게 된다. 그러던 어느 날, 개가 없는 틈을 타 불쑥 나타난 여우 한 마리가 까치에게 하늘을 나는 기분이 어떤 건지 알려주겠다며 함께 떠나자고 유혹하고, 까치는 개와 여우 사이에서 고민하다 결국 여우를 따라가게 된다. 까치는 왜 여우를 따라갔을까? 개를 남겨두고 여우를 따라가며 까치가 추구한 가치, 포기한 가치, 감정, 생각 들을 멀티 피라미드 토론으로 살펴보자.

토론 순서

1. 토론 주제 제시하고 4인 1 모둠 구성하기 ➡ 2. 가치와 감정을 선택하고 의견 나누기 ➡
3. 학급 전체 의견 공유하기

● **1단계**

교사는 학생들과 함께 그림책을 읽고 토론 주제를 제시한다. 토론 주제가 될 장면을 보여주면 토론 주제를 이해하는 데 도움이 된다. 토론 주제와 장면은 교사가 미리 준비해도 좋고, 그림책을 읽은 후 학생들의 의견을 반영하여 선택할 수도 있다. 토론 주제는 인물들의 갈등과 선택이 잘 나타나 있는 장면을 발췌하여 활동지에 담는다. 개인활동, 짝 토론, 모둠 토론 순으로 토론이 전개되기 때문에 모둠은 4인 1 모둠(A/B/C/D)으로 구성한다.

이번 수업에서 선정한 토론 주제와 장면은 다음과 같다.

토론 주제	까치가 개를 두고 여우를 따라가는 것을 선택했을 때 추구한 가치, 포기한 가치, 들었던 감정은 무엇일까요?
토론 주제가 담긴 장면	개가 잠들자 여우가 까치에게 속삭이는 장면에서부터 까치가 잠들어 있는 개를 혼자 남겨두고 여우를 따라나서는 장면까지

● 2단계

감정과 가치의 종류를 알아본다. 다양한 가치와 감정을 담긴 도구를 활용하면 학생들은 다양한 가치와 감정이 있다는 것을 알게 된다. 나아가 가치와 감정의 선택이 다양해지고, 선택의 어려움이 줄어든다.

가치와 감정을 선택하고 의견을 나누고 정리한다. 가장 먼저 개별활동을 한다. 모둠원 A, B, C, D는 내가 찾은 추구한 가치 세 가지, 포기한 가치 세 가지, 감정 세 가지를 선택한다. 그런 뒤 가치 이름과 감정 이름을 적고, 설득력을 높이기 위해 선택의 이유까지 덧붙인다.

개별활동 후 짝 토론(1:1)을 한다. A와 B의 의견을 합치면 추구한 가치 여섯 가지, 포기한 가치 여섯 가지, 감정 여섯 가지가 되는데, 토론을 통하여 이를 각각 세 개로 줄인다. 나와 짝의 공통된 부분을 먼저 적고, 다른 의견은 토론을 통하여 선택한다. 모둠원 C와 D도 같은 방법으로 의견을 정리한다.

짝 토론을 마친 뒤엔 2(A+B):2(C+D) 모둠 토론을 한다. 모둠 토론 방식도 짝 토론 방식과 같다. AB와 CD의 의견을 합치면 추구한 가치 여섯 가지, 포기한 가치 여섯 가지, 감정 여섯 가지가 나오는데, 토론을 통하여 이를 각각 세 개로 줄인다. 나와 짝의 공통된 부분을 먼저 적고, 다른 의견은 토론을 통하여 선택한다. 모둠 토론이 끝나면 전체 발표를 담당할 발표자를 뽑는다.

⟨2:2 모둠 토론 결과⟩

가치와 감정		(까치)가 추구한 가치		(까치)가 포기한 가치		(까치)의 감정	
		가치 이름	선택 이유	가치 이름	선택 이유	감정 이름	선택 이유
모둠원 전체가 찾은 가치와 감정	1	이상 품기	더 넓은 세상에 대한 이상 충족, 더 빠른 것을 느끼고 싶은 마음	신뢰	개와의 관계가 깨졌기 때문	신나다	다시 나는 느낌을 느낄 수 있어서
	2	용기	믿을 수 없는 여우가 두렵지만 따라감, 결심을 바꾸었기 때문	협동	신념이 바뀌었기 때문	미안하다	잘해준 개를 떠나야 해서
	3	소신	여우는 두렵고, 개에게는 미안하지만 날고 싶은 개인적인 소신 큼	한결같음	신념이 바뀌었기 때문	걱정되다	남겨진 개가 걱정되기도 하고, 여우의 인성을 알고 있었기 때문에 자신도 걱정이 되어서

● 3단계

2:2 모둠 토론이 끝나면 발표자가 학급 전체 의견을 공유한다. 최종적으로 선정된 모둠 의견을 칠판에 붙여 함께 이야기 나눈다. 전체 공유를 통해 까치의 선택과 갈등을 꼼꼼히 들여다볼 수 있고, 공통적으로 선택한 가치와 포기한 가치, 들었던 감정뿐만 아니라 내가 생각하지 못했던 또 다른 가치와 감정까지 생각해볼 수 있다. 처음엔 개를 두고 여우를 따라간 까치의 행동이 배신으로 느껴졌는데 친구들의 다양한 의견을 들으며 까치가 어느 정도는 이해가 되었다고 하는 학생들이 있었다.

48 ERRC 토론

○ ERRC 토론은 특정 주제를 Elimination(제거), Reduce(감소), Raise(증가), Create(창의적) 영역으로 자세히 나누어 살피고 창의적이고 새로운 문제 해결 방법을 찾는 기법이다. 문제 해결을 위해 증가해야 할 것, 새로운 창의적 방법 외에도 제거하거나 감소시켜야 할 영역을 살펴보고 정리한 내용을 한눈에 볼 수 있다. 네 가지 영역을 바탕으로 창의적인 문제 해결 방법이나 해결을 위한 새로운 관점을 토론을 통해 도출할 수 있다. 토론 과정을 거치며 문제 해결을 위한 실질적이고 창의적인 방안을 세워보자.

어떤 그림책이 좋을까?
- 주제와 관련한 지식 내용이 있어 문제 해결을 위한 학생의 지식 활성화를 할 수 있다면 좋다.
- 토론의 제거, 감소, 증가, 창의적인 방법, 네 가지 영역이 모두 포함될 수 있는 주제를 다루고 있어야 한다.
- 우리 주변 일상에서 해결할 수 있는 문제를 다룬 그림책이 좋다.

그림책 읽고 토론하기

◐ 『빙하가 녹으면 피자를 못 먹어?』(카타리나 H. 벨레요바 글, 바르보라 크메초바 그림, 김선영 옮김, 라임, 2023)

'빙하가 녹으면 피자를 못 먹어?'라는 질문을 시작으로, 이어지는 질문을 통해 인간의 활동으로 벌어지는 환경 문제가 우리의 일상에 어떤 영향을 미치는지 보여주는 그림책이다. 전 세계적으로 이상 기후가 나타나는 등, 기후 위기 문제가 점점 더 심각해지는 오늘날 학생들과 함께 읽는다면 기후 위기 문제에 대한 학생들의 관심과 참여를 높일 수 있다. ERRC 토론과 연계하여 기후 위기를 해결하기 위해 우리 생활에서 변화해야 할 부분을 찾아보고, 저마다의 창의적인 해결 방안을 생각해보기에 적합하다.

토론 순서

1. 그림책 읽고 주제에 관해 마인드맵으로 정리하기 ➡
2. E(제거), R(감소), R(증가), C(창의적) 영역에 넣을 내용 모둠별 토론하기 ➡
3. ERRC 영역 내용을 근거로 문제 해결 방법 토론하기

● 1단계

『빙하가 녹으면 피자를 못 먹어?』는 '빙하, 숲, 물, 땅, 동물 멸종', 총 여섯 개의 소주제로 이루어져 있다. 주제별 페이지는 기후 위기 전후의 그림과 질문으로 구성되어 있다. 따라서 그림책을 읽을 때 기후 위기 전과 후의 그림을 살펴보고 질문에 관해 이야기를 나눈다면 그림책 내용을 더 잘 이해할 수 있다.

그림책을 읽은 후 배경지식을 활성화하기 위해 '기후 위기' 관련 떠오르는 것을 개인별로 마인드맵을 활용해 적는다. 주제의 배경지식 활성화를 위한 방법으로는 마인드맵, 브레인라이팅, 브레인스토밍 등 여러 가지가 있다. 토론자의 나이, 지식 수준 등을 고려하여 알맞은 방법을 채택한다.

● 2단계

교사는 3~6인 1모둠을 구성한 뒤 모둠 토론 활동지를 나눠준다. 활동지는 모둠별 의견을 담을 수 있도록 B4나 도화지 크기 이상이어야 한다. 활동지를 받았다면 1단계의 마인드맵과 그림책에 나온 지식을 바탕으로 '기후 위기 문제 해결'에 대하여 E(제거), R(감소), R(증가), C(창의적) 영역에 들어갈 내용을 모둠별로 토론한다. 이때 모둠마다 모둠 토론 활동지를 기록할 사람 한 명을 정해야 한다.

E(제거) 영역에는 기후 위기 문제를 해결하기 위해 하지 말아야 하는 것을 적는다. 숲이나 나무를 태우는 것, 동물 밀렵 등이 해당한다. R(감소) 영역에는 당장 제거할 순 없지만, 서서히 줄여야 하는 것을 적는다. 화학비료 사용, 불필요한 소비 등이 들어갈 수 있다. 우리가 일상에서 하는 활동 중 나무 심기, 서식지 보호, 재활용 분리수거 등은 R(증가) 영역에 포함된다. C(창의적) 영역에는 문제를 해결하기 위해 기존에 했던 것을 합치거나 새로운 내용을 적는다. 화학비료 대신 미생물을 활용한 친환경 비료 개발하기 등이 있을 수 있다. 교사가 사전에 책이나 태블릿을 제공한다면 이를 활용해 보다 창의적인 해결법을 생각해낼 수 있다. 네 가지 영역에 들어갈 내용은 학생이 처한 환경, 지식, 경험에 따라 달라질 수 있으며, 의견을 이야기할 때에는 충분한 설명과 근거를 제시하여 다른 학생들의 이해를 도와야 한다.

모둠원끼리 순서를 정하여 돌아가면서 각 영역에 관한 자신의 의견을 이야기하고, 기록원이 활동지에 기록한다. 중복되는 의견은 한 번만 적는다. 모둠원이 제시한 의견에 질문이나 이의가 있는 경우 의견을 제시한 학생에게 질문하고 대답할 수 있다. 주제에 벗어나거나 근거가 부족하다고 판단되는 의견이 있다면 다수결을 통해 기록 여부를 결정한다. E(제거), R(감소), R(증가), C(창의적) 영역의 순서대로 토론을 진행한다.

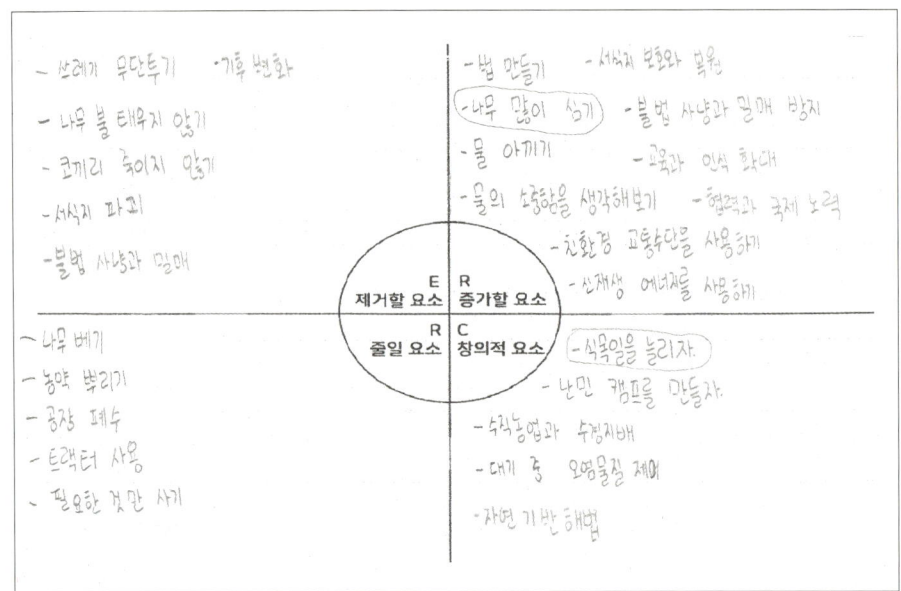

ERRC 토론 활동지

● 3단계

토론을 통해 E(제거), R(감소), R(증가), C(창의적) 영역을 모두 작성한 후, 영역별로 정리된 의견을 근거로 기후 위기 문제 해결을 위한 모둠 의견을 세운다. 의견을 정할 때는 '문제 해결을 위한 방법인가?' '일상생활에서 실천 가능한가?' '모둠원 모두 동의한 의견인가?' '창의적이고 새로운 방법인가?'를 기준으로 하여 결정한다. 예를 들어, 한 모둠에서는 R(증가), C(창의적) 영역에 숲 보호하기, 보호하는 법 만들기, 에너지 효율을 증가시키기, 물을 아껴 쓰기, 나무 심기, 친환경 소비와 재활용하기 등의 의견을 냈다.

49 E-D-S 토론*

◯ E-D-S 토론이란 Estimate(판단)-Discuss(토론)-Estimate(판단)를 줄인 말이다. 토론 전, 주제에 대한 여러 대안 중 학생 개인이 선호하는 의견에 투표하고 각 대안의 장단점을 토론하는 과정을 거친 후 다시 투표하여 최종 의견을 결정하는 민주적 토론 절차이다. 주제와 관련된 여러 문제 상황에서 해결책으로 나온 대안들의 장단점을 평가하고 토론하는 과정에서 신중하고 올바른 판단과 합리적인 의사결정이 이루어진다. 학생들은 가장 먼저 대안에 관한 투표를 함으로써 자신이 선택한 대안이 왜 바른지 사고하는 것은 물론 토론 수업에 더욱 적극적으로 참여하는 모습을 보인다.

* 김혜숙 외, 『토론수업 레시피』(교육과학사, 2011, 270~278쪽) 참고.

어떤 그림책이 좋을까?

- 우리 주변의 학교폭력, 차별, 인권, 환경 문제를 주제로 함께 읽고 대안을 나눌 수 있는 책이면 좋다.
- 학생들이 생활에서 충분히 공감할 수 있는 내용을 다루며 책을 읽고 활발한 논의가 일어날 수 있는 동기 유발형 그림책이 적합하다.
- 학생들의 생각을 상세하고 구체적으로 끌어낼 수 있고 토론에 대한 흥미를 유발할 수 있는 주제를 다루어야 한다.

그림책 읽고 토론하기

○ 『내 탓이 아니야』(레이프 크리스티안손 글, 딕 스텐베리 그림, 김상열 옮김, 고래이야기, 2023)

따돌림 문제를 주제로 학생들 사이에 발생하는 학교폭력 문제를 사실 그대로 드러내며 '정말 내 탓이 아닐까?'라는 질문을 던지는 책이다. 특히 학교 안의 따돌림 문제와 그 책임에 대해 생각하고 토론할 기회를 제공한다. 학생들과 함께 그림책을 읽고 학교폭력 문제의 책임은 누구에게 있는 것인지 이야기 나누어보기에 적합하다. 문제 해결을 위해 학생들이 할 수 있는 일은 어떤 것들이 있을지 E-D-S 토론을 통해 찾아보고 일상의 삶에서 직접 실천해보자.

토론 순서

1. 토론 주제 선정 및 문제 해결을 위한 대안 찾기 ➡ 2. 토론 전 대안에 대해 개별 투표하기 ➡
3. 제시된 대안에 대한 장단점 토론하기 ➡ 4. 토론 후 선정된 대안에 대한 최종 투표하기

● **1단계**

학생들과 함께 E-D-S 토론을 적용하기 위한 주제를 선택한다. 그다음 선정된 그림책과 관련한 보조 자료를 수집하고 분석, 설명하는 과정을 진행한다. 학생들은 이 과정에서 토론에 필요한 배경지식을 습득하게 된다. 구체적으로 그림책을 읽고 함께 논의할 토론 주제에 대한 여러 대안을 찾아 개인별 활동지에 기록한다. 교사는 대안들로 나온 의견을 칠판에 기록하고 함께 살펴보며 유사한 대안은 하나로 묶어 정리한다. 이번 수업의 경우 '어떻게 하면 왕따 문제를 해결할 수 있을까?'를 토론 주제로 선정하였다.

● **2단계**

도출된 대안들을 함께 살펴본 뒤 별도의 토론 없이 가장 선호하는 대안에 개별적으로 투표한다. 이는 토론 논제에 대한 학생들의 선입견을 없애기 위함이다. 투표 결과를 칠판에 적어 공개할 수도 있지만, 판단에 영향을 줄 수 있으므로 마지막 단계에서 재투표를 한 뒤에 공개하여 결과를 비교해보는 것을 추천한다.

* 토론 주제: 어떻게 하면 왕따 문제를 해결할 수 있을까?
* 아래 제시된 대안 중 문제 해결에 가장 적합한 의견을 선택하세요.
  (투표는 토론 전과 토론 후에 한 번씩 실시합니다.)

번호	대안	토론 전 투표	토론 후 투표
1	캠페인 활동을 한다.		
2	먼저 사과하고 잘못을 인정한다.		
3	따돌림받는 친구를 보면 도와준다.		
4	주변 어른께 알리거나 117에 신고한다.		
5	미리 예방교육을 받게 한다.		
6	짝꿍과 같이 다닌다.		

● **3단계**

각 대안의 장단점에 대한 교차질문과 응답 및 반론을 한다. 먼저 교사는 각 대안의 장점은 무엇인지 물어보고 학생들의 의견을 듣는다. 다음으로 단점은 무엇인지 물어보고 역시 학생들의 의견을 듣는다. 학생 수에 따라 교사가 전체 토론으로 진행할 수도 있고, 모둠 토론 후 발표할 수도 있다. 교사가 토론을 주도할 경우에는 다양한 의견이 나올 수 있도록 여러 학생에게 고르게 기회를 준다.

이름	의견	장점	단점
김OO	캠페인 활동을 한다.	- 효과가 약간 있다. - 여러 사람이 보고 실천한다.	- 시간이 많이 든다. - 지키지 않은 사람이 나온다.
문OO	먼저 사과하고 내 잘못을 인정한다.	- 싸움이 안 일어난다. - 상대방의 기분이 좋아진다.	- 얕잡아본다. - 다시 그 일이 일어난다.
강OO	따돌림받는 친구를 보면 서로 도와준다.	- 친구를 얻을 수 있다. - 마음이 아픈 친구를 도와줄 수 있다.	- 자신도 따돌림당할 수 있다. - 용기가 필요하다.

● **4단계**

토론을 거치며 깨달은 바를 바탕으로 대안에 대한 재투표를 실시한 뒤 그 결과를 최종 결론으로 삼는다. 보통 학생들은 처음 자신이 선택한 의견을 고수하려는 경향이 있으므로 교사는 생각이란 끊임없이 변화하는 것이라고 부연 설명해준다. 자신의 대안을 고집하고 관철하기 위한 토론이 아니라, 합리적이고 긍정적인 대안을 선택하여 모두에게 최선이 될 수 있도록 하기 위한 토론이기 때문이다.

토론 전 투표에서는 '주변 어른에게 알리거나 117에 신고하는 등 외부의 조력을 구한다'라는 의견이 우세했으나, 재투표 결과 '따돌림받는 친구를 보면 서로 도와준다'라는 의견이 다수의 지지를 받아 최종 선택되었다.

토론 후 최종 투표 결과를 보면서 학생들은 토론의 여부에 따라서 의사결정 결과가 달라진다는 것을 알고, 신중한 토론이 왜 중요한지, 왜 민주적인 절차를 거쳐서 의사를 결정하는지 체감한다. 특히 아무리 좋은 의견일지라도 단점이 있다는 것을 깨닫고 대안을 분별하는 능력을 길러나간다.

50 K.W.L 차트 토론*

○ K.W.L 차트 토론은 독서 전 주제와 관련하여 알고 있던 경험이나 지식(Know)을 활성화하고, 독서 후 다른 궁금한 점이나 좀 더 깊이 있게 알고자 하는 점(Want to know)을 찾아서 공유하여 지식을 습득하는 토론 방식이다. 토론을 통해 알고자 하는 지식의 범위를 확장하고, 새롭게 알게 된 지식(Learned)으로 인지구조를 변화시킬 수 있으며, 이를 자신의 일상에 적용할 수도 있다. 학생들은 K.W.L 차트 토론을 통해 주제에 관한 사전 지식, 더 알고자 하는 지식, 습득한 지식을 정리하고 다른 학생들과 나누며 지식의 습득 및 생각, 인지구조의 변화를 끌어내게 될 것이다.

* 김혜숙 외, 「토론수업 레시피」(교육과학사, 2011, 270~278쪽) 참고.

어떤 그림책이 좋을까?
- 감정이나 느낌 등의 주제보다는 지식이나 사회적 문제를 다룬 그림책이 좋다.
- 우리 주변에서 쉽게 만날 수 있는 사실이나 지식을 주제로 해야 한다.
- 토론 후 얻게 되는 지식, 생각의 변화가 학생들의 삶에 적용될 수 있도록 우리 사회의 문제와 연관되어 있는 그림책이 좋다.

그림책 읽고 토론하기

○ 『안녕, 마음아』(표영민 글, 김지연 그림, 걸음동무, 2022)

낯선 곳에 버려진 강아지가 자신을 두고 간 반려인을 찾아 떠난다. 집으로 돌아가는 길에 여러 장소를 지나고, 여러 동물을 만나면서 일어나는 이야기가 담겨 있다. 최근 우리나라에 반려동물을 키우는 인구가 늘어나고 있으며, 그에 따라 유기 동물과 관련된 여러 문제점 또한 커지고 있다. 각 학급에도 반려동물을 키우는 가정이 상당수 있기 때문에 토론 후 알게 된 유기 동물 관련 지식을 자신의 삶에 적용할 수 있기를 기대해본다.

토론 순서

1. 독서 전 주제에 관해 알고 있었던 지식 활성화하기 ➡
2. 독서 후 알고 싶은 것을 확인하고 찾기 ➡ 3. 새로운 지식을 습득하고 정리하기 ➡
4. 습득한 지식을 모둠원과 공유하고 의견 세우기

● 1단계

독서 전 주제와 관련된 사전 지식을 활성화하는 단계이다. 유기 동물에 대해 알고 있었던 지식이나 경험을 1~3가지 정도 정리하여 작성한다. 학생마다 배경지식이나 경험이 다를 수 있음을 고려하여 쓰기에 어려움이 있다면 굳이 모두 적지 않아도 된다.

Know (이미 알고 있는 것)	– 유기 동물은 버려진 동물들을 뜻한다. – 입양을 하면 유기 동물을 줄일 수 있다. – 유기 동물 보호센터에서 동물을 안락사시키는 경우도 있다.

● **2단계**

그림책을 읽고, 유기 동물에 관해 알고 싶거나 더 궁금한 것을 전체 학생과 이야기한다. 다 같이 의견을 나누면 다른 학생의 의견을 참고해 더 알고 싶은 것의 범위를 확장할 수 있다. 유기 동물이 가게 되는 보호센터에서부터 관련 법, 반려동물 인식 칩까지, 유기 동물과 관련된 다양한 의견들이 나왔다. 토론자의 나이, 주제의 난이도에 따라 각자 활동지에 유기 동물에 대해 더 알고 싶은 것을 1~4가지 적는다.

Want to know (알고 싶은 것)	– 안락사를 왜 하는지 – 유기 동물에 대한 법은 있는지 – 유기 동물은 보호소에서 어떤 생활을 하는지

● **3단계**

앞서 작성했던 '더 알고 싶은 것'에 대한 새로운 지식을 습득하고 정리하는 단계이다. 관련 도서나 인터넷을 통해 알고 싶은 지식을 검색하고 각자 활동지에 기록한다. 책이나 인터넷에서 찾은 내용을 그대로 쓰기보다는 중요한 내용만 한두 문장으로 쓴다. 학생들은 자신이 무엇을 더 알고 싶은지 스스로 선택하는 과정에서 활동에 능동적으로 참여하고, 새롭게 알게 된 지식을 적극적으로 받아들인다.

Learned (새롭게 알게 된 것)	– 유기 동물에 대한 법이 존재한다. 제47조에 따르면 동물을 유기할 시 100만 원 이하의 과태료를 부과한다. – 유기 동물을 발견할 경우 신고를 할 수 있다. – 유기 동물 중 가장 많은 종은 강아지이다.

● **4단계**

새롭게 알게 된 지식을 모둠원과 공유하고, 토론 주제에 대한 자신의 의견을 세우는 단계이다. 모둠원은 새롭게 알게 된 지식을 돌려 읽기로 공유한다. 책상 대형을 모둠 대형으로 바꾸고, 자신을 기준으로 오른쪽 모둠원에게 활동지를 전달하여 다 함께 돌려 읽는다. 모둠원의 활동지에 적힌 내용을 자신이 찾은 지식과 비교하면서 자세히 살펴본다. 질문이 있으면 서로 질문하고 대답한다. 돌려 읽기가 끝나면 자신이 찾은 지식과 돌려 읽기를 통해 새롭게 알게 된 지식을 근거로 주제에 대한 의견을 세운다. 토론 주제는 다수결을 통하여 '유기 동물을 줄이는 방법'으로 결정되었다. 다수결 외에도 만장일치를 활용하거나 교사가 직접 제시해주어도 된다.

〈토론 후 '유기 동물을 줄이는 방법'에 대한 학생 의견〉
- 유기 동물의 수를 줄이기 위해 반려동물 등록을 의무화한다.
- 유기 동물 보호를 위해 후원금을 모은다.
- 유기 동물 봉사 체험을 통해 밖에 버려지는 동물을 줄인다.
- 유기 동물이 생기지 않도록 감시 카메라를 설치하고, 유기하면 벌금을 낸다.

51 밸런스 토론

밸런스 토론(Balance debate)은 특정 주제에 대해 서로 다른 입장을 균형 있게 다루는 토론 방식이다. 일반적인 게임 형식으로 하면 3초 안에 대답해야 하고, 대답을 잘하지 못했을 경우 벌칙을 주기도 한다. 토론에 적용할 때는 매력적이거나 극단적인 질문 두 가지를 놓고 둘 중 하나를 선택한 후 주장, 이유, 근거의 논증 형식을 적용하여 판정관에게 자신의 선택이 더 옳다는 것을 설득해야 한다. 기발하고 참신한 생각과 질문 자체만으로도 흥미를 이끌 수 있고, 설득을 위한 주장, 이유, 근거, 문제점, 개선점을 찾는 과정에서 토론의 기본 개념과 친구들의 다양한 시각을 이해할 수 있다. 부담 없이 가볍게 이야기 나눌 수 있는 주제로 진행한다면 학생들이 자신감을 갖고 즐겁게 자신의 의견을 말할 수 있을 것이다.

어떤 그림책이 좋을까?
- 페이지 수나 텍스트 양과 상관없이 선호나 갈등 상황이 담겨 있으면 좋다.
- 일상생활 속에서 쉽게 찾을 수 있는 주제를 담고 있어 누구나 부담 없이 이야기할 수 있는 내용이 좋다.
- 선호와 관련된 질문이나 선택지를 만들고, 두 선택지 중 하나를 선택하여 그 이유를 생각해볼 수 있어야 한다.

그림책 읽고 토론하기

◎ 『밥 한 그릇 뚝딱!』(이소을 글·그림, 상상박스, 2009)

밥상 위에서 아이들을 기다리고 있는 귀여운 음식 친구들이 즐겁게 밥 먹는 법을 알려주는 유쾌한 그림책이다. 선호하는 음식은 누구나 있고 선호하는 이유도 있다. 책 속에서 음식들이 '밥 먹기 좋은 이유'를 주장하듯 밸런스 토론을 통해 좋아하는 음식과 그 이유, 문제점, 문제 해결 방안을 토론해보자. 그러다 보면 그 음식을 별로 선호하지 않던 사람도 설득되어 '아! 나도 먹어 보고 싶다'라는 생각이 들 것이다.

토론 순서

1. 토론 주제 제시 및 모둠 구성 ➡ 2. 토론 입론서 준비 ➡ 3. 주장과 판정

● **1단계**

그림책을 읽고 밸런스 토론을 위한 대주제와 선택 주제를 정한다. 책에 나오는 요리를 선택해도 되고, 음식과 관련하여 학생들과 토론하기 좋은 주제에 대한 의견을 나누어 정해도 되고, 교사(사회자)가 임의로 제시해도 된다. 책 속에서 밥 먹기 '싫은' 이유를 강조하지 않고 밥 먹기 '좋은' 이유를 가르쳐 음식에 대한 친근감을 갖게 하듯이, 대주제는 '내가 이 음식을 좋아하는 이유(내가 이렇게 먹는 것을 좋아하는 이유)'로, 선택 주제는 '탕수육은 소스에 찍어 먹어야 한다' vs '탕수육은 소스를 부어 먹어야 한다'로 하여 학생들이 평소 선호하지 않는 음식을 믹는 방법에 대해 다시 한번 생각해보도록 하였다.

주제 제시 후에는 4인 1모둠을 구성하고 2:2로 편을 나눈다. 1:1도 가능하지만 굳이 2:2로 하는 것은 팀워크도 키우고 다양한 의견을 생각해볼 수 있도록 하기 위함이다. 팀을 만든 후에는 가위바위보를 한다. 이긴 팀이 주제 선택 우선권을 갖는다.

● **2단계**

각 팀은 선택 주제와 관련하여 이유 두 개, 문제점 한 개, 문제점과 관련한 해결 방법 한 개를 쓴다. 선택한 이유를 쓰는 목적은 나의 주장을 나만 이해하는 것이 아니라, 누가 봐도 수긍할 수 있게 하기 위해서이다. 이유를 두 개 이상 쓴다면 설득력을 높일 수 있다.

다음으로 이유 1과 이유 2로 인해 생기는 문제점은 무엇인지 생각해본다. 또한 문제점에 대한 해결 방법을 작성함으로써 자신의 주장을 더욱 분명하게 만든다. 선택 주제와 관련하여 선택한 이유 두 개, 문제점 한 개, 문제점과 관련한 해결 방법 한 개를 완성하였다면 팀 내 발표자를 뽑는다.

내가 이 음식을 좋아하는 이유(이렇게 먹는 것을 좋아하는 이유)		
탕수육은 소스에 찍어 먹어야 한다.	VS	탕수육은 소스를 부어 먹어야 한다.
바삭하게 먹을 수 있기 때문이다.	이유 1	계속 찍어 먹으면 귀찮기 때문이다.
혹시 남으면 다음 날 또 바삭하게 먹을 수 있다.	이유 2	먹는 시간이 단축돼 시간을 아낄 수 있다.
매번 찍어 먹느라 번거롭다.	문제점	다음날 눅눅해질 수 있다.
재미라고 생각하면 된다.	해결 방법	에어프라이어에 돌리면 된다.

● **3단계**

팀 내 발표자는 판정관을 설득하기 위한 자기주장을 펼친다. 이때 판정관은 발표하는 모둠원 네 명을 제외한 나머지 학생이 된다. 판정관은 발표자의 의견을 적는다. 먼저 양적 평가를 한다. 모둠 양 팀의 의견을 모두 들은 후 어느 쪽이 좀 더 설득력이 있었는지 거수한다. 손을 많이 든 팀이 좀 더 설득력이 있었다고 할 수 있다. 양적 평가 후에는 질적 평가를 한다. 판정관들에게 왜 상대 팀보다 더 설득력이 있었는지 그 이유를 말해줄 수 있는지 손을 들어 요청할 수도 있다. 이는 판정에 대한 타당성을 높일 수 있는 방법이다. 예를 들면 '탕수육은 소스를 부어 먹어야 한다'가 더 설득력 있는 이유로, '시간이 없을 때 시간을 단축할 수 있다는 이유와 눅눅해졌을 때 에어프라이어에 돌리면 된다는 해결 방법에 좀 더 설득되었다'라고 판정 평을 하는 것이다. 판정할 때 양쪽 팀의 잘한 점과 부족한 부분에 대해 말하고, 어떤 팀이 어떤 면에서 더 설득되었는지 피드백을 하면 학생의 성장에 도움이 된다. 같은 주제로 토론했음에도 모둠별로 선택한 이유가 다양하게 나와 창의적인 생각을 들을 수 있는 시간이었다. 판정관도 판정을 위해 발표 내용을 경청하고 집중하는 모습을 보였다.

내가 이 음식을 좋아하는 이유(내가 이렇게 먹는 것을 좋아하는 이유)		
탕수육은 소스에 찍어 먹어야 한다.	VS	탕수육은 소스를 부어 먹어야 한다.
바삭바삭하게 먹을 수 있다는 장점을 부각하긴 했지만 찍어 먹느라 귀찮아질 수 있다는 문제점에 대해 해결 방법을 구체적으로 제시했다면 좀 더 설득력이 있었을 거 같다.	판정	시간이 없을 때 시간을 단축할 수 있다는 이유와 눅눅해졌을 때 에어프라이어에 돌리면 된다는 해결 방법에 좀 더 설득되었다.

52 회전목마 토론

◯ 회전목마 토론은 회전목마처럼 토론자들이 한 방향으로 돌아가면서 짝을 바꿔가며 자신의 의견을 제시하는 방식의 토론 기법이다. 모든 학생이 공정하게 의견을 제시할 수 있다는 장점이 있고, 짧은 시간 동안 다양한 의견을 듣고 토론에 참여하므로 경청을 연습하는 좋은 기회가 된다. 순환적인 구조로 인해 토론이 지루할 여지가 없으며, 학생들 간의 상호작용과 소통을 촉진하여 학습 효과를 극대화할 수 있다. 평상시에 발표를 힘들어하는 학생이 있다면 이 토론법을 활용해보자.

어떤 그림책이 좋을까?
- 학생들이 이해하기 쉽고 흥미를 느끼며 쉽게 참여할 수 있는 내용과 그림을 포함하고 있다면 좋다.
- 다양한 주제를 다루며 여러 의견을 제시할 수 있는 내용을 담고 있어야 한다.
- 문제 해결과 비판적 사고를 유도하는 내용이어야 한다.

그림책 읽고 토론하기

○ 『네가 되는 꿈』(서유진 글·그림, 브와포레, 2023)

한 아이의 꿈을 통해 인간과 동물의 관계를 진지하게 살펴보게 하는 책이다. 인간과 동물의 역할이 바뀌어 동물들이 사람들을 관찰하는데, 이러한 상황은 동물원과 같은 시스템의 한계와 필요성에 대해 생각하게 한다. 학생들은 회전목마 토론을 통해 새로운 시각을 제시하며 어떻게 해야 동물들이 더 나은 환경에서 살아갈 수 있을지에 대한 창의적인 의견을 나누게 된다.

토론 순서

1. 토론 준비하기 ➡ 2. 토론 진행하기 ➡ 3. 의견 정리하고 발표하기

● **1단계**

회전목마 토론은 적절한 주제를 선택하는 것이 중요하다. 흥미로운 문제나 논란을 다루면서도 다양한 시각과 의견을 수용할 수 있어야 한다. 현재 사회적 논점이나 일상생활에서 나타나는 문제, 또는 학생들의 관심과 경험에 부합하는 주제를 선정한다. 토론 참가자가 적극적으로 의견을 제시할 수 있도록 다양한 요소를 고려해야 한다.

토론 준비 과정으로 주제 선정을 위한 활동을 한다. 토론 전에 '동물원' 하면 떠오르는 생각을 글과 그림으로 표현한다. 이 활동은 토론 주제를 찾기 위한 사전 준비 단계로서 동물원에 관한 생각을 발전시키는 데 도움이 된다. 본 그림책은 꿈에서 일어난 이야기를 다루는데, 독자는 마지막 장면에서 그 사실을 알게 된다. 마지막 장면을 읽기 전에 마지막 장면을 상상하여 그리면서 토론 주제에 대한 관심을 집중하는 시간을 갖는다.

본격적으로 토론 주제를 정한다. 이번 수업에서는 '동물원이 필요한지 필

요하지 않은지'에 대해 이야기 나누기로 했다. 동물원의 필요성에 대한 토론을 준비할 때에는 먼저 개인적인 생각과 이유를 명확히 해야 한다. 각자의 입장을 정리하고 그에 대한 근거를 구체적으로 살펴보는 과정이 토론의 질을 높여 준다.

회전목마 토론은 두 개의 원으로 진행하므로 찬성과 반대 인원의 비율이 같아야 한다. 그렇지 않은 경우 찬반 의견을 모두 적어보고 임의로 찬성과 반대 비율을 맞춰야 한다.

● **2단계**

토론의 효과를 높이기 위해서는 자리 배치가 잘 이루어져야 한다. 두 개의 원을 만든 뒤 안쪽 원을 찬성측, 바깥쪽 원을 반대측으로 정한다. 학생들은 각 원에 서로 마주 보고 앉는다.

먼저 안쪽에 있는 학생이 찬성 의견을 바깥쪽 학생에게 말한다. 바깥쪽 학생은 들은 내용을 메모지에 요약하여 정리한다. 이때 제한 시간은 2분을 준다. 제한 시간이 끝나면 바깥쪽 학생만 자리를 왼쪽으로 한 칸 이동한다. 그리고 바깥쪽 학생이 이전에 듣고 메모한 내용을 안쪽 학생에게 말한다. 안쪽 학생은 바깥쪽 학생이 한 말을 듣고 자신의 의견을 더하여 말한다. 바깥쪽 학생은 안쪽 학생이 말한 것을 듣고 메모지에 정리한다. 이런 방법을 반복하면서 바깥쪽 학생은 네 명의 의견을 듣고 기록한 내용을 바탕으로 자신의 의견을 정리한다.

다음으로는 안쪽 학생과 바깥쪽 학생이 서로 안과 밖의 위치를 바꿔 앉는다. 그리고 앞서 진행한 방식대로 이번에는 반대 의견으로 네 명의 학생과 회전목마 토론을 한다.

안쪽 원이 찬성 의견일 경우	의견1	동물들이 아플 때 치료를 받을 수 있기 때문이다.
	의견2	동물원에 있으면 안전하기 때문이다.
	의견3	우리에게 즐거움과 배움을 주고, 동물들은 돌봄을 받을 수 있기 때문이다.
	의견4	멸종위기종을 보호하고 학술적 연구를 통해 동물을 더 알 수 있기 때문이다.
	정리	동물들이 보호와 돌봄을 받고 사람들에게 즐거움과 배움을 주고 멸종위기종을 보호하고 연구할 수 있기 때문에 동물원이 필요하다.
안쪽 원이 반대 의견일 경우	의견1	동물들이 우리 안에서 스트레스를 받을 수 있기 때문이다.
	의견2	동물들도 자기가 원하는 곳에서 살 권리가 있고, 동물들은 구경거리가 아니라 생명이 있는 생명체이기 때문이다.
	의견3	완벽하게 동물들을 보살피는 데에는 한계가 있기 때문이다.
	의견4	동물들은 자유로워야 하고 구경거리가 되어서는 안 되기 때문이다.
	정리	동물들이 우리 안에서 스트레스를 받을 수 있고, 동물들은 자기가 원하는 곳에서 살 권리가 있는 생명체이기 때문에 동물원은 없어야 한다.

● **3단계**

토론을 마친 후에는 자신의 의견을 살펴본다. 토론 전과 후에 자기 생각이 어떻게 달라졌는지 비교해보고 새롭게 알게 된 점을 정리한다. 처음에는 동물원이 필요하다는 의견이 대부분이었는데, 토론을 통해 동물의 입장을 고려하고 동물원이 필요하더라도 어떤 동물원이 필요한지 대안을 제시하며 생각의 확장이 일어났다.

그다음 자신이 배운 점이나 의견 변화에 대해 친구들 앞에서 발표한다. 발표를 통해 다른 학생들과 자기 생각을 나누고, 서로의 의견을 이해하는 기회를 갖는다. 이는 토론의 결과를 확립하고 학습 효과를 높이는 데 도움이 된다. 또한 의견을 정리하고 발표하는 과정에서 학생들은 자기 생각을 명확히 하고, 토론에서 얻은 교훈을 잘 이해할 수 있다.

53 만장일치 토론*

○ 만장일치란 누구나 '거부권'을 가지고 있다는 뜻을 포함하는 것으로, 모든 학생이 존중받으면서 토의·토론을 경험하는 데 목적을 둔다. 기존의 다수결 방법과는 대조적으로 단 한 명의 의견이라도 존중하여 논리적으로 설득하려고 애써야 한다. 상대방을 설득하기 위해 이유를 여러 번 생각하고 이를 말로 표현하는 과정에서 사고력과 표현력이 자연스럽게 향상된다. 크게 정답이 있는 만장일치와 정답이 없는 만장일치로 나뉘는데, 정답이 있는 만장일치 토론의 경우 정확한 데이터를 기반으로 하기에 순위를 맞히는 재미가 있는 반면, 정답이 없는 만장일치 토론의 경우 정답이 없는 만큼 참가자들의 다양한 의견을 비교해보는 재미가 있다. 좀더 참여도가 높은 정답이 있는 만장일치 토론으로 연습을 한 후 정답이 없는 만장일치 토론을 하는 것을 추천한다.

* 김경훈, 『슬로리딩수업, 토의토론을 만나다』(행복한미래, 2021, 206~209쪽) 참고.

어떤 그림책이 좋을까?
- 정답이 있는 만장일치의 경우, 희망 직업 순위, 행복의 조건, 생존을 위해 필요한 물건처럼 정확한 통계가 있는 진로, 행복 등의 주제인 것이 좋다.
- 정답이 없는 만장일치의 경우, 학급 세우기처럼 다양한 가치 중 더 나은 미래를 위해 추구해야 할 가치 등에 관한 주제의 책이 좋다.
- 교과와 관련된 상황을 만들어볼 수 있는 그림책이면 무엇이든 가능하다.

그림책 읽고 토론하기

○ 『나의 아기 오리에게』(코비 야마다 글, 찰스 산토소 그림, 김여진 옮김, 상상의힘, 2022)

'삶을 더욱 반짝이게 하려면'이라는 부제처럼 자신의 삶을 가꾸기 위해 지녀야 할 마음가짐이나 가치에 대해 아이들 눈높이에서 이야기하며 우리의 삶을 응원해주는 책이다. 삶을 살아가는 동안 지녀야 할 가치에 대해 생각해보고 여러 가치 중 '내 삶을 더욱 반짝이게 하기 위해서' 우선시해야 할 가치의 순위를 만장일치 토론을 통해 정해봄으로써 서로의 다양한 생각을 살필 수 있다.

토론 순서

1. 4인 1모둠 구성 및 토론 과제 제시 ➡ 2. 개인별로 자신의 생각 정리하기 ➡
3. 모둠별로 만장일치 토론으로 순위 결정하기 ➡ 4. 토론 결과 공유하기

● **1단계**

만장일치 토론의 구성원 수는 네 명이 적당하다. 인원이 많아지면 만장일치로 의견을 나누는 데 시간이 그만큼 오래 걸리기 때문이다. 교사는 학생들과 함께 그림책을 읽고, 그림책에서 제시하는 내 삶을 반짝이게 하는 데 필요한 가치 중 10가지를 찾아본다. 이번 수업에서 학생들이 뽑은 가치는 '용기, 믿음, 끈기, 사랑, 너그러움, 열정, 꿈, 감사, 유연성, 존중'으로, 이 10가지 가치의 순위를 정하도록 안내한다. 즉, '내 삶을 반짝이게 하기 위해 필요한 가치의 순서를 정해보세요'가 토론 과제가 되는 것이다. 토론 과제를 줄 때에는 교사가 토론 상황을 명확히 해주는 과정이 필요하다. 예를 들어, '곧 중학생이 되는 초등학교 6학년 학생들에게 자기 삶을 빛나게 하기 위해 우선시해야 하는 가치는 무엇일지' 정하게 한다.

● **2단계**

'내 삶을 반짝이게 하기 위해 필요한 가치의 순서를 정해보세요'의 토론 과제에 대한 개인의 생각을 정리한다. 학생들의 학년에 따라 다르지만 15~20분 정도의 시간이 적당하다. 교사는 미리 준비한 활동지를 나눠주고, 학생들은 활동지에 1~10위까지의 순위를 적는다. 이때 간단하게 이유를 적어보게 하는 것이 좋으며, 정해진 시간에 이유를 다 적지 못했을 때에는 모둠 토론 과정에서 말로 표현해도 되므로 강요하지는 않는다. 학생들이 한 번에 순서를 정하는 것을 부담스러워 할 경우 순위를 정해야 하는 상황이나 대상을 작은 크기의 붙임 종이에 적게 한다. 이렇게 하면 생각의 변화에 따라 종이 순서를 달리하며 순위를 정하기 편리하다.

1위부터 10위까지 나타낸 가치

● **3단계**

개인별로 정한 순위를 토대로 모둠별 만장일치 토론하는 단계이다. '내 삶을 반짝이게 하기 위해 필요한 가치'의 순위를 모둠원끼리 토론을 통해 도출해내는 과정이다. 자기 생각에 근거를 들어 토론하되, 1위부터 순위를 정할 것인지 마지막 순위부터 정해 나갈 것인지 결정은 자유에 맡기도록 한다. 모둠원의 생각이 모두 일치해야만 순위가 정해지는 만장일치의 방법을 따르고 있기 때문에 반드시 서로의 의견에 귀 기울여야 하고, 나의 생각과 다른 부분이 있다면 이유를 들어 상대방을 설득해야 한다. 이때 말싸움하듯 상대방의 입장은 듣지 않고 내 입장만 우기고 버텨서는 안 된다. 상대방의 논리가 맞고 내가 그 논리를 꺾을 수 없다면 그 의견을 따라야 한다. 아이들은 서로의 생각을 듣고 의견을 조율해가는 과정을 통해 사고력과 표현력을 길러나간다.

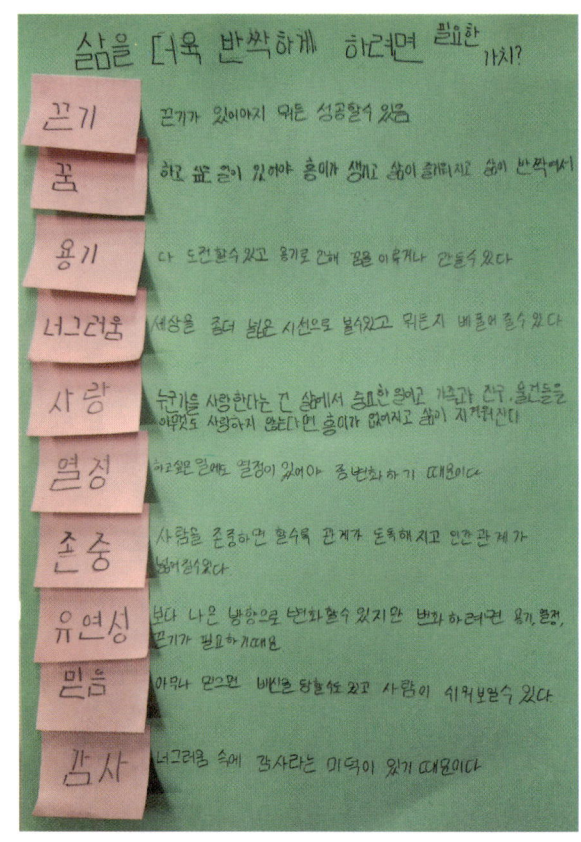

만장일치 토론을 통해 도출해낸 10가지 가치

이 단계에서는 토론을 위한 충분한 시간이 확보되어야 하며, 10개 순위를 정하기 위해서는 보통 30분 정도의 시간이 필요하다. 학년에 따라 결정해야 할 순위를 다섯 개 정도로 줄여주는 것도 좋다. 정해진 시간 안에 순위를 정할 수 있도록 독려하되 의사결정을 어려워하는 모둠이 있다면 교사가 개입하여 서너 개씩 범위를 좁혀가며 이야기를 나누도록 안내한다. 마지막으로 만장일치로 결정된 의견을 도화지나 활동지에 정리한다.

● **4단계**

모둠별로 결정된 의견을 발표하고 공유한다. 모둠의 대표가 나와 우리 모둠의 의견을 이유와 함께 발표하며, 다른 모둠들은 우리 모둠의 결정과 어떻게 다른지 비교하며 듣는 과정을 통해 다양한 생각을 공유하게 된다. 만약 정답이 있는 만장일치 토론이라면 교사가 정답을 공개하고, 모둠에서는 정답과의 일치 여부를 확인한다. 이때 재미를 더하기 위해서 정답과의 순위 차이만큼 점수를 부여한다. 예를 들어 우리 모둠은 사랑을 5위에 썼는데, 공개된 정답에서 사랑이 2위라면 3점을 받게 되는 것이다. 이런 식으로 10가지 순위의 점수를 더했을 때 점수가 적은 모둠에게 보상을 하는 방법도 가능하다. 모둠별 토론 결과 공유가 끝난 후 최종적으로 순위를 매겨본다면 각자의 생각을 정리하는 데 더욱 유용하다.

54 어항 토론*

○ 어항 토론은 보통 여섯 명 전후의 소집단을 만들어 전체가 보는 앞에서 토론하는 방법으로, 마치 어항을 관찰하는 것 같다 하여 어항이라 이름 붙여졌다. 크게 두 가지 방법이 있는데, 하나는 둥글게 배치된 여섯 개의 의자에 선택된 여섯 명이 앉아서 진행하는 닫힌 방법이다. 또 하나는 빈 의자를 두어서 청중 가운데 원하는 사람이 있다면 참여시키는 열린 방법이다. 여섯 개의 의자를 어항처럼 둥글게 배치한 뒤 다섯 명의 사람이 앉아서 토론을 하고, 남은 한 자리는 비워두어 언제든지 청중이 빈 의자에 앉아 참여한다. 누구나 빈 자리에 앉아 발언할 수 있고, 청중이 되어 토론의 과정을 가까이서 볼 수 있다는 장점이 크다. 찬성과 반대측을 정하지 않고 토론할 수 있어서 참여도가 높으며, 자신의 토론을 청중들이 보고 있기 때문에 학생들은 토론에 바르고 신중하게 참여하는 모습을 보인다.

* 정문성, 『토의·토론 수업방법 99』(교육과학사, 2022) 참고.

어떤 그림책이 좋을까?
- 찬성과 반대 의견으로 입장이 나뉘는 내용의 그림책이어야 한다.
- 주제가 일상적이며 학생들이 평소에 관심을 갖고 고민해봤던 것이면 좋다.
- 찬반 토론이기 때문에 근거를 들어서 주장할 수 있는 내용을 담고 있어야 한다.

그림책 읽고 토론하기

◐ 『마음 체조』(이유진 글·그림, 위즈덤하우스, 2024)

사람의 마음은 한결같지 않고 시시때때로 변한다. 송이는 음악 발표회를 앞두고 악몽까지 꾸며 긴장한다. 송이의 가족, 이웃, 선생님은 각자 두려운 마음을 가라앉히거나 달래기 위해 나름대로의 체조를 해왔다고 이야기하며 송이에게 체조를 보여준다. 힘든 순간마다 각자가 만든 체조를 통해 자신감과 용기를 얻었다는 말을 듣고 송이도 떨리는 마음을 가라앉히는 '마음 체조'를 한다. '마음을 다스리기 위해 마음 체조가 필요하다'를 주제로 마음을 다스리는 것에 대해 생각해보는 기회를 갖고 다른 사람들과 재미있는 방식으로 토론하기 위해 어항 토론 기법을 사용한다. 어항 안에서 직접 토론자로서 자신의 의견을 발표하기도 하고 어항 밖에서 친구들이 토론하는 모습을 보는 청중이 되어 토론에 참여할 수도 있다.

토론 순서

1. 토론 주제 제시하기 ➡ 2. 어항 토론하기 ➡ 3. 의견 종합하기

● **1단계**

그림책을 읽고 학생들과 토론하기 좋은 주제에 대한 의견을 나눈다. 각자 두려운 마음이 들 때는 언제인지, 책에 나오는 체조를 따라 해보면서는 어떤 마음이 드는지 이야기해본다. 책의 내용과 관련하여 마음과 체조를 연결 지어 생각해보고 그에 대해 토론하고 싶다는 의견이 나왔다. 그렇게 이번 주제를 '마음을 다스리기 위해 마음 체조를 해야한다'로 정하였다.

● **2단계**

중앙에 여섯 개의 의자를 배치하여 어항을 만들고 어항에서 토론할 다섯 명의

토론자를 선정한다. 나머지 한 자리는 비워둔 채 다섯 명은 최대한 가까이 둘러앉는다. 상황에 따라 4~7명 정도까지 유연하게 토론자 수를 조정할 수 있다. 의자 개수는 토론자 수보다 하나 더 많아야 한다.

어항에 앉아 있는 사람은 별다른 순서 없이 토론에 참여할 수 있다. 찬성 의견을 지닌 학생이 먼저 자기 생각을 발표한다. 어항 밖에 앉아 있던 학생이 빈 의자에 앉으면 토론은 잠시 중단된다. 기존 토론자 중 한 사람이 자리를 비울 때까지 기다렸다가 자리가 비면 이어서 토론을 계속한다. 어항 속에 앉아 있다면 누구든지 반대 의견을 가진 학생에게 질문할 수 있다. 토론 또한 자유롭게 이루어진다. 입론자를 따로 정하지 않고 누구든 자기 생각을 발표하고 질문한다. 단, 어항 밖에 앉아 있는 청중은 어떤 이야기도 나눌 수 없다. 교사는 청중의 경우 보고 듣는 것 외에 아무런 질문도 할 수 없다는 것을 인지시킨다.

찬성 의견을 지닌 학생이 "마음 체조를 직접 해보니 마음이 진정되고 도움이 되었다. 마음이 건강해진다"는 근거를 들어 입론했다. 반대 의견을 지닌 학생은 "마음 체조를 하면 마음이 진정된다는 건 단순히 개인의 경험일 뿐이지 다른 이에게 도움이 될까요?"라고 질문했다. 찬성 의견의 학생은 "체조를 하는 것과 마음이 긴장될 때 심호흡을 하는 것은 마음을 다스리는 데 흔히 쓰는 방법입니다"라고 답했다.

● **3단계**

교사는 어항 토론에서 나온 의견들을 정리하고 반 전체 학생들과 공유한다. "마음을 다스리기 위해 마음 체조가 필요할까?" "다양한 마음 체조를 하면 다양한 마음이 생길까?" 등의 질문에 대해 생각해보았다. 그 결과 토론에 참여한 후 "토론에 참여하고 싶은데 토론 중이어서 언제 들어가야 할지 고민이 되었어요" "다른 사람이 나가야 하는 규칙이 있어서 막상 어항에 들어가려는 순간 토론에 참여할지 말지 고민하게 되었어요"라는 이야기를 나누었다.

55 사모아 토론

○ 사모아 토론(Samoan circle)은 토론 참여자가 중앙에 원을 만들어 앉아 토론하는 방식이다. 남태평양 사모아 원주민 지도자들이 부족의 문제를 해결하기 위해 모여서 토론하는 방식에서 유래했다. 네 개 이상의 의자로 중앙에 원을 만들어 앉아 토론하며 토론자 외 학생들은 바깥 원에 앉아 청중 역할을 한다. 토론에 직접 참여하고 싶은 청중은 토론자의 어깨를 살짝 두드려 토론 참여 의사를 밝힌 뒤 서로 자리를 바꾼다. 모든 청중이 원하기만 하면 토론에 참여할 수 있어서 개방적이고 민주적인 토론이라 할 수 있다.

어떤 그림책이 좋을까?
- 어느 한쪽으로 치우치지 않고 찬반이 비슷한 학생 수로 양립할 수 있는 논제를 가지고 있어야 한다.
- 최신의 선택을 위해 여러 가지 이견을 제시할 수 있는 내용이어야 한다.
- 다양하게 의견이 갈리는 논제를 끌어낼 수 있는 그림책을 다루어야 한다.

그림책 읽고 토론하기

❂ 『고민 해결사 펭귄 선생님』(강경수 글·그림, 시공주니어, 2020)

오픈 전부터 내담자들이 줄을 서는 펭귄 선생님 상담소는 동네 동물들의 신뢰를 받고 있다. 이야기의 반전은 동물들의 고민을 경청하는 줄 알았던 펭귄 선생님이 실은 상담 내내 귀마개를 착용하고 있었다는 사실이다. 상담사가 되어서 내담자의 고민을 듣지 않는 건 직업윤리에 어긋난다고 볼 수도 있고, 동물들이 스스로 고민을 해결하고 즐거운 마음으로 돌아갔으니 결과적으로 잘된 일 아니냐고 생각할 수도 있다. 그래서 '펭귄 상담사가 동물들의 고민을 듣지 않고 귀를 막고 있었는데 상담비를 받는 게 정당한가?'를 논제로 토론하며 팽팽하게 찬반 의견을 나누고자 한다.

토론 순서

1. 자리 배치 및 토론자 선정 ➡ 2. 토론하기 ➡ 3. 내 의견 정리하여 쓰기

● **1단계**

교실 중앙에 여섯 개의 의자를 둥글게 배치한 뒤, 여섯 명의 토론자를 선정하여 앉는다. 나머지 학생들은 그 둘레에 바깥 원을 만들어 앉는다. 이때 토론자의 수가 꼭 여섯 명으로 정해져 있는 것은 아니며, 의견 수에 맞춰 조정할 수 있다. 사람들의 생각은 매우 다양하므로 가급적 네 명 이상의 토론자가 있어야 많은 학생이 바꾸어가면서 토론에 참여할 수 있다. 학급의 규모와 의견 수에 따라 교사가 토론자의 수를 조절한다.

첫 토론자는 토론 주제에 관한 입장이 분명하고 근거를 명확하게 말할 수 있는 학생 중에서 뽑는다. 토론 주제는 그림책을 읽고 학생들이 스스로 도출해낸 것 중에서 활발하게 토론할 수 있는 내용이어야 한다. 학생들이 토론 주제 만들기를 힘들어하면 교사가 토론 주제를 제안할 수도 있다. 이번 수업에

서는 펭귄 선생님의 상담사로서의 태도에 대한 내용으로 '펭귄 상담사가 동물들의 고민을 듣지 않고 귀를 막고 있었는데 상담비를 받는 게 정당한가?'를 논제로 제시했다. 학생들은 '정당하다'와 '정당하지 않다' 중에서 자신의 입장을 정한다. 여섯 개의 의자로 구성된 안쪽 원에 찬성팀과 반대팀 토론자가 셋씩 마주보고 앉는다. 바깥 원도 학생들의 입장에 따라 왼쪽 부분에는 찬성팀, 정당하다고 생각하는 학생들이 앉고 오른편에는 반대팀, 정당하지 않다고 생각하는 학생들이 앉는다.

● 2단계

사모아 토론을 시작하기 전, 교사는 토론자가 바뀔 때 학생들끼리 더 오래 하겠다거나 이제 그만하고 나가라는 둥 다투는 일이 없도록 사모아 토론의 유래와 특징을 잘 설명해주도록 한다. 사회자 없이 토론자들이 자율적으로 토론을 시작하면 된다.

학생들은 근거를 들어 주장을 펼치고 상대편에 질문을 한다. 예를 들어, 정당하다고 주장하는 쪽에서는 "나는 펭귄 선생님이 상담비를 받는 건 정당하다고 생각해. 왜냐하면 고민을 쏟아 낸 동물들이 기분이 한결 좋아졌고 모두 만족을 했기 때문이야"라고 말을 하면 반대쪽에서는 "나는 펭귄 선생님이 상담비를 받는 건 정당하지 않다고 생각해. 왜냐하면 상담사는 동물들의 이야기를 귀담아 듣지 않았기 때문이야. 그런 행동을 한다는 건 상담사로서 자격이 없다고 생각해. 만약 동물들이 펭귄 선생님이 귀마개를 끼고 있었다는 사실을 알게 된다고 해도 만족했을까?"라고 반박할 수 있다.

청중은 말없이 토론 과정을 지켜봐야 하지만, 더 좋은 아이디어나 상대편의 근거를 반박할 말, 파생된 질문이 떠오르는 경우 토론자가 되어 자신의 의견을 말할 수 있다. 토론하다가 청중 가운데 토론에 직접 참여하기를 원하는 학생이 있다면 언제든지 기존 토론자의 어깨를 살짝 두드린다. 토론자는 그 청중에게 자리를 내어주고 청중이었던 학생이 대신 앉아서 토론에 참여한다.

이러한 과정은 여러 번 반복될 수 있다. 다만 학생들이 자리를 바꾸며 토론 분위기가 어수선해지지 않도록 전체 토론 중에는 토론자만 말을 할 수 있고 의자를 옮기지 않으며 자리를 바꾸고자 하는 의사 표현은 가벼운 터치로 제한한다는 규칙을 충분히 숙지시켜야 한다.

● **3단계**

주어진 시간이 끝나면 교사가 토론에서 나온 의견들을 정리한다. 그러고 나서 토론을 하기 전과 의견이 달라진 학생이 있을 경우 그 이야기를 들어본다. 토론 과정에서 친구들의 다양한 이야기를 듣고 내 생각을 정리하다 보면 의견이 바뀌기도 한다. 예를 들어, 처음에는 정당하다고 생각했는데 내가 만약 내담자였다면 배신감을 느낄 것 같다고 말할 수 있다. 반대로 처음에는 정당하지 않다고 생각했는데 내담자들이 상담실에 누워 자신의 이야기를 토해내는 과정에서 고민이 해소된다면 상담비를 받는 게 정당하다는 쪽으로 생각이 바뀌었을 수도 있다. 학생들은 자신의 최종 입장을 정하고 근거를 써서 토론 정리판에 붙인다. 친구들이 쓴 내용을 살펴보며 소감을 나누고 토론을 마무리한다.

56 강제 결합법

○ 강제 결합법(Forced relationships)은 찰스 화이팅이 개발한 창의적 사고 기법으로, 겉보기에 전혀 관련이 없어 보이는 사물과 아이디어를 억지로 연결시켜 색다르게 생각해보도록 하는 연합사고 활동이다. 기본적인 접근 방법과 절차만 익히면 쉽게 활용할 수 있고, 사물을 천천히 살펴보며 특징을 관찰하고 관찰한 특징을 다른 개념과 결합하면서 창의적 사고 역량을 증진시킬 수 있다. 사물을 관찰하는 일, 결합하는 일 모두 고등 사고 능력을 요하지 않기 때문에 평소 토론을 어려워하는 학생들도 쉽게 참여 가능하다. 나아가 특정한 교재나 교구가 필요하지 않아 초보 수준의 창의력 사고 기법에서 활용하기에 알맞다.

어떤 그림책이 좋을까?
- 구체적인 사물과 강제로 결합할 수 있는 추상적인 주제를 다루는 그림책이 좋다.
- 추상적인 주제에 대해 다양한 사례가 나와 있으면 학생들의 생각을 촉진시킬 수 있다.
- 용기, 사랑, 존중 등 가치를 담은 그림책일 경우 학생들이 다양한 생각을 펼칠 수 있다.

그림책 읽고 토론하기

○ 『잊었던 용기』(휘리 글·그림, 창비, 2022)

겨울방학을 지내고 어색해진 같은 반 친구와 다시 가까워지고 싶다면 어떻게 해야 할까? 주인공은 용기를 갖고 친구에게 편지를 써서 관계를 회복하려고 한다. 이 책은 누군가가 용기를 보일 때 비로소 관계의 회복이 일어남을 말해준다. 강제 결합법을 통해 용기가 무엇인지 성찰하고, 그러한 경험을 활용하여 관계를 회복하고 싶은 대상에게 용기를 내어 다가가보자.

토론 순서

1. 사물의 특징 관찰하고 기록하기 ➡ 2. 기록한 내용을 용기와 결합하기 ➡
3. 용기가 필요한 대상에게 편지 쓰기

● **1단계**

강제 결합은 주변에서 쉽게 볼 수 있는 사물을 그림책의 주제와 연결하여 생각해볼 수 있는 토론 기법이다. 책상 위 혹은 주변에 있는 물건 중 하나를 선정하고, 그림책을 읽고 가장 인상 깊었던 단어를 조사한다. 이번 수업에서는 가장 많은 학생이 답변한 '용기'를 토론 주제로 선정하고, 주변에 있는 물건과 결합하는 시간을 보냈다.

먼저 전지에 커다란 원을 하나 그리고 그 안에 동심원을 하나 더 그린다. 내부 원에 인근에 있는 사물 중 관찰할 사물을 하나 정해서 올려놓고 두 원 사이를 피자처럼 8등분한다. 사인펜을 내부 원에 올려놓고 명칭을 기록한다. 특징을 관찰하고 관찰한 내용을 8등분한 곳에 기록한다. 이미 쓴 내용이 반복되지 않도록 유념하면서 사물의 여덟 가지 특징을 채워넣는다.

〈학생들이 관찰한 사인펜의 특징〉

1. 색깔이 있다.
2. 플라스틱 재질이다.
3. 손에 묻지 않는다.
4. 뚜껑이 있다.
5. 사용량이 유한하다.
6. 길다.
7. 색이 다양하다.
8. 번지지 않는다.

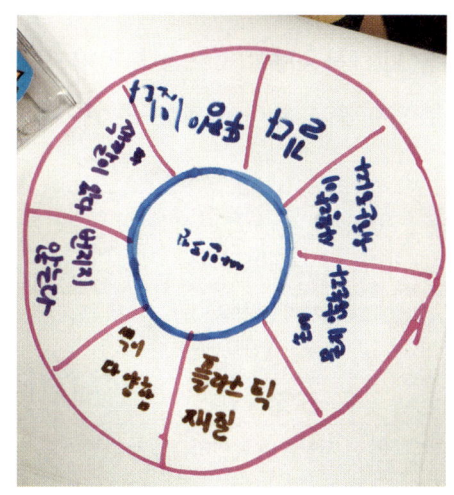

● 2단계

사물의 이름이 적힌 안쪽 원에 포스트잇을 붙인다. 포스트잇에는 '진정한 용기'라고 기록하고, 앞서 작성한 사인펜의 특징과 용기를 강제 결합한다. 학생들이 찾은 사인펜의 특징이 강제 결합을 통해 용기의 특징으로 변화한다. 결합한 특징이 용기와 약간이라도 관련이 있다면 발표하는 의견들은 서로 비난하지 않고 모두 수용한다.

'번지지 않는다'는 사인펜의 특징은 용기와 결합하여 '용기가 쉽게 번지지 않는' 특징으로 변한다. '색상의 다양함'과 '단단한 플라스틱'이라는 특징은 '용기는 다양한 방식으로 표현되고 단단하다'는 특징으로 변한다. '뚜껑이 있음'이라는 특징은 '용기는 뚜껑(한계)이 없다'는 특

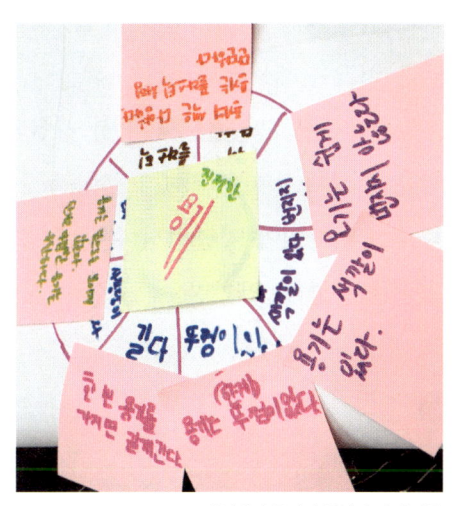

사인펜의 특징과 용기의 강제 결합

징으로 변한다. '길이가 길다'라는 특징은 '한번 용기를 가지면 길게 간다'는 특징으로, '사용량이 겉으로 드러나지 않고 유한하다'라는 특징은 '용기는 겉으로 보이지 않고, 한번 다짐한 용기는 유한하다'라는 특징으로 변화한다.

사인펜 특징		강제 결합
색깔이 있다.		용기는 색깔이 있다.
플라스틱 재질이다.		용기는 플라스틱처럼 단단하다.
손에 묻지 않는다.	진정한 용기	용기는 겉으로는 보이지 않는다.
뚜껑이 있다.		용기는 한계가 있다.
사용량이 유한하다.		한번 마음 먹은 용기는 유한하다.
길다.		한번 용기를 가지면 길게 간다.
색이 다양하다.		용기의 색은 다양하다.
번지지 않는다.		용기는 쉽게 번지지 않는다.

● 3단계

강제 결합을 통해서 찾은 용기의 특징을 활용하여 관계에서 용기가 필요한 사람에게 편지를 써본다. 용기는 한계가 없지만 쉽게 번지지 않기 때문에 각각 용기가 필요한 대상에게 다양한 방식으로 편지를 써봄으로써 관계를 개선하려는 시도를 해보았다.

　학생들은 자신들이 관찰한 사물의 특징이 용기라는 개념과 결합할 수 있다는 사실에 흥미를 가지고 적극적으로 활동에 참여하였다. 특히 그림책에서 다루는 이야기가 일상에서 충분히 경험할 수 있는 일이었기 때문에 더욱 관심 있게 접근할 수 있었다.

57 무지개 독서 토론 카드 활용 토론

🔍 7키워드 무지개 독서 토론 카드는 진북 하브루타 7키워드 독서 토론을 응용한 것으로, 토론을 활발하게 이끌어주는 질문들이 담겨 있다. '낭독-경험-재미-궁금-중요-메시지-필사' 순서의 총 일곱 단계 질문 카드가 무지개 색깔로 구성되어 있어서 학생들이 자연스럽게 색깔순으로 토론을 진행할 수 있다. 학생들은 색깔별 카드를 뽑아 질문에 답하는 과정에서 책의 내용을 일곱 번 이상 반복하여 깊이 사고하며, 토론을 마친 후에는 회색의 찬반 카드를 이용하여 찬성과 반대 입장에서 생각을 확장하는 토론까지 할 수 있다. 한 차시에 다 끝내지 않고 블록 수업으로 진행하여 좀 더 여유 있고 풍성한 토론을 꾸려봐도 좋다.

어떤 그림책이 좋을까?
- 첫 낭독 단계에서 모둠원이 역할을 맡아 책을 읽는 카드가 있으므로 등장인물이 여럿 등장하고 서사적 이야기 구조로 이루어진 책이 좋다.
- 일곱 단계의 질문을 풍성히 나눌 시간을 가지려면 글이 너무 길지 않아야 한다.
- 작가가 전달하고자 하는 의도를 쉽게 유추할 수 있어야 한다.

그림책 읽고 토론하기

○ 『누구지?』(이범재 글·그림, 계수나무, 2024)

숲속 마을에 눈이 내리자 토끼는 친구들이 미끄러지지 않도록 눈을 치운다. 토끼가 자기 집 문을 고쳐준 곰을 비롯해 고마운 이웃을 찾아가는 과정을 통해 내가 베푼 친절이 돌고 돌아 결국 자신에게로 돌아온다는 것을 보여준다. 학생들은 독서 토론 카드로 책과 관련된 일곱 종류의 질문에 답을 하며 책을 깊이 이해하고 자신의 경험과 느낌을 나눈다. 이 활동을 통해 학생들은 다른 이에게 친절을 베푸는 것이 이웃을 행복하게 해 줄 뿐 아니라 나 자신의 행복까지 키운다는 것을 자연스럽게 느끼게 될 것이다. 또한 세상을 행복하게 만들기 위해 내가 할 수 있는 일이 무엇일지 함께 고민해보는 시간까지도 마련할 수 있다.

토론 순서

1. 4인 1모둠 구성하고 토론 카드 준비하기 ➡ 2. 색깔별로 카드를 뽑아 질문에 대답하기 ➡ 3. 찬반 카드로 생각 확장하기

● **1단계**

무지개 독서 토론 카드는 한 색깔당 여덟 장의 카드가 있으므로 여덟 명 이하로 모둠을 구성하는 것이 좋다. 질문에 답을 하는 데 시간이 너무 소요되지 않도록 하려면 네 명 또는 여섯 명이 적당하다. 되도록 네 명 이상, 짝수로 구성하도록 한다. 또한 토론의 진행을 위해 리더를 정하면 편리하다. 리더는 가이

드 카드를 읽고 토론의 진행을 이끄는 역할을 한다. 리더는 무지개 독서 토론 카드를 빨-주-노-초-파-남-보 순서로 뒤집어놓는다. 첫 번째 모둠원부터 오른쪽으로 돌아가며 선이 되어 모둠원에게 카드를 나누어준다. 네 명일 경우 두 장씩, 여섯 명이거나 여덟 명일 경우 한 장씩 나눈다.

● 2단계

빨강 낭독 카드부터 시작한다. 학생들은 자기 카드에 적힌 지시대로 낭독 및 역할극을 한다. 카드에는 '주인공 역할을 맡아주세요' '리더의 안내에 따라 주인공을 제외한 등장인물의 역할을 맡거나 해설을 맡아주세요' 등과 같은 지시문이 있으므로, 독서 토론 전에 그림책을 미리 읽지 않아도 낭독 카드 단계에서 함께 읽을 수 있다.

주황 경험 카드에서는 책 내용과 비슷한 자신의 경험이나 주변 및 매스컴 등으로 접한 경험을 나눈다. '이 책에 나오는 내용 중 배경과 관련된 비슷한 경험이 있으신가요?'라는 질문에 대해 학생들은 눈 오는 날에 겪었던 다양한 경험과 추억을 이야기하며 자신의 이야기를 책의 스토리와 자연스럽게 연결 짓는다.

노랑 재미 카드에서는 책을 읽고 재밌었거나 인상적인 부분, 특별한 감정이 느껴진 부분을 찾아 읽고 이유를 나눈다. '책 내용 중에서 특별히 즐겁거나 웃겼던 부분이 있나요?'라는 질문에는 "토끼가 동물들에게 고마운 인사를 할 때마다 인사말이 점점 길어지는 것이 재밌었다" "표지의 숨바꼭질하는 동물들이 차례차례 등장하는 것이 재밌었다" 등과 같이 이야기하며 책에서 느낀 즐거움을 공유했다.

초록 궁금 카드는 주인공, 등장인물, 저자에게 던지는 질문 등 카드에서 제시하는 질문을 나누며, 추가로 자유롭게 질문을 만들어 이어갈 수 있다. '주인공에게 물어보고 싶은 것 또는 궁금한 것이 있나요?'라는 질문에 학생들은 "토끼야, 눈 쌓인 길을 치울 때 아무도 안 도와주면 속상하지 않니?" "토끼가 도움을 준 친구들을 찾아가지 않았다면 어떤 일이 일어났을까?" 등과 같이 질문을 만든다.

파랑 중요 카드는 자신에게 특별히 중요하게 와닿은 부분을 읽고 그 이유를 나눈다. '이 책의 주인공에 대해 모둠원들에게 설명해주세요'라는 카드를 뽑은 후 학생들은 "자기보다 남을 먼저 생각하는 사람 같다" "고마움을 잘 표현한다" "친구들을 배려하는 것 같다" 등과 같이 이야기하였다.

학생이 필사한 마음에 와닿은 문장

남색 메시지 카드는 작가가 이 작품을 통해 하고 싶은 이야기를 유추한다. '작가는 이 책을 왜 쓰게 되었을까?'라는 질문에 대해 학생들은 "서로 돕고 사는 것이 중요해서" "다른 사람에게 친절을 베풀면 나에게도 친절이 온다는 것을 알려주고 싶어서" 등과 같이 이야기 나누었다.

보라 필사 카드는 본문 중에 와닿은 부분을 필사하고 왜 그 부분을 필사했는지 이야기 나눈다. 필사에 시간이 걸릴 수 있으므로 마음에 와닿은 부분을 먼저 이야기 나눈 후 필사하는 것이 좋다. 학생들이 필사한 문장은 교실에 전시하여 함께 볼 수 있도록 한다.

● **3단계**

회색 찬반 하브루타 카드는 토론 과정에서 찬성과 반대, 옳고 그름으로 나뉘는 주제가 있을 경우 사용한다. 학생들은 이 책을 읽고 '내가 해야 할 일보다 다른 사람을 먼저 돕는 것이 좋을까?'라는 주제로 찬반 토론을 했다.

먼저 찬반 하브루타 카드를 뽑고 두 사람이 짝을 이루어 찬성/반대 입장을 나누어 3~5분 정도 하브루타 토론을 한 후 반대/찬성 입장으로 바꾸어 토론한다. 다시 짝을 바꾸어 찬성/반대 토론을 하고, 입장을 바꾸어 반대/찬성 토론을 한다. 학생들은 찬성 입장에서는 "다른 사람을 도우면 그 사람이 나를 도와주어서 서로 기분이 좋다" "도움이 필요한 사람을 보면 도와주어야 하는 게 맞다" 등과 같이 이야기하였고, 반대 입장에서는 "다른 사람을 돕다가 내 할 일을 못 하면 나만 손해다" "내 일을 먼저 하는 게 책임감 있는 행동이다" 등의 의견을 말했다. 찬반 토론 후에는 모둠이 한 팀이 되어 창의적인 문제 해결법에 대해 논의한다.

58 독서자람 카드 활용 토론

○ 독서자람 카드는 온작품읽기 수업을 위한 의미 있는 질문과 관련 활동을 담은 교구로, 작품에 대한 흥미를 유발하기 위한 Plant(독서 전) 카드, 작품의 이해를 돕는 Bloom(독서 중) 카드, 작품을 통해 자신을 성찰하고 내면화할 수 있게 하는 Grow(독서 후) 카드로 구성되어 있다. 읽기 전·중·후 활동을 위한 다양한 질문과 전략을 통해 책에 어울리는 질문과 활동을 구성하여 학생들의 사고 확장을 도울 수 있다. 먼저 독서 전 카드로 책에 대한 흥미와 이해를 높이고, 독서 중 카드를 통해 핵심 질문을 다루어 이야기를 여러 각도와 관점에서 바라보게 함으로써 학생들의 다양한 생각을 끌어낸다. 또한 독서 후 활동으로 수업 목표에 알맞은 창의·인성 요소를 택하여 학생들이 재미있고 의미 있는 토론을 할 수 있다.

어떤 그림책이 좋을까?

- 교사가 선택한 카드의 활동에 따라 찬반 토론이 될 수도 있고, 의견을 모으거나 마음을 편하게 나누는 토론이 될 수도 있기에 다양한 종류의 그림책이 가능하다.
- 어려움을 겪거나 고민이 있는 등장인물이 있는 경우 문제점을 찾으며 토론을 통해 해결법을 찾아갈 수 있다.
- 등장인물의 마음과 생각을 가늠하면서 자신을 돌아볼 수 있도록 해주는 이야기가 담긴 책이 좋다.

그림책 읽고 토론하기

○ 『여덟 살 오지 마!』(재희 글·그림, 노란돼지, 2020)

초등학교 입학을 앞두고 걱정이 많은 윤이. 여덟 살을 앞둔 아이들의 마음을 잘 보여주는 이 책은 처음이 두려운 모든 사람에게 처음을 시작할 수 있는 용기를 북돋아준다. 학생들은 독서 중 단계의 '등장인물의 문제를 해결하기 위해 필요한 정보를 정리해볼까요?' 카드를 선택하여 윤이가 여덟 살이 되기 싫은 이유를 살펴보고 이미 초등학생이 된 선배의 입장에서 윤이의 마음에 공감한다. 그런 다음 독서 후 단계의 '등장인물의 문제 해결하기' 카드를 선택하여 윤이의 문제를 해결할 수 있는 방법을 함께 토론한다. 누구나 겪을 수 있는 처음의 두려움을 떠올리며 문제 해결 방법을 토론하면서 학생들은 낯선 시작의 두려움을 극복할 수 있는 용기를 얻게 될 것이다.

토론 순서

1. 표지를 보고 내용 유추하기, 정지 동작으로 표현하기(독서 전) ➡
2. 등장인물이 겪고 있는 어려움 살펴보기(독서 중) ➡ 3. 등장인물의 문제 해결하기(독서 후)

● 1단계

책을 읽기 전 책에 대한 이해를 높이고 흥미를 유발하기 위해 책 제목 중 '여덟 살'을 가리고, 무엇을 오지 말라고 하는 것인지 추측해본다. 그런 다음 모둠을 구성하고, 표지에 있는 아이가 오지 말라고 하는 것이 무엇일지 독서자람 카드의 독서 전 카드 중에서 '정지 동작으로 표현하기'를 사용하여 나타낸다. 책의 표지를 통해 앞으로 펼쳐질 내용을 예측하며 모둠원과 함께 정지 동작으로 표현한다. 학생들이 가진 고민도 이야기하고 주인공이 가지고 있는 걱정이 무엇일지 예측한 후 책을 읽는다.

'겨울아 오지 마'를 표현한 모습

'시험아 오지 마'를 표현한 모습

● **2단계**

독서 중 카드인 '등장인물의 문제를 해결하기 위해서 필요한 정보를 정리해볼까요?' 카드에 쓰여 있는 대로 등장인물이 겪고 있는 어려움이 무엇인지 살펴본다. 왜 여덟 살이 되기 싫은지 책에 나온 이유를 찾아보고, 책에 나오지 않은 이유도 생각하여 모둠원과 이야기 나눈 후 활동지에 기록한다. 그런 뒤 윤이가 여덟 살이 되기 싫어하는 이유와, 나는 여덟 살을 앞두고 어떤 두려움과 어려움이 있었는지에 대해서도 함께 이야기 나눠본다.

1. 윤이는 어떤 어려움을 겪고 있을까?

   여덟 살이 되는 것이 걱정되고 싫다.

2. 윤이는 왜 여덟 살이 되기 싫어할까?

   엄마가 나이 드는 게 싫기도 하고, 학원에 가야 해서 놀 시간이 줄어들기 때문이다.

3. 나는 여덟 살을 앞두고 어떤 두려움과 어려움이 있었을까?

   친구가 없고 선생님이 무서울까 봐 걱정했다.

● **3단계**

독서 후 카드 중 '등장인물의 문제 해결하기' 카드를 통해 모둠원이 함께 윤이의 문제를 해결하기 위한 방법을 토론한다. 모둠원 중 한 명이 활동지에 적은 여덟 살이 되기 싫은 이유를 읽으면 나머지 모둠원은 윤이의 마음과 상황을 바꾸어줄 수 있는 방법을 찾아 이야기한다. 해결 방법을 이야기할 때는 이유와 근거를 들어야 하며, 말한 사람의 의견에 다른 모둠원들이 동의하면 고민을 읽은 학생이 종이에 기록한다. 그 의견에 동의하지 않는 사람은 왜 그런지 이유를 설명하고 다른 방법을 제시한다. 마찬가지로 나머지 모둠원들이 동의하면 그 해결 방법을 종이에 기록한다. 한 가지 이유에 여러 가지 해결 방법을 찾을 수도 있고, 여러 이유를 한 가지 방법으로 해결할 수도 있다.

59 독서질문 스틱 활용 토론

🟢 독서질문 스틱은 스틱을 뽑으면서 재미있게 소통하며 독후활동을 할 수 있는 교구로, 30개의 스틱에 다양한 질문이 담겨 있다. 독서 후 친구들과 함께 스틱에 쓰여 있는 질문을 읽고 답하면서 책의 내용을 깊이 있게 탐구할 수 있다. 책의 주인공과 스토리에 대한 이해, 책을 읽고 난 후의 생각과 감정, 관련 경험 등 다양한 주제에 대해 자신의 생각을 말 또는 글로 풍성히 표현해본다. 학생들은 동그란 통에서 알록달록한 질문스틱을 뽑는 것에 재미를 느끼면서 어떤 질문이 나올지 호기심을 갖고 토론에 적극적으로 참여하는 모습을 보인다.

어떤 그림책이 좋을까?
- 등장인물 및 스토리에 관한 질문이 많으므로 여러 등장인물이 나오고 기승전결로 이야기가 전개되면 좋다.
- 책의 주제 및 작가의 의도를 살펴보는 종류의 질문이 있으므로, 글의 주제가 명확해야 한다.
- 찬반 토론이 아니라 다양한 생각과 의견을 모으는 토론이므로 자신의 생각과 느낌을 편하게 이야기할 수 있는 내용이어야 한다.

그림책 읽고 토론하기

○ 『브로콜리지만 사랑받고 싶어』(별다름·달다름 글, 서영 그림, 키다리, 2021)

아이들이 싫어하는 채소 1위에 뽑힌 브로콜리. 사랑받는 채소가 되기 위해 브로콜리가 인기 있는 친구들을 따라 한다는 내용을 담고 있는 이 그림책은 자신을 긍정적으로 바라보고 나다움을 찾는 것이 중요함을 보여준다. 다양한 질문이 적힌 독서질문 스틱을 활용해 주인공 브로콜리와 주변 인물들, 그리고 브로콜리가 자신의 장점을 찾아가는 스토리에 대한 다양한 질문과 대답을 듣고 생각의 폭을 넓혀나가보자.

토론 순서

1. 모둠 구성 및 순서 결정 ➡ 2. 질문 뽑고 생각 기록하기 ➡ 3. 발표 및 소감 나누기

● **1단계**

독서질문 스틱은 하나의 질문에 여러 답변을 듣기에 좋으므로 4~6인을 한 모둠으로 구성하면 알맞다. 모둠원이 너무 많은 경우 한 질문에 대한 비슷한 답변이 나올 수 있고 토론이 너무 길어질 수도 있다. 모둠이 구성되면 가위바위보를 통해 스틱을 뽑을 순서를 정한다. 맨 처음에 1번 학생이 스틱을 뽑았으면 그다음에는 2번 학생이 뽑도록 한다.

● **2단계**

모둠의 1번 학생이 스틱을 뽑아 질문을 크게 읽는다. 모둠원들은 1번 학생이 뽑은 질문을 각자 공책 또는 활동지에 적은 후 질문에 대한 자기 생각을 글로 쓴다. 질문에 답하기 어려운 경우 스틱을 통에 넣고 다시 뽑을 기회를 한 번씩 더 가지며, 질문에 답을 한 스틱은 통 바깥에 놓는다. 학생들은 순서대로 통 안의 다른 스틱을 뽑아 정해진 시간 동안 같은 방법으로 활동한다. 학생들은 다

양한 질문에 대한 답을 고민하면서 자연스럽게 책의 내용을 다시 돌아보고, 자신의 느낌과 생각을 잘 정리된 글로 표현하는 힘을 키우게 된다.

〈학생들이 뽑은 질문들〉

- 책의 제목과 내용을 바꾼다면 어느 부분을 어떻게 바꾸고 싶나요? 그 이유는 무엇인가요?
- 이 책의 작가에게 질문하고 싶은 것은 무엇인가요?
- 책의 내용 중 나에게 특히 도움이 된 부분은 무엇인가요?

- 등장인물 중 칭찬하고 싶은 사람은 누구인가요? 어떤 점을 칭찬하고 싶은가요?
- 가장 기억에 남는 문장이나 낱말은 무엇인가요?
- 책의 뒷이야기를 만든다면 어떻게 만들 건가요?
- 작가는 이 책을 통해 무엇을 말하고 싶었을까요?

● **3단계**

정해진 시간이 지난 후 질문에 대한 각자의 답을 발표한다. 먼저 1번 학생이 통 바깥에 놓인 스틱을 하나 골라서 질문을 읽고 그 질문에 대한 자신의 글을 읽는다. 1번 학생의 답변과 가장 비슷하다고 생각하는 학생 순서로 자신의 글을 읽는다. 같은 질문에 대해 생각이 조금씩 어떻게 다른지 느낄 수 있다. 이어서 2번 학생이 스틱을 골라서 질문을 읽고 같은 방식으로 친구들의 생각을 듣는다. 학생들은 '등장인물 중 칭찬하고 싶은 사람은 누구인가요? 어떤 점을 칭찬하고 싶은가요?'라는 질문에 "브로콜리가 포기하지 않고 사랑받으려 노력하는 모습을 칭찬하고 싶다"라고 답하기도 하고, "친구들을 질투하거나 시기하지 않는 브로콜리가 착한 것 같다"라고 말하기도 했다. "브로콜리 수프를 먹은 아이를 칭찬하고 싶다. 브로콜리가 정성껏 만든 수프를 맛있게 먹어서 브로콜리가 희망을 갖게 되었다"라고 답한 경

우도 있었다. 같은 질문에 친구들의 다른 답변을 들으며 내가 생각하지 못했던 부분을 느끼고 자신의 생각을 되돌아본다. 활동이 끝나면 소감을 나누며 자신의 생각을 표현해준 친구들에게 고마움을 표현한다.

60 하브루타 토론 스틱 활용 토론

○ 하브루타 토론 스틱은 질문을 활용해 표현력, 독해력, 사고력 등을 키울 수 있게 학토재에서 개발한 토론 도구이다. 여섯 가지 색깔별로 각 10개씩 총 60개의 질문이 담겨 있어 이를 활용해 하브루타 토론을 할 수 있다. 기존의 하브루타 토론과 다른 점이 있다면 질문을 직접 만들지 않아도 된다는 것이다. 다양한 주제와 접목할 수 있는 폭넓은 질문들이 준비되어 있는 만큼 간단하게 생각 열기나 진지하고 깊이 있는 대화 등 어디에나 사용할 수 있다는 장점이 두드러진다. 하지만 주제와 딱 맞는 질문이 없을 수도 있고, 단계별로 질문을 확대하기가 어려운 단점도 갖고 있기에 활용에 대한 교사의 역량이 조금은 필요해 보인다.

어떤 그림책이 좋을까?

- 같은 상황이라 할지라도 질문을 통해 다양하게 접근할 수 있도록 사실적 내용보다는 짧은 글과 임팩트 있는 그림으로 이루어져 있다면 좋다.
- 그림책의 주제가 각자의 가치관에 따라 다양하게 해석될 수 있어야 한다.
- 질문으로 생각을 나누는 토론이기에 자신의 평소 생각 및 행동을 뒤돌아보게 하거나 편견 없이 세상을 바라볼 수 있는 내용이어야 한다.

그림책 읽고 토론하기

○ 『빈칸』(홍지혜 글·그림, 고래뱃속, 2021)

진귀한 물건으로 가득 찬 나만의 박물관. 그중 딱 하나의 빈칸을 채우기 위해 가족과 집 등 자신의 모든 것을 내어주는 내용이 담긴 그림책으로, 결국 자신이 누군가의 빈칸을 채우는 존재로 전락하고 마는 현대인의 탐욕의 끝을 보여준다. 하브루타 토론 스틱과 연계한다면 질문을 통해 자신이 무엇을 원하는지, 원하는 것을 얻기 위해 어디까지 내어주어야 하는지, 나아가 그 방식이 옳은 것인지에 대한 진지한 고민을 해볼 수 있다.

토론 순서

1. 주제에 맞는 토론 스틱 고르기 ➡
2. 4인 1모둠 구성하고 토론 스틱으로 생각 열기(토론 전 활동) ➡
3. 그림책 읽고 모둠별로 토론 스틱 뽑고 토론하기 ➡
4. 처음 질문에 대한 가치관의 변화 발표하기(토론 후 활동)

● **1단계**

하브루타 토론 스틱은 일반용과 어린이용으로 분류되는데, 질문은 거의 비슷한 내용이기 때문에 어떤 것을 사용해도 무방하지만 이번 토론에서는 어린이용을 사용하였다. 워낙 많은 질문이 있기에 토론 스틱을 모두 사용하는 것보다는 그림책 주제에 맞는 질문을 몇 개 뽑아서 사용하도록 한다. 이번 주제가 '인간의 탐욕' '자기 성찰'과 관련되어 있기에 그와 관련해서 질문할 수 있는 14개의 질문 스틱을 선택한다. 그중 두 개는 공통 질문으로, 나머지는 선택용으로 사용한다.

수업에 사용한 14개의 질문 스틱

● 2단계

하브루타 토론 스틱은 질문으로 이루어진 토론이기에 모둠 구성은 너무 많은 인원보다는 깊이 있는 대화가 이루어지도록 4인 1모둠 정도로 구성하는 것이 좋다. 모둠이 만들어졌으면 그림책을 읽기 전에 평소 본인의 가치관을 들여다볼 수 있는 토론 스틱을 선택해 생각 열기를 진행한다. 『빈칸』은 인간의 탐욕의 끝을 보여주는 책이기에 평소 본인의 가치관을 들여다볼 수 있는 두 개의 토론 스틱(내가 가장 소중하게 생각하는 '가치'는 뭔가요?/마법사가 한 가지 소원을 이루게 해준다면 어떤 것을 말하고 싶은가요?)을 공통 질문으로 주었고, 그중 하나를 선택해 답하도록 하였다. 읽기 전 활동이기에 교사는 그림책의 내용과 상관없이 평소 자신의 가치관을 솔직하게 적으면 된다고 말해준다.

다음은 각 토론 스틱의 질문에 학생들이 답변한 예시이다.

내가 가장 소중하게 생각하는 가치는 무엇인가요?	마법사가 한 가지 소원을 이루게 해준다면 어떤 것을 말하고 싶은가?
– 노력이다. 노력해서 안 되는 것은 없기 때문이다. – 가족이다. 어렸을 때는 잘 몰랐지만 크면서 가족의 소중함을 알게 되었다. – 건강이다. 늙어 죽을 때까지 건강에 대한 걱정 없이 사는 게 가장 큰 행복 같아서.	– 과거로 돌아가 처음부터 다시 시작하기 – 분쟁이나 갈등이 없는 세상에서 살게 해주세요. 왜냐하면 지금 우리 사회는 서로에 대한 존중 없이 저 자신의 이익만 추구하고 서로를 헐뜯고 비난하는 병든 사회라고 생각하기 때문이에요.

해당 질문의 경우, 토론이 끝난 후 마지막에 한 번 더 똑같이 질문을 던짐으로써 토론으로 인한 생각(가치관)의 변화가 있었는지를 알아본다.

● **3단계**

그림책을 읽고 그림책 내용을 공유한다. 먼저 모둠별로 그림책에서 가장 인상적인 장면을 토론을 통해 선정하고 그 이유를 적는다. 그다음 모둠별로 돌아가며 그 내용을 공유한다. 같은 장면을 골랐다 하더라도 그 이유는 또 다를 수 있기에 같은 장면을 보고도 서로 다른 생각을 할 수 있다는 점을 알려준다.

이제 '빈칸'에 대한 개인의 생각을 알아보기 위해 '본인이라면 빈칸을 어떻게 했을까?'라고 질문해본다. 한 가지 주의할 것은 '본인이라면 빈칸을 무엇으로 채울까?'라고 질문하지 않는 것이다. 만약 이렇게 질문한다면 학생들은 빈칸을 무엇인가로 채워야 하는 쪽으로 먼저 사고하게 된다. '본인이라면 빈칸을 어떻게 했을까?'라고 질문하면 굳이 빈칸을 채우지 않아도 된다는 답변도 가능해지기에 사고 확장에 조금 더 도움이 된다.

하브루타 토론 스틱을 이용해 모둠 토론을 진행한다. 토론에 사용할 스틱은 토론 전에 미리 선별해둔다. 토론 스틱은 토론 주제에 맞는 것으로 골라 사용하면 된다. 각 모둠은 무작위로 뽑은 질문으로 토론한다. 어떤 질문을 뽑을지 모르기에 토론 전에 긴장과 흥미가 유발된다. 또한 조금은 단순하고 난해한 질문도 있기 때문에 사고의 확장을 가져오기 위해서는 질문에 질문을 더

하는 과정이 필요하다. 단순히 질문에 답하기보다는 많은 사례를 통해 자신의 생각을 강화하는 것에 중점을 두도록 한다.

다음은 학생들이 '살면서 가장 행복했던 순간과 그 이유는 무엇인가요?'로 나눈 토론 예시이다.

토론자1: 무언가 모든 좋은 일에 대한 기대를 품고 있을 때인 것 같습니다. 2학기 말 모든 학기가 끝나고 집에서 쉬게 될 방학을 생각하면서 기대하던 때가 가장 행복했던 순간이었습니다. 왜냐하면 아무것도 하지 않아도 되고 어떠한 책임도 지지 않아도 되는 때이기 때문입니다.

토론자2: 그 순간이 행복할지는 몰라도 그것은 너무 찰나의 행복이 아닌가요?

토론자3: 동의합니다. 그리고 한 학기를 열심히 살아왔기에 그 순간이 행복으로 느껴지는 것이지 매일 아무것도 하지 않고 산다면 그 순간의 즐거움이 즐거움으로 남지 않을 것 같습니다.

토론자1: 맞습니다. 하지만 행복했던 '순간'이 언제였냐는 질문이었기에 저는 그 순간을 말씀드린 겁니다. 그리고 제가 그 순간을 행복으로 느꼈던 것은 당연히 한 학기 동안 너무나 치열한 삶을 살았기 때문입니다. 그렇기에 3번 토론자분의 생각에도 동의합니다.

모둠 토론 결과 결국 행복을 느끼는 것은 각자의 기준에 따라 다르다는 것을 알 수 있었다. 또한 그 감정이 순간적이라는 것에 모두 동의하였다. 나의 행복을 위해 다른 사람의 행복을 침해하는 일은 없어야 한다는 의견도 많았다.

● **4단계**

토론 후에는 제일 처음에 던졌던 질문에 다시 답을 찾아보면서 생각에 변화가 있었는지 발표한다.

61 기후 위기 해결사 카드 토론

○ 학토재 기후 위기 해결사 카드를 활용하여 기후 위기의 원인과 해결 방안을 토론하는 방식이다. 기후 위기 생태 전환을 다룬 그림책을 읽고 현상과 문제점을 파악한 뒤 용어 카드를 활용하여 원인과 방안을 찾아 토론한다. 카드는 원인, 현상, 방안 카드로 구성되며 각 카드에는 환경 및 기후 위기 용어와 개념, 키워드에 어울리는 이미지, 파생되는 질문이 적혀 있다. 기후 위기 용어가 과학 용어 혹은 정책에서 비롯되다 보니 이해하기 어려운 면이 있지만, 카드를 활용함으로써 보다 쉽게 개념을 습득하고 토론 과정에서도 다양한 생각을 확장하고 연결할 수 있다. 카드 토론 방법은 학생들의 수준과 학습 경험에 따라 다양하게 변주해도 좋다. 카드 뒷면에 제시된 기후 위기 용어에서 파생된 질문을 주제로 추가 토론을 할 수도 있고 내가 생각하는 원인, 현상, 방안을 써서 직접 카드를 만들어 참여할 수도 있다.

어떤 그림책이 좋을까?
- 기후 위기 생태 전환을 주제로 한다면 좋다.
- 지속가능발전목표(SDGs)와 연계된 주제라면 좋다.
- 민주시민, 세계시민, 생태시민으로의 성장을 도모하는 내용이어야 한다.

그림책 읽고 토론하기

○ 『방귀 구름은 어디로 갈까?』(마크 테어 호어스트 글, 요코 힐리거스 그림, 허은미 옮김, 나무의말, 2023)

눈에 보이지 않는 소의 방귀와 자동차의 배기가스, 공장 굴뚝에서 뿜어 나오는 매연이 어떻게 지구를 뜨겁게 만드는지를 쉬운 글과 그림으로 설명하는 책이다. 그림책을 읽고 기후 위기 해결사 카드를 활용하여 지구온난화의 원인과 대처방안 및 해결 방법을 토론해보자. 우리를 둘러싼 지구 환경이 인간의 삶과 유기적으로 연결되어 있으며 기후 위기를 해결할 사람은 우리밖에 없다는 것을 인식하고 기후행동을 촉진하는 계기가 되기가 될 것이다.

토론 순서

1. 기후 위기 현상 및 문제점 찾기 ➡ 2. 원인 찾기 ➡ 3. 대응 방안 찾기

● 1단계

그림책을 읽고 책에서 다루는 기후 위기 현상과 문제점을 인식한다. 기후 위기 해결사 카드는 원인 카드 10장, 현상 카드 20장, 방안 카드 20장으로 구성되며 색깔로 구분된다. 원인, 현상, 방안 카드를 종류별로 책상 위에 펼쳐두면 학생들이 기후 위기 용어에 관심을 가지고 낯선 단어를 익힐 수 있다. 토론 과정에서 전반적인 용어의 개념을 이해할 수 있도록 카드 탐색 시간을 충분히 주는 것이 중요하다. 또한 카드를 올려두고 토론의 과정을 메모할 수 있도록 모둠활동지를 준비한다면 효과적인 모둠 토론으로 이끌 수 있다. 『방귀 구름은 어디로 갈까?』는 지구온난화와 해수면 상승을 시각적으로 잘 표현하고 있어 기후 위기 현상을 찾기 수월하다. 소의 방귀, 자동차의 배기가스와 공장의 매연이 하늘로 올라가 거대한 온실가스 담요을 만드는 장면에서 대기가 오염되고 지구가 뜨거워지는 현상이 나타남을 알 수 있다.

● 2단계

원인 카드를 주의 깊게 살피며 지구온난화의 원인을 찾아 토론한다. 10장의 원인 카드 모두 지구온난화를 일으키는 주요 원인으로 어떤 카드를 선택한다 해도 납득할 만하다. 모둠 학생들은 그중 가장 중요하다고 생각하는 원인을 뽑기 위해 돌아가며 카드를 한 장 선택하고 근거를 들어 말한다. 예를 들어 '화석연료' 카드를 선택한 학생은 "나는 지구온난화를 일으키는 온실가스는 대부분 화석연료 때문에 발생하기 때문에 화석연료가 가장 큰 원인이라고 생각해. 화석연료는 교통수단뿐 아니라 물건을 만드는 공장, 전기 생산에 이르기까지 안 쓰이는 곳이 없어. 화석연료 사용을 줄인다면 지구가 더 이상 뜨거워지지 않을 거라고 생각해"라고 근거를 들어 말할 수 있다.

토론을 통해 모둠원이 각자 뽑은 원인 카드 중에서 가장 근거가 분명하고 대표적인 것을 두 가지 정도 고른다. 토론 과정에서 학생들은 기후 위기의 원인과 현상이 서로 영향을 주고받으며 순환하고 연쇄적인 반응을 일으킨다는 사실을 인지한다. 예를 들어 지구온난화의 원인 중 하나로 '무분별한 개발' 카드를 꼽았다면 난개발로 사라진 숲을 떠올릴 수 있다. 숲이 없어진다는 것은 온실가스인 탄소를 흡수할 나무가 줄어든다는 의미이자 기온이 올라가는 원인이 되기도 한다. 또한 숲에서 살아가는 다양한 생물의 서식지가 파괴되어 생물다양성 보존에 위협이 된다. 무분별한 개발은 '열대우림 파괴'을 포함하는 개념으로 볼 수 있고 거의 모든 기후 위기 원인 카드는 '인간의 탐욕'과 연결되어 있다.

● 3단계

마지막으로 기후 위기 대응 및 해결 방안에 대해 토론한다. 방안 카드에 제시된 용어는 특히 환경 정책과 사회·경제와 관련되는 용어가 많아 초등학생들에게 다소 어려울 수 있다. 기후 위기 해결사 카드 뒷면에 개념이 제시되어 있긴 하지만 추가적인 설명과 예시가 필요할 경우 스마트기기를 활용하도록 한다.

모둠 학생들은 카드 앞뒷면을 살펴보며 앞서 원인을 찾았던 방법과 마찬가지로 카드를 선택하고 근거를 말한다. 학생들은 모둠 토론을 통해 기후 위기 방안으로 주로 '탄소중립'과 '기후행동' 카드를 선택했다. 이어서 모둠에서 토론한 기후 위기 방안이 의미하는 바를 구체적이며 실천적 모습으로 어떻게 드러낼 수 있는지 토론했다. 일회용품 줄이기, 가까운 곳은 걸어 다니거나 대중교통 이용하기 등 주로 개인이 일상생활에서 실천할 수 있는 일반적인 것들을 말해서 아쉬운 면이 있었다. 기후 위기는 개인의 노력만으로 해결하기 힘들며 기업과 국가가 나설 때 효과가 크다는 것을 인지시킨 뒤, 기업과 사회에 기후 위기 대응을 촉구하는 방법에 대해 토론할 것을 제안했다. 학생들은 일회용 플라스틱을 남발하거나 탄소 배출을 많이 하는 기업에 벌금을 주는 방법, 아이돌이나 영향력 있는 인물을 활용하여 SNS 챌린지 하기, 친구들과 기후 위기 자율 동아리를 만들어 학교 공동체에 알리기 등의 해결 방법을 제시했다.

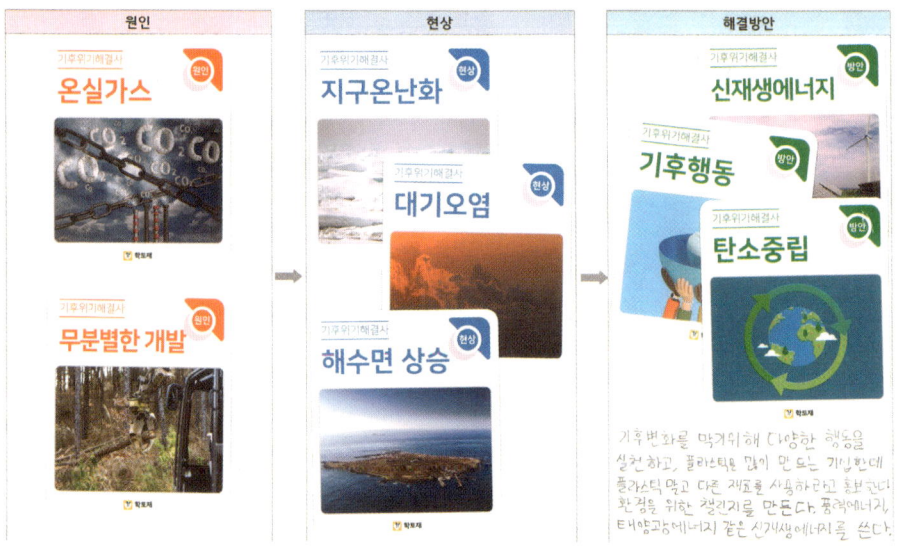

학생들이 찾은 원인, 현상, 방안

62 생각톱니 카드 토론

○ 생각톱니 카드 토론은 학토재 학습 교구 중 하나인 생각톱니 카드를 이용해 질문을 만들고 토론하는 방식이다. 생각톱니 카드는 학생들이 익혀야 할 대표적인 사고 기술 23가지를 뽑아 기술의 이름, 질문, 예시 문장으로 구성한 카드로, 한국철학적탐구공동체연구회에서 개발하였다. 카드를 활용하여 제시된 범위 안에서 자유롭게 놀이하면서 질문을 만드는 힘을 키우고 다양한 생각을 나눌 수 있다. 학생들이 카드에 적힌 내용을 제대로 이해하고, 이를 토론에 활용할 수 있도록 하려면 23가지의 사고 기술에 대한 사전 설명이 이루어져야 한다.

어떤 그림책이 좋을까?

- 다양한 질문을 만들어 낼 수 있도록 하나의 메시지만 전달하는 그림책이 아니라 다양한 해석이 가능한 주제를 다루는 그림책이 좋다.
- 주인공이 직면한 문제나 갈등이 명확하게 드러나서 다양한 질문이 나올 수 있는 그림책이 좋다.
- 독자의 나이에 맞는 내용과 주제를 다루고 있어, 학생들이 질문을 통해 생각의 폭을 넓힐 수 있어야 한다.

그림책 읽고 토론하기

○ 『내겐 너무 무거운』(노에미 볼라 글·그림, 홍한결 옮김, 단추, 2020)

어느 날 곰이 주인공 집으로 불쑥 찾아온다. 주인공은 온갖 방법을 다 써서 곰에게서 벗어나려 하지만 곰은 사라지지 않는다. 주인공은 일상이 엉망진창이 된 채 곰과 함께한다. 이 낯선 곰의 존재는 무엇일까? 이 책은 자신을 힘들고 불편하게 하는 것이 무엇인지 탐색하며 각자 가지고 있는 고민을 나누기에 좋다. 곰의 정체를 다양한 질문 속에서 구체화하도록 생각톱니 카드를 사용하여 토론한다. 짓눌려 있던 감정에 대해 함께 이야기 나누다 보면 따뜻한 공감과 위로를 마주할 수 있을 것이다.

토론 순서

1. 모둠 구성 및 주제 탐색 ➡ 2. 생각톱니-질문 카드로 논제 뽑아 모둠별로 토론하기 ➡
3. 함께 나눈 그림책 주제를 이미지로 정리하기

● **1단계**

4~6인을 한 모둠으로 구성하되, 토론을 이끌어갈 모둠장과 글로 정리할 기록자를 선정한다. 그다음 그림책을 읽고 모둠별로 질문을 세 개 만들도록 한다. 모둠에서 나온 질문을 칠판에 붙여 공유한다. '곰의 정체가 무엇일까요?' '왜 곰은 떨어지지 않나요?' 등 모둠의 질문이 겹치거나 제한적임을 확인할 수 있다. 곰이 형상화하는 것이 무엇인지는 탐색하기 위해서는 구체적인 질문이 더 필요하다. 이때 생각톱니 카드를 활용한다면 질문의 구체성을 훨씬 더 높일 수 있다.

다음은 학생들이 만든 모둠별 질문 예시이다.

모둠 질문 예시 1	모둠 질문 예시 2
1. 곰은 왜 모든 사람에게 붙어 있을까?	1. 마지막 장면에서 곰의 정체는 무엇일까?
2. 곰은 뭐가 무거운 걸까?	2. 곰은 왜 사람을 먹지 않았을까?
3. 곰은 왜 식물을 들고 있을까?	3. 곰은 왜 계속 집을 찾아올까??

● **2단계**

생각톱니 카드는 질문 카드, 이름 카드, 예시 카드로 구성되어 있다. 세 종류의 카드 중에서 질문 카드만 모둠별로 나눠준다. 모둠장은 질문 카드를 섞고 무작위로 한 장을 뽑는다. 질문을 확인하고 그림책와 연결하여 이야기 나눌 질문으로 어떻게 바꾸면 좋을지 의견을 나눈다. 질문 변환이 어려운 경우를 대비해 카드 패스 기회는 두 번에서 세 번까지 준다.

변환한 질문을 모둠원과 돌아가며 이야기 나눈다. 이때 교사는 전지를 한 장씩 나눠주어 모둠별 질문 하나와 토론한 내용을 정리하도록 한다. 아이들은 카드에서 어떤 질문이 나올지 기대감에 즐겁게 몰입할 수 있다. 질문 카드의 이해를 돕기 위해 학토재 홈페이지의 '생각톱니 카드'에서 사고 기술 정리 자료를 내려받아 모둠별로 나눠주어도 좋다. 예를 들어 질문 카드에 '~이란 뭘까요?'를 뽑았다면 자료의 이름 카드에서 개념 정의하기 사고 기술의 내용과 효과를 확인하고, 답변은 예시 카드에서 발표 문형과 예시 문장을 확인하며 도움을 받을 수 있다. 모둠 학생들이 질문 변환에 계속해서 어려움을 겪는 경우 교사가 개입하여 질문을 변환하는 다양한 예시를 함께 나누고, 질문의 답변도 들어보며 가이드 역할을 해준다. 모둠별로 질문 카드에 있는 질문 형식을 참고하여 다양한 질문을 만들며 토의·토론을 이어간다.

다음은 각 질문 카드에 적힌 내용을 학생들이 그림책의 내용에 맞추어 변환한 예시이다.

생각톱니 사고 기술	질문 카드 내용	학생들이 변환한 질문 내용
상상하기	만약 ~라면 어떨지 상상해보겠어요?	– 만약 곰이라면 어떨지 상상해보겠어요? – 사람의 마음은 어떨까요?
공통점과 차이점 찾기	같은 점(다른 점)은 뭘까요?	– 곰과 사람의 같은 점과 다른 점은 무엇인가요?
남의 입장에 서보기	~의 마음(상황)은 어떨까요?	– 사람의 마음은 어떨 것 같나요?
개념 정의하기	~이란 뭘까요?	– 곰의 정체는 뭘까요?
추리하기	이것을 보고 무엇을 추리할 수 있을까요?	– 곰이 왜 그런 행동을 했는지 추리할 수 있을까요? – 곰을 보고 무엇을 추리할 수 있을까요?
이유 찾기	왜 그렇게 했을까요?	– 곰의 정체를 알려주지 않는 이유는 뭘까요? – 왜 곰이 나를 따라다닐까요?
질문 만들기	궁금한 게 있으면 질문해볼까요?	– 곰에게 궁금한 게 있으면 질문해볼까요?
감정 고려하기	어떤 감정이 생기나요?	– 곰이 나타난다면 어떤 감정이 생겨날 것 같나요?
다르게 표현하기	다른 방식으로 표현해볼까요?	– 곰이 사람에게 주는 압박감은 어느 정도일까요? 숫자로 표현해볼까요?

다양한 질문을 만들었다면 각 모둠은 질문을 글로 정리한다. 정리가 끝난 모둠은 일어나서 발표한다. 모둠장이 질문을 읽고, 모둠원이 작성한 글을 보고 각자 답변을 보충하여 발표한다. 정리된 글이 짧으면 이해되지 않을 수 있으므로 답변에 이어 '왜냐하면~'이라고 이유를 들어주도록 한다.

● 3단계

그림책의 주제 및 공유한 내용을 바탕으로 종합된 생각을 이미지로 나타낸다. 나에게 있어서 너무 무거운 존재는 무엇인지, 왜 나를 따라다니는지, 나의 감정은 어떠하고 받아들이는 방법은 무엇이 있는지 친구들과 이야기 나누며 가지게 된 종합적인 생각을 상징적인 그림으로 표현한다. 색상, 형태, 구도 등은 모두 자유롭게 선택하며, 자기 생각뿐만 아니라 토론을 진행하며 느꼈던 감정까지도 반영할 수 있다.

학생 결과물

63 트리즈 카드 활용 토론*

트리즈(TRIZ, Theory of inventive problem solving)는 어떤 문제가 있을 때 그 문제의 모순을 찾아내고 문제 상황을 극복하여 혁신적인 해결 방안을 찾아내는 데 유용한 방법으로, 러시아의 과학자 알트슐러가 개발한 문제 해결 이론이다. 트리즈 토론은 문제 발견-문제 정리-긍정적 사고 전환-문제 해결 과정으로 진행된다. 이러한 과정을 거치면서 갈등·반목·대립 등 이해관계가 얽힌 복잡한 사안에 대해서도 문제를 인식하고 분석하는 능력이 향상되고 문제의 핵심인 갈등의 요소를 단순화해서 정리할 수 있게 된다. 창의적으로 문제를 해결하면서 긍정적으로 사고를 유연하게 전환하는 훈련을 통해 합리적이고 미래지향적인 리더십을 함양할 수 있다.

* 신정호, 『트리즈씽킹』(와우팩토리, 2017, 46~52쪽) 참고.

어떤 그림책이 좋을까?

- 편견, 차별, 장애, 외모, 학벌, 여성, 다문화 가족, 새터민 등 다양한 영역의 주제 중 학생들이 올바른 가치관을 형성하는 데 도움을 주는 책이 좋다.
- 사회적 재난이나 역사 속 비극을 비롯하여 사회현상이나 문제 등 시대 공간과 역사를 통해 사회적 문제를 다시금 생각해볼 수 있다면 좋다.
- 실제 학교에서 겪을 만한 상황을 통해 우리가 살아가는 사회와 세계를 새로운 시선으로 바라볼 수 있게 하는 책을 추천한다.

그림책 읽고 토론하기

○ 『우당탕탕, 할머니 귀가 커졌어요』(엘리자베트 슈티메르트 글, 카롤리네 케르 그림, 유혜자 옮김, 비룡소, 1999)

아래층과 위층 간의 층간소음 문제를 다루고 있는 책이다. 이때 할머니의 귀가 커지는 것에는 단순한 변화 이상의 의미가 있다. 이는 지혜, 경험, 이해력이 커진다는 상징성을 띤다. 일상에서 실제로 겪을 법한 이웃과의 갈등을 사실적으로 보여주면서, 이러한 상황도 서로의 이해와 협력으로 해결하고 화합할 수 있다는 사례를 제시한다. 처음에는 소음 때문에 고민하던 할머니도 결국 귀가 커지면서 자신의 관점을 이웃과의 배려와 이해로 바꾸게 된다. 트리즈 토론을 통해 타인과의 갈등 상황에서 서로를 이해하고 타협할 수 있는 해결법을 찾아 실천해보자.

토론 순서

1. 그림책 읽고 내용 파악하기 ➡ 2. 갈등 상황 찾기 및 이상적인 질문 만들기 ➡
3. 트리즈 카드를 이용하여 다양한 해결 방안 찾기

● **1단계**

그림책을 읽고 떠오른 단어를 활용하여 질문을 만든다. 그다음 짝과 함께 만든 질문의 답을 생각해보고 주제에 대한 의견을 나눈다. 책을 읽고 책의 내용과 관련된 질문을 만들다 보면 책의 핵심 주제를 빠르고 정확하게 파악할 수 있는 것은 물론 깊이 읽는 훈련이 자연스럽게 이루어진다. 질문과 답을 반복해 짝과 서로 의견을 나누는 과정에서 주제에 관한 생각의 폭을 다양하게 넓혀가는 사고의 확장성도 일어난다.

다음은 그림책을 읽고 아이들이 찾은 질문들이다.

- 아이들에게 잔소리만 하던 할머니가 갑자기 아이들의 소리가 들리지 않자 왜 소리를 들으려고 했을까요?
- 당신에게 만약 층간소음이 일어난다면 어떻게 대처할 건가요?
- 당신은 만약 억울한 상황에서 잔소리를 듣는다면 어떤 기분일 것 같나요?
- 할머니는 왜 위층의 소음에 집중했을까요?
- 할머니는 왜 아이들의 웃음소리를 듣고 싶어 했을까요?
- 할머니 귀를 되돌리는 방법은 무엇인가요?

● **2단계**

내용을 파악하는 과정에서 발견한 갈등 상황이나 문제점을 서로 묻고 답한다. 등장인물들이 겪는 구체적인 상황에 대해 서로 간의 다른 생각들을 도출한다. 이후 학생들이 찾은 등장인물들의 문제점 중에서 갈등이 생기는 부분을 정리하고 상황에 대한 문제 해결 방법을 찾는다. 이를 통해 학생들은 등장인물들이 처한 문제 상황을 인식하고 공감 능력을 기름과 동시에 문제의 핵심을 파악해 정리하는 능력을 함양해나간다.

① **갈등 상황 찾기**

'등장인물 간의 갈등 및 문제 상황을 찾아볼까요?' 등의 질문이 제시되며 갈등 상황이나 모순된 상황을 찾아본다.

예) 층간소음으로 자꾸 귀가 커지는 할머니
할머니의 층간소음 항의로 생기 없이 풀이 죽어 생활하는 아이들

② **갈등 상황 정리**

책의 내용 중 등장인물 간 의견이 부딪히는 문제나 다툼의 원인이 되는 상황을 찾아 글로 정리해본다.

예) 그림책에서 층간소음으로 스트레스를 받던 할머니가 하루에도 여러 번 항의 방문하자 아이들은 음식도 잘 먹지 않고, 잘 놀지도 않는다. 할머니가 무서워 집 안을 살금살금 기어다니다가 카펫 위에 가만히 누워 있거나, 풀 죽은 얼굴로 구석에 쪼그리고 앉아 있기만 한다. 이렇게 갑자기 조용해지자 할머니는 천장에 귀를 바짝 대고 아이들의 동정을 살핀다. 그러던 어느 날 쇼윈도에 얼굴을 비춰 본 할머니는 "내가 왜 이렇지? 귀가 왜 이렇게 커진 거야?" 하고 깜짝 놀라 스스로를 되돌아본다.

③ 이상적인 질문 만들기

학생들은 갈등 상황에 대해 서로 간 의견을 적극적으로 교환하며 최종적으로 이 그림책에서 이해관계가 대립되는 층간소음 문제를 가장 합리적으로 해결할 수 있는 핵심 요소가 되는 질문을 토론을 통해 도출해낸다.

예) 할머니의 귀를 정상으로 만들고 아이들이 밝게 생활하는 방법은 무엇일까?

● 3단계

트리즈 카드를 이용하여 다양한 해결 방안을 찾아본다. 트리즈 카드의 기본 사용 방법은 다음과 같다.

1. 기본 개념 이해: 트리즈 카드와 트리즈의 기초 개념을 이해한다.
2. 아이디어 생각하기: 트리즈 카드를 이용해 학생들이 자신만의 아이디어를 만든다.
3. 트리즈 문답 토론하기: 트리즈 카드를 활용해 새로운 아이디어를 찾아 토론하는 방법을 습득한다.
4. 트리즈 문제 해결하기: 토론을 통해 일상생활에서 발생하는 문제 상황들을 떠올리고 해결 및 구체적 실천 방안을 알아본다.

사용 방법을 익혔다면 트리즈의 40가지 원리를 활용하여 학생들이 창의적으로 문제를 해결하도록 한다. 진행 순서는 다음과 같다.

먼저 책상 위에 트리즈 카드를 골고루 펼쳐놓는다. 그다음 각자 아이디어가 떠오르는 카드를 찾아 해결 방안과 연결해본다. 마지막으로 선택한 카드를 활용하여 문제 해결 아이디어를 만들고 토론한다.

〈학생들이 문제 해결에 사용한 트리즈 카드〉

- 트리즈 카드 13번-반대로 하기: 갈등에 대한 상황 장면과 입장을 서로 바꾸어 생각해본다.
- 트리즈 카드 S1번-시간에 의한 분리: 갈등 상황에 대한 시간을 서로 바꾸어 문제 해결을 모색해본다.
- 트리즈 카드 8번-도움받기: 외부의 도움을 받아 문제 해결을 도모해본다.
- 트리즈 카드 7번-둥글게 바꾸기: 갈등 상황에 대한 상대방의 생각을 바꾸기 위해 모든 방법을 동원해 이해와 설득으로 상황을 전환해본다.

〈토론에서 도출된 트리즈 카드를 이용한 문제 해결 방법〉

이름	트리즈 카드	해결 방법
김○○	13번-반대로 하기	– 위층과 아래층을 바꾸면 아래층에서 아이들은 뛰어놀 수 있고 쿵쾅거리는 소리도 안 들리기 때문에 할머니의 병이 나아질 것이다.
문○○	S1번-시간에 의한 분리	– 할머니가 외출하면 아이들은 집에서 뛰어놀고 할머니가 집에 있는 시간에는 아이들이 밖으로 나가 논다.
강○○	8번-도움받기	– 아이들 부모의 도움을 받아 아래층 할머니와 위층 아이들이 사이좋게 지낼 수 있다.
최○○	7번-둥글게 바꾸기	– 할머니가 층간소음이라고 생각하는 기준을 낮추고 할머니의 성격을 둥글게 바꾼다.

64 패들렛 활용 토론

○ 패들렛(Padlet)은 칠판에 메모지를 붙여나가듯 인터넷 공간에서 여러 사람이 함께 작업할 수 있는 온라인 소프트웨어이다. 여러 곳에서 동시에 접속하여 과제를 수행할 수 있고, 그 과정을 실시간으로 확인하고 반응할 수 있어 온라인을 활용한 토론 진행에 적합하다. 또 별도의 가입 절차나 설치, 설명 없이 누구나 직관적으로 쉽게 이용 가능하여 학생들이 활용하기에 좋다. 같은 시간을 공유하며 여러 가지 주제에 대해 대화할 수 있다는 것이 패들렛을 활용한 토론법의 가장 큰 장점이다. 학생들은 자신의 의견에 대해 실시간으로 피드백받고, 시공간적 제약에서 벗어나 다양한 토론 현장에 참여한다. 컴퓨터나 태블릿, 휴대폰으로 모두 접속 가능하다.

어떤 그림책이 좋을까?
- 관련 그림이나 영상 등의 자료를 덧붙여 설명하면 좋을 만한 내용이 담겨 있다면 좋다.
- 하나의 주제보다는 같은 맥락 안에서 여러 개의 소주제를 동시에 다루어볼 수 있다면 좋다.
- 명확한 결론이나 해결책이 나오기보다는 꼬리에 꼬리를 물며 생각을 이어갈 수 있는 토론 소재가 담겨 있어야 한다.

그림책 읽고 토론하기

○ 『정답이 있어야 할까?』(맥 바넷 글, 크리스티안 로빈슨 그림, 김세실 옮김, 주니어RHK, 2023)

20개의 질문을 통해 주변에서 쉽게 접할 법한 상황들을 다시 한 번 살펴보며 우리의 고정관념에 대해 생각하게 만드는 책이다. 평소라면 쉽게 답했을 만한 상황들에 대해서도 한 번 더 고민해보게 하는 힘이 담겨 있다. 단순하면서도 귀여운 그림과 내용이 어우러져 학생들의 자유로운 상상과 어우러진 편견 없는 토론을 진행하기에 좋다. 다양한 주제와 이미지를 담고 있기에 패들렛을 이용한 활발한 온라인 대화에 활용하기에도 적절하다.

토론 순서

1. 패들렛 설정하기 ➡ 2. 주제에 대한 학생 의견 정리하기 ➡ 3. 토론하고 마무리하기

● **1단계**

수업 시간에 학생들과 바로 패들렛을 이용하기에 앞서 교사가 미리 준비해야 할 사항들이 있다. 게시물 관리를 위해서 교사는 회원가입과 로그인이 필수적이며, 설정에서 몇 가지 세팅을 해두는 것이 좋다. 다양한 형식으로 게시물을 배치할 수 있으나, 보다 정돈된 형식으로 의견들을 수집하고 나누는 데 적합한 담벼락 형식을 추천한다. '담벼락'에서 '섹션별로 게시물 그룹화'를 선택하면 주제별로 그룹 지어 의견을 나누고 토론을 진행하기에 편리하다. 나아가 온라인에서 지켜야 할 예절과 약속에 대해 충분히 그리고 반복적으로 지도할 필요가 있다. SNS나 유튜브 등의 가벼운 온라인 소통에 익숙한 학생들이 단어를 함부로 사용하거나 너무 쉽고 편하게 글을 작성할 수도 있기 때문이다. 사전에 실제 상대와 눈앞에서 토론하듯이 진지하고 바르게, 존댓말을 써서 참여할 것을 강조한다.

학생들의 참여를 이끌어낼 수 있는 방법으로는 게시글 작성하기, 댓글 달기, 좋아요 등의 반응이 있다. 엄지손가락의 방향에 따라 공감과 비공감을 표현하거나, 1~5점 사이의 별점이나 1~100점 사이의 등급을 매길 수도 있다. 하지만 다양한 의견을 존중하고 긍정적인 토론 분위기를 조성하기 위하여, 하트를 눌러 '좋아요' 정도로만 반응을 할 수 있도록 하였다.

컴퓨터를 이용할 경우에는 기본 주소를 학생들이 접속하기 쉽도록 짧은 단어로 바꾸어주는 것이 좋다(토론 진행을 위한 빈 패들렛-설정-고급-URL). 인터넷 주소도 몇 번 사용하면 학생들이 금방 기억하므로 아예 외우기 쉽게 학년 반이나 반 애칭 등의 단어를 담아 접속 주소로 고정하면 편하다. 태블릿을 이용할 경우에는 QR코드를 준비하여 학생들이 바로 패들렛에 접속할 수 있게 한다.

기본적인 설정을 마쳤다면 그림책에 나오는 토론 질문과 문장 몇 가지를 골라 입력한다. 섹션 제목에 토론 질문을 입력하면 일반 글자보다 크고 굵게 보여, 학생들이 주제별로 토론을 진행하기 수월하다. 한눈에 여러 토론 주제를 구분하여 확인할 수 있도록 게시물의 색깔을 달리하는 것도 좋다. 또 필요한 경우 상세히 그림책을 살펴보아 토론에 몰입할 수 있도록 해당 장면을 이미지로 추가할 수도 있다. 그리고 각 섹션의 상단에 위치하여 새로운 글에 밀리지 않고 볼 수 있도록 '게시물 고정' 기능을 활용하였다.

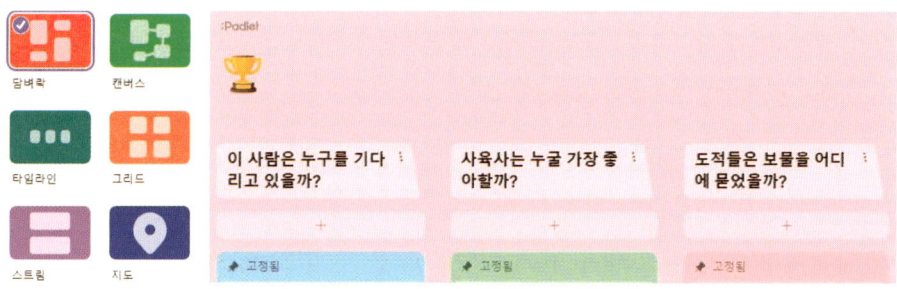

패들렛에 입력한 토론 질문

● 2단계

책의 제목처럼 정답 없이, 책 안팎의 생각과 경험을 경유하며 자유롭게 상상하고 이야기 나눈다. 책에 나온 질문에 대해 가볍게 물어보면 학생들은 의외의 시선에서 대답하는데, 이에 교사가 추가 질문을 해주면 좋다. 궁금증을 유발하면서도 적당히 결말을 짓지 않는 선에서 열린 대화를 이어간다.

그런 다음 패들렛에 접속하여 10분 동안 자유롭게 의견을 작성한다. 본 수업에서는 책에 나오는 수많은 질문 중 3~6개의 의견을 선정하여 입력하였다. 그림책의 내용이 생각나지 않거나 그림을 더 자세히 보고 싶은 경우에는 상단에 고정된 삽화 이미지를 통해 확대하여 세세한 부분까지 볼 수 있음을 안내한다.

〈'이 사람은 누구를 기다리고 있을까?'에 대한 학생들의 의견〉

설O: 셀카를 찍으러 갔다. 뷰가 좋다고 인스타에서 봤기 때문에

율O: 사람은 택배를 기다린다. 그 택배는 야구공과 야구글러브이다.

세O: 아무도 기다리고 있지 않을 수도 있다. 왜냐면 기다릴 사람이 없기 때문이다.

선O: 물망초 이야기처럼 남편을 기다리고 있는 것 같다.

성O: 옷을 사는 여자일 것 같다. 왜냐하면 저기 서 있는 사람이 마네킹같이 뼈대 같은 게 있기 때문이다. 그리고 얼굴을 안 보여줬다.

리O: 기다리는 게 아니라 무인도와 같은 섬에 표류된 것 같다. 그 여자 빼고 아무도 없는 것 같기 때문이다. 그리고 우울해 보인다.

별다른 로그인 없이 접속과 게시글 작성을 할 수 있기에, 교사는 제목 칸에 자신의 이름을 적고 내용 칸에 의견을 적을 수 있도록 사전에 안내한다. 내용을 수정해야 할 경우, 같은 인터넷 창에서는 접속 정보가 바뀌지 않아 변경이 가능하며 교사가 관리자 권한으로 도움을 줄 수도 있다. 교사는 항상 로그인 상태로 있어야 실시간으로 학생들의 요청에 응하거나 돌발행동을 하는 학

생들의 게시글을 관리할 수 있다. 동시 접속도 가능한 점을 활용하여 컴퓨터와 휴대폰 모두에 로그인해두기를 추천한다. 큰 화면으로 한 번에 관리하기에는 컴퓨터가 편리하며, 학생들을 돌아다니며 지도하는 중에 살펴보기에는 휴대폰이 좋다.

● **3단계**

본격적인 토론 단계로, 교사는 '댓글 기능'을 활성화하여 학생들이 서로의 의견에 댓글 형태로 답변하며 토론을 진행할 수 있도록 한다. 앞선 단계에서 댓글 기능을 제한한 이유는 학생들이 개개인의 의견 작성에 보다 집중할 수 있도록 하고, 댓글창으로 인해 불필요한 공간 소비를 막기 위해서이다. 또 이렇게 단계를 나누어 진행함으로써 보다 체계적이면서도 정돈된 토론을 꾸려나갈 수 있다.

토론 주제나 규칙에 어긋나거나 기본 예절을 지키지 않는 댓글들에 대해

왼쪽 사진은 댓글 기능은 꺼놓고 '좋아요' 반응만 활성화한 상태이다. 이후 오른쪽 사진처럼 댓글 기능을 켜서 학생들이 댓글을 통해 토론을 확장할 수 있도록 하였다.

서는 선생님이 원활한 토론 진행을 위해 삭제할 수 있음을 말한다. 또 댓글로 본격적인 토론을 진행하기에 앞서 댓글의 형태와 대댓글의 표현 방법에 대해 알려줄 필요가 있다. 필요한 경우에는 '@' 표시를 붙여 토론을 이어갈 사람을 지칭할 수 있도록 하였다. 다음은 게시물과 댓글, 대댓글 달기 예시이다.

이 아이는 등 뒤에 무엇을 숨겼을까?
성O: 사실 아무것도 안 가지고 있을 것 같다.
　왜냐하면 타조도 미소를 짓고 있고 거북이도 미소를 짓고 있기 때문이다.
　　ㄴ 민O: 그럼 왜 아이는 타조를 보고 있나요?
　　ㄴ 서O: 그 미소는 비웃음의 미소인가요?
　　ㄴ 성O: (@민O) 눈맞춤한 건 아닐까요?

　토론이 진행될수록 특정 게시물에서만 활발하게 토론이 이루어지거나, 게시글이 많아져 모든 학생 의견에 답변하기가 어려워질 수도 있다. 그렇기에 교사도 새로운 접속 창을 열어 동등한 토론 참여자로 참가해 토론이 진행되고 있지 않은 게시글에 답변을 달아준다. 교사의 계정으로 로그인하지 않는 이유는, 특정 이미지와 아이디가 부각되어 전체적인 토론 진행에서 과한 관심을 받게 될 수 있기 때문이다.

　어느 정도 시간이 지나 충분히 대화가 이루어진 것 같으면 멈추고 전체적인 내용을 함께 훑어보며 토론 내용을 정리한다. '좋아요' 기능을 마지막 단계에 활성화해 평가 방법으로 활용하는 것도 좋다. 참신하고 새로운 의견에 점수를 줄 수도 있지만, 상대의 의견을 존중하며 바른 자세로 참여한 토론자를 칭찬해주는 것도 중요하다. 또, 교사는 토론 진행을 도우면서도 온라인상의 게시글을 끊임없이 관리할 필요가 있다.

65 띵커벨 토론

○ 띵커벨(ThinkerBell)은 쌍방향으로 실시간 소통을 할 수 있는 온라인 협업 게시판이다. 칠판에 붙인 포스트잇을 그대로 온라인에 옮겨놓은 형태로 패들렛과 유사하다. 콘텐츠 배치가 자유롭고 실시간으로 의견 확인이 가능하여 공유 및 협업이 원활하게 이루어진다. 다양한 자료(이미지, 파일, 링크 등)를 첨부할 수 있고, 활동 후에 띵커벨 결과 데이터를 불러올 수도 있다. 학생들이 QR코드, 링크 등으로 별도의 가입 없이 바로 이용 가능하다는 점에서 접근성도 높다. 토론에서 워드클라우드, 띵킹보드, 가치수직선 등 여러 가지 기능을 사용하고 정리할 때 타일형, 그룹형 보드를 사용하면 좋다.

어떤 그림책이 좋을까?
- 일상에서 쉽게 지나쳐버려 잘 알아차리지 못하는 주제가 좋다.
- 진지한 주제를 가벼운 그림으로 다루면서도 텍스트가 너무 많지 않아야 한다.
- 학생들이 공감하고 접근하기 쉬운 주제를 다루고 있다면 좋다.

그림책 읽고 토론하기

◎ 『바나나가 더 일찍 오려면』(정진호 글·그림, 사계절, 2024)

오늘날 우리는 새벽 배송 택배를 자주 이용하지만, 택배물이 어떠한 과정을 거쳐 도착하는지 알지 못한다. 이 책은 바나나가 배송되기까지 밤늦게 이어지는 여러 분야의 노동자들을 조명하고, 편리한 소비 속에 숨어 있는 이면을 상상해보자고 권한다. '내가 만약 민주 씨라면 새벽 배송으로 바나나를 주문한다'를 주제로 그림책 핵심 단어를 알아볼 때, 자기 생각의 위치를 정하고 의견 변화를 확인할 때, 토론 주제를 정하고 토론 주제에 대한 근거를 들어 자신의 입장을 발표할 때 온라인 도구 띵커벨을 활용한다. 이러한 과정을 통해 노동의 의미와 인권 등을 진지하게 생각해볼 수 있을 것이다.

토론 순서

1. 토론 주제 정하기 ➡ 2. 토론 입장 정하고 토론하기 ➡ 3. 최종 입장 정하기

● **1단계**

교사는 학생들과 함께 그림책을 읽고, 떠오르는 단어를 띵커벨 워드클라우드에 적어보자고 이야기한다. 단어가 중복될수록 글씨의 크기가 커져 한눈에 핵심 단어를 파악할 수 있다. 여기서 나온 그림책 핵심 단어를 포함하여 토론 주제를 제시해야 한다. 다음으로 띵커벨 씽킹보드를 사용하여 각자 토론 주제를 입력한다. 가장 많은 표를 받은 것으로 토론 주제로 정한다. 이번 수업의 경우 '내가 만약 민주씨라면 새벽 배송으로 바나나를 주문한다'를 토론 주제로 선정하였다.

● **2단계**

띵커벨 가치수직선을 활용하여 '내가 만약 민주씨라면 새벽 배송으로 바나나를 주문한다' 토론 주제에 대한 자신의 1차 입장을 '매우 그렇다-그렇다-보통이다-그렇지 않다-매우 그렇지 않다' 5단계 중에서 선택한다. 그 입장을 선택한 이유도 짧게 적는다.

그다음 띵커벨 씽킹보드에서 '내가 만약 민주씨라면 새벽 배송으로 바나나를 주문한다' 토론 주제에 대해 자신의 입장에 대한 근거를 제시하며 글을 작성한다. 입장에 대한 근거는 시사 프로그램이나 뉴스기사 등을 활용해 최대한 구체적인 자료를 제시하도록 안내한다.

● **3단계**

다른 학생들의 입장에 대한 글을 읽고 자신의 최종 입장을 정한다. 2차로 띵커벨 가치수직선을 활용하여 '내가 만약 민주씨라면 새벽 배송으로 바나나를 주문한다' 토론 주제에 대해 '매우 그렇다-그렇다-보통이다-그렇지 않다-매우 그렇지 않다' 5단계에서 자신의 입장을 선택한다. 다 같이 입장 변화를 확인한 뒤 최종 입장을 선택한 이유를 질문하고 답하는 시간을 가진다.

66 메타버스 ZEP 활용 토론

○ 메타버스는 가상과 추상을 의미하는 '메타(meta)'와 현실 세계를 의미하는 '유니버스(universe)'가 결합된 용어이다. ZEP은 국내에서 개발된 메타버스 플랫폼으로, PC와 스마트폰 모두에서 사용할 수 있다. 실시간 리액션 기능, 공용 화이트보드 기능, 유튜브 동영상 공동 시청 등 다양한 상호작용을 지원한다.

MIE(Media In Education) 토론은 미디어를 활용하여 교육 환경에서 토론을 진행하는 방법을 말한다. 메타버스 ZEP을 활용한 MIE 토론은 학생들이 가상환경에서 다양한 상호작용을 체험할 수 있도록 도와준다. 토론 주제에 맞는 영상을 함께 시청하면서 실시간 채팅과 리액션 기능을 통해 상호작용할 수 있어 토론이 더 활발하고 효과적으로 이루어진다. 이를 통해 학생들은 단순히 텍스트 기반의 토론에서 벗어나 실제로 만나서 토론하는 듯한 생동감을 느낄 수 있다.

어떤 그림책이 좋을까?

- 그림책 내용과 영상을 연결해서 읽었을 때 효과적인 그림책이 좋다.
- 학생들이 평소 무제의식을 품고 있는 주제를 다루고 있어야 한다.
- 읽는 사람에 따라 주제를 다르게 도출할 수 있어야 한다.

그림책 읽고 토론하기

○ 『탁한 공기, 이제 그만』(이욱재 글·그림, 노란돼지, 2012)

대기오염이 미래를 어떤 모습으로 변화시킬지 상상하게 하는 책이다. 이야기는 맑은 공기를 얻기 위한 인간들의 탐욕으로 순수한 나무들이 죽게 되는 모습을 그리고, 맑은 공기를 얻기 위해 사람들이 씨앗을 키우는 과정과 사랑과 정성으로 가꾼 씨앗이 나무로 자라면서 다시 맑은 하늘을 만나게 되는 과정을 다룬다. 이 책을 통해 우리는 환경을 소중히 여겨야 하며, 인간의 이기적 욕심이 미래를 어떻게 바꿀 수 있는지를 깊이 생각하게 된다.

토론 순서

1. 메타버스 ZEP 설정 및 준비하기 ➡ 2. 미디어 시청 후 개인별 활동지 완성하기 ➡
3. 모둠별 토론 활동지 완성하기

● **1단계**

메타버스 ZEP의 이용 연령은 만 14세 이상이다. 하지만 네이버 웨일스페이스와 연동하여 학교 인증을 받을 경우, ZEP EDU를 통해 초등학생도 학생 계정으로 이용할 수 있다. ZEP에 로그인할 때는 구글, 웨일스페이스, 그리고 개인 이메일을 사용할 수 있다.

학생들과 ZEP에서 토론 수업을 진행하기 전에 교사는 사전에 토론을 위한 스페이스를 준비해두는 것이 좋다. MIE 토론을 위해서는 토론 주제에 맞는 영상을 스페이스에 미리 마련해두어야 한다. 또한, 가상 공간에서 이루어지기 때문에 토론 전에 지켜야 할 에티켓 등을 학생들에게 미리 안내하는 것이 중요하다.

아바타 설정 시에는 학생들이 자신의 실제 이름을 사용할 수 있도록 해야 학생들이 에티켓을 지키며 토론에 참여한다. 마지막으로, ZEP에서 토론하기

위해 필요한 기본 기능들을 학생들이 사전에 연습해보는 과정도 필요하다. 필요한 기본 기능에는 방향키를 활용해 이동하기, 채팅하기, 상호작용하기 등이 포함된다.

● 2단계

교사는 MIE 토론을 위한 참고 영상으로 '제주 비자림로 확장'에 관한 뉴스를 보여준다. 제주 비자림로의 경우 우리나라에서 가장 아름다운 도로로 선정된 바 있지만, 교통난이 심각하여 도로 확장의 필요성이 계속 요구되고 있는 곳이기도 하다. 비자림로의 삼나무를 잘라 도로를 확장할 경우 교통 문제가 해결되어 해당 도로를 이용하는 많은 사람이 편의성이 증대될 것이다. 그러나 자연경관 훼손이 심각해질 것이라는 단점 또한 크다.

'제주도 비자림의 삼나무를 벌목해야 하는가? 하지 말아야 하는가?'에 대한 주제로 개인활동지를 작성한다. 이때 ZEP 스페이스에 연동된 구글 문서 개인활동지에 자신의 의견을 쓰도록 한다.

[메타버스를 활용한 MIE 토론 개인 활동지]

"제주도 비자림의 삼나무를 벌목해야 하는가? 하지 말아야 하는가?

6학년   5반 이름 : 조○○

제주도 비자림로 삼나무 벌목과 관련한 영상을 시청한 후 자신의 주장을 구체적인 의견을 담아 아래의 표에 작성해 주세요.

주장	삼나무 벌목 해야한다.
의견	1. 벌목하지 않을 경우 많은 교통 문제가 발생할 수 있다. 우선 사람들이 도로를 이용할 때 차가 막혀서 불편함을 느낄 수 있다. 2. 이동하는 차량이 많은데 도로가 막히는 문제를 해결하지 않을 경우 사고가 많이 일어날 수 있다. 3. 자른 나무를 다른 곳에 이용해 볼 수 있다.

MIE 토론 활동지

[메타버스를 활용한 MIE 토론 개인 활동지]

"제주도 비자림의 삼나무를 벌목해야 하는가? 하지 말아야 하는가?

6학년   5반 이름 : 김○○

제주도 비자림로 삼나무 벌목과 관련한 영상을 시청한 후 자신의 주장을 구체적인 의견을 담아 아래의 표에 작성해 주세요.

주장	삼나무 벌목을 하지 않는다.
의견	삼나무를 벌목하지 않아야 하는 이유는. 1번째:가지고 있던 아름다운 환경이나 자원이 망가지기 때문입니다. 한번 망가진 자연환경은 짧은기간내에 되돌리기 어려움이 있기 때문입니다. 2번째:이 환경안에서 살고 있던 생물이 죽거나,환경을 잃어버려 큰 어려움을 겪기 때문입니다. 전체적인 근거를 총 들어 말해보자면, 삼나무를 베면 생물도,환경도 어려움을 겪는 것 이라고 전체적으로나, 외적으로도 한눈에 알아볼 수 있다고 생각합니다. 그러므로 삼나무를 막 베어버리면 안됩니다.

● 3단계

모둠별 토론을 시작하기 전에 각 모둠은 사회자와 기록자를 정한다. 사회자는 토론 순서를 정하고 토론이 원활하게 진행될 수 있도록 돕는 동시에, 모둠별로 이루어진 토론 결과를 최종적으로 정리하는 역할을 한다. 기록자는 구글 문서 모둠 기록 활동지에 참여 학생들의 의견을 정리하여 활동지를 완성한다.

    토론 참여 학생들은 자신의 주장을 먼저 이야기한 후, 그 주장을 뒷받침할 수 있는 의견과 근거를 구체적으로 설명한다. 교사는 발표 순서의 학생이 자신의 의견을 이야기할 때, 주장 및 근거를 명확하게 제시할 수 있도록 지속적으로 지도한다. 또한 학생들의 논의 흐름을 주의 깊게 살피며, 필요할 경우 직접 개입하여 방향을 잡아준다. 예를 들어, 근거가 부족하거나 논리가 약한 부분에 대해 추가적인 질문을 던져 학생이 더 깊이 생각하고 의견을 보충할 수 있도록 도와준다.

    토론이 끝난 후, 사회자는 모둠별 결과를 전체 학생 앞에서 발표한다. 발표는 주요 주장들을 정리하고, 각 주장을 뒷받침하는 근거들을 종합하여 설명하는 방식으로 진행한다. 학생들은 각 모둠의 토론 내용을 이해하고 비교하는 동시에 환경 문제에 관한 문제의식을 함양하게 될 것이다.

67 윔지컬 활용 가지치기 토론

◯ 윔지컬(Whimsical)은 아이디어나 워크플로우를 계획하고 정리할 수 있는 도구이다. 사용하는 사람이 직관적으로 이해할 수 있는 방식으로 다양한 요소들을 시각적으로 표현할 수 있다. 특히 브레인스토밍, 마인드맵, 플로우 차트 및 다이어그램 작성을 위한 목적으로 많이 사용된다.

가지치기 토론 방법은 문제의 발생 원인과 인과관계를 체계적으로 분석하여 해결 방안을 모색하는 토론 방법이다. 윔지컬 프로그램을 활용하면, 가지치기 토론 시 인과관계를 도식화하여 명확하고 체계적으로 정리할 수 있다. 학생들은 윔지컬을 통해 실시간으로 자신의 생각을 정리하고 시각적으로 표현하며 협업할 뿐만 아니라, 아이디어를 자유롭게 추가하고 수정하면서 토론의 효과를 높여나간다.

어떤 그림책이 좋을까?
- 명확한 주제나 교훈을 가지고 있어야 한다.
- 다양한 해석이나 관점을 허용하는 풍부한 이야기를 다루어야 한다.
- 토론에 참여하는 학생들의 수준에 맞으면서도 흥미를 끌 수 있는 그림책이 좋다.

그림책 읽고 토론하기

○ 『무지개 물고기』(마르쿠스 피스터 글·그림, 공경희 옮김, 시공주니어, 1994)

바다에서 가장 아름다운 무지개 물고기는 자신의 반짝이는 비늘을 다른 물고기들과 나누지 않으려다 소외감을 느낀다. 결국 그는 자신의 비늘을 나누어주기 시작하고, 비록 비늘이 줄어들었지만 친구들과 함께하는 행복을 얻게 된다. 소중한 것을 다른 사람과 나눌 때 더 큰 행복과 만족을 느낄 수 있다는 중요한 교훈을 얻을 수 있는 책이다. 가지치기 토론과 연계하여 '물고기들에게 비늘을 나눠준다'와 '물고기들에게 비늘을 나눠주지 않는다'라는 두 가지 관점을 중심으로 토론을 진행한다면 '나눔'에 대해 더 깊이 이해할 수 있을 것이다.

토론 순서

1. 윔지컬 프로그램 설정 및 준비하기 ➡ 2. 4인 1모둠 구성 및 가지 만들기 ➡
3. 돌아가며 설명하고 조언 듣기 ➡ 4. 가장 잘된 작품 선정 및 발표하기

● 1단계

윔지컬 프로그램을 사용하기 위해서는 로그인이 필요하다. 따라서 교사는 학생용 구글 계정을 사용하거나 사전에 회원가입을 하여 프로그램을 사용할 수 있도록 준비한다. 다음으로, 윔지컬 프로그램에서 토론을 위한 메인 공간으로 사용할 프로젝트를 생성한다. 원활한 토론을 위해서 학생들에게 도형, 글쓰기, 연결선을 입력하는 기능을 소개한 후 간단하게 사용 연습을 사용한다면 토론 수업을 조금 더 매끄럽게 진행할 수 있다.

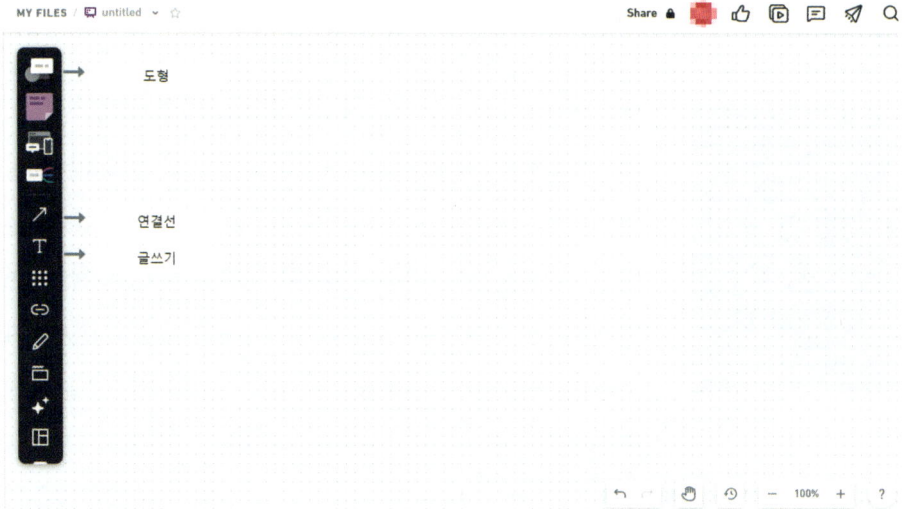

● 2단계

4인 1모둠을 구성한다. 학생들은 무지개 물고기가 자신의 아름다운 비늘을 다른 물고기들과 나눌지, 아니면 나눠주지 않을지에 대해 각자의 입장을 선택한다. '비늘을 나눠준다'와 '비늘을 나눠주지 않는다' 중 한 가지 입장을 선택한 후, 윔지컬 프로그램을 이용해 각자의 선택을 다음과 같이 시각화한다. 이렇게 하면 서로의 관점을 비교하고, 선택한 이유를 더욱 명확하게 설명할 수 있다.

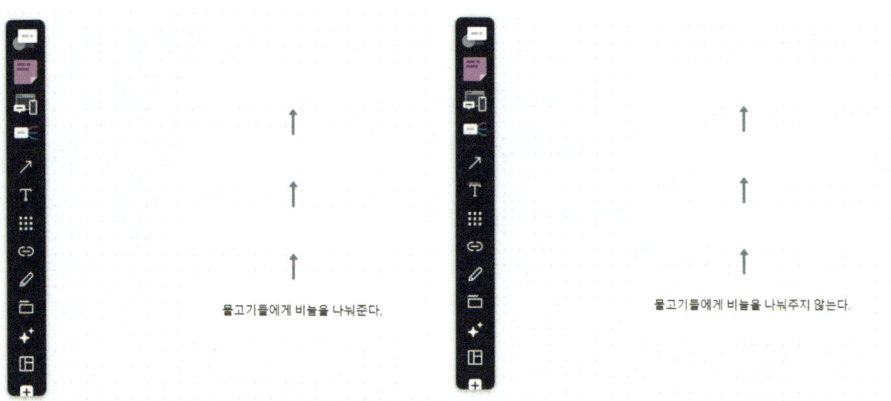

자신의 윔지컬 보드에 자신이 선택한 입장에 대해 깊이 생각한 후, 인과관계를 활용하여 자신의 생각을 가지 형태로 작성한다. 인과관계란 특정한 행동이나 결정의 원인과 그로 인해 발생하는 결과 사이의 관계를 말한다. 예를 들어, 무지개 물고기가 비늘을 나눠준다면 그 결과로 어떤 일이 발생할지 학생들로 하여금 생각해보게 하는 것이다. 인과관계를 이용해 내용을 생각하는 것이 어렵다면 그림책에서 다루는 다른 주제를 활용해 전체적으로 연습한 후 개별적으로 활동해보는 방법도 있다. 이때 자기 생각을 온전히 담아 쓸 수 있도록 다른 학생들과 의논하지 않도록 한다. 가지를 짧게 쓴 학생이 있다면 교사가 추가적인 질문을 던져줌으로써 도움을 준다.

● 3단계

모둠별 학생들이 윔지컬 보드에 자신이 선택한 입장에 대해 가지를 모두 완성한 후에는, 사회자가 모둠 내 학생들이 순서대로 발표할 수 있도록 발표 순서를 정해준다. 각 학생은 자신의 차례가 되었을 때 친구들에게 자신이 작성한 내용을 공유하고 발표한다. 이때 교사는 학생들이 발표자의 이야기를 잘 경청할 수 있도록 사전에 지도해야 한다. 경청의 중요성 및 방법에 대해 미리 설명하고 학생들 간의 상호 존중을 강조한다. 발표를 듣는 학생들은 발표 내용 중에서 인과관계가 자연스럽게 연결되었는지 주의 깊게 살핀다. 예를 들어, 특정 행동의 원인과 결과가 논리적으로 이어지는지를 평가한다.

만약 발표 내용 중에서 인과관계가 적절하지 않거나 더 나은 대안이 있다면 발표가 끝난 후 해당 학생에게 피드백을 준다. 이때, 단순히 비판하는 것이 아니라 더 나은 방향으로 발전할 수 있는 방법을 함께 제공하여 협력적인 학습 환경을 조성한다.

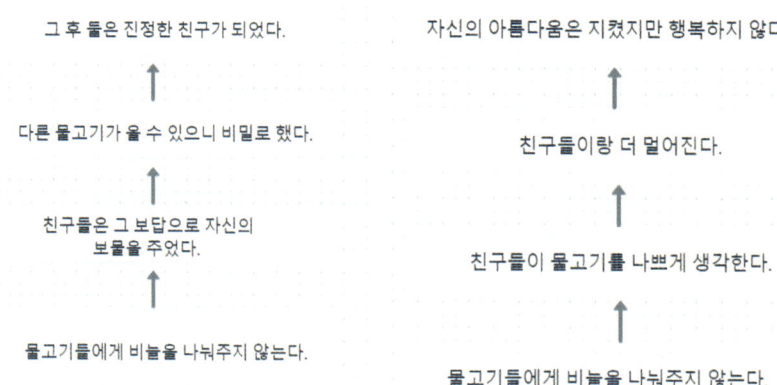

● **4단계**

발표 순서에 맞춰 자신의 가지를 발표했다면 마지막으로 자신의 모둠에서 가장 잘된 작품을 선정한다. 모둠별로 돌아가며 자신이 생각했을 때 가장 잘된 작품을 하나씩 추천하며, 어떤 점이 잘되었는지 구체적으로 이야기한다. 잘된 작품이란 무엇인지 교사가 몇 가지 기준을 제시해주어 단순히 인기 투표가 되지 않도록 한다.

모둠별로 가장 잘된 작품을 선정했다면 선정된 학생들은 교실 앞으로 나와서 자신이 만든 가지를 발표한다. 학생들은 발표 내용을 살펴보면서 나눔의 가치에 대해 깊게 생각해볼 수 있다.

68 캔바 활용 플레이스 메이트 토론

○ 캔바(Canva)는 온라인으로 제공되는 그래픽 디자인 툴로, 다양한 디자인 작업을 손쉽게 할 수 있도록 도와주는 소프트웨어 프로그램이다. 직관적이고 사용하기 쉬운 인터페이스를 제공하는 데다 별도의 로그인 없이 이용 가능하여 성인뿐만 아니라 학생들도 쉽게 활용할 수 있다.

플레이스 메이트(Place mate) 토론이란 토론 주제에 대한 네 사람의 의견을 모아 최종 의견을 만드는 토론 방법이다. 일반적으로 활동지에 모둠별로 자신의 의견을 기록하며 토론하지만, 캔바를 활용하여 슬라이드를 준비할 경우 활동지를 출력하는 번거로움이 없으며, 토론에 참여한 학생들이 실시간으로 다른 학생들이 작성하는 내용을 살펴볼 수 있다는 장점이 있다. 또한 모둠 학생들이 동시에 온라인으로 협업하여 피드백을 주고받을 수 있어 보다 적극적으로 토론을 진행하게 된다.

어떤 그림책이 좋을까?
- 한 가지 주제에 대해 다양한 생각을 나눌 수 있어야 한다.
- '옳고 그름'으로 명백하게 입장이 나뉘는 주제를 담기보다는 여러 답을 생각해볼 수 있어야 한다.
- 학생들의 일상적인 경험과 연결하여 해결 방법을 떠올릴 수 있어야 한다.

그림책 읽고 토론하기

○ 『친절한 행동』(재클린 우드슨 글, E. B. 루이스 그림, 김선희 옮김, 북극곰, 2022)

친절한 행동이 우리에게 주는 의미를 다시 한번 생각해보게 하는 그림책이다. 새 학교에 전학 온 마야는 친구들과 친해지기 위해 노력하지만, 그럴수록 친구들은 마야를 밀어내기만 한다. 결국 학교에 나오지 않게 된 마야를 통해 친구들은 자신의 행동을 되돌아보게 된다.

토론 순서

1. 캔바 설정 후 모둠 구성 및 준비하기 ➡ 2. 각자의 의견을 캔바에 작성 후 의견 나누기 ➡
3. 모둠 전체 의견 모아 최종 의견 만들기

● **1단계**

먼저 원활한 토론 수업 진행을 위해 교사가 토론 주제에 맞게 슬라이드를 미리 준비해둔다. 플레이스 메이트 토론을 오프라인으로 한다면 활동지를 준비해야 하며, 캔바를 이용할 경우 미리 슬라이드에 플레이스 메이트 양식을 넣어놓는다.

4인 1모둠을 구성하고 네 명당 한 장의 슬라이드를 활용할 수 있도록 준비한다. 예를 들어 학급 인원이 24명일 경우 여섯 개의 슬라이드를 준비한다. 슬라이드를 준비한 후에는 링크를 '편집 가능'으로 수정하고 QR코드나 링크를 통해 학생들에게 공유한다.

플레이스 메이트 토론을 원활하게 하기 위해서는 모둠별로 역할을 나누어야 한다. 우선 토론을 진행해나갈 수 있는 진행자와 모둠원의 생각을 요약하여 대신 적을 수 있는 기록자가 필요한데, 사전에 역할을 미리 정해두면 조금 더 매끄럽게 토론을 진행할 수 있다.

● 2단계

각 모둠의 기록이는 캔바 슬라이드 가운데 칸에 '친구를 위한 친절한 행동'이라고 주제를 미리 써놓는다. 각 학생은 자신의 작성 칸에 친구들에게 할 수 있는 친절한 행동에 대해 개별적으로 작성한다. 학생마다 작성하는 속도가 다를 수 있으니, 교사는 제한 시간을 걸어두거나 음악을 틀어주고 노래가 끝나는 시간까지만 작성하도록 하여 학생들 간의 작성 속도를 조절할 수 있도록 한다.

모둠 학생들이 자기 생각을 모두 작성했다면, 모둠별 사회자는 '친구에게 할 수 있는 친절한 행동'에 대해 차례대로 발표하게끔 하면서 토론을 진행한다. 자신의 순서가 되었을 때 친구를 위한 친절한 행동은 무엇인지 먼저 이야기한 후, 그 행동을 왜 선택했는지에 대해 구체적으로 이야기한다. 예를 들어 친구를 위한 친절한 행동으로 '친구의 비밀 지켜주기'를 작성하였다면 친구의 비밀을 지켜주는 행동이 필요한 이유에 관해 이야기를 나눌 수 있도록 피드백해준다.

● 3단계

모둠별로 발표한 아이디어 중 '친구를 위한 친절한 행동'으로 가장 좋은 의견을 최종 의견으로 결정한다. 이때 자신의 의견뿐만 아니라 다른 학생들의 의

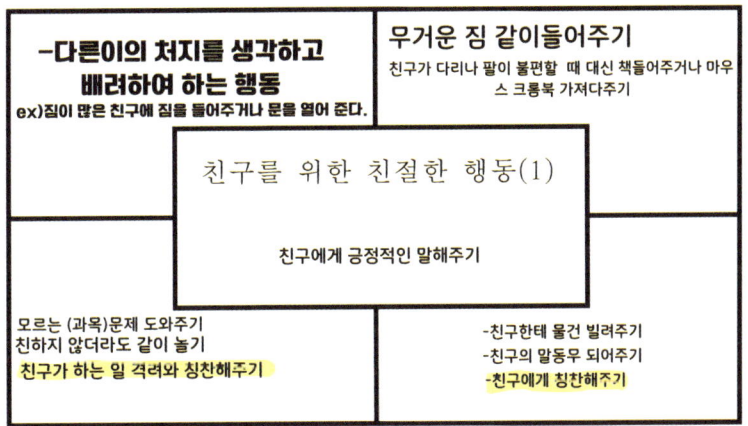

견 내용을 충분히 검토하여야 한다.

　최종 의견을 선정한 후에는 모둠별 사회자가 교실 앞으로 나와 자신의 모둠에서 최종적으로 선정한 의견과 그 이유를 발표한다.

　캔바 프로그램의 특성상 이미지 작업도 가능하므로 각 모둠에서 '친구를 위한 친절한 행동'에 관한 최종 의견을 포스터로 만들어보는 활동도 해볼 수 있다.

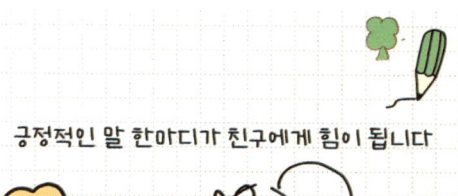

최종 의견 포스터

69 생성형 AI 뤼튼 활용 토론

◯ 국내 스타트업 기업에서 운영하는 생성형 AI 뤼튼은 한글에 최적화되어 있는 AI 서비스로 ChatGPT-4를 이용한다. 검색, 이미지, 업무 세 가지 목적에 특화된 모드를 선택할 수 있다. '편리하게 검색하기' 모드에서는 스토리를 만들 수 있다. 사용자가 입력한 내용을 토대로 매번 새로운 문장을 생성하며, 문장이 마음에 들지 않는 경우 생성 버튼을 눌러 얼마든지 다시 생성 가능하다. '손쉽게 이미지 만들기' 모드에서는 이미지를 만든다. 만든 스토리를 토대로 '~그려줘'라고 요청하면 이미지를 만들어준다. 이미지도 마음에 들 때까지 다시 생성 가능하다. 딜레마가 있는 찬반 토론 수업을 운영할 때 생성형 AI 뤼튼 프로그램을 사용한다면 무료로 수월하게 8컷 그림책을 제작할 수 있을 것이다.

어떤 그림책이 좋을까?
- 주제는 익숙하되, 불편했던 진실을 이야기하는 내용이면 좋다.
- 찬반 토론을 할 수 있는 내용을 담고 있어야 한다.
- 딜레마가 있어 쉬이 선택을 내리기가 곤란한 내용이면 더 좋다.

그림책 읽고 토론하기

○ 『나는 요정이 아니에요』(이지연 글·그림, 사계절, 2024)

우리가 평소 사용하는 생활용품 중 압도적인 비중을 차지하고 있는 면. 대량 생산과 빠른 공급을 위해 대부분의 기업은 어마어마한 면화 공급망 시스템을 이용하고 있다. 이 책은 시스템의 저 끄트머리에서 보호받지 못한 채 노동하는 아이들을 잊고 있지는 않았는지 우리에게 묻는다. 착한 소비를 하려면 비싼 값을 치러야 하고 편리한 제품을 덜 사용해야 한다는 현실을 인지하는 동시에 진정한 소비란 무엇일지 고민해보자.

토론 순서

1. 토론 주제 제시하고 2인 1모둠 구성하기 ➡ 2. 아이디어 구체화하기 ➡
3. 아이디어 시각화하기 ➡ 4. 아이디어 공유하여 상대방 설득하기

● **1단계**

그림책을 읽고 학생들과 찬반 토론하기 좋은 주제를 정한다. 이번 수업의 주제는 '착한 소비를 할 것인가?'이다. 생성형 AI 뤼튼을 사용하기 위해 찬성은 찬성끼리, 반대는 반대끼리 2인 1모둠으로 구성한다. 만약 찬반이 홀수로 나뉠 경우는 3인 1모둠도 허용한다. 혼자가 아니라 2~3인 1모둠으로 할 경우 프롬프트에 입력할 질문을 의논하거나 컴퓨터 사용이 미숙한 학생, 내성적인 학생들도 좀 더 적극적으로 참여할 수 있다.

● **2단계**

생성형 AI 뤼튼을 사용하여 상대방을 설득할 수 있는 8컷 그림책 스토리를 만드는 단계이다. 먼저, 모둠별 아이디어를 모은다. 생성형 AI 뤼튼과의 대화로

아이디어를 구체화한다. 모둠별로 그림책에서 가장 중점을 두는 근거를 정하고 그 근거에 알맞은 질문을 의논한다. 생성된 내용을 보고 다시 의논하여 수정한다. 프롬프트에 질문을 입력할 때에는 복문이 아닌 단문으로 쓰는 것이 좋다. 질문이 구체적일수록 의도했던 문장과 가까워질 것이다. 핵심 단어를 나열하는 것도 가능하다. 생성된 내용이 마음에 들지 않으면 다시 생성하면 된다. 더 마음에 드는 결과물을 위해 문장과 단어를 정확하게 표현하며 스토리를 만들도록 안내한다. 생성된 결과물(그림책 내용)의 제목을 추천받을 수도 있다.

아이들이 노동력을 착취 당하는 모습과 우리가 착한 소비를 해야하는 까닭을 8컷 그림책 만들어줘.

🔶 **답변**

물론입니다. 아이들이 노동력을 착취당하는 모습과 우리가 착한 소비를 해야 하는 이유를 8컷 그림책으로 만들어 보겠습니다.

1. **시작**: 어느 작은 마을에 사는 아이들이 있습니다. 그들은 학교에 가지 않고 매일 일을 해야 했습니다.
   - 이미지: 아이들이 공장에서 일하고 있는 모습.
2. **배경**: 아이들은 밝고 따뜻한 햇살 아래에서 뛰어놀고 싶어했지만, 공장에서는 어두운 곳에서 힘든 일을 해야 했습니다.
   - 이미지: 창밖을 바라보며 일하는 아이들.
3. **문제 등장**: 아이들은 낮은 임금과 힘든 노동 조건에서 일하며 고통받고 있었습니다.
   - 이미지: 힘들어하는 아이들의 얼굴.
4. **시도**: 한 아이가 친구들과 함께 마을 사람들에게 도움을 요청하기로 결심합니다.
   - 이미지: 친구들과 모여 이야기를 나누는 아이.
5. **실패**: 마을 사람들은 처음에는 아이들의 이야기를 듣고도 큰 관심을 보이지 않았습니다.
   - 이미지: 무관심한 마을 사람들.
6. **전환점**: 한 현명한 어른이 아이들의 이야기를 듣고, 마을 사람들에게 착한 소비의 중요성을 알려주기로 합니다.
   - 이미지: 마을 회관에서 사람들에게 이야기하는 어른.
7. **결정적 행동**: 마을 사람들은 착한 소비를 실천하기 시작하고, 공장 주인에게 아이들을 더 이상 착취하지 말 것을 요구합니다.
   - 이미지: 마을 사람들이 공장 앞에서 시위하는 모습.
8. **결말**: 결국 공장 주인은 아이들을 해방시키고, 마을 사람들은 착한 소비를 통해 공정한 거래를 실천하게 됩니다.
   - 이미지: 자유롭게 뛰어노는 아이들과 행복한 마을 사람들.

이렇게 이야기를 구성해 보았습니다. 추가로 수정하거나 더 구체적인 내용을 원하시면 말씀해 주세요!

● **3단계**

만들어진 스토리를 기반으로 프롬프트 입력창에 원하는 내용을 입력하여 이미지를 생성한다. 8컷 이미지를 한꺼번에 생성하면 만화 형식으로 표현되므로 한 컷씩 그 컷에 알맞은 내용을 입력한다. 프롬프트에 질문을 입력할 때에는 구체적이고 명확한 표현을 사용하면 좋다. 만약 생성된 이미지가 마음에 들지 않으면 마음에 들 때까지 다시 생성하기를 누른다. "낡은 공장이 앞에 있고 사람들은 뒷모습이 보여. 사람들이 공장 앞에서 주먹 쥔 손을 위로 흔들며 시위하는 모습을 그림책에 어울리게 그려줘"라는 문장을 적었을 때 위와 같은 이미지가 생성되었다.

● 4단계

한글 파일에 확정된 이야기와 그림을 입력한다. 먼저 찬성과 반대 입장을 적고 그림책 제목을 적는다. 그림은 1컷부터 8컷까지 캡처하여 붙여넣고 이야기는 그림 아래에 입력한다. 생성형 AI의 출처를 밝힌다. 완성한 한글 활용 그림책 파일은 패들렛에 공유한다. 이때 파일 제목을 '(찬성)착한 소비를 할 것인가?' '(반대)착한 소비를 할 것인가?'로 표시하여 제목만으로 찬반 여부를 알 수 있도록 한다. 교사는 찬성측은 반대측의 그림책을, 반대측은 찬성측의 그림책을 보도록 안내한다. 마지막으로 학생들이 의견을 바꿀 수 있는 기회를 주기 위해서다. 상대방의 그림책을 보고 댓글로 그림책을 본 소감, 근거의 타당성에 대한 질문 등을 남기면 그림책을 만든 학생들은 답변을 달아주며 상대방을 적극적으로 설득한다. 학생들은 상대방 입장에서 만든 그림책을 보고 '착한 소비를 할 것인가?'에 대한 자신의 최종 입장을 정한다. 수업을 시작할 때 찬성 11명, 반대 7명이었으나 최종 입장에서는 찬성 15명, 반대 3명으로 바뀌었다.

1컷	2컷
어느 작은 마을에 사는 아이들이 있었어요. 그들은 학교에 가지 못하고 매일 일을 해야 했어요.	아이들은 밝고 따뜻한 햇살 아래에서 뛰어놀고 싶어 했지만, 어두운 공장에서 힘든 일을 해야 했어요.
3컷	**4컷**
아이들은 낮은 임금과 힘든 노동 조건으로 고통받고 있었어요.	결국 아이들은 마을 사람들에게 도움을 요청하기로 결심했어요.
5컷	**6컷**
처음에 마을 사람들은 아이들의 이야기를 듣고도 큰 관심을 보이지 않았어요.	하지만 어느 현명한 어른이 아이들의 이야기를 듣고는, 마을 사람들에게 '착한 소비'를 알려주었어요.
7컷	**8컷**
마을 사람들은 '착한 소비'를 실천하고, 공장 주인에게 아이들을 더 이상 착취하지 말라고 요구했어요.	결국 공장 주인은 아이들을 해방시키고, 마을 사람들은 '착한 소비'를 적극적으로 알리게 되었어요.

70 멘티미터 활용 토론

◯ 멘티미터(Mentimeter)는 실시간 질문과 설문을 하고 바로 결과를 알 수 있는 웹 설문 앱이다. 가장 심플하면서도 학생들이 재미있어하고, 지식을 잘 전달할 수 있는 스마트 플랫폼이다. 실시간으로 학생들의 반응을 알 수 있고, 질문 유형이 매우 다양하며, 출력이 가능하고, 여러 가지 유용한 행사(event)용 메뉴가 많고, 무엇보다 무료라는 장점이 있다. Popular question types(일곱 가지)는 실시간 설문 유형들로 실시간 토론이 가능하며 가장 많이 사용된다. 단어를 적어 자기 생각을 표현하는 Word Cloud와 학생들과 생각을 나누고 이야기할 수 있는 Open Ended는 토론에 사용하면 좋다. Content slides(6가지)는 내용 발표는 물론 찬반 투표도 가능하다.

어떤 그림책이 좋을까?
- 글이 많은 것보다는 글이 적고 생각거리가 있는 그림책이 좋다.
- 그림을 찬찬히 살펴볼 수 있는 책이어야 한다.
- 찬반 토론이 아니라 자신의 생각과 경험을 솔직하게 표현해볼 수 있는 내용이 담겨 있어야 한다.

그림책 읽고 토론하기

○ 『당신을 측정해 드립니다』(권정민 글·그림, 사계절, 2024)

나의 존재를 숫자로 증명해야 하는 사회. 끝없는 비교와 구별 짓기로 사람들의 사소한 것 하나하나가 줄 세워진다. 저자는 무엇이든 비교하고 수치화하게 만드는 '측정'의 본질에 주목하여 측정으로 수치화할 수 없는 것들의 소중함을 일깨운다. 멘티미터를 활용해 '나의 측정값들은 나를 잘 표현할 수 있는가?'라는 주제를 생각해보고 다른 사람들의 생각까지 실시간으로 파악한다면 눈에 보이지 않는 것을 어떻게 표현해야 할지 진지한 고민을 이어나갈 수 있을 것이다.

토론 순서

1. 나의 경험 발표하기 ➡ 2. 내가 찾은 토론 주제 발표하기 ➡
3. 토론 주제에 대한 나의 생각 발표하기 ➡ 4. 토론 주제에 대한 최종 생각 발표하기

● 1단계

그림책을 읽고 측정과 관련된 자신의 경험을 발표한다. 이때, 멘티미터 중 가장 많이 사용되고 있는 Type-Word Cloud를 활용한다. 교사는 Type-Word Cloud를 선택한 후 오른쪽에 있는 Question에 질문을 입력한다. 오른쪽 위 Present를 누르면 코드가 생성된다. 학생들은 스마트폰이나 패드에서 멘티미터를 검색한다. 교사가 알려준 코드를 입력하면 바로 시작할 수 있다. 먼저 키, 체력, 순발력과 같은 측정의 경험 중 좋았던 경험을 입력한다. 문장으로 입력하지 않고 단어로 입력하도록 안내한다. 입력된 단어 중 겹치는 단어의 크기가 커지면서 입력된 모든 단어가 한눈에 실시간으로 변화되는 것을 관찰할 수 있다. 다음으로, 같은 방법으로 싫었던 측정 경험을 단어로 입력한다. Word Cloud의 장점은 실시간으로 중복되는 단어의 글씨가 커지는 것이다. 만약 정

확한 결과를 원하는 경우, 가운데 있는 Results를 누르면 수치로 나타낸 것을 따로 볼 수도 있다.

실시간 화면

Results 화면

● 2단계

그림책에서 찾은 토론 주제를 발표한다. 교사는 Type-Open Ended를 선택한 후 오른쪽에 있는 Question에 질문을 입력한다. 오른쪽 위 Present를 누르면 코드가 생성된다. 학생들은 교사가 알려준 코드를 입력하고 토론 주제를 입력한다. Open Ended와 Word Cloud의 다른 점은 문장으로 자유롭게 입력할 수 있다는 것이다. 학생이 입력한 문장은 입력한 순서대로 배열되어 실시간으로 나타난다. 마음에 드는 토론 주제에 댓글을 달 수도 있다. 이 중 가장 많은 댓글이 달린 것을 토론 주제로 삼는다. 이번 수업의 경우 '나를 꼭 측정으로 알아야 하는가'를 토론 주제로 정하였다.

그림책에서 찾은 토론 주제
22 of 29 responded • 36 responses

- 측정을 해야만 나의 능력이 올라가는가?
- 나를 측정만으로 정의 할 수 있는가?
- 측정으로 내 모든 걸 알 수 있을까?
- 측정이 전부인가?
- 겉으로 보이는 측정 결과로만 나를 표현할 수 있는가?
- 측정으로 나의 값을 측정해야 행복한가
- 나를 꼭 측정으로 알아야 하는가?
- 남이 측정하는 나는 정확할까?
- 다른 사람 측정 으로 나를 판단 할 수 있는가?
- 측정을 해야만 나를 알 수 있는가?
- 측정이란 어디서부터 어디까지인가
- 나에게 측정을 해야만 나의 능력을 알 수 있을까?
- 측정한 값이 정말 나일까?
- 당신은 측정 하실건가요?

● **3단계**

토론 주제에 대한 자신의 생각을 발표한다. 자신의 생각을 적을 때에는 그 이유와 근거를 함께 제시할 수 있도록 한다. 교사는 Type-Open Ended를 선택한 후 오른쪽에 있는 Question에 질문을 입력한다. 오른쪽 위 Present를 누르면 코드가 생성된다. 학생들은 교사가 알려준 코드를 입력하고 토론 주제에 대한 자신의 생각을 작성한다. 학생이 입력한 문장은 입력한 순서대로 배열되어 실시간으로 나타난다.

나를 꼭 측정으로 알아야 하는가?

18 of 29 responded • 31 responses

아니다. 왜냐하면 측정하는 시간 말고 일상에서도 자신을 알 수 있는 시간이 주어질 수 있기 때문이다. 또한 측정은 자신의 신체, 특징만 알 수 있고 성격이나 내면은 알 수 없기 때문이다.

아니다 측정을 한다는 것은 그것을 알기위해서고 평상시에 행동들로는 예측할수없기 때문의 그 행동들을 하는 것이기의 알수없다

측정으로 나를 알아야한다. 왜냐하면 내가 측정을 해야 내가 나의 자신을 알수있기 때문이다. 그리고 측정을 안하면 나의 측정을 잘 알수 없고, 나에 대한 관심을 가자기 위해서 측정을 하기 위해서 측정을 하는거다

측정으로 알 수 없을 것 같다. 왜냐하면 측정은 정해진 규칙과 수치로 측정하는건데 나는 정해진걸로 표현할 수 없을 것 같기 때문이다.

나는 꼭 측정으로 알 수 없다. 왜냐하면 측정은 나에 대해 알려주는 것이 제한적일 뿐만 아니라 그저 숫자로 나타내 시각화하는 하나의 형식이라고만 할 수 있는 것이기 때문이다. 나의 대한 정의는 무한적이지만 측정은 나의 대한 정의를 좁은 공간 속에 가두게 한다. 만약 나를 무엇으로 표현할 거냐는 질문을 받았을 때는, 나는 나를 끊임없이 성장하는 덩굴이라고 표현할 것이다

나는 측정으로 알수 없을 것 같다. 왜냐하면 측정은 무슨 기준이 정해져 있는 것인데, 그 기준에 벗어날 수도 있기 때문에 알 수 없을 것같다.

● **4단계**

토론 주제에 대한 최종 생각을 발표한다. 3단계와 방법은 같다. 학생들이 자신의 생각을 적을 때 그 이유와 근거를 함께 제시할 수 있도록 한다. 교사는 Type-Open Ended를 선택한 후 오른쪽에 있는 Question에 질문을 입력한다. 오른쪽 위 Present를 누르면 코드가 생성된다. 학생들은 교사가 알려준 코드를 입력하고 토론 주제에 대한 최종 생각을 입력한다. 학생이 입력한 문장은 입력한 순서대로 배열되어 실시간으로 나타난다. 200자까지 입력 가능하므로 생각을 정리해서 적거나 200자보다 긴 경우 두 번에 걸쳐 입력할 수 있도록 한다. 학생들이 자신의 생각을 자유롭게 입력하도록 하기 위해 이름을 따로 적지 않았으나 필요한 경우 자신의 이름을 앞에 적어도 무방하다.

3부

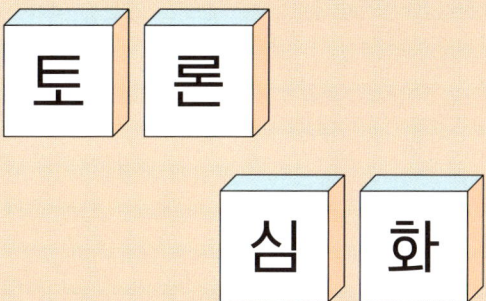

토론 심화

71. 질문 만들기
- 사실적 질문, 해석·추론적 질문, 비판·감상적 질문

○ 사실적 질문, 해석·추론적 질문, 비판·감상적 질문은 사고수준에 따른 질문 유형으로, 학생이 질문을 생성하고 해결하는 능력을 기를 수 있도록 한다. 초등학교 국어 교과서에서 강조하고 있는 이 질문법은 학생들의 텍스트 이해를 기반으로 한 질문부터 자신의 삶에 적용할 수 있는 질문으로까지 점차적으로 확장된다. 자신의 지식과 경험을 바탕으로 추론하고 비판하면서 스스로 질문하고, 그 질문에 대하여 함께 토론하는 과정을 통해 고차원적 사고 능력도 향상시킬 수 있다.

어떤 그림책이 좋을까?
- 등장인물의 말과 행동이 잘 나타나서 내용 확인을 할 수 있어야 한다.
- 현실에서 경험해봤거나 경험을 확장시킬 수 있는 내용의 그림책이 좋다.
- 자신의 삶과 연결하여 가치를 판단하거나 문제를 해결할 수 있어야 한다.

그림책 읽고 토론하기

○ 『어린이 면허』(마르탱 파주 글, 로낭 바델 그림, 양진희 옮김, 우리들의행성, 2023)

자연을 관찰하여 그림을 그리고 텃밭에서 채소 기르기를 좋아하는 아스토르. 어린이답지 않다는 이유로 어린이 위원회에 불려간 아스토르는 어린이 면허를 유지할 자격이 있는지에 대해 심사를 받게 된다. 아스토르에게 일어나는 일들로 사실적 질문을 만들면서 내용을 이해하고, 인물들의 말과 행동으로 해석·추론적 질문을 만들며 사고를 확장시킬 수 있다. 어린이를 향한 어른들의 고정관념과 편견에 대해 생각하면서 비판·감상적 질문을 만들며 전체 토론까지 하기에 적합한 그림책이다.

토론 순서

1. 질문 만들기 ➡ 2. 질문 유목화하기 ➡ 3. 학급 전체 토론하기 ➡ 4. 글쓰기로 정리하기

● **1단계**

스스로 질문을 만들어 그 질문을 갖고 토론하기 위해서는 학생의 질문 능력을 길러주어야 한다. 그러기 위해 그림책 내용 이해를 토대로 단계적으로 질문을 만들어본다. 학생들이 가장 쉽게 만들 수 있는 질문은 사실적 질문으로, 특정 사실, 직접 제시된 사건, 세부 사항 요약 등 텍스트 내에 답이 명시되어 있는 질문이다. 그림책의 내용이 답으로 나올 수 있도록 질문을 만든다든가 그림책의 키워드가 들어가게 질문을 만들 수 있다.

다음으로는 텍스트 내에 답이 명시되어 있지는 않지만 암시된 의미를 찾아내거나 결과를 예측할 수 있는 해석·추론적 질문을 만든다. '왜'라는 질문을 넣어 상황에 대한 해석 및 추론을 하는 질문을 만들거나 주인공의 입장이 되어 질문을 만들 수도 있다.

마지막으로 인물의 행동이나 생각을 자신의 의견과 비교하여 옳고 그름

을 판단하거나 텍스트에 대한 이해를 자신의 삶과 연관 지을 수 있는 비판·감상적 질문을 만든다. '만약 ~라면?'으로 질문을 만들어보거나 당위적인 주장에 의문을 제기하며 질문을 만들어도 좋다.

사실적 질문, 해석·추론적 질문, 비판·감상적 질문을 이용한 토론은 질문을 만드는 데에 익숙하지 않은 학생들과 단계적으로 질문 만들기를 연습하면서 적용해보기에 알맞다. 문해력을 키워야 하는 학생들에게 사실적 질문을 많이 만들게 하여 내용 이해를 돕고, 해석·추론적 질문으로 생각을 확장하게끔 유도할 수도 있다. 비판·감상적 질문으로 삶에 적용하는 토론까지 할 수 있도록 교사가 자유롭고 허용적인 분위기를 조성해주도록 한다.

● **2단계**

학생들이 만든 사실적 질문, 해석·추론적 질문, 비판·감상적 질문을 칠판에 붙인다. 학생들은 자신이 만든 질문을 해당하는 곳에 붙이면서 다른 친구들이 만든 질문도 읽어본다. 비슷한 질문끼리 유목화하여 붙이면서 가장 많이 나온 질문이 무엇인지 알아본다. 사실 질문에서는 그림책의 주제와 관련된 사실을 묻는 질문이 가장 많이 나오고 해석·추론적 질문에서는 주인공의 입장에서 생각해보는 질문이 많이 나왔다. 비판·감상적 질문에서는 당위적인 주장에 대한 생각을 묻는 질문이나 주제에 대한 가치 판단을 묻는 질문이 많이 나왔다. 이렇게 유목화하는 과정을 통해 친구들의 생각을 확인하고 많이 나온 질문을 시각적으로 확인하여 토론 주제를 생각해볼 수 있다.

● **3단계**

정리된 질문 중 학급 전체가 토론하면 좋을 만한 질문을 선정한다. 학생들의 질문으로는 '어린이 면허가 꼭 필요한가?'와 '어린이 면허의 자격은 적당한가?'가 많았다. 이번 수업의 경우 어린이 면허의 자격도 함께 토론해볼 수 있는 '어린이 면허가 필요한가?'로 토론 주제를 정했다. 어린이 면허에 대한 찬성과 반대 의견을 말하기 전에 어린이 면허의 발급 기준, 어린이 면허의 특혜 등에 대해서도 이야기한다. 주제에 대한 의견을 말할 때는 주제와 관련이 있는지, 사실을 바탕으로 하는 의견인지, 객관적인지 생각하면서 근거를 제시하며 토론할 수 있도록 한다.

학생들이 주제에 대한 찬성과 반대 의견을 말한 후 찬성은 반대쪽에, 반대는 찬성쪽에 질문하고 답변을 듣는다. 같은 의견을 가진 학생들은 상대방 질문에 보충 답변을 할 수도 있다. 상대방의 의견을 향해 구체적인 예를 들어 반론을 제시하면서 자유롭게 서로의 의견을 이야기한다.

● **4단계**

정해진 답이 없는 토론이므로 서로의 의견을 충분히 나눈 후 생각이 변화한 부분이나 토론 후의 느낌을 이야기한다. 어린이 면허가 필요하지 않다고 생각했던 학생들도 토론을 거치며 어린이 면허의 효과가 잘 발휘된다면 어린이를 충분히 보호할 수 있다는 의견으로 바뀌기도 하였고, 처음에는 어린이 면허가 필요하다는 의견을 제시했지만 나중에는 어린이 보호가 확실하게 보장되기만 한다면 꼭 자격증이 필요하지는 않다고 생각을 바꾼 학생도 있었다. 마지막으로 토론에 대한 자신의 생각을 글로 쓰며 마무리한다.

72 DVDM 질문 활용 토론*

○ DVDM 질문법은 구기욱 퍼실리테이션에서 개발한 질문 접근법이다. 퍼실리테이션은 다수의 참여자가 함께 최선의 결정을 도출하기 위해서 토론을 통해 소통과 협력을 촉진하는 의사결정 지원 방법이다. DVDM 질문법의 네 가지 주요 질문 단계는 효율적인 토론과 문제 해결 도모에 적합하다. 먼저 '정의 질문(Definition)' 단계에서는 주제를 명확히 정의하여 이해를 공유하고, '가치 질문(Value)' 단계에서는 주제의 중요성과 의미를 확인한다. '난관 질문(Difficulty)' 단계는 주제를 실현하는 데 있어 어려움을 극복하기 위한 도전점을 분석하며, '해법 질문(Method)' 단계에서는 해결 방안을 찾고 실행 가능한 계획을 세우는 과정을 포함한다. 이러한 접근법은 학생들이 함께 목표를 이해하고 협력하여 실질적인 해결책을 도출하는 데 도움을 준다. DVDM 질문법을 사용할 때는 각 단계를 명확하게 이해하고, 학생들의 의견을 적극적으로 존중하는 태도가 중요하다.

*구기욱, 『쿠's 퍼실리테이션』(쿠퍼북스, 2023, 308~313쪽).
그림책사랑교사모임, 『질문이 있는 그림책 수업』(케렌시아, 2022, 173~193쪽) 참고.

어떤 그림책이 좋을까?

- 그림책의 주제가 복잡하지 않고 단순하고 명확하게 정의되어 있어서 학생들이 쉽게 이해하고 접근할 수 있어야 한다.
- DVDM 질문법의 정의, 가치, 난관, 해결 방법들을 탐구하기 적절한 책이 좋다.
- 주제와 관련된 다양한 해결책을 찾고 실행이 가능한 계획을 세우는 과정을 통해 문제 해결 능력을 강화할 수 있어야 한다.

그림책 읽고 토론하기

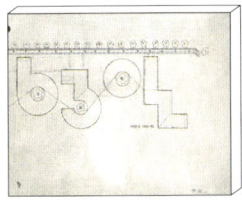

◐ 「63일」(허정윤 글, 고정순 그림, 반달, 2020)

강아지 공장에서 태어나는 강아지 이야기를 통해 생명 존중과 동물 보호에 대한 메시지를 던지는 책이다. 강아지들이 인간의 욕망과 시장 요구에 의해 상품화되는 과정과 그로 인해 발생되는 윤리적 문제를 실감 나게 그려낸다. 이 책은 강아지들의 태어남과 삶에 대한 경의와 존중을 생각하게 하며, 동물복지와 보호의 중요성을 강조한다. 동물의 생명이 보호되지 못하는 현실적인 문제의 원인을 찾아보고 어떻게 해결할 수 있을지 토론해보자.

토론 순서

1. 정의 질문 ➡ 2. 가치 질문 ➡ 3. 난관 질문 ➡ 4. 해법 질문

● **1단계**

수업을 시작하면서 교사는 먼저 DVDM의 네 가지 질문을 단계대로 만든다는 것을 안내한다.

정의 질문(Definition)은 다양한 개념 정의에 대해 토론하며 핵심 가치를 정하는 과정으로, 주제에 대한 개념을 명확히 정의하기 위한 질문이다.

정의에 관한 질문을 찾기 위해서는 그림책을 탐색하면서 내용을 충분히 이해해야 한다. 표지를 보고 어떤 내용일지 예측한 뒤, 그림책을 읽으며 가장 인상 깊은 장면을 찾아본다. 이 그림책을 처음 접한 학생들은 책 속 이야기가 강아지 인형이나 AI 강아지에 대한 것이라고 생각하는 경우가 많았다. 그래서 강아지 공장이 우리 현실에도 존재하며 실제로 운영되고 있다는 요지의 영상을 본 후 그림책 내용에 관해 이야기 나누었다.

그림책에서 핵심 키워드 여덟 개를 뽑아 띠 빙고를 통해 다른 학생들과

비교해본다. '차별, 미래, 생명의 소중함, 신중, 사랑, 동물 보호, 환경 보호, 생명 존중' 등 다양한 핵심 키워드가 나왔다. 이후 모둠별로 핵심 키워드에서 한 개를 선정하고 그중 '생명 존중'을 학급의 핵심 주제로 정했다.

1단계 질문은 '생명 존중이란 무엇인가?'이다. 질문을 만들고 생명 존중의 개념을 정의해본다.

> **의견 1:** 생명 존중은 다른 사람이나 동물에게 해를 가하지 않고 친절하게 대하는 것이다.
> **의견 2:** 생명 존중은 모든 생명체가 서로에게 중요하다고 생각하는 것이다.
> **의견 3:** 생명 존중은 동물을 잘 보호하고 지켜주는 것이다.

● 2단계

가치 질문(Value)은 주제가 가진 중요성과 함께 그것이 어떤 가치나 의미를 지니는지 탐색하여 참여자들이 주제에 대해 깊이 이해하고 공감할 수 있도록 하는 질문이다.

이 그림책은 생명 존중과 연관되어 동물을 보호해야 한다는 메시지를 담고 있다. 그래서 가치 질문은 '동물을 보호해야 하는 이유는 무엇인가?'로 정하였다. 학생들은 동물 보호의 중요성과 필요성을 토론하며, 동물도 우리와 같은 가족의 구성원이고 존재의 가치가 있음을 알아가도록 한다.

2단계 토론은 모둠별로 근본적인 이유를 탐색하고 공유하는 방식으로 진행한다. 그러기 위해 주제에 대한 가치나 의미를 찾기 위한 다양한 질문을 던져 근본적인 원인을 찾아본다.

질문 1: 왜 동물 보호가 필요한가?
⇨ 동물들도 우리와 마찬가지로 생명체이기 때문에 그들을 존중하고 지켜야 한다.

질문 2: 동물의 생명을 소중히 여기는 것이 중요한 이유는 무엇인가?
⇨ 우리는 동물들과 함께 지구에 살아가기 때문에 그들이 건강하고 행복하게 살 수 있도록 도와야 한다.

질문 3: 동물들이 건강하고 행복하게 살 수 있도록 돕는 것이 왜 중요한가?
⇨ 동물들이 건강하고 행복하게 살면 우리도 더 나은 환경에서 살 수 있다.

질문 4: 우리 모두에게 더 나은 환경에서 사는 것이 왜 중요한가?
⇨ 동물 보호는 지구 환경을 지키고 모든 생명이 행복하게 살 수 있게 한다.

결론: 동물 보호가 필요한 이유는 우리가 동물들의 생명을 존중하고, 동물들이 안전하고 행복하게 살 수 있도록 보호해야 하기 때문이다.

● **3단계**

난관 질문(Difficulty)은 주제로 다루는 개념을 실현하는 과정에서 겪는 어려움을 탐색할 수 있는 질문이다. 학생들이 자신의 상황과 타인의 경험을 비교하고 근본적인 원인을 찾아가는 과정을 지원하여, 주제에 대한 깊은 이해를 도모하고 결합하는 기능을 한다.

3단계 질문은 '동물 보호의 어려운 점은 무엇인가?'이다. 현실적인 문제인 동물 보호의 어려운 점이 무엇인지 동물 보호가 직면한 실질적인 도전 과제와 어려움을 모둠별로 토론하며 현실적인 문제 해결 능력을 기른다.

의견 1: 사람들은 돈을 벌기 위해 생명을 중요시하지 않는 강아지 공장을 운영한다.
의견 2: 사람들은 동물을 물건이라고 생각하며 존중하지 않는다.
의견 3: 사람들은 작고 예쁜 강아지만 원하는 이기적인 마음을 가지고 있다.

● **4단계**

해법 질문(Method)은 주제를 실현하고 개선하기 위해 필요한 구체적인 방법과 실질적인 해결책을 찾아내는 질문이다.

　마지막 질문은 '어떻게 하면 동물을 잘 보호할 수 있을까?'이다. 모둠별로 학생들이 실천할 수 있는 동물 보호 방안을 고민하고, 구체적인 행동 계획을 세우도록 한다.

> **의견 1:** 동물을 함부로 대하지 않고 소중히 여긴다.
> **의견 2:** 동물보호소에 가서 봉사활동을 하거나 기부금을 낸다.
> **의견 3:** 동물의 입장에서 생각하고 행동한다.

　이 수업을 통해 학생들은 강아지 공장과 같은 윤리적 문제에 대해 깊이 생각하고, 동물 보호의 중요성을 인식하게 되었다. 특히 각 단계에서 모둠 토론을 통해 다양한 관점을 이해하고, 현실적인 문제 해결하는 능력을 경험할 수 있었다.

73 스캠퍼 질문 활용 토론

◯ 스캠퍼(SCAMPER) 질문 토론은 관점의 결합, 수정 및 변형 등과 관련된 일곱 가지 질문을 던지며 생각을 전환하며 생각이나 관습의 틀을 바꾸는 토론 방식이다. 대체하기(Substitute), 결합하기(Combine), 응용하기(Adapt), 수정하기-확대하기-축소하기(Modify-Magnify-Minify), 다른 용도로 활용하기(Put to other uses), 제거하기(Eliminate), 반전하기-재정렬하기(Reverse- Rearrange) 등의 일곱 가지 질문을 활용하여 강제적으로 확산적 사고를 하도록 돕는다. 기존의 것에서 무언가를 더하고 빼거나 변형하여 새로운 것을 만들어낸다면 발산적 사고에 익숙하지 않은 학생들도 제시된 일곱 질문의 형태에 맞게 아이디어를 내며 창의적 역량을 기를 수 있다.

어떤 그림책이 좋을까?

- 대상을 변형하며 새로운 생각을 해낼 수 있도록 같은 소재를 변형하는 활동을 할 경우에는 중심 소재가 명확해야 한다.
- 일곱 가지 질문을 적용하여 보다 다양한 소재를 변형하는 활동을 하기 위해서는 등장 소재가 다양할수록 좋다.
- 소재의 변형을 통해 아이디어가 드러나는 스캠퍼 질문법을 활용한 그림책이 있다면 더욱 적합하다.

그림책 읽고 토론하기

◐ 『우리 학교에 여우가 있어』(올리비에 뒤팽·롤라 뒤팽 글, 로낭 바델 그림, 명혜권 옮김, 한솔수북, 2023)

한 소년이 학교에서 여우에게 괴롭힘을 당한다. 여우는 소년의 외모를 가지고 놀리기 시작해서 나중에는 소년을 밀치고 물건을 망가뜨리거나 빼앗기까지 한다. 소년은 심한 괴롭힘으로 인해 여우를 늑대로, 무서운 호랑이로 표현할 만큼 큰 두려움을 느끼고 힘들어한다. 그림책 토론과 연계하여 학교폭력 가해자인 여우를 스캠퍼 기법을 통해 변형하면서 두려움을 극복하고, 가해자를 직면하는 연습을 해본다. 그러다 보면 학교 현장에서 학교폭력을 예방하고 근절할 수 있는 방법을 찾을 수 있을 것이다.

토론 순서

1. 스캠퍼 기법 익숙해지기 ➡ 2. 주제 선정 ➡ 3. 모둠 구성 후 토론으로 해결책 찾기

● **1단계**

토론 주제를 토론하기 전에 스캠퍼 질문 토론에 익숙해지는 시간을 갖는다. 스캠퍼 질문 토론 기법은 일곱 가지 질문을 활용하여 문제를 다양한 시각에서 살펴볼 수 있도록 한다. 일곱 가지 질문은 다음과 같다.

S: 대체하기	기존의 것을 다른 것으로 대체하여 새로운 시각을 얻을 수 있는 질문이다.
C: 결합하기	두 가지 이상의 것을 결합하여 새로운 것을 만들 수 있는 질문이다.
A: 응용하기	어떤 것을 다른 목적이나 조건에 맞게 응용할 수 있는 질문이다.
M: 수정·확대·축소하기	어떤 것의 특성이나 크기를 변형하거나 확대/축소하여 새로운 것을 창출할 수 있는 질문이다.
P: 다른 용도로 활용하기	어떤 것을 전혀 다른 용도나 맥락에서 생각할 수 있는 질문이다.

E: 제거하기	어떤 것의 일부를 제거하거나 불필요한 기능을 줄이는 질문이다.
R: 반전·재정렬하기	어떤 것의 순서, 위치, 기능 등을 반전하거나 재조정하여 새로운 아이디어를 도출하는 질문이다.

그림책에 제시된 소재를 대체하기, 결합하기, 응용하기, 수정·확대·축소하기, 다른 용도로 활용하기, 제거하기, 반전하기를 적용하여 변형한다. '대체하기'는 여우 대신 토끼를 쓰면 어떨까?, '결합하기'는 주인공과 호랑이를 합치면 어떨까?, '응용하기'는 국민청원을 학교폭력 신고에 쓰면 어떨까?, '수정·확대·축소하기'는 여우를 축소하면 어떨까?, '다른 용도로 활용하기'는 여우를 약한 학생들을 지켜주는 데 활용하면 어떨까?, '제거하기'는 여우에게서 남을 괴롭히는 폭력성을 제거하면 어떨까?, '반전·재정렬하기'는 여우와 주인공이 역할 바꾸기 활동을 하면 어떨까? 등의 질문을 활용하여 변형하면서 학생들이 스캠퍼 질문 기법에 익숙해지도록 한다.

● 2단계

그림책을 읽고 난 뒤, 그림책과 관련하여 함께 이야기하기 적합한 주제가 무엇인지 협의를 통해 선정한다. 교사는 토론 주제인 학교폭력을 해결할 수 있는 방안을 자유롭게 제안해보자고 안내한다. 포스트잇 한 장에 학교폭력 해결 방안을 한 가지 작성한다. 이때 다른 친구와 겹치지 않도록 유의해야 한다. 피해 학생과 함께 있기, 건의함 설치하기, 사랑해 게임 하기, 교사나 117에 신고하기 등 다양한 의견이 나왔다.

● 3단계

일곱 개의 모둠을 구성하여 모둠별로 스캠퍼의 한 가지 기법씩 맡아 학교폭력의 해결책을 찾는다. 학생들은 학교폭력 예방 교육, 폭력 가능성 제재, 가해 학생 처벌 등 다양한 측면에서 해결책을 도출했다.

〈각 기법에 따른 해결책〉

S: 대체하기	학교폭력 예방 교육을 강사, 동영상 강의로 대체함.	교실에 샌드백을 설치하여 폭력의 대상을 대체함.	친구에게 상처가 될 수 있는 말을 칭찬으로 대체함.
C: 결합하기	한 달에 한 번 칭찬해주기와 사랑해 게임을 결합함.	학교폭력 피해자 위로와 117 신고, 선생님께 말씀드리기를 결합함.	위로하는 말과 사랑해 게임을 결합함.
A: 응용하기	정신과 치료 방법인 수용 전념 치료를 피해자 상담에 응용함.	정신과 치료 방법인 행동 요법 치료를 가해자 상담에 응용함.	정신과 치료 방법인 인지 분석 치료를 가해자 상담에 응용함.
M: 수정·확대·축소하기	가해 학생이 피해 학생에게 말할 때 존댓말과 존칭을 사용하도록 수정함.	피해 학생의 목소리를 크게 하여 존재감을 확대함.	가해 학생의 목소리를 작은 목소리로만 말하도록 축소함.
P: 다른 용도로 활용하기	가해 학생의 넘치는 힘을 교내 화단 가꾸기로 활용함.	가해 학생의 에너지를 교내 환경정화에 활용함.	괴롭히고 괴롭힘을 당하는 관계를 고양이와 쥐 게임에 활용함.
E: 제거하기	가해 학생의 점심시간 중 자유 시간을 제거함.	가해 학생의 쉬는 시간을 제거함.	가해 학생의 폭력성을 제거함.
R: 반전·재정렬하기	가해 학생은 상의와 하의를 재배치함.	가해 학생과 피해 학생이 역할을 바꿔서 행동해봄.	

74　ORID 질문 활용 토론

○ ORID 질문 활용 토론은 'Objective' 'Reflective' 'Interpretive' 'Decisional'의 첫 글자를 따서 이름 붙인 질문 기법을 적용한 토론이다. 그림책을 읽고 객관적(Objective) 질문, 반성적(Reflective) 질문, 해석적(Interpretive) 질문, 결정적(Decisional) 질문을 차례대로 만들고 답을 찾아가며 토론하게 된다. 이 과정에서 토론자들은 스스로 질문을 만들고 답을 찾으며 작가의 의도를 깨닫거나 그림책의 의미를 삶에 적용하여 당면한 문제를 해결하기 위한 방법을 얻어내기도 한다. ORID 질문 활용 토론이 협동적 문제 해결 과정이기에 책을 읽고 이해하는 즐거움에 더해 자신들의 문제를 힘을 모아 해결할 수 있겠다는 자신감과 토론에 대한 관심과 참여도까지 높일 수 있어 아주 효과적이다.

어떤 그림책이 좋을까?
- 글과 그림의 난이도가 지적 수준이나 연령에 알맞아야 한다.
- 그림책의 주제가 학생들의 삶과 밀접하게 관련되고 학생들이 폭넓게 공감할 수 있다면 좋다.
- 문제 상황이 제시되고 그 문제를 해결하는 과정을 보여주어야 한다.

그림책 읽고 토론하기

◎ 「가시」(이승희 글·그림, 고래뱃속, 2022)

말에 상처 입고 가시가 돋은 주인공. 더 이상 상처받지 않기 위해 가시덤불 속에 스스로를 가두고 살아가는 주인공을 통해 믿고 지켜주거나 도와주는 이가 있다면 언젠가 꽃을 피워낼 수 있을 것이라는 믿음을 전해주는 책이다. 언어폭력에 직간접적으로 노출된 채 살아가지만 이를 인식하지 못하거나 현실에 무감각해져 어떻게 대처해야 할지 모르는 학생, 현실을 인식하고 있지만 행동하지 못하는 학생 들이 ORID 질문을 활용하여 토론한다면 문제 상황을 인지하고 해결 방법을 찾아 실천할 수 있을 것이다.

토론 순서

1. 토론 방법 이해하기 ➡ 2. 모둠 구성 및 질문 만들고 토론하기 ➡
3. 모둠 대표 질문으로 토론하기

● 1단계

ORID 질문 활용 토론은 그림책을 읽고 객관적(Objective) 질문, 반성적(Reflective) 질문, 해석적(Interpretive) 질문, 결정적(Decisional) 질문을 차례대로 만들고 답을 찾아야 하는 활동이기에 단계에 따라 질문을 만드는 방법을 익힌 뒤 진행해야 한다. 따라서 교사가 ORID 토론과 질문의 종류 및 질문 만드는 방법을 단계별로 자세히 설명해주는 과정이 필수적이다. 토론자들 모두 네 종류의 질문을 만들고 답을 찾아가며 참여해야 하므로 적절한 질문을 만들지 못하면 토론 진행이 힘들 수 있다.

다음은 각 질문 단계와 그에 따른 질문 방법이다.

질문 단계	질문 방법
① 객관적(Objective) 질문	그림책의 객관적인 정보와 사실을 확인하는 질문(그림책의 단어, 문구, 문장, 장면, 그림, 외형적 특징 등과 관련된 정보를 확인하는 내용)
② 반성적(Reflective) 질문	그림책에 대한 생각, 느낌, 감정, 경험 등을 공유하는 질문(그림책을 읽고 생각나는 것이나 느끼는 감정, 기분, 관련된 경험 등을 알아보는 내용)
③ 해석적(Interpretive) 질문	그림책의 의미를 파악하기 위한 질문(그림책의 의미나 목적, 중요성, 함축이나 비유, 상징 등에 대하여 파악하는 내용)
④ 결정적(Decisional) 질문	그림책의 주제와 관련된 문제를 해결하기 위한 질문(그림책을 읽으며 떠올린 문제나 상황과 관련하여 반응, 해결, 결론, 실천하는 내용)

ORID 질문 활용 토론은 위 네 단계가 순차적으로 이루어져야 하며 한 단계라도 빠지거나 순서가 바뀌면 안 된다. 그렇기에 학생들이 ORID 토론에 익숙하지 않아도 단계적으로 질문을 만들고 답을 찾아가면서 스스로 질문하고 답을 찾아가도록 하는 것이 중요하다. 이때 각 단계의 질문의 개수나 소요 시간을 제한하지 않고 충분히 시간을 주면 좋다.

● **2단계**

그림책을 읽고 모둠을 구성한 다음 객관적 질문, 반성적 질문, 해석적 질문, 결정적 질문을 만들어본다.

먼저 객관적 질문을 만들고 답을 찾아나가며 그림책에 나타난 정보와 사실을 확인할 수 있도록 한다. 각자 세 개 내외의 질문을 만들면 된다. 이따금 객관적 질문 단계에서 반성적 질문이나 해석적 질문을 만들기도 하기에 교사가 순회하며 안내해주거나 질문을 다 만든 후 점검해주도록 한다. 객관적 질문 단계에서 학생들은 각자의 질문에 대한 답을 찾고 토론하며 그림책을 거듭하여 읽고 글과 그림의 의미를 자세히 파악하게 된다. 이 단계에서 학생들이 만든 질문은 주로 그림책을 통해 알게 된 것이나 알고 싶은 것과 관련되어 있었다.

이제 학생들이 각각 만든 객관적 질문을 모아 모둠 질문을 선정하고 이야기 나눈다. 토론 과정에서 답을 찾기 힘들거나 확신이 어려운 경우 일단 표시해두고 다른 질문에 먼저 답한다. 그러고 나서 모둠활동이 끝나면 교사가 해결하지 못한 질문을 확인하여 함께 답을 찾아준다. 누구나 쉽게 이해할 수 있는 그림책의 장점 덕분에 학생들 대부분 거의 모든 질문에 수월하게 답을 찾아냈다. 간혹 모둠 구성원 모두가 중요한 글이나 그림을 보지 못하고 지나치는 경우에만 교사가 개입하여 짚어주도록 한다.

〈객관적(Objective) 질문 예시〉
- 주인공 머리카락을 왜 가시처럼 그렸을까?
- 상처를 왜 가시로 표현했을까?
- 아이의 등에 박힌 가시는 왜 점점 자랄까?
- 주인공은 왜 점점 스스로를 굵은 가시덤불 안에 가두었을까?
- 주인공의 심리를 가시밭길이라고 표현한 이유는?
- 지켜보던 사람은 왜 가시를 걷어내고 도와주었을까?
- 책에서 상처를 이겨낼 수 있게 해주는 소재를 왜 꽃으로 정했을까?
- 책의 마지막 두 페이지에 그림 없이 글자만 적어놓은 이유는 무엇일까?

반성적 질문 단계에서는 그림책에 대한 정보와 이해를 바탕으로 그림책에 대한 감상과 소감, 자신의 경험이나 감정 등에 대한 질문을 만들고 토론한다. 이 단계에서 학생들은 자신이 상처가 되는 말을 들은 상황이나 상처 입은 친구를 구해준 경험을 나누게 된다. 그림책 내용이 학생들의 삶과 직접적으로 연결되어 있는 만큼 문제 상황을 더욱 깊이 인식하고 공감할 수 있다. 그림책에는 말에 상처 입은 인물 곁에서 함께하며 그를 가시덤불에서 구해주는 또 다른 인물이 등장한다. 객관적 질문 단계에서 이 인물에 대하여 토론한 학생들은 그의 역할에 대한 이해를 바탕으로 자신의 처지 및 역할과 관련된 질문을 만들었다.

〈반성적(Reflective) 질문 예시〉
- 이 책을 읽으며 왠지 모르게 우울한 느낌이 드는 건 왜일까?
- '모양도 색깔도 냄새도 무게도 없는 말'이 얼마나 큰 상처를 줄 수 있을까?
- 아이처럼 상처가 되는 말을 들은 적이 있나?
- 가시가 자라는 듯한 기분을 느껴본 적이 있나?
- 가시에 묶여 숨을 쉬지 못하는 아이를 보며 무슨 생각이 들었나?
- 남자처럼 가시에 찔린 친구를 구해준 경험이 있나?
- 가시덤불에서 소년을 구해준 사람과 같은 주변 사람으로는 누가 있을까?
- 가시덤불 밖으로 나왔을 때 기분이 어땠을까?

해석적 질문 단계에서는 앞의 두 단계에서 질문하고 답한 내용을 바탕으로 그림책의 의도를 정확하게 파악하며 의미를 찾아본다. ORID 질문 활용 토론의 가장 큰 장점은 단계에 따라 질문을 만들고 토론을 하다 보면 어느새 작가의 의도와 그림책의 주제에 접근하게 된다는 것이다. 책 제목인 '가시'의 의미도 학생들 스스로 찾아낼 수 있었다. 주제와 교훈을 교사나 작가가 알려주는 것이 아니라, 학생들 스스로 질문하고 토론하며 결론을 내린 것이다. 학생들은 "다른 사람의 폭력적인 말과 행동에 상처받을 때도 있겠지만 믿어주고 사랑하는 마음이 있다면 잘 이겨낼 수 있다. 상처 입고 가시덤불에 갇힌 인물을 도와주는 이도 자신의 꽃을 건네준 것이 아니라 가시덤불만 살짝 열어 빛이 들게 하여 주인공이 스스로 꽃을 피울 수 있게 해준다"라고 말하였다.

〈해석적(Interpretive) 질문 예시〉
- 주인공은 왜 스스로 가시덤불 속으로 들어가는 걸까?
- 남자가 자신을 희생하면서까지 아이를 도와주려 한 까닭은 무엇일까?
- 빛이 비추고 있는 꽃은 무엇을 의미할까?
- 주인공이 흘리는 눈물의 의미는 무엇일까?

- 남자와 아이가 서로 자신의 꽃을 보여주는 장면은 무엇을 의미할까?
- 많은 사람의 등에서 가시가 돋아나는 장면은 무엇을 의미할까?
- 작가가 이 책을 통해 독자에게 전달하고 싶은 메시지는 무엇일까?
- 글을 그림에 비해 훨씬 작고 눈에 잘 띄지 않게 표현한 이유는 무엇일까?

마지막으로 결정적 질문을 만든다. 그림책에 나타난 문제 상황은 주인공이 타인의 말로 상처 입고 가시덤불에 갇힌 것이고, 이에 대한 해결 방법은 믿고 지켜봐주는 존재와 자신에 대한 믿음으로 헤쳐나가는 것이다. 이런 결론을 보며 학생들은 다음과 같은 결정적 질문을 하고 답을 찾았다. 특히 '서로에게 가시 같은 존재가 되지 않으려면 어떤 노력을 해야 할까?' '학교 내에서의 언어폭력 등을 개인이 어떻게 해결할 수 있을까?'와 같은 질문은 삶과 관련 지어 언어폭력의 심각성을 인식하고 문제점을 개선하려는 마음에서 만든 것이다.

〈결정적(Decisional) 질문 예시〉
- 가시를 없앨 수 있는 방법은 무엇일까?
- 가시에서 탈출한 이후에 어떻게 살아갈까?
- 상처가 있는 사람이 이 책을 통해 어떤 위로를 받을 수 있을까?
- 가시 박힌 소년이 꽃으로 극복한 것처럼 나도 가시가 박혔을 때 어떻게 이겨낼 수 있을까?
- 서로에게 가시 같은 존재가 되지 않으려면 어떤 노력을 해야 할까?
- 자신만의 '꽃'은 무엇일까? 그것을 찾아 나가는 과정을 어떻게 수행할 수 있을까?
- 학교 내에서의 언어폭력 등을 개인이 어떻게 해결할 수 있을까?

● **3단계**

모둠원들이 만든 결정적 질문 중에서 토론하고 싶은 순서대로 세 가지를 적는다. 이때 해당 질문으로 토론하고 싶은 이유까지 함께 적어야 한다. 모둠 내 학생들은 의논을 거쳐 모둠 대표 질문을 정한다. 한 모둠에서 결정된 논제는 '서로에게 가시 같은 존재가 되지 않으려면 어떤 노력을 해야 할까?'였다. 언어폭력에 대한 해결 방안보다 예방에 중점을 두어 토론할 수 있고, 이 논제로 토론하다 보면 자연스럽게 학교 내 언어폭력에 대한 해결 방안이나 자신만의 '꽃'을 찾는 방법에 대한 토론도 가능할 것이라고 생각하였다.

이에 대한 학생들의 결론은 다음과 같다. 첫째, 상대방에게 가시 같은 말을 하지 않아야 한다. 자신의 말과 행동을 먼저 돌아보고 상대방에게 가시가 되는 말이나 행동을 하지 않기 위해 노력해야 한다. '가는 말이 고와야 오는 말이 곱다'는 말처럼 상대방도 나에게 가시 같은 말을 하지 않거나 줄일 것이다. 둘째, 상대방에게 가시 같은 존재가 된 것을 알았다면 먼저 다가가 사과할 수 있는 용기를 가져야 한다. 셋째, 타인을 이해하고 헤아릴 줄 알아야 한다. 상대방이 거부하는 말과 표현은 멈춰야 한다.

토론 과정에서 학생들은 학교 내에서의 언어폭력에 어떻게 대처하면 좋을지 구체적인 방안을 제시하기도 하고, 자신만의 '꽃'을 발견하거나 만들기 위한 방법을 공유하기도 하였다. 이 과정에서 생각하고 결론을 찾느라 토론이 멈추기도 하고, 잠시 혼란스러워지기도 하였지만 학생들 스스로 답을 찾아가며 결론을 도출하였다. ORID 질문 활용 토론이 협동적 문제 해결 과정이기에 학생들은 그림책을 읽고 이해하는 즐거움에 더해 자신들의 문제를 힘을 모아 해결할 수 있겠다는 자신감을 얻게 되었다. 또한 토론에 대한 관심과 참여를 높이는 데에도 효과적이었다.

75 QAR 질문법

QAR(Question-Answer Relationship) 질문법은 1982년 티나 라파엘이 개발한 독해 전략으로, 학생들이 텍스트를 더 깊이 이해하고 해석할 수 있도록 돕기 위해 고안되었다. 라파엘은 학생들이 질문과 답변의 관계를 명확히 이해함으로써 텍스트의 의미를 보다 효과적으로 파악할 수 있다는 점에 주목했다. 이 전략은 다양한 질문 유형을 통해 독해 과정을 구조화하고, 학생들이 텍스트와 상호작용하는 방식을 체계적으로 안내한다. 각 질문에 관련된 정보를 텍스트에서 직접 찾아내거나 텍스트에 의존하지 않고 저마다의 경험이나 배경지식을 활용하여 답을 하는 일련의 과정을 통해 앎이 삶으로 연계되는 학습이라 할 수 있다. 그렇기 때문에 수업의 구조화 및 평가와 피드백이 쉽고, 학생들이 자신의 강점과 약점을 파악하고 개선할 수 있는 기회를 제공한다.

어떤 그림책이 좋을까?

- 이야기의 전개가 뚜렷하고 명확한 그림책이 좋다.
- 심오한 주제 또는 교훈을 담고 있거나 감정이 풍부하게 표현된 이야기를 다룬 책이라면 학생이 스스로의 배경지식을 활용할 수 있다.
- 그림이 이야기와 밀접하게 연결되어 있다면 시각적 단서를 통해 추가 질문을 유도할 수 있다.

그림책 읽고 토론하기

○ 『왜 내가 치워야 돼』 (정하영 글·그림, 책속물고기, 2014)

그리와 즐리는 가끔 싸우기도 하지만 요리도 함께 하는 친한 친구 사이이다. 하지만 청소를 귀찮아하는 그리 때문에 치우는 것은 늘 즐리의 몫이다. 화가 난 즐리는 쓰레기에 이름을 달거나 집을 반으로 나누지만 결국 둘 다 쓰레기를 치우지 않아 집은 쓰레기로 가득 찬다. 그러던 중 비가 내려 집 안이 물에 잠기면서 쓰레기는 모두 사라지고 다시 사이가 좋아진다. 사이가 좋아진 둘은 낚시를 갔다가 연어를 잡아왔는데 그 안에 있던 것은 과연 무엇이였을까?

그림책은 기본적으로 '청소'라는 내용을 다루고 있어서 학생들의 공감을 쉽게 끌어낼 수 있다. 또한 각 캐릭터의 감정이 풍부하게 담겨 있는 만큼 QAR 질문법을 사용한다면 텍스트뿐 아니라 학생들의 배경지식을 활용하여 책을 깊게 읽고 나의 현재와 연결할 수 있다.

토론 순서

1. 사전활동 ➡ 2. QAR 질문 만들고 토론하기

● 1단계

환경을 논하는 그림책을 읽을 때, 그 심각성을 인식하긴 하지만 자신이 실제 직면한 일로 받아들이지 못하는 경우를 종종 볼 수 있다. 이를 방지하기 위해 교사는 학생들이 자신의 방 모습을 그리고 공유하고 발표하게 함으로써 관심과 호기심을 유도하고 협력과 소통의 기회를 제공한다. 이때 단순히 그림을 그리는 것에서 그쳐서는 안 된다. 교사는 "방에서 어떤 쓰레기 문제가 발생할 수 있나요? 어떤 종류의 쓰레기가 가장 많이 발생할까요?" "그림책 표지에서 자신의 방 물건을 찾을 수 있나요?" "방에서 쓰레기 문제를 해결하기 위한 방법을 생각해볼 수 있을까요?" 등의 발문을 던지며 토론 준비를 돕는다.

● **2단계**

그림책을 읽고 난 후, 학생들에게 인상 깊었던 장면 두 가지를 고르게 한다. 사실 이 책은 '협력해서 청소해야 한다'와 '보이지 않는다고 해서 쓰레기 문제가 해결된 것이 아니다'라는 두 가지의 깊은 뜻을 담고 있다. 교사는 학생들이 주제를 잘 파악했는지 학생들의 이야기를 통해 점검한다.

책에 대해 충분히 감상을 나눈 후 교사는 QAR 질문법에 대해 설명한다. QAR 질문법은 총 4단계로 구성된다. 그 중 1, 2단계는 텍스트에서 답을 찾는 질문이고 3, 4단계는 나에게서 답을 찾는 질문이다. 첫 번째 단계는 사실을 확인하는 질문, '바로 거기에(Right there)'이다. 보통 질문에 대한 답을 텍스트에서 한 문장 내로 찾을 수 있기 때문에 학생들이 어렵지 않게 문제를 만들고 답할 수 있다. 교사는 '바로 거기에' 질문의 목적이 근거를 찾아내는 훈련을 하는 것이라고 설명한 뒤 단답으로 답이 도출될 수 있는 질문을 만들어보라고 안내한다.

질문 1: 즐리는 왜 화가 났나요?

학생 A: 그리가 방을 치우지 않아 혼자 치워야 해서 화가 났어요.

질문 2: 연어의 뱃속에서 나온 것은 무엇이었나요?

학생 B: 그리와 즐리가 버린 쓰레기였어요.
학생 C: 그림을 보면 세상 사람들이 버린 쓰레기가 전부 다 나온 것 같아요.

두 번째 단계는 내용을 분석하는 질문, '생각하고 찾기(Think and search)'이다. 이는 단순히 정보를 기억하는 것을 넘어 텍스트 안에서 상상하거나 근거를 찾아 추리하는 질문을 만드는 것으로, 텍스트 안의 정보들을 결합해야 답을 찾을 수 있다. 이때 교사는 텍스트에 치우치지 않고 원인, 결과, 공통점, 차이점 등을 대입하여 생각해보라고 지도해야 한다.

질문 1: 집을 반으로 나눈 결과는 무엇인가요?
학생 A: 집은 더 엉망이 되었고, 쓰레기가 쌓이게 되었어요. 자신의 책임이 되면 할까 생각했는데 오히려 더 방치한 것 같아요.
질문 2: 즐리와 그리는 왜 인스턴트 식품을 사 먹기 시작했나요?
학생 B: 그리가 청소를 안 해서 즐리도 혼자만 계속 하기 힘들었던 것 같아요. 결국 즐리 역시 요리도, 설거지도 하지 않으려 했기 때문이에요.
질문 3: 즐리와 그리의 차이점은 무엇일까요?
학생 C: 즐리는 청소하는 것을 좋아하는데 그리는 안 좋아해요.
학생 D: 제 생각에는 즐리도 그리도 청소를 좋아하지 않는 것 같아요. 또 즐리는 청소하는 것을 좋아하는 게 아니라 깨끗한 상태를 좋아하는 것 같아요. 청소하는 걸 좋아했다면 그리 몫까지 전부 했을 거예요.

세 번째 단계인 '저자와 나 사이의 질문(Author and you)'은 추론적 사고를 묻는 단계로 내용을 평가하는 것이다. 답이 텍스트에 직접 언급되어 있지 않기에 텍스트를 토대로 자신의 의견을 정립해야 한다. 이 단계에서는 독자가 저자의 의도를 읽어야지만 답할 수 있는 질문을 만들어야 하며, 이 책이 전하고자 하는 메시지를 학생들과 먼저 함께 이야기 나누면 조금 더 수월하다. 답이 반드시 정해져 있는 것은 아니며, 각자의 선행지식, 경험과 글 안의 근거를 활용하여 대답할 수 있다. 학생들이 어려움을 느끼는 복잡한 질문보다는 내용을 평가하는 질문이나 "작가는 왜~" "옳은 것인가?"라는 문장을 활용한 질문을 던졌다. 나아가 교사는 이러한 질문의 핵심이 결국 텍스트의 정보와 자신의 배경지식이나 경험을 연결하는 것임을 설명하고 "이 상황에서 당신이라면 어떻게 행동하겠는가?"와 같은 예시를 들어준다. 이러한 과정을 통해 학생들은 텍스트를 보다 깊이 있게 이해하고 저자의 의도를 파악할 수 있으며 자신의 경험을 근거로 논리적으로 표현하는 능력을 배양한다. 이때 유의할 점은, 학생들 각각 경험한 것과 해석할 수 있는 내용이 다르므로 다른 의견을 낼 수 있다는 것을 주지시키는 것이다. 똑같은 텍스트를 읽어도 학생들은 다른 관점에서 해석할 수 있다. 또한 주장을 할 때는 그 근거를 반드시 이야기해야 한다.

질문 1: 작가가 하고 싶었던 말은 무엇일까요?

학생 A: 게으름 피우거나 회피하지 말고 쓰레기 문제에 직면하라는 메시지를 담고 있는 것 같아요. 사실 쓰레기의 심각성을 모르지 않았는데, 우리 일이라고 생각하지도 않았어요. 분리수거 하기도 귀찮아서 일반쓰레기로 다 때려넣을 때도 있었어요. 제가 먹는 것에서 제가 버린 쓰레기가 나오면 너무 무서울 것 같아요.

학생 B: 지금 당장 눈앞에 없다고 해서 일이 해결된 게 아니라는 메시지를 담고 있는 것 같아요. 사실 저는 즐리 같은 사람인데 제 동생은 그리 같거든요. 즐리가 했던 방법은 다 제가 했던 거예요. 동생이랑 구역을 나누고 거긴 안 치웠어요. 이 책을 읽고 생각해보니 조금 더 설득하는 편이 나았겠다는 생각이 들어요.

질문 2: 즐리가 집을 반으로 나눈 것은 옳은 행동이었을까요?

학생 C: 그리가 청소를 너무 하지 않으니까 즐리의 행동은 옳은 것이었을 것 같아요.

학생 D: 그때 당시에 옳은 행동으로 느껴질 순 있지만, 그렇다고 정당한 행동은 아닌 것 같아요. 즐리는 요리하는 것도 좋아했으니까 구역을 나눌 게 아니라 할 일을 나눠야 했어요. 이름을 붙이는 대신 해야 할 일을 나눴으면 그리도 하지 않았을까요?

네 번째 단계는 '나 자신에게 질문(On my own)'이다. 이 질문은 추론적 사고를 묻는 단계로 삶에 적용하는 질문이다. 교사는 문제의 해결책이나 대안을 요구하면서도 자신 또는 사회에게 던지는 질문을 만들라고 이야기한다. 이 단계를 통해 학생들은 독립적으로 사고하고 자신만의 관점에서 텍스트를 해석해나간다.

질문 1: 우리 사회에서 그림책과 같은 일이 발생한다면 어떤 대책이 있을까요?

학생 A: 먼저 경각심이 좀 필요할 것 같아요. 공익광고나 현재 진행하고 있는 플로깅 등을 통해서 현재의 쓰레기 문제를 인식해야 할 것 같아요. 이 책이 전하는 메시지 중에 쓰레기를 줄이자는 말도 있는 것 같아서, 문제를 인식한 다음 배달 음식을 안 먹거나 용기를 재활용하여 먹는 등의 움직임이 자연스러운 사회가 되어야 할 것 같아요.

학생 B: 리사이클링 업체를 지원하고, 또 다양한 분야에서 리사이클에 대한 연구를 하는 게 필요하다고 생각해요. 쓰레기를 발생시키지 않는 것도 중요하지만 결국 자원의 재순환이 필요할 것 같아요.

76 싱크트릭스 토론*

◯ 싱크트릭스(Think trix)는 프랭크 라이먼 박사가 만든 7단계 질문법으로 학생들의 사고력을 향상시켜주는 강력한 질문을 만드는 전략이다. 'Thinking(생각하는)'과 'Matrix(기반)'를 결합하여 만들어졌으며 총 일곱 단계로 구성되어 있다. 1단계는 기억에 관한 질문, 2단계는 원인 및 결과를 생각하는 질문, 3단계는 공통점에 관한 질문, 4단계는 차이점에 관한 질문, 5단계는 아이디어에서 예를 찾는 질문, 6단계는 예에서 아이디어를 찾는 질문, 7단계는 평가하는 질문이다. 일곱 가지의 기본 사고 유형은 질문에 답하기 위해 사고가 어떻게 이끌어져야 하는지 학생들이 깊이 있고 비판적이고 창의적으로 생각할 수 있도록 해준다.

* 그림책사랑교사모임, 『질문이 있는 그림책 수업』(케렌시아, 2022, 129~152쪽) 참고.

어떤 그림책이 좋을까?
- 교훈이 있고 그림책이 어렵지 않으며 메시지가 명확한 것이 좋다.
- 갈등 상황에 놓여 있거나 서로 다른 성향의 등장인물이 둘 이상 나오는 그림책이 좋다.
- 등장인물에게 자신 또는 주변인의 모습을 대입할 수 있는 그림책을 선정해야 한다.

그림책 읽고 토론하기

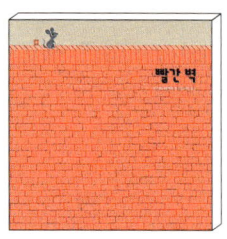

○ 『빨간 벽』(브리타 테켄트럽 글·그림, 김서정 옮김, 봄봄, 2018)

궁금증이 많은 꼬마 생쥐는 빨간 벽 너머의 세상을 늘 궁금해했다. 그러다 꼬마 생쥐는 파랑새를 만나 벽을 넘게 되고, 다른 친구들에게 함께 벽 너머로 가자고 말한다. 과연 꼬마 생쥐의 친구들은 어떤 선택을 했을까? 각 주인공의 삶의 자세를 생각해보고 원인, 결과, 공통점, 아이디어 등을 나누다 보면 각자 처한 상황에서 어떠한 자세를 가져야 할지 알 수 있다는 측면에서 싱크트릭스 토론과 연계하기에 적합한 책이다. 또한 보편적인 가치를 이해하고 주제를 일반화하여 다양한 사례를 짚어봄으로써 책의 주제에 대해 사고하고 자신의 것으로 만들 수 있다.

토론 순서

1. 책 대화 나누기 ➡ 2. 7단계 질문 만들기 ➡ 3. 모둠 대표 질문 선정하고 토론하기

● **1단계**

그림책을 읽고 난 후 여섯 개의 모둠을 구성한다. 그런 뒤 교사는 가장 와닿았던 텍스트 또는 장면을 모둠별로 선택하여 이야기 나눠보자고 안내한다. 가장 와닿는 장면 또는 텍스트를 선택하게 하는 이유는 책이 전하는 메시지와 밀접한 관련이 있기 때문이다. 서로가 인상 깊게 본 텍스트와 장면, 그 이유에 대해 듣는 과정은 책을 한 번 더 깊이 읽는 것과 같다.

학생들은 가장 와닿았던 텍스트와 장면으로 꼬마 생쥐가 벽을 넘고 난 뒤의 장면이나 파랑새가 벽에 대해 이야기하는 장면, 행복한 여우의 행복한 이야기 등을 꼽았다. 그런 뒤 인물들의 특징을 분석하게 하면, 단순히 특징만 분석하는 것에서 나아가 이러한 과거의 경험 때문에 이러한 특징을 가지게 되었을 것이라며 서사를 만들어내었다. 또한 자신이 공감하고 있는 주인공이 누구

냐에 따라 다른 텍스트 또는 장면을 선택하는 모습을 보였다. 따라서 교사가 "왜 그 장면이 가장 좋았어?" "여우의 입장에선 그 장면이 별로이지 않을까?" 등의 질문이 이어지도록 유도하여 토론의 물꼬를 터주면 좋다.

● 2단계

싱크트릭스의 7단계에 대해 설명한다.

1단계는 기억(Recall)에 관한 질문이다. 그림책을 읽고 내용을 점검하는 질문을 만드는 단계로 정확한 답이 있으며 학생들 역시 쉽게 질문을 만들 수 있다.

2단계는 원인과 결과(Cause and Effect)이다. 이야기의 핵심 사건이 무엇이고 그 결과가 어떻게 전개되었는지 찾아보는 단계로 책에 명시되어 있지 않은 내용도 상상하면서 유추할 수 있다.

3단계는 공통점(Similarity), 4단계는 차이점(Difference)으로, 인물이나 사건의 공통점 또는 차이점을 묻는 질문을 들 수 있다. 이 단계는 따로 진행해도 되지만 함께 진행해도 무방하다. 빨간 벽에서는 서로 다른 유형의 등장인물이 등장하기 때문에 학생들이 어렵지 않게 질문을 만들 수 있다.

5단계는 아이디어에 대한 예(Idea to example)이다. 만약 이 말을 학생들이 어려워할 경우, 그림책의 주제 혹은 작가의 의도를 생각해보고 그 예시가 드러난 장면을 고르게 한 뒤 질문을 만들라고 하면 이해가 빠르다.

6단계는 예에 대한 아이디어(Example to idea)이다. 예에 대한 아이디어라는 말을 학생들이 어려워한다면 여러 장면을 통해 본질을 찾고 주제를 일반화하라고 지도한다. 이번 수업에서는 책에서 나타난 '가치'를 통해 핵심 단어를 정하고 그 핵심 단어로 질문 만들기를 안내하였다.

마지막 7단계는 평가(Evaluation)이다. 전체적인 감상을 하는 단계로 우선순위, 가치 판단의 중요도를 생각해보는 단계이다. 어느 인물이 나와 비슷한지, 나라면 어떻게 했을지에 관해 논익해보는 단계이다. 5, 6단계의 경우 학생들이 이해하기 어려워할 수도 있으므로 교사가 개입하여 설명해주면 효과적이다.

교사는 각 모둠의 학생들이 7단계 질문을 잘 만들었는지 점검한다.

1. 기억	처음에 벽은 어떤 색이었나요?
2. 원인과 결과	왜 벽 안쪽은 어둡고 바깥쪽은 밝았나요?
3. 공통점	꼬마 생쥐의 성격은 어떤가요?
4. 차이점	꼬마 생쥐와 고양이의 성격의 차이점은 무엇인가요?
5. 아이디어에 대한 예	우리 사회에서 빨간 벽이란 무엇일까요?
6. 예에 대한 아이디어	꼬마 생쥐의 행동은 어떤 교훈을 주나요?
7. 평가	내가 만약 꼬마 생쥐였다면 빨간 벽에 관심이 있었을까요?

● **3단계**

앞서 만든 7단계의 질문 중 토론이 가능한 질문을 선정한다. 여기서 토론이 가능한 질문은 답변이 단답으로 나오지 않고, 찬반 또는 옳고 그름으로 나뉘어지는 것이라고 이야기한다. 덧붙여 다양한 답변이 나오길 기대되는 질문이나 다른 친구들의 의견이 궁금한 질문을 선정하도록 한다.

모둠별 대표 질문은 다음과 같다.

모둠	싱크트릭스 단계	대표 질문
1모둠	7단계	벽에 대한 사자, 곰, 고양이, 여우의 무관심은 비난받아야 할까?
2모둠	6단계	빨간 벽이 의미하는 바는 무엇일까?
3모둠	6단계	꼬마 생쥐의 행동은 어떤 교훈을 주나요?
4모둠	5단계	우리 사회에서 빨간 벽은 어디에서 찾을 수 있나요?
5모둠	7단계	벽을 넘지 않으려고 한 사자의 행동은 옳은 행동일까?
6모둠	5단계	책에서 빨간 벽을 넘는 것은 사회에서 무엇을 의미할까?

모둠별 대표 질문을 선정하고 난 이후 학생들에게 어째서 이 질문을 대표 질문으로 선정했는지 이야기한다.

발표가 끝난 뒤 학생들은 다른 모둠의 질문에 답을 해본다. 교사가 포스트잇을 나눠주면 학생들은 각자 토론하고 싶은 모둠으로 가서 토론한 뒤, 자신의 생각을 포스트잇으로 남긴다. 자신의 모둠을 제외하고 다른 모둠으로 방문하여 질문이 나온 이야기를 듣는다. 질문이 있으면 모둠장에게 질문한다. 답변을 쓸 때에는 '예/아니오'의 단답은 가급적 피하고, 자신의 생각과 이유를 덧붙여야 한다. 모둠장은 자신의 모둠에 방문한 학생이 답변을 다 적고 나면 돌아가면서 자신의 생각과 이유를 모둠 안에서 발표하게 하고, 다른 친구들은 경청하며 듣는다. 다른 친구들의 답변을 받고 나면 질문을 만든 모둠으로 돌아와 베스트 답변을 골라 발표한다.

이번 수업의 경우, "빨간 벽이 무엇을 뜻하나요?"라는 질문에 많은 학생이 '고정관념, 편견, 마음속의 벽'이라고 대답했다. 모둠장은 "그래서 우리는 빨간 벽을 넘기 위해 어떤 자세를 가져야 할까?" 하고 추가 질문을 던졌고, 학생들은 저마다 "꼬마 생쥐와 같이 호기심을 가져야 한다"거나 "여우처럼 긍정적인 자세를 가져야 한다"고 대답했다. "사자와 같이 의욕을 잃어버린 친구가 자신의 빨간 벽을 넘을 수 있도록 좋은 친구가 되어줘야 한다"는 의견이 베스트 답변으로 선택되었다.

교사는 수업을 마무리하며 학생들이 작가가 전달하고자 하는 의미를 잘 받아들였는지 확인한다.

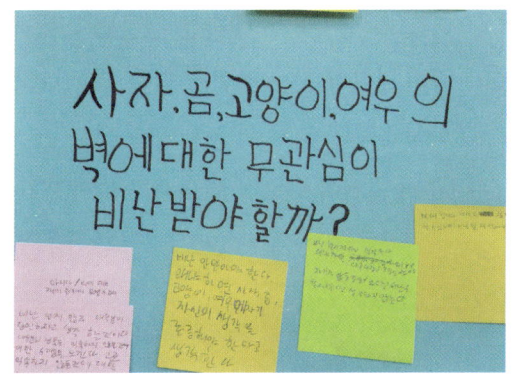

모둠 베스트 답변 선정

77 블룸의 사고수준 질문법

○ 블룸의 사고수준 질문법은 교육 심리학자 벤자민 블룸이 개발한 블룸의 교육 목표 분류 체계(Bloom's taxonomy)를 기본으로 한다. 이 분류 체계는 학습 목표를 여섯 가지 인지적 수준으로 나누어 각 수준에 맞는 질문을 통해 학생들의 사고 능력을 촉진하는 데 사용된다. 각 수준은 기억, 이해, 적용, 분석, 평가, 창의로 나눌 수 있으며 학생들이 단순한 정보 암기에서부터 높은 수준의 평가와 창의적 사고에 이르기까지 단계적으로 사고 능력을 발전시킬 수 있도록 돕는다. 단계적으로 질문을 발전시키는 것이기 때문에 다른 질문법에 비해 기억에서 창의까지 다양한 학습의 단계에 맞는 질문을 만들 수 있다. 뿐만 아니라 단계별 질문에 대한 학생의 반응을 통해 어느 부분에서 어려움을 겪고 있는지, 어느 부분에서 더 발전이 필요한지 교사가 파악하기 용이하다.

어떤 그림책이 좋을까?
- 이야기의 깊이와 주제가 다양한 사고수준을 자극할 수 있는 내용이어야 한다.
- 단순한 이야기 이상의 복잡한 주제를 담고 있거나 다양한 인물의 감정을 그려내야 한다.
- 찬반이나 옳고 그름을 따지는 책도 좋지만 글과 그림 모두에서 다양한 관점을 활용할 수 있다면 좋다.

그림책 읽고 토론하기

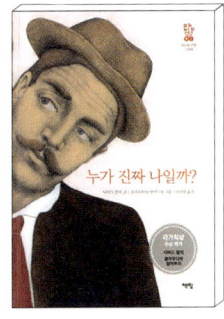

○ 『누가 진짜 나일까?』(다비드 칼리 글, 클라우디아 팔마루치 그림, 나선희 옮김, 책빛, 2017)

큰 공장에서 일하는 자비에는 너무나도 많은 일 때문에 자신의 삶을 돌보지 못하게 된다. 그러자 사장은 자비에와 똑같은 복제인간을 만들어주며 다른 걱정 없이 오직 일만 할 수 있게 되었다고 말한다. 누가 진짜 나일까? 자비에는 더 행복해졌을까? 이 책은 자신이 누구인지, 무엇을 위해 살아야 하는지에 대한 질문을 던진다. 이에 학생들은 블룸의 사고수준 질문법을 통해 진짜 나는 어떤 사람인지, 진정한 삶의 의미는 무엇인지 등 고차원적인 사고를 할 수 있을 것이다.

토론 순서

1. 사전활동 ➡ 2. 블룸 사고수준 질문 만들고 토론하기

● 1단계

이 책은 현대 산업 사회의 단면을 예리하게 파고드는 작품으로, 정체성과 자기 인식에 대한 심오한 질문을 던진다. 하지만 그림책치고는 내용이 짧지 않다. 그렇기에 학생들이 더 깊이 몰입할 수 있도록 수업을 잘 설계해두는 것이 중요하다. 먼저 교사는 학생들에게 '나'를 구성하는 것이 무엇인지 이야기해보자고 안내한다. 나의 어떠한 점이 나를 구성하고 있고, '나'를 '나답게' 보이게 하는지 살핀다. 자신이 좋아하는 것을 하는 것이 나다운 시간일 수도 있고, 아들 딸로서, 학생으로 있는 시간이 나다운 시간일 수도 있다고 예를 들어준다. 교사의 이러한 발문이 중요한 이유는 정체성과 자아 인식이라는 책의 주제를 탐구하는 시간이기 때문이다. '정체성이란 무엇인가?' '자아를 어떻게 정의할 수 있는가?' 등의 질문을 통해 학생들이 주제에 대해 깊이 생각하도록 유도한다.

● 2단계

그림책을 읽고 난 후 학생들에게 이야기 및 대표할 수 있는 키워드를 세 가지 고르게 한다. 이때 학생들은 서로의 느낌과 키워드를 공유하며 책을 한 번 더 깊이 있게 읽게 된다.

책에 대해 충분히 감상을 나눈 후 교사는 블룸의 사고수준 질문법에 대해 설명한다. 첫 번째 단계는 '기억하기(Remembering)'이다. 이는 정보를 단순히 기억하고 재생하는 능력을 요구한다. 학생들은 여기에서 주인공의 이름, 주인공의 직업, 주인공이 기차를 타고 간 곳 등 다양한 부분에서 질문을 만들어냈다. 짧은 말만으로도 충분히 대답이 되고, 근거도 책에서 어렵지 않게 찾을 수 있었다.

질문 1: 주인공의 이름은?
학생 A: 자비에. 주인공이 그만두겠다고 하는 장면에 나와요.

질문 2: 주인공의 직업은?
학생 B: 공장에서 일해요.
학생 C: 공장에서 필요한 생산량을 계산하는 업무를 맡고 있어요.

두 번째 단계는 '이해하기(Understanding)'이다. 이는 정보를 단순히 기억하는 것을 넘어서, 그 의미를 이해하고 해석하는 능력을 요구한다.

이때 대부분의 학생들이 "이 이야기의 교훈은 무엇인가요?" "이 이야기를 요약해보세요"라는 질문을 많이 만들었다. 물론 이러한 질문이 나쁜 건 아니다. 하지만 이 그림책은 보통의 그림책보다 길고 많은 층위를 이루고 있기에 조금 더 깊이 생각해볼 것을 요구한다. 교사는 조금 더 구체적으로 학생들에게 이 이야기의 포인트는 무엇인지, 그 포인트가 시작되는 점이 무엇인지, 그것을 넣어서 질문을 만들어보라고 요청한다. 학생들은 '복제인간'을 포인트로 잡고 "왜 자비에가 복제인간이 되었는지 이야기해보세요" "자비에는 왜 회사를 그만두고 싶어했나요?" 등과 같이 조금 더 세심한 질문을 만들어냈다.

질문 1: 왜 자비에가 복제인간이 되었나요?

학생 A: 자신의 삶에 지친 자비에가 그만두겠다고 말하니까 사장이 미용실 같은 곳에 가보라고 그랬어요.

학생 B: 샤르도네 사장이 돈에 미쳐서 일을 그만두지 못하게 하려고 그런 것 같아요. 자비에가 자신을 복제인간으로 만들려는 걸 알았다면 복제인간이 되지 않았을 것 같아요.

질문 2: 자비에는 왜 회사를 그만두고 싶어 했나요?

학생 C: 공장에서 피곤하게 일하고 나서 물고기가 죽어 있는 것을 보고, 자신이 물고기 한 마리도 키울 수 없는 사람이란 걸 깨달았던 것 같아요.

학생 D: 일만 하는 삶은 불행하다고 생각해서 그만두려 한 것 같아요.

세 번째 단계인 '적용하기(Applying)'는 배운 정보를 새로운 상황에 적용하는 능력을 요구한다. 이 단계에서는 학생들이 배운 내용을 현실에 적용하거나 상상력을 발휘할 수 있도록 유도한다.

학생들은 '만약에~'나 '나라면~' 문장 구조를 활용하여 어렵지 않게 질문을 만들 수 있다. 다양한 질문이 만들어져 학생들의 토론이 가장 활발하게 일어나는 단계로, 많은 학생이 흥미를 느낀다. 다양한 질문을 통해 학생들의 흥미를 끌고, 각자의 경험과 상상을 바탕으로 토론이 이루어지도록 교사가 도와준다.

질문 1: 나의 복제인간이 생기면 나는 어떻게 반응할까요?

학생 A: 너무 무서울 것 같아요.

학생 B: 저 대신 학원에 가게 하고, 숙제하게 하고, 엄마 아빠한테 혼나게 할 거예요

질문 2: 자비에처럼 지친 적이 있나요?

학생 C: 지친 적이 있다고 생각했는데, 자비에 상황을 보니까 저만큼 힘들었던 적은 없었던 것 같아요.

네 번째 단계는 '분석하기(Analyzing)'이다. 이는 정보를 구성 요소로 나누어 구조와 관계를 이해하는 능력을 요구한다.

교사는 사선, 인물, 동기, 결과 등을 함께 정리해본 후 숨어 있는 의미와 구조를 파악한다. 학생들은 이러한 분석 과정을 통해 이야기의 다양한 측면을

이해하고, 자신의 생각을 논리적으로 정리해나간다.

질문 1: 주인공과 복제인간의 차이점은 무엇일까요?
차이 없다: 주인공 자신이 복제인간인지 아닌지 확실히 알지 못하는 상황인 만큼 차이가 없을 것 같아요.
차이 있다: 사장이 복제인간은 단순한 작업은 가질 수 있지만 논리적인 일은 할 수 없다라고 얘기한 것만 봐도, 복제인간과 차이가 있을 것 같아요. 자비에가 도망쳐서 그렇지 막상 만나면 누가 복제인간인지 알겠어요.

다섯 번째 단계는 '평가하기(Evaluating)'이다. 이는 정보를 바탕으로 판단을 내리고, 그 판단의 근거를 제시하는 능력을 요구한다. 이 단계에서는 논쟁이 많이 일어날 수 있고 옳다/그르다로 나눌 수 있기 때문에 학생들이 더욱더 적극적으로 질문을 제시하고 답변을 이어간다.

질문 1: 복제인간이 만들어지면 좋을까?
학생 A: 복제인간이 만들어지면 더 많은 일을 할 수 있어 사회가 발전할 것이라고 생각해요. 특히나 현재 고민인 저출산 문제도 해결될 수 있다고 생각합니다.
학생 B: 저는 반대해요. 복제인간이 생기면 인간의 존엄성이 훼손될 수 있다고 생각해요.
질문 2: 사장이 그만두려 하는 자비에를 복제인간으로 만든 것은 옳은 행동일까?
학생 C: 사장이 자비에를 복제인간으로 만든 것은 회사의 이익을 위한 것이니 옳다고 생각해요.
학생 D: 아니에요. 자비에의 의사를 무시하고 복제인간을 만든 것은 비윤리적이라고 생각해요.

여섯 번째 단계는 '창의하기(Creating)'이다. 이는 기존의 정보를 바탕으로 새로운 것을 창조하는 능력을 요구한다. 단순히 기존 정보를 이해하거나 분석하는 것을 넘어 배운 개념과 지식을 활용하여 새로운 아이디어 또는 해결책을 만들어내는 것을 포함한다. 대부분의 학생은 "이야기의 결말을 어떻게 고칠 수 있을까?"라는 질문을 만들었다. 교사는 학생들이 다양한 생각을 독려하기 위해 '자비에는 왜 도망쳤을까요?'라는 질문을 던진다. 학생들은 "행복하기 위해서" "자신의 삶을 살고 싶어서" 등을 이야기한다. 그러한 대화 끝에 나온

질문은 "행복해지는 방법은 무엇일까요?"였고 결국 책의 제목인 "진짜 나로 살기"라는 답이 나왔다.

질문 1: 이야기의 결말을 어떻게 고칠 수 있을까?

학생 A: 크레이프 장사꾼으로 성공해서 기업을 세우고 샤르도네 사장처럼 바뀔 수도 있을 것 같아요.

학생 B: 죽을 때가 된 자비에는 자신의 가족들이 그리워지고 가족들을 찾아갈 것 같아요.

질문 2: 행복해지는 방법은 무엇일까요?

학생 C: 나를 나답게 구성하는 것을 떠올리면서 그 시간을 늘리면 행복한 시간도 늘어날 것 같아요. 진짜 나로 산다고 느끼는 순간이요.

학생 D: 지금 이 순간이 행복하다고 느끼는 게 중요할 것 같아요. 그래야 안 행복했던 순간에도 행복을 떠올리며 잘 살 수 있을 것이라 생각해요.

이처럼 학생들은 단순히 '만약 내가 복제인간을 만든다면?'이라는 생각에 몰두하는 것에서 나아가 '어떠한 삶을 영위하고 싶은지'에 대해 깊이 성찰하는 모습을 보였다. 토론 과정에서 더 넓은 시각으로 문제를 바라보고 깊이 있게 사고하는 능력을 기르기도 했다. 그러나 토론이 활발하게 일어나는 경우 시간 분배에 주의해야 한다. 교사는 각 질문과 답변에 대한 시간을 적절히 배분하여 모든 학생이 고르게 참여할 수 있도록 하고, 토론 중 한 주제에 너무 깊이 빠져 다른 주제를 다루지 못하는 상황이 발생하지 않도록 신경 써야 한다.

78 문제해결서클 토론

○ 문제해결서클(Problem solving circle) 토론 기법은 문제가 발생했을 때 둥그렇게 둘러앉아 서로 얼굴을 바라보고 한 마디씩 돌아가면서 문제 해결에 대한 의견을 제시함으로써 바람직한 해결 방안을 모색하는 토론 방법이다. 토킹스틱을 활용하면 발언하는 사람에게 집중의 효과를, 듣는 사람에게 경청하는 태도를 유도할 수 있다. 사회자 없이 하나의 주제에 대한 의견을 모으는 활동으로 적합하다. 문제 상황을 마주하고 다 함께 해결법을 도출하는 과정에서 학생들은 어떠한 어려움을 맞닥뜨릴지언정 이를 헤쳐나갈 수 있는 지혜를 얻게 될 것이다.

어떤 그림책이 좋을까?
- 천천히 읽으면서 이야기의 전개에 따른 주인공의 마음을 살필 수 있어야 한다.
- 주인공의 갈등이 주변 인물들과 어떻게 작용 되는지 그림과 더불어 생각해볼 수 있어야 한다.
- 찬반 토론이 아니기 때문에 생각과 감정을 공유하고 자신의 이야기를 편하게 할 수 있는 내용이어야 한다.

그림책 읽고 토론하기

○ 『가시 소년』(권자경 글, 하완 그림, 천개의바람, 2021)

일상의 모든 것이 불만인 가시 소년은 자신의 가시를 주변 사람에게 쏟아내고, 가족과 친구들은 점점 가시 소년을 멀리하게 된다. 누구나 이러한 가시들을 가지고 있음을 말해주면서도 점점 혼자가 되어가는 가시 소년의 진정한 속마음은 친밀함이라는 것을 알 수 있는 그림책이다. 가시 소년과 같았던 우리 반 친구의 마음은 어떨지, 이런 친구에게 어떤 말을 해주면 좋을지 서클 방식으로 토론함으로써 학급에서 일어나는 문제를 해결해보고자 한다.

토론 순서

1. 문제 상황 파악 ➡ 2. 상황에 대한 해결 방법 말하기 ➡ 3. 해결 방법 정리 및 적용

● 1단계

교사는 학생들과 함께 그림책을 천천히 읽어본 뒤 무엇을 토론할지 정한다. 최근 학급에 비슷한 유형의 학생이 있어서 불편함을 호소한 학급 구성원들이 많았다. 그림책을 읽으며 자연스럽게 '이런 친구가 주위에 있으면 어떻게 해야 할까?'로 이야기를 나누자는 의견이 나오면서 토론 주제가 정해졌다. 먼저 주인공이 왜 그런 행동을 하는지, 그로 인한 문제점은 무엇이 있는지 포스트잇에 적는다. 다 적은 후에는 의자를 동그렇게 돌려서 하나의 원이 되도록 앉는다. 둥그렇게 앉아서 토론자들의 얼굴과 표정을 보니 더욱 집중도가 높아진다.

첫 번째 토론자가 토킹스틱을 들고 말한다. 교사는 토킹스틱을 들고 있는 사람만 말할 수 있음을 토론 초반에 안내한다. 이후 토킹스틱을 두 번째 토론자에게 넘기면 두 번째 토론자가 발언한다. 돌아가면서 자신의 생각을 말하며, 할 말이 없는 경우 딱 한 번 패스할 수 있다. 이 경우 친구들의 발언을 다 들은

후 자신의 생각을 말해도 된다.

다음은 '주인공 마음 이해하기'와 '주인공으로 인한 문제점'으로 이야기 나눈 예시이다.

주인공 마음 이해하기	주인공으로 인한 문제점
– 아침이 되면 학교 가기 싫어서 화가 났어요. 맛 없는 반찬이 나와서 짜증이 났나 봐요. 공부하기 싫어서 가시가 났습니다. – 차가 신호를 지키지 않아서 화가 났어요. – 사람들이 가시 소년보고 뭐라고 해서 화가 났어요. – 부모님이 싸워서 마음이 불안했어요. – 다른 사람에게 가고 싶지만 갈 수가 없어요. 혼자 있으니까 외로워 보여요. – 가시 소년도 친구와 잘 지내고 싶은 마음이에요.	– 다른 사람들이 가시 소년의 짜증을 받으면 화가 나요. – 가시 소년이 가시를 뿜으면 무서울 때도 있어요. – 가시 소년이 소리 지르면 시끄러울 것 같아요. – 가시 소년이 때리거나 폭력을 할 수도 있을 것 같아요. – 사이좋게 지내고 싶다고 말을 하지 않아서 모를 수도 있어요.

● **2단계**

가시 소년의 문제 해결 방법에 대한 토론으로 이어간다. 교사는 가시 소년에게 어떤 말을 해주면 좋을지 이야기해보자고 한다. 그림책에서는 의사 선생님이 가시를 뽑아주지만, 남의 도움을 받기 어려운 상황이라 소년이 스스로 해결해야 한다면 어떻게 해야 할지 말해주는 것이다.

학생들은 이전 단계에서 작성한 포스트잇을 보면서, 돌아가며 토킹스틱을 들고 말한다. 생각이 좀 바뀌거나 보충할 내용이 있으면 수시로 메모를 수정해도 무방하다. 문제해결서클 토론에서 질의응답은 없다. 단, 자신의 의견이 비슷한 학생을 언급하거나 다른 사람에 대한 자신의 생각을 말할 수는 있다. 학급에 가시 소년과 비슷한 학생이 있어서 표적을 두고 말하는 상황이 벌어지지 않도록 교사가 잘 감지하여 조정한다. 토론을 통해 당사자가 생각하도록 해야지 직접적으로 대상을 지시해서는 안 된다. 또한 자기 의견을 말하는 걸 어려워하는 친구가 있을 경우 자연스럽게 통과할 수 있도록 허용해주어도 좋다.

가시 소년에게 해주고 싶은 말

- 학교는 꼭 가야 하는 곳이니까 생각을 바꿔봐.
- 잠깐 쉬었다가 공부하거나 참아봐.
- 신호를 안 지키는 차들은 나중에 경찰에 걸릴 거야.
- 우리 반처럼 교실에 있는 감정 표현 보드가 있다면 너의 감정을 표시해봐.
- 우리 부모님도 싸울 때 있어. 부모님은 싸우면서 다시 화해해.
- 친구에게 가서 말을 걸어봐.
- 친한 친구에게 마음을 털어놔봐.

● 3단계

우리 반에 '가시 소년'이 있다면, 가시 소년의 문제 행동으로는 무엇이 있을지 돌아가며 말한다. 진행자는 발표 내용을 칠판에 적는다. 모두가 한마디씩 하고 한 바퀴를 돌고 난 다음으로는 한 사람씩 해결 방안을 제시한다. 진행자는 학생들이 말한 것들을 칠판에 정리한다. 처음 토론에서 나눈 가시 소년의 문제의 원인을 생각하며 우리 반에서 이런 친구가 있으면 어떻게 해야 하는지 돌아가며 이야기한다. 많이 나온 항목 순서대로 문제 상황을 정리하고 그에 따른 해결법을 나눈다. 이때 특정 친구의 이름이 나오지 않도록 주의해야 한다. 돌아가며 이야기하므로 경청하는 태도도 필요하다.

문제 행동	해결 방법
친구들에게 짜증이나 화를 낸다.	왜 화가 났는지 물어본다. 짜증을 내서 기분이 불편하다고 말한다.
잘못하고 사과를 하지 않는다.	사과하라고 강요하지 않는다. 나도 화가 나니까 자리를 피한다.
친구를 때리려고 한다.	때리는 건 폭력이라고 이야기한다. 많이 화가 났다면 자리를 피한다.

79 월드 카페 토론

○ 월드 카페(World cafe)는 비경쟁 토론 기법으로 찬반 논쟁을 하지 않고 논제에 대한 해결 방안을 소집단 모둠활동을 통해 제안하고, 주변 모둠원의 의견을 구하기 위해 모둠을 이동하여 최대한 다양한 해결 방안을 알아보는 토론 방식이다. 주제는 질문으로 표현되며, 참가자들은 공평하게 발언권을 얻을 수 있도록 모둠을 옮겨가며 질문에 대한 해답을 찾고 각자의 아이디어를 공유한다. 구성원 모두의 참여가 필수이므로 모둠활동에서 무임승차 하는 학생들을 줄일 수 있다는 장점이 있다. 또한 모둠을 이동하며 토론하는 과정에서 다른 학생들의 답변을 보게 되는데, 이 과정에서 질문에 대한 자신의 생각이 없거나 막연했던 학생들도 다른 학생들의 답변을 참고하여 자신의 아이디어를 발전시킬 수 있다. 더불어 토론을 통해 다양한 의견을 접하는 과정에서 개개인이 가진 생각의 한계를 넘어 다양한 사고를 펼쳐나가게 된다.

어떤 그림책이 좋을까?
- 그림책의 내용이 이해하기 쉬워야 한다.
- 다양한 의견이 나올 수 있는 주제를 다루어야 한다.
- 찬반이 명확하게 갈리는 내용보다는 해석이 다양하게 나오는 책이어야 한다.

그림책 읽고 토론하기

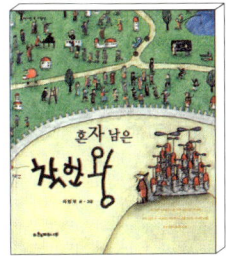

○ 『혼자 남은 착한 왕』(이범재 글·그림, 계수나무, 2014)

착한 나라의 착한 왕은 사람이나 동물, 식물과 물건까지도 착해야 한다고 입버릇처럼 말한다. 심지어 착하지 않다면 물건이든 사람이든 모두 없애려고 한다. 이 책은 무조건 착한 아이가 되어야 한다고 주장하는 것이 아니라 '착하다는 것'이 무엇인지에 대해 학생들에게 철학적으로 정의해보게 한다. 월드 카페 토론 활동을 통해 학생들 각자가 생각하는 '착함'의 기준을 논해보고, 다른 학생들은 어떤 생각을 갖고 '착함'의 기준을 정하는지 폭넓게 고민해보자.

토론 순서

1. 사전 준비하기 ➡ 2. 1차 토론하기 ➡ 3. 1차 모둠 이동 후 2차 토론하기 ➡
4. 2차 모둠 이동 후 3차 토론하기 ➡ 5. 원래 모둠으로 돌아와 재토론 및 투표하기

● 1단계

먼저 모둠을 구성한다. 4~6인 정도가 적절하나 보통 4인 1모둠으로 진행하곤 한다. 모둠이 구성되고 나면 교사는 월드 카페의 진행 방법 및 호스트와 게스트의 역할을 안내해준다. 모둠을 이동해가며 자신의 의견을 제시하는 토론이기 때문에 호스트가 각 모둠에서 질문을 안내해주는 역할을 맡아서 한다. 호스트를 선정하는 기준은 우리 모둠의 주제를 잘 이해하고 있고, 다른 모둠 학생들이 왔을 때 핵심 내용을 잘 요약하여 친절하게 설명할 수 있는지이다. 게스트의 역할은 호스트의 진행에 따라 자신의 의견을 최대한 다양하게 이야기해주는 것으로, 모둠을 이동할 때마다 호스트의 말에 경청하고 적극적으로 의견을 제시해야 함을 숙지한다.

● **2단계**

모둠 구성 및 역할 안내를 마치면 각 모둠은 함께 그림책을 읽고 모둠의 대표 질문을 정한다. 모둠활동지에 각자의 질문을 적은 뒤 토론을 통해 대표 질문을 선정한다. 모둠별로 대표 질문이 정해지면 질문에 대한 자신의 의견을 모둠원끼리 추가 토론하고, 호스트 역할을 맡은 학생은 모둠원들의 의견을 정리해서 적어둔다. 이때 학생들이 대충 답변하려는 경우가 있으므로 교사는 사전에 '네/아니오'와 같은 단답이 아니라 문장 형식으로 답하도록 안내한다.

〈모둠 대표 질문 정하기 과정〉

개별 질문 1: 만약 당신이 착한 나라의 백성이라면 어땠을까요?
개별 질문 2: 만약 내가 착한 나라의 백성처럼 부당한 지시를 받는다면 어떻게 했을까요?
개별 질문 3: 만약 왕이 이상한 말을 하지 않았더라면 이 나라는 어떻게 되었을까요?
개별 질문 4: 착함의 기준은 무엇일까요?(사전적 정의 제외)

* 모둠 대표 질문: 착함의 기준은 무엇일까요?(사전적 정의 제외)

〈모둠 대표 질문에 대한 모둠원들의 답변〉

A학생: 착함은 다른 사람에게 좋은 영향을 끼치는 것이다.
B학생: 착함은 늙지 않고 오래되지 않고 보기 싫지 않은 것이다.
C학생: 착함은 남을 이롭게 해주는 일이다.
D학생: 착함의 기준은 좋은 의도를 가지고 좋은 일을 하는 것이다.

● **3단계**

모둠별 토론이 마무리되면 교사는 게스트 학생들의 모둠 1차 이동을 안내한다. 월드 카페 토론의 특징은 최대한 많은 사람의 의견을 다양하게 수렴할 수 있게 하는 것이므로, 이동 기회가 올 때마다 한 번도 만난 적 없는 모둠을 찾아가야 한다. 1모둠의 게스트 학생들의 경우 1모둠을 제외한 최대한 다양한 모둠을 방문한다. 이때 각 모둠의 호스트 역할을 맡은 학생들은 새로 찾아온 게스트 학생들에게 모둠에서 정한 대표 질문과 모둠원들이 제시했던 답변을 알려주고, 추가로 아이디어를 제시하거나 답변할 수 있도록 충분히 설명한다. 이동한 게스트 학생들은 호스트가 제시한 질문으로 토론한 후, 기존 모둠원의 의견에 아이디어를 더하거나 각자 자신의 의견을 포스트잇에 적어 모둠별 질문 종이에 붙인다.

● 4단계

3단계에서 토론을 진행하고 10~15분이 지나면 교사는 2차 모둠 이동을 안내한다. 1차 이동에서 찾아갔던 모둠을 제외한 새로운 모둠을 찾아서 방문한다. 이동을 마치면 새 모둠의 호스트 안내에 따라 3단계에서 했던 토론 활동을 반복하여 진행한다. 이때 학생들의 성향에 따라 토론 소요 시간이 현저히 차이가 날 수 있다. 따라서 교사는 학생들의 토론 속도를 지켜보고 너무 빨리 끝나는 경우 이동 시간을 당겨주고, 주어진 시간 내에 의견을 다 나누지 못하는 경우 이동 횟수를 조절하여 충분히 이야기 나눌 수 있도록 한다. 또한 15분 이상 한 모둠에서 머물지 않도록 제한 시간에 대한 안내를 사전에 꼭 해주어야 한다. 학생들이 열심히 토론에 참여하다 보면 이동하라는 교사의 안내를 잘 못 듣는 경우가 있으므로 자석형 시계를 칠판에 붙여둬도 좋다. 호스트 학생은 남은 시간을 잘 확인하며 토론을 진행하고, 토론을 마치면 구호를 외치는 등 제한 시간 안에 토론이 진행되도록 유도해야 한다.

● 5단계

각 모둠의 토론이 마무리되면 교사의 안내에 따라 각자의 원래 모둠으로 돌아온다. 돌아온 기존 모둠 학생들은 모둠의 대표 질문에 대한 다른 학생들의 답변을 읽어본다. 그런 뒤 기존 모둠원이 제시한 의견과 새로운 의견은 어떤 차이가 있는지 살펴보고 답변의 유형에 따라 내용을 분류하여 재토론한다. 재토론을 마치면 제시된 의견 중 가장 좋은 의견이라고 생각되는 답변을 골라 투표한다. 스티커 투표를 하거나 별을 그리게 하는 등 시각적으로 잘 드러나는 방식을 활용한다.

답변에 대한 투표를 마치고 나면 각 모둠의 호스트는 질문과 답변을 정리하여 발표한다. 학생들은 각 모둠의 질문과 답변을 공유받는 과정에서 다른 학생들의 다양한 의견을 접하게 된다.

착함의 기준에 대해 이야기하는 과정에서 대다수의 학생들은 단순히 착한 사람의 정의로 한정해서 접근하는 경향이 있었다. 하지만 마지막 단계인 재토론과 투표 과정에서 착함을 정하는 사람이 누구인가를 묻기도 하고, 다수가 착하다고 하는 사람은 정말 착한 사람인지에 대해서 논의하는 장면도 볼 수 있었다. 이렇게 주어진 질문에 대해 고민하고 답하는 동안 학생들은 경청하고 집중하는 방법을 배워나간다.

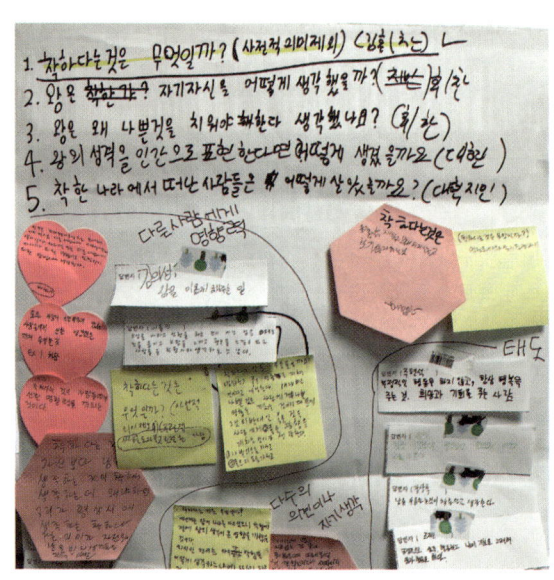

재토론 및 투표 과정

80 전지 찬반 토론

◯ 전지 찬반 토론은 말 그대로 전지를 이용해서 찬반 토론을 진행하는 토론 방식이다. 찬성 모둠과 반대 모둠을 각각 셋씩 구성하여 3:3의 찬반 토론을 진행한다. 말로 이어지는 토론과 다르게 시각적으로 기록된 것을 보면서 토론하기 때문에 매우 안정적이고 전달력이 좋다. 또한 모둠이 함께 머리를 맞대고 입론-반론-재반론의 과정을 이어가는 과정에서 소외되는 학생 없이 토론에 모두 참여할 수 있다. 모둠 안에서 목소리를 내면 되어서 전체 토론에서 위축되었던 다소 내성적인 학생들 또한 편안하게 참여하는 모습을 보여준다.

어떤 그림책이 좋을까?
- 찬성과 반대의 관점에서 고민되는 딜레마 상황을 생각할 수 있는 내용을 담고 있다면 좋다.
- 그림책과 같은 상황이 자기 삶 속에서도 이어져서 고민해볼 수 있어야 한다.
- **찬반** 토론이므로 단단한 논증 구조를 세울 수 있도록 사회현상 속에서 이유와 근거를 잘 찾아올 수 있는 내용이어야 한다.

그림책 읽고 토론하기

✪ 『멋진 하루』(안신애 글·그림, 고래뱃속, 2016)

쇼핑몰에서 멋진 하루를 보내는 행복한 가족. 하지만 그 멋진 하루 이면에는 불편한 진실이 있다. 비싼 가방과 화려한 명품들, 맛있는 음식, 동물들의 공연 등 인간에게는 매 순간 너무 멋질 뿐이지만, 그 뒤에는 괴로운 동물들의 표정이 보인다. 몰라서, 아니 알면서도 애써 외면해왔던 일과 그 문제를 바라보는 다양한 시각을 전지에 펼쳐가며 토론을 진행해본다. 이렇게 현 문제의 다양한 양상 및 앞으로의 지향점이 한눈에 드러나 보이는 것이 전지 토론의 장점이다.

토론 순서

1. 입론하기 ➡ 2. 반대측 입론에 반론하기 ➡ 3. 반론에 대한 재반론 후 결론 내리기

● **1단계**

교사는 학생들과 함께 그림책을 읽는다. 그림책을 통해 불편한 진실을 들여다보고 나면 우리의 식생활에도 고민되는 지점이 생긴다. 따라서 이번 논제는 '학교 급식 메뉴에 주 1회 육류를 제공하지 않는 날을 지정해야 한다'이다.

학급 전체 학생과 찬반 모둠 토론을 진행한다. 찬성측과 반대측을 각각 세 모둠으로 구성하여 3대 3 찬반 토론을 꾸린다. 교사는 학생들이 전지에 입론, 반론, 재반론을 쓸 수 있도록 형식에 맞추어 종이를 배부한다. 논제에 대한 찬성측 모둠은 첫 번째 칸에 자신들이 논제에 대해 찬성하는 이유와 근거를 적는다. 모둠원 간의 협의를 거쳐 가장 설득력 있고 논리적인 의견을 세 개 작성한다. 그런 뒤 전지에 적은 입론을 칠판에 붙이고 발표를 진행한다. 찬성측 각 세 모둠의 입론이 끝나면 반대측도 전지를 칠판에 붙여 발표를 이어간다.

● 2단계

찬성측과 반대측의 의견들이 적힌 전지를 상대측과 교환한다. 칠판에 붙은 입론 중에 반론하고 싶은 모둠의 것을 가져가라고 하면 학생들은 매우 적극적으로 고르곤 한다. 반론의 여지가 있다고 생각하는 것을 먼저 가져가려 하므로 매우 역동적인 참여가 이루어진다. 전지가 건네지면 상대측은 전지 입론 의견의 가운데 칸에 반론을 적는다. 바로 왼쪽에 상대측의 의견이 기록되어 있어서 반론을 이어가기에 매우 수월하다. 이렇게 자기 의견을 내놓고 상대방이 의견에 반론하는 순간부터 논쟁이 시작된다. 반론을 적을 때는 상대측 의견에 대해 반대하거나 동의할 수 없는 이유와 근거를 제시하며 적는다. 반대를 위한 반대가 되지 않도록 반대하는 자신들의 이유에 대해 명확한 근거를 들어야 한다. 토론 연습이 많이 되지 않은 학생들은 이유와 근거를 잘 구별하지 못한다. 그때 교사가 "찬성한다면 왜 찬성하는데?"라고 물으면 학생들은 아주 쉽게 "왜냐하면"이라고 말을 이어간다. "그런데 그건 너의 생각이잖아. 무슨 근거로 그렇게 말해?"라고 물으면 아무 말을 이어가지 못하거나 이유를 더 자세히 설명하려 한다. 이때 근거는 자기 생각을 뒷받침할 수 있는 전문가의 의견이나 객관적 사실, 즉 통계나 설문 조사 결과 같은 것임을 반복적으로 안내해주어야 한다.

● 3단계

마지막 재반론 칸을 작성하는 단계이다. 우선 전지를 다시 원래의 모둠으로 전달한다. 전지를 전달받은 모둠은 반론에 대한 재반론을 작성한다. 토론의 꽃은 반론과 재반론의 과정에서 피어난다. 학생들은 '우리 의견에 반론을!'이라고 생각하는 듯 토론의 불씨를 지펴나간다. 전지의 맨 아래 칸에는 자신들의 입장에 대한 결론을 내린다. 토론이 마무리되면 활동지를 칠판에 붙이고 전체 나눔을 한다. 학생들이 발표하거나 교사가 피드백과 함께 정리해준다.

전지 찬반 활동지

토론이 끝난 뒤 교사가 하는 피드백은 다음 토론 때 학생을 성장시키는 데 매우 큰 도움이 된다. 토론의 절차는 물론 좋은 논증 구조에 대한 칭찬과 내용 오류나 검증에 대한 피드백도 반드시 이루어지도록 한다. 토론에 필요한 이론을 미리 가르치려 하기보다는 학생들이 활동한 내용을 바탕으로 피드백하면 학생들의 이해도 또한 매우 높아진다.

81 헥사 토론

○ 헥사(Hexa)란 여섯을 의미하는 접두사로 육각형을 의미한다. 즉 육각형 모양의 도구에 자신의 주장을 기록하여 진행하는 토론 방식이다. 토론 과정이 시각적으로 정리되어서 토론자들이 토론의 내용을 기억해야 하는 부담이 적고, 흐름이 일목요연하게 정리된다는 장점이 있다. 또한 여섯 면의 안정적인 모형이어서 여러 개의 다른 헥사를 덧붙여 나가도 토론의 흐름이 잘 드러난다. 각각 다른 여섯 면의 각도를 이용하여 지지 발언, 반론, 재반론 등의 다양한 의견을 덧붙이기 용이해, 다른 의견과 같은 의견이 자연스럽게 유목화되어 정리된다. 게다가 찬성과 반대, 반론과 재반론의 의견을 다른 색깔의 헥사를 사용하여 나타내면 전체 토론 과정을 한눈에 파악할 수 있다.

어떤 그림책이 좋을까?

- 살면서 한 번쯤 진지하게 고민했을 만한 내용이 담긴 것이 좋다.
- 토론에 흥미를 느끼기 위해서는 토론자의 삶과 연결고리가 있어야 한다.
- 찬반 토론에 이유와 근거를 쉽게 검색할 수 있도록 현재 화제성이 있는 내용이 좋다.

그림책 읽고 토론하기

○ 『안녕, 코끼리』(로랑스 부르기뇽 글, 로랑 시몽 그림, 안의진 옮김, 바람의아이들, 2023)

늙은 코끼리와 어린 쥐는 서로 의지하며 사랑과 우정을 나누며 행복하게 살아간다. 하지만 점점 나이 들어가는 코끼리와 헤어질 날이 온다는 것을 어린 쥐는 안다. 헤어지고 싶지 않은 간절한 마음을 가진 어린 쥐였지만, 결국 어린 쥐는 죽음으로 다가가는 코끼리를 돕는다. 오늘날 의학 기술의 발달로 인간의 수명이 연장되긴 했으나 결국 누구나 죽음을 맞닥뜨릴 수밖에 없다. 연명치료와 죽음이라는 현실을 경험한 학생들은 그리 많지 않을 것이다. 하지만 이러한 논제로 헥사를 이용한 찬반 토론을 하고 나면, 우리가 잘 살아가는 것만큼이나 잘 죽는 것도 중요한 문제라는 것을 인식하게 될 것이다.

토론 순서

1. 입론하기 ➡ 2. 지지 발언 및 반론하기 ➡ 3. 재반론 및 자유 토론 후 정리 발언하기

● 1단계

학생들과 논제를 정한 뒤, 4인 1모둠을 구성하여 3:3 모둠 토론을 진행한다. 각 모둠은 논제에 대한 자신들의 찬반 입장을 정하고 검색을 통해 토론을 준비한다. 본격적으로 헥사 토론을 하기 위해 교사는 칠판 정가운데 논제를 적은 헥사를 붙여놓는다. 그리고 찬성측에는 파란색 헥사를, 반대측에는 붉은색 헥사를 나눠준다. 찬반측 모둠은 모둠원들의 토론 준비표를 보면서 입론을 준비한다. 입론 준비 시간이 끝나면 교사는 "지금부터 '회생 가능성이 없는 환자의 연명치료를 중단해야 한다'라는 논제로 찬반 토론을 시작하도록 하겠습니다. 찬성측 제1 토론자 입론해주시기를 바랍니다"라고 이야기한다. 첫 모둠의 토론자가 나오면 "저는 '회생 가능성이 없는 환자의 연명치료를 중단해야 한다'라는 논제에 찬성합니다. 왜냐하면~"과 같은 발언으로 발표를 이어간다. 이

렇게 찬성측 첫 모둠의 모둠원 중 한 명이 입론을 적은 헥사를 칠판에 붙이면서 주장을 펼치면, 이어서 다음 모둠의 헥사도 논제의 다른 면에 붙여나간다. 찬성측의 입론이 끝나면 교사는 "이제 반대측의 입론 듣겠습니다. 반대측 1토론자 입론해주시기를 바랍니다"라고 말하며 이어간다. 찬성과 반대측 3모둠이 입론을 붙이

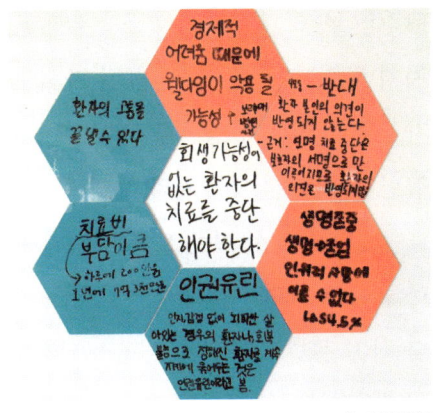

논제와 입론

고 나면 헥사의 여섯 면 중 세 면은 찬성측 의견이, 나머지 세 면은 반대측 의견이 제시된다.

● **2단계**

입론이 끝나고 나면 칠판에 붙은 상대측 의견에 반론하기 위한 작전 회의를 한다. 이번 단계에서는 앞서 나온 의견에 대한 지지 발언이나 반론을 할 수 있다. 초록색 헥사에는 지지 발언을, 노란색 헥사에는 반론을 적는다. 단, 입론 토론자 외의 다른 토론자가 발언해야 한다. 발언을 두려워하는 학생이라도 함께 작전 회

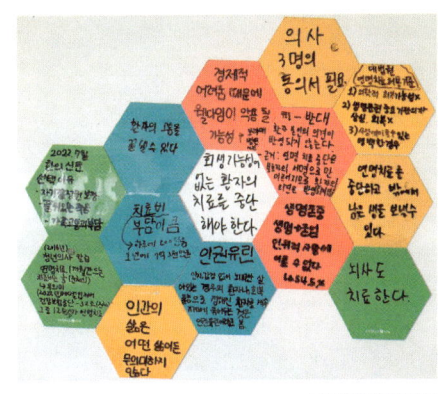

지지 발언 및 반론

의를 통해 의견을 정리했기 때문에 부담이 덜하다. 준비를 마친 뒤 교사는 "지금부터 상대측 의견에 대한 지지 발언 및 반론을 시작하겠습니다. 찬성측 준비되셨습니까?"라고 이야기한다. 의견을 쓴 헥사를 지지 또는 반론하고자 하는 헥사에 이어 붙이면서 토론을 진행한다.

● **3단계**

지지 발언 및 반론을 마친 뒤 다시 재반론을 위한 작전 시간을 갖는다. 이때는 자신들의 의견에 반론한 것에 대해 재반론해야 하므로 논쟁점이 형성되기 시작한다. 따라서 모둠원의 작전 회의와 토론 활동도 훨씬 역동적으로 전개된다.

재반론 역시 기존 토론자 외의 새로운 발언자를 등장시켜야 한다. 재반론이 다 끝나고 나면 자유 토론 시간을 주는 것이 좋다. 발언 기회가 한정적이라 말을 다 하지 못한 토론자가 있을 수 있기 때문이다. 이때는 남은 헥사로 토론을 이어가야 하기에 헥사의 색에 얽매일 필요가 없다. 이렇게 자유 토론이 끝나고 나면 이제 마지막으로 정리 발언을 진행한다. 마지막 남은 모둠원이 발언하도록 안내한다. 이때는 반대측 발언부터 시작하여 찬성측 정리 발언으로 끝을 맺는다.

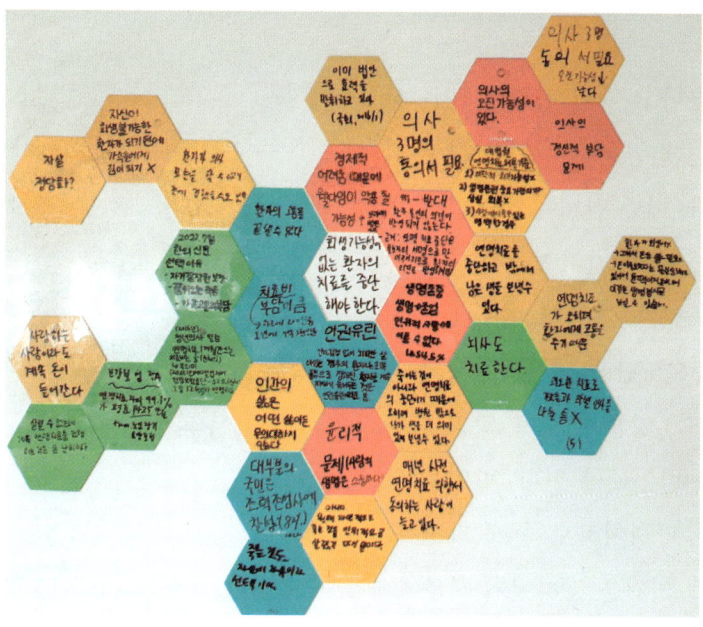

재반론 및 자유 토론

82 구름모형 토론*

○ 구름모형 토론은 갈등 문제를 해결하는 데 활용되는 토론법으로, 갈등 상황에서 서로가 모두 만족할 수 있는 해결책을 찾고자 할 때 효과적이다. 구름 모양 도형 안에 서로 대립되는 양쪽의 주장을 밝히고 그 가정을 찾는 방식으로 진행되며, 그러한 과정에서 뭉게구름처럼 생각이 퍼져나가는 놀라운 결과를 마주하게 된다. 학생들은 필요의 가정들을 찾아 이를 분석해나가면서 갈등 자체보다는 그 현상의 이면을 들여다보고 갈등의 핵심을 파악한다. 나아가 양쪽의 필요와 그 필요의 가정들이 결국에는 공동의 목표로 연결되어 있기 때문에 서로의 의견을 경청하고 의견을 조율하며 더 나은 문제 해결법을 도출해낸다.

* 김혜숙 외, 『토론수업 레시피』(교육과학사, 2011, 261~269쪽) 참고.

어떤 그림책이 좋을까?
- 갈등 상황을 쉽게 파악할 수 있는 책이 좋다.
- 학생들이 당면한 갈등이 포함된 그림책이 좋다.
- 갈등 상황의 해결 방법에 대해 다양한 생각을 펼칠 수 있어야 한다.

그림책 읽고 토론하기

◎ 「꿀오소리 이야기」(쁘띠삐에 글·그림, 씨드북, 2018)

숲속 동물 친구들 모두에게 화를 내는 꿀오소리. 그런 꿀오소리를 불편해하는 동물 친구들이 늘어나고, 결국 모두가 떠나버린 숲에는 꿀오소리와 꿀오소리의 새끼들만 남게 된다. 분노를 조절하지 못하여 생기는 갈등을 다룬 그림책으로, 이에 대한 해결법을 고민해보기 위해 구름모형 토론을 적용한다. 토론 과정을 통해서 갈등 당사자 양쪽의 필요와 구성원의 공동 목표를 기반으로 갈등을 해결하기 위한 방법을 찾을 수 있을 것이다.

토론 순서

1. 갈등 확인하고 대립하는 주장 찾기 ➡ 2. 주장의 이유(필요) 찾기 ➡ 3. 공동의 목표 찾기 ➡ 4. 숨은 전제(가정) 찾기 ➡ 5. 해결책 모색하기

● 1단계

교사는 구름모형 토론 활동지를 인쇄하여 나눠준 뒤 그림책을 함께 읽는다. 그림책을 읽고 학생들과 함께 대립하고 있는 주체가 누구인지, 갈등의 내용이 무엇인지 함께 이야기를 나누며 갈등을 확인하고 대립하는 주장을 찾는다. 토론 주제는 '꿀오소리를 숲에서 쫓아내야 하나?'이고 갈등의 당사자는 꿀오소리와 숲속 동물 친구들이다. 그림책 내용을 바탕으로 찾은 서로 대립하는 두 가지 주장은 '꿀오소리를 쫓아낸다'와 '꿀오소리를 쫓아내지 않는다'이다.

그림책을 읽고 난 후에는 4인 1모둠을 구성하여 모둠별로 앉는다. 구름모형 토론 활동지를 개인별로 작성할 수도 있겠으나, 다양한 생각들을 공유할 수 있도록 모둠별로 모여 활동지를 작성하는 것을 추천한다. 학생들은 활동지의 '주장' 칸에 서로 대립하는 두 가지 의견을 각각 적는다.

● **2단계**

'이유' 칸에 주장에 대한 이유를 한 문장으로 적는다. 왜 그런 주장을 펼치는지에 대한 근거를 적는 과정이다. 주장에 대한 이유를 적다 보면 주장 이면에 주장하는 편에서 필요하고 바라는 것이 무엇인지 알 수 있다. 이유를 작성한 후에 논리적 구조에 맞게 잘 썼는지 확인하기 위해서 '(이유)이기 때문에 (주장)이다' 형태로 읽어본다. 예를 들어, '다른 동물들에게 계속 피해를 주기 때문에 꿀오소리를 쫓아내야 한다' 식으로 읽어보면 논리가 맞는지 알 수 있다.

● **3단계**

'공동의 목표' 칸에 갈등의 당사자가 공동으로 추구하는 최종 목표를 적는다. 이때 각 입장의 필요를 만족시키는 것이 핵심이다. 이번 수업에서는 꿀오소리와 동물 친구들 모두가 편안하게 사는 것이 중요하다는 모둠 토론 결과를 도출했고, 이에 공동의 목표를 '동물이 서로 편안하게 살아야 한다'로 정하였다. 당사자 모두의 필요를 만족시키는 공동의 목표를 찾는 과정에서 갈등을 해결할 수 있는 실마리가 생겨난 것이다.

● **4단계**

2단계에서 찾은 '(이유)이기 때문에 (주장)이다'의 가정을 찾는 단계이다. 4단계를 바탕으로 최종 목표인 해결책을 찾게 되므로 좋은 해결책을 찾을 수 있도록 가정을 세 가지 정도 생각해 활동지 우측 하단의 말풍선에 적는다. 논리적으로 맞는 가정(근거)을 찾았는지 확인하기 위해서 '(이유)이기 때문에 (주장)이다. 왜냐하면 (가정)이기 때문이다' 형태로 읽어본다. 예를 들면, '꿀오소리 새끼들에게는 어미의 품이 필요하기 때문에 꿀오소리를 쫓아내면 안 된다. 왜냐하면 새끼들은 어미의 품이 없다면 죽을 수도 있기 때문이다' 식으로 읽어보며 논리적인 오류가 있는지 확인한다. 토론을 통해서도 각자의 가정의 정합성을 검증해볼 수 있다. 개인이 찾는 것에는 한계가 있을 수 있으므로 모둠 안에서 협력하는 것이 중요하다. 모둠원들의 다양한 의견을 종합하여 다양한 가정을 적도록 한다.

● 5단계

4단계에서 찾은 가정을 염두에 두어 해결책을 찾아 적는다. 예를 들어 '자식을 지키기 위해 한 행동(이유)이기 때문에 꿀오소리를 쫓아내지 않는다(주장). 왜냐하면 꿀오소리 새끼들에게는 엄마의 품이 필요하기 때문이다(가정)'에서 가정을 살펴보고, 그 해결책으로 '꿀오소리와 새끼들이 편안하게 살 수 있는 터

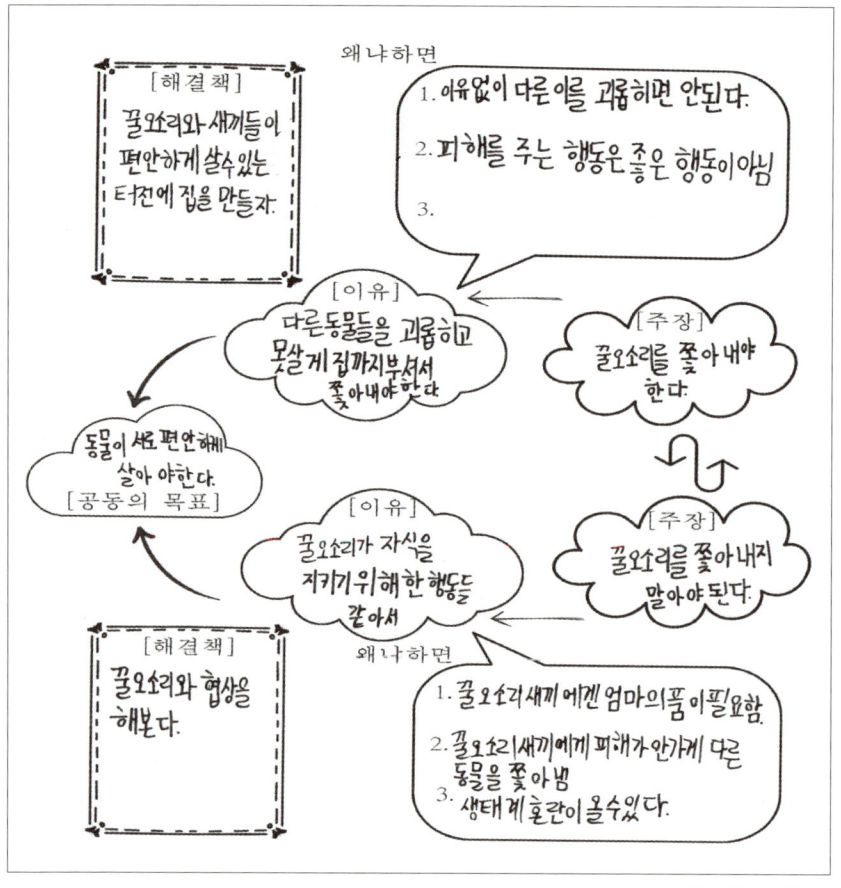

구름모형 토론 활동지

전에 집을 만들어주자'를 제시할 수 있다. 때로는 한쪽의 주장, 이유, 가정을 살펴보는 것만으로도 양쪽이 만족할 수 있는 해결책이 나오기도 한다. 앞 단계에서 찾은 주장, 이유, 가정을 바탕으로 다양한 해결책을 찾는다. 이때 공동의 지혜를 합하여 해결책을 만들 수 있도록 모둠활동을 독려한다. 최종으로 나온 해결책들을 바탕으로 어떤 대안이 가장 만족스러운지 각자의 활동지에 정리하고 발표한다. 각자 중요하게 여기는 것이 다르기 때문에 만족스러운 해결책 또한 사람마다 다를 수 있다. 모든 활동을 마쳤다면 소감을 이야기하며 마무리한다.

83 개념 탐구 토론*

○ 개념 탐구 토론은 어떠한 개념에 대해 예와 반례를 통해서 개념에 대해 정의하고, 이를 검토하며 재정의하는 과정을 거치는 토론이다. 개념에 대한 정의에서 출발하는 연역적 방식이 아니라 예와 반례를 통해서 개념을 정의하게 되므로 귀납적 방법을 따른다. 개념에 대한 다양한 예시와 그 개념을 반박하는 다양한 예시를 통해 개념이 구체화된다. 이 과정을 통해서 개념에 대한 이해를 높이고, 자신이 생각하는 개념의 의미가 맞는지 명확하게 알 수 있게 되며 그에 따른 반성까지 이루어진다. 다만, 귀납적 방식을 따르므로 개념의 정의는 사전적인 정의보다는 토론을 통해서 합의된 정의가 되므로 토론을 통한 개념의 이해를 중시한다.

* 김혜숙 외, 『토론수업 레시피』(교육과학사, 2011, 220~230쪽) 참고.

어떤 그림책이 좋을까?
- 친구, 행복, 가족 등 쉽게 접할 수 있는 개념을 담은 그림책이 좋다.
- 다양한 예시와 반례를 찾을 수 있는 개념을 담고 있어야 한다.
- 철학적인 의미를 내포한 개념을 다룬 그림책이 좋다.

그림책 읽고 토론하기

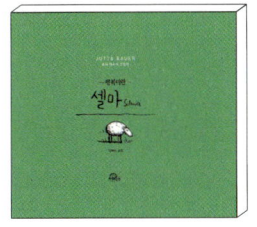

○ 『셀마』(유타 바우어 글·그림, 엄혜숙 옮김, 키위북스, 2022)

행복의 의미를 고민하던 여우는 위대한 산양을 찾아가 행복이 무엇인지 묻는다. 여우의 질문에 산양은 어미 양 셀마의 이야기를 들려준다. 셀마는 해가 뜨면 풀을 먹고 아이들에게 말을 가르치고 오후에는 운동도 하고 다시 풀을 먹고 저녁에는 마이어 부인과 수다를 떨며 밤이 되면 푹 자는 일상을 보낸다. 셀마는 시간이 더 주어진다고 해도 같은 일상을 보내겠다고 대답한다. 이처럼 행복은 작고 소소하며 일상 곳곳에 있다는 메시지를 담고 있는 그림책이다. 작가가 전하는 행복의 의미를 바탕으로 자신이 생각하는 행복에 대해 생각해볼 수 있기에 개념 탐구 토론을 적용한다. 토론 과정을 통해서 자신이 생각하는 행복이 무엇인지 알아가보자.

토론 순서

1. 4인 1모둠 구성한 후 개념에 대한 예 찾기 ➡ 2. 개념에 대한 반례 찾기 ➡ 3. 정의하기 ➡ 4. 검토하기 ➡ 5. 재정의하기

● 1단계

먼저 4인 1모둠을 구성한다. 4인 1모둠으로 개념 탐구 토론을 진행하면 모둠 안에서 개념에 대한 다양한 예시를 함께 공유할 수 있다. 각 모둠은 자신이 어떤 때 행복한지와 그 이유를 작성한다. 예를 들어 '가족들과 맛있는 저녁을 먹을 때 행복하다. 맛있는 음식을 함께 먹으며 이야기를 나누는 시간이 소중하기 때문이다' '늦잠을 푹 자고 일어나면 행복하다. 피로가 풀려서 새로운 것을 할 수 있는 힘이 생기기 때문이다' 등 구체적인 상황을 적어야 한다. 또한 본인이 생각하는 행복의 예시뿐만 아니라 모둠원들의 예시도 함께 기록한다.

● **2단계**

개념에 대한 반례를 찾고 그 이유를 말한다. 1단계의 반대 상황으로 자신은 어떤 때 불행한지 적는다. 예를 들어 '공부를 충분히 못 했는데 다음날 시험일 때 불행하다. 마음이 답답하고 그 상황을 벗어나고 싶다' '친구가 서운하게 할 때 불행하다. 친한 친구라고 생각했기 때문에 더 충격이 크고 속상하다' 등 구체적인 사례와 이유를 말한다. 이때 본인뿐만 아니라 모둠원들의 반례까지 함께 기록해야 한다.

● **3단계**

이전 단계에서 찾은 행복에 대한 예시의 공통점과 불행에 대한 예시의 공통점을 추출하고, 이를 바탕으로 행복의 의미를 정의한다. 비슷해 보이거나 서로 포함되는 예들은 하나로 모을 수 있다. 정의하는 과정에서 예와 반례의 공통점을 찾을 때, 핵심 단어들을 메모한 후 핵심 단어들을 조합한 문장으로 행복을 정의해도 좋다.

● **4단계**

이전 단계에서 내린 행복에 대한 정의가 적절한지 검토한다. 그 과정에서 자신이 적은 정의에 추가하거나 뺄 것이 있는지 확인한다. 교사는 다음과 같은 세 가지 검토 기준을 미리 안내한다. 만약 해당되는 것이 있다면 그것을 중점적으로 검토해도 좋다. 첫 번째, 개념이 너무 포괄적이지는 않은지 살핀다. 두 번째, 개념의 경계에 있는 사례들을 면밀히 들여다보며 각 사례가 정말로 개념에 포함되는지 고려한다. 세 번째, 의미가 비슷한 다른 개념과는 어떤 차이점이 있는지 따져본다.

● **5단계**

4단계 검토 과정을 거쳐 행복에 대해 정의한 문장에서 수정할 것이 있다면 수

정하고 재정의한다. 수정 단계를 거쳐 모둠 안에서 최종적으로 합의하여 정의한 행복이 무엇인지 적는다. 다음 활동지를 보면, 3단계에서 작성한 행복의 정의는 '행복은 나 자신의 장점에 대해 잘 알게 되는 것이다'였으나 모둠의 검토 과정에서 '장점'과 '좋아하는 것'을 비교하게 되었다. 토론의 결과 행복을 느끼는 것이 자신의 장점에 국한되지 않고 좋아하는 모든 것으로부터 발생하기도 하므로 '장점'을 '좋아하는 것'으로 대체하였다. 이때 자유롭게 알아보는 과정이 있어야 좋아하는 것을 잘 발견할 수 있다는 의견이 더해져 행복의 정의를

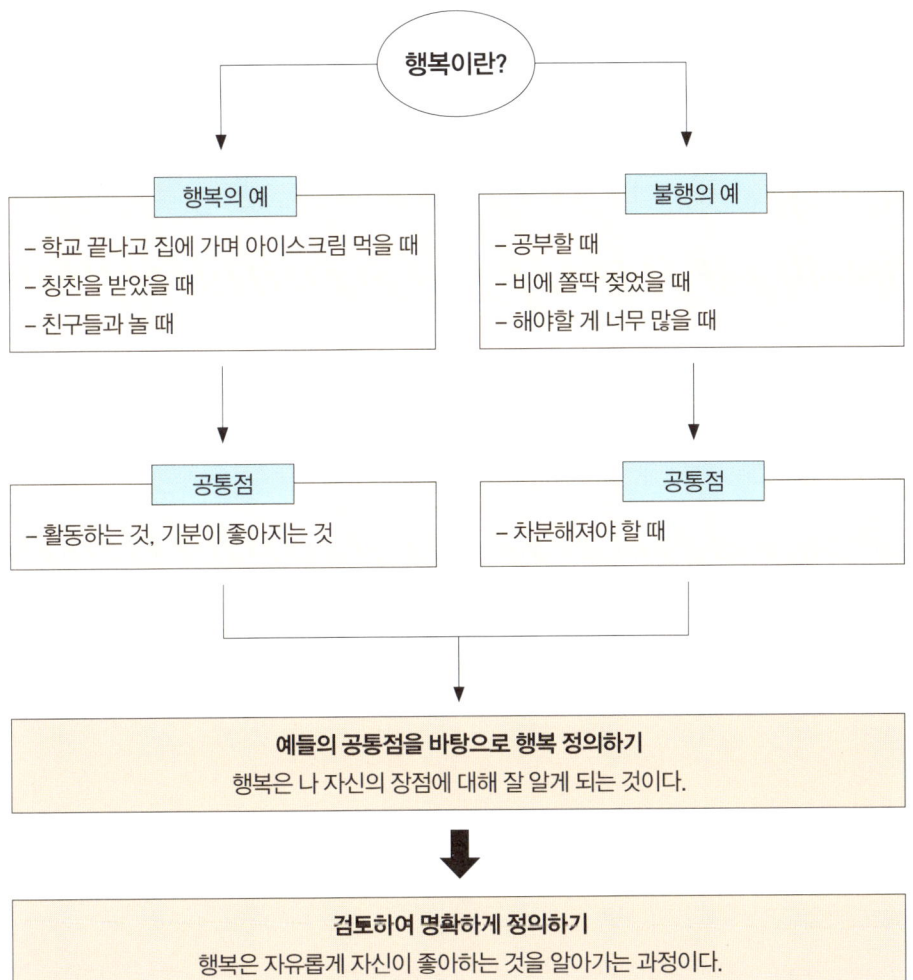

'행복은 자유롭게 자신이 좋아하는 것을 알아가는 과정이다'로 변경하였다. 마지막으로 행복에 대해 정의하는 과정을 통해 알게 된 점과 느낀 점 및 소감을 쓰고 모둠 안에서 발표한다.

이처럼 중요한 가치를 포함한 개념을 탐구하는 토론을 하다 보면 토론에 참여하는 학생들의 가치관이 자연스럽게 드러난다. 각자 생각하는 행복이 무엇인지 이야기를 나누는 과정에서 서로를 알아갈 수도 있다. 또한 행복을 느끼는 구체적인 사례와 그 반례들을 적어봄으로써 추상적인 개념인 행복이 구체적으로 느껴지게 되고 행복한 삶을 살기 위해서는 어떻게 해야 하는지 방향을 잡을 수 있다.

84 위시리스트 토론*

위시리스트(Wish list) 토론은 의사결정이 필요한 상황에서 의사결정을 위한 여러 선택지를 우선순위에 따라 분류하여 의사결정을 하는 토론이다. 우선순위에 따라서 선택지를 분류할 때, 그 근거에 대해 토론하는 과정에서 규칙을 내면화하여 타인을 설득하고 의견을 조정하고 합의에 이르는 과정을 경험할 수 있다. 공동체가 함께 결정해야 하는 주제를 두고 위시리스트 토론을 한다면 원만한 의사결정에 도달할 수 있을 것이다. 과학이나 수학 과목에도 적용 가능한데, 예를 들어 과학에서는 어떠한 기준에 따라 종이 분류되는지에 쓰일 수 있을 것이고, 수학에서는 기하 영역 도형 파트에서 다양한 도형을 기준에 따라 분류할 때 적용할 수 있다. 특정 기준에 따라 선택지를 분류해야 하는 교과에서 사용할 때 특히 높은 활용도를 보인다.

* 김혜숙 외, 『토론수업 레시피』(교육과학사, 2011, 198~207쪽) 참고.

어떤 그림책이 좋을까?
- 토론의 주제 내용을 다룬 그림책이 좋다.
- 토론 주제와 관련된 선택지이 내용이 담긴 그림책이 좋다.
- 토론 주제와 관련하여 실천할 사항을 생각해낼 수 있어야 한다.

그림책 읽고 토론하기

○ 『선생님은 싫어하고 나는 좋아하는 것』(엘리자베스 브라미 글, 리오넬 르 네우아닉 그림, 김희정 옮김, 청어람아이, 2016)

선생님이 싫어하는 행동을 귀엽고 재미있는 그림으로 표현한 그림책이다. 수업 시간에 떠들기, 멍하게 있기, 거짓말하기, 딴 짓하기, 마음대로 돌아다니기 등 학생들과 함께 생각할 수 있는 다양한 행동이 담겨 있다. 직접적으로 이런 행동은 안 된다고 이야기하지 않아도 그림책을 보면서 자연스럽게 행동의 잘못된 점을 깨닫고 어떤 규칙이 필요한지 토론할 수 있다. 토론 과정을 통해 규칙을 내면화하고 규칙을 함께 지켜나가기 위해 노력하는 첫걸음을 떼보자.

토론 순서

1. 토론 주제 제시 및 선택지 구성하기 ➡ 2. 개인별 의사결정 ➡ 3. 모둠별 의사결정 ➡
4. 모둠별 의사결정 결과 발표하기

● 1단계

학생들과 함께 토론 주제에 관해 이야기를 나눈 후 그림책을 읽는다. 토론 주제는 '행복한 수업을 위한 규칙 세우기'이다. 책을 읽은 뒤 4인 1모둠으로 모둠을 구성하여 모둠별로 행복한 수업을 위해 필요한 여섯 가지 규칙을 만들도록 한다. 규칙을 만들었다면 모둠별로 필요한 규칙이 무엇이고 그것이 왜 필요한지 발표한다. 이때 교사는 학생들의 발표한 규칙을 설문지로 구성한다. 토론 과정에서 규칙을 중요도에 따라 3단계로 나눠서 분류하게 되므로 3의 배수로 선택지를 구성하는 것이 좋다. 규칙이 너무 많으면 학생들이 기억하고 실천하기 어려워 경험상 여섯 개 정도가 적당하다. 발표가 끝나면 설문지 투표를 통해 득표수가 많은 여섯 가지 규칙을 위시리스트 토론의 선택지로 채택한다.

● 2단계

학생들에게 토론 활동지를 나눠주고 개인별로 여섯 가지 규칙을 중요도에 따라 분류하도록 한다. 매우 중요, 중요, 덜 중요 3단계로 각각 두 개씩 분류하고, 그렇게 분류한 이유도 함께 적는다. 분류할 때에는 토론의 주제를 다시 한번 상기하도록 한다. 개인적인 선호도에 따라서 분류하는 것이 아니라 학급 공동체의 행복한 수업을 위해 규칙을 정하는 것임을 강조한다. 이때 규칙을 분류한 이유를 적는 것이 중요하다.

토론 주제 : 행복한 수업을 위한 규칙 세우기

1. 개인별로 중요도에 따라 규칙 분류하기

중요도	필요한 규칙	분류한 이유 (선생님과의)
A. 매우 중요	수업에 열심히 참여하기	수업에 열심히 참여하면 진도도 잘 나가고 분위기도 좋아지기 때문
	예의 갖추기	선생님, 친구들과의 예의는 기본이기 때문.
B. 중요	교사 의견에 집중	선생님(교사)의 의견에 집중 해야 수업 이해가 되기 때문
	친구 발표에 집중	친구가 발표할 때 집중(경청)하는 것은 그 친구에 대한 예의이기 때문
C. 덜 중요	쉬는시간에 놀이적 요소 가져보기	가끔씩은 수업 시간에 놀이적 요소가 필요하기 때문
	노래 열심히 부르기	한자 복습 노래를 열심히 부르면 한자도 금방 외워져서.

● 3단계

개인별 분류한 결과를 바탕으로 모둠 토론을 한다. 모둠원 모두 돌아가면서 자신이 분류한 결과와 그렇게 분류한 이유를 말한다. 모둠별로 함께 토론하여 선택지를 다시 분류하고, 모둠에서 함께 분류한 이유도 적는다. 이때 선택지를 분류한 이유가 토론의 주제에 합당한지와 이유가 논리적으로 타당한지를 검토해야 한다. 교사는 모둠 토론 시 학생들의 선호도에 따라 분류하지 않도록 강조하고, 분류한 이유를 잘 적을 수 있도록 돕는다.

2. 모둠 토론을 통해 중요도에 따라 규칙 분류하기

중요도	필요한 규칙	분류한 이유
A. 매우 중요	예의 갖추기	선생님, 친구간 예의는 기본이기 때문
	시간 잘 지키기	수업시간이라는 정해진 약속시간이 있기에
B. 중요	좀 더 친절하게 지내기	친절하게 지내면 나, 친구, 모두 좋기 때문
	수업에 열심히 참여하기	선생님이 준비하신 수업을 열심히 듣는 게 예의이기 때문
C. 덜 중요	노래 열심히 부르기	한자부수노래 부르면 하고 금방 외워져서
	수업에 놀이적 요소 가져보기	가끔씩은 수업간 놀이적요소가 필요하기 때문

● **4단계**

전체 학생들에게 모둠 토론의 결과를 발표하는 단계이다. 모둠별 의사결정 결과를 돌아가면서 발표한다. 분류 결과도 중요하지만 분류한 이유까지 발표하여 반 학생들이 분류의 결과가 타당한지 알 수 있도록 한다. 학생들의 발표가 모두 끝나면 이를 종합한다. 교사는 분류 결과를 이야기해준 뒤, 학생들과 함께 기억하고 실천할 수 있도록 분류 결과를 교실에 게시한다. 중요도순으로 규칙을 정렬하고, 학생들이 꾸준히 기억하고 실천할 수 있도록 일주일에 한 번씩 규칙에 대한 피드백을 해준다.

CLASSROOM RULES
1. 예의 갖추기
2. 수업 시간 잘 지키기
3. 서로에게 친절하게 대하기
4. 수업에 적극적으로 참여하기
5. 한자 부수 노래 열심히 부르기
6. 수업에 놀이적 요소 즐기기

우리 반 최종 규칙

85 패널 토론*

○ 패널 토론은 보통 배심원 토론이라고도 불리며, 방송매체에서 가장 흔히 볼 수 있는 토론 방식이다. 각 논제에 대한 전문가가 패널로 자리하여 패널끼리 토론한 후, 토론을 방청한 청중들의 질의응답으로 이루어진다. 교실 여건상 동시에 많은 인원의 참여가 어려울 때 대표자를 뽑고 나머지 학생들은 청중이 되어 참여하기에 비교적 소외되는 사람 없이 토론을 즐길 수 있다. 주어진 논제에 대해 패널과 청중의 역할을 나누어 토론에 참여하고, 토론 후에는 입장을 수정하는 것도 가능하다.

* 구정화, 『학교 토론수업의 이해와 실천』(교육과학사, 2009), 김혜숙 외, 『토론수업 레시피』(교육과학사, 2011) 참고.

어떤 그림책이 좋을까?
- 찬반의 입장으로 나뉘어 토론할 수 있는 그림책이 좋다.
- 상황에 따라 입장에 따라 다양한 관점에서 문제를 들여다보고 토론을 통해 보다 좋은 해결 방안을 찾아낼 수 있어야 한다.
- 이야기가 무겁지 않으면서도 모두가 함께 고민하고 해결할 문제를 다루고 있어야 한다.

그림책 읽고 토론하기

○ 『킹 발타자르』(크리스틴 심즈 글·그림, 조미자 옮김, 핑거, 2020)

오랜 기간 인간에 의해 사육되어 서커스 단원으로의 삶을 살고 있던 킹 발타자르. 어느 날 그는 자유를 얻어 고향을 찾아가게 되지만, 서커스 단원의 삶에 이미 익숙해져 주어진 자유가 불편하기만 하다. 이와 관련해 요즘 논란이 되고 있는 동물원에 관해 생각해보고자 한다. 패널 토론을 통해 그동안 관광 명소이자 교육적 공간으로 여겨져왔던 동물원이 우리 사회에서 정말 필요한 공간인지에 대해 스스로 생각하고 정리해보길 바란다.

토론 순서

1. 소모둠 찬반 토론 및 역할 정하기 ➡ 2. 토론 준비 ➡ 3. 토론 ➡ 4. 입장 발표

● **1단계**

교사는 학생들과 함께 그림책을 읽은 뒤 '동물원을 폐지해야 한다'라는 논제에 대한 찬반 입장을 정할 것임을 안내한다. 우선 4~5인으로 구성된 소모둠을 만든다. 소모둠은 찬성은 찬성끼리, 반대는 반대끼리 구성한다. 모둠 안에서 대표 토론을 해줄 패널과 청중 역할을 나눌 것이기에 모둠 인원은 조금 많아도 크게 문제 되지 않는다.

'동물원을 폐지해야 한다'라는 논제로 소모둠 토론을 한다. 각각 찬성과 반대의 입장으로 모였기에 찬성하면 왜 찬성하는지, 반대하면 왜 반대하는지에 대해 이유와 근거를 들어 자신의 입장을 주장한다. 이때 반드시 그림책의 내용과 더불어 동물원의 현실적 상황을 함께 근거로 제시해야 한다. 소모둠 토론이 마무리되면 그중에서 가장 우수한 토론자 두 명을 패널 토론자로 선정한다. 간혹 대표 토론자로 나서는 것을 부담스러워하는 학생도 있으니, 되도록

본인의 의사를 존중해 자발적으로 참여자를 뽑도록 한다. 토론 시간을 고려했을 때 패널 토론자는 찬성 둘, 반대 둘 정도가 적당한데, 이보다 많아지면 발언 기회가 줄고 집중도가 떨어지기 쉽다. 패널 토론자 외에는 모두 청중 역할을 맡는다.

● **2단계**

역할이 결정되면 패널 토론을 위한 준비 시간을 갖는다. 패널은 토론을 위한 입론서를 작성하고 청중은 자신의 입장을 정리한 후 패널들에게 할 질문을 예상해본다.

다음은 '동물원을 폐지해야 한다'라는 논제에 대한 찬성과 반대 입장과 그 이유 및 근거를 정리한 것이다.

〈찬성〉

이유1	동물들이 열악한 환경에 놓여 있기 때문이다.
근거1	– 그림책 속 발타자르를 보더라도 철창에 갇혀 서커스를 하고 있음. – 열악한 환경의 동물원에 사는 동물들은 스트레스로 인해 이상 행동을 보이거나 더 나아가 사람을 공격하기도 함. – 2010년 미국 씨월드에서 범고래가 조련사 공격해 사망하는 사건 발생. 이 고래는 1991년, 1999년에도 사람을 공격해 사망케 함.
이유2	동물들을 제대로 보호해주지 못하기 때문이다.
근거2	– 그림책 속 발타자르는 북극곰이다. 북극에 있어야 할 곰이 서커스에서 바이올린을 켜고 있는데 아무리 세계 제일의 바이올리니스트라는 칭찬을 받아도 결국은 인간의 유희를 위한 도구일 뿐임. – 2017년 파리의 한 동물원에서 네 살이 된 흰코뿔소가 밀렵꾼들의 총에 맞고 전기톱에 뿔이 잘린 사건이 있었음. – 2023년에는 서울어린이대공원에서 얼룩말이, 2005년에는 코끼리 여섯 마리가 탈출하기도 함.

〈반대〉

이유1	환경의 변화로 인간과 동물 모두에게 위험을 초래할 수 있기 때문이다.
근거1	– 그림책 속 발타자르가 길을 가던 중 사람들에게 먹이를 구걸하는 모습을 볼 수 있음. – 멧돼지, 고라니 등 야생 동물들로 인한 농작물 피해가 속출함. – 무분별한 개발로 북극곰의 서식지가 줄고, 이로 인해 인간의 주거지에 먹이를 찾는 북극곰이 출몰하는 등 위험한 상황이 초래됨. – 지구온난화로 서식지를 잃고 먹이가 부족해지자 서식지와 먹이, 짝짓기 대상을 찾아 북극곰과 회색곰이 서로의 영역에 들어오면서 그롤라 베어라는 잡종 곰이 태어나기도 함.
이유2	방사만이 해결책이 아닐 수 있기 때문이다.
근거2	– 그림책 속 발타자르를 보면 영문도 모르고 어느 날 갑자기 동물보호단체에 의해 풀려나 어디로 가야 할지도 모르고 서커스단을 나와 헤매는 모습을 볼 수 있음. – 1979년에 붙잡혀온 케이코라는 범고래는 바다 적응 훈련을 거쳐 1998년 바다로 돌려보내졌지만 2013년 갑자기 사망함.

● 3단계

본격적으로 패널 토론을 시작한다. 패널 토론은 찬성측과 반대측 토론자가 각 2분 동안 입론을 하는 것으로 시작한다. 먼저 찬성측이 입론을 말하고 그다음 반대측이 말한다.

입론이 끝나면 1인당 4분씩, 총 16분 정도 자유 토론을 한다. 손을 들어 먼저 발언권을 얻는 사람부터 시작한다. 찬반과 상관없이 먼저 손을 든 토론자부터 시작하면 된다. 이때는 상대측에 대한 반박뿐만 아니라 같은 팀에게도 반박하거나 의견을 보탤 수 있다. 같은 팀이라 할지라도 찬성(또는 반대)하는 이유와 근거가 다를 수 있기 때문이다.

패널 토론을 마치면 청중들과 질의응답 시간을 갖는다. 찬성측 청중들은 반대쪽 패널에게, 반대측 청중은 찬성측 패널에게 각각 반박성 질문을 할 수 있는데, 이때 근거를 같이 제시하는 것이 좋다. 또 같은 입장을 가진 팀에게도 보충성 질문이나 확인 질문을 할 수 있다.

● 4단계

토론을 마치고 각자 자신의 입장을 정리한다. 이때 처음에 정한 자신의 입장을 바꿀 수도 있다. 만약 입장을 바꾸었다면 어떤 근거에서 입장을 바꾸게 되었는지 발표하여 서로의 생각을 공유한다. 예를 들어 찬성측 1토론자의 경우 토론을 마친 후 반대측으로 입장이 바뀌었는데, "동물원도 생태시설을 잘 갖추고 관리를 잘 한다면 동물들이 스트레스를 받지 않고 살 수 있는 공간이 될 수 있기에 위험하게 방생하는 것보다 동물원이 존재하는 것이 더 좋다고 생각한다"라는 입장을 밝혔다.

학생 수가 많은 교실 수업에서 찬반 토론은 늘 부담이었는데, 패널 토론은 그런 점에서 수업에 적용하기에 좋은 모형이었다. 하지만 모둠 안에서 활발히 의견을 발표하던 학생들도 막상 패널이 되면 많은 부담을 느끼고 자신의 의견을 충분히 발표하지 못하는 모습을 보였다. 반면 청중으로 참여한 학생들은 상대적으로 편안하게 토론에 집중하는 모습을 볼 수 있었다. 좀 더 많은 토론 기회를 갖는다면 자연스레 이러한 문제점을 해결할 수 있을 것이다.

86 딜레마 토론*

○ 딜레마(Dilemma)란 두 가지의 판단 사이에 끼어 어떤 쪽도 결정하기 어려운 상황을 의미한다. 그렇기에 딜레마 토론은 딜레마 상황을 제시하고 이에 대한 자신의 입장을 정립해보는 토론 방식으로, 콜버그의 도덕적 추론 과정을 연구한 학자들이 만들었다. 가상적 상황이나 생활 속 사실적 딜레마 상황을 제시하고 토론할 수 있으며, 토론을 통해 개별적 입장을 탐색하고 상대방의 입장을 들어보는 과정에서 의사소통 능력은 물론 비판적 사고력을 기를 수 있다. 또한 토론 과정에서 자연스럽게 상위 단계의 추론을 배우게 된다는 것이 특징이다. 토론을 위해 딜레마 상황을 제시했을 때 아이들은 선택을 굉장히 어려워하곤 한다. 그러나 딜레마 상황을 명확히 하고 토론을 해나간다면 조금씩 자신의 생각에 근거를 대어 이야기하는 힘이 생겨나는 것을 볼 수 있을 것이다.

* 강문성, 「토의·토론 수업방법 84」(교육과학사, 2017, 280~281쪽) 참고.

어떤 그림책이 좋을까?

- 어느 한쪽을 선택하더라도 바람직하지 않은 결과가 오는 딜레마 상황이 제시된 것이 좋다.
- 가상의 상황의 딜레마가 있거나 혹은 사실적 딜레마 상황이 제시되어 내 삶과 연결하여 생각해볼 수 있는 내용이어야 한다.
- 결정하기 쉽지 않지만 반드시 어느 한쪽으로 결정을 내려야 하는 상황이 제시되어 있어야지만 토론을 원활하게 진행할 수 있다.

그림책 읽고 토론하기

○ 『야쿠바와 사자 1』(티에리 드되 글·그림, 염미희 옮김, 길벗어린이, 2011)

아프리카의 어느 마을, 전사가 되기 위한 의식을 통과해야 하는 소년이 겪는 딜레마 상황을 그리고 있는 책이다. 전사가 되기 위해서는 사자를 죽여야만 하지만, 상태가 온전하지 못한 사자를 죽이는 일은 떳떳하지 않다고 여기는 소년의 고민과 선택을 통해 나라면 어떤 판단을 했을지 생각해보자. 딜레마의 상황이 가상적이기는 하지만 흡입력 있는 전개 덕분에 몸소 주인공 소년이 되어 이 상황을 함께 고민해보고 토론할 수 있을 것이다.

토론 순서

1. 도덕적 문제 사태 제시 ➡ 2. 개인의 입장 탐색 ➡ 3. 전체 토론 ➡ 4. 입장 재정립

● **1단계**

소년이 처한 딜레마 상황(사자를 죽일 것인가?/살려줄 것인가?)이 드러나는 부분까지 책을 읽는다. 교사는 이러한 상황에서 소년이 내릴 수 있는 두 가지 선택지를 학생들에게 제시한다. 학생들은 자신의 입장을 정리하기 전 질문을 통해 상황을 명료하게 정리한다. 등장인물인 소년이 처한 상황, 핵심적인 사건, 주인공의 고민 등을 깊이 파악해 딜레마 상황을 명확하게 하기 위함이다. 다음은 '야쿠바(소년)는 사자를 죽여야 할까'라는 딜레마 상황을 두고 아이들이 던진 질문들이다.

질문1: 야쿠바가 사자를 죽이고 마을로 돌아갔을 때 다친 사자였다는 것을 직접 말하지 않는다면 비밀은 드러나지 않지 않을까?

질문2: 소년이 전사가 되어 가지게 되는 임무나 역할, 명예는 무엇인가?

질문3: 다친 사자를 보내준다면, 또 다른 사자를 만나 싸워 전사가 될 기회를 가질 수 있는가?

질문4: 전사가 되지 못하면 소년은 어떤 삶을 살게 될까?

질문5: 다친 사자를 보내준다면 이 사자는 살아날 가능성이 있을까?

● **2단계**

주어진 딜레마 상황에 대한 개인의 입장을 정해보는 단계이다. 1단계에서 파악한 상황을 중심으로 나만의 도덕적 판단을 내리는 것이다. 이때 핵심은 딜레마에 대한 판단 자체보다는 그렇게 판단한 이유에 더 집중하는 것이다. 즉, 자신의 입장에 대한 근거를 분명하게 해야 한다.

> 〈'소년은 사자를 죽여야 한다'의 입장〉
> 소년이 전사가 된다면 여러 상황을 만나게 될 것이다. 이럴 때마다 동정심을 느껴 싸우지 않는 것은 마을을 위한 일도 아니고, 소년 자신에게도 불행한 일이다. 또한 사자는 누군가에게 죽임을 당할지도 모르니, 어차피 주어진 과제라면 사자를 죽이고 전사가 되어 마을 지키기는 명예를 갖는 것이 옳다.
>
> 〈'소년은 사자를 살려주어야 한다'의 입장〉
> 전사를 뽑는 의식은 강한 맹수를 이겨 마을을 이끌 전사를 선발하는 데 있다. 하지만 이미 상처를 입고 지쳐버린 사자를 대상으로 싸움을 해서 이기는 것은 진짜로 이기는 것이 아니며, 전사를 뽑는 목적과도 맞지 않다. 이렇게 전사가 된들 진정한 전사라고 볼 수도 없다. 따라서 소년이 사자를 살려주는 것이 옳다.

● **3단계**

이전 단계에서 개인의 입장이 정해졌다면, 이제 서로의 생각을 들어보는 단계이다. 이 과정을 통해 학생들은 딜레마 상황을 여러 측면에서 탐색하게 된다. 모둠 토론을 거친 뒤 전체 토론으로 진행할 수도 있고, 모둠 토론 없이 바로 전체 토론으로 이어가도 된다. 전체 토론 시에는 각자의 입장에 따라 주장과 근거를 말하되, 양측이 번갈아 가며 자신의 의견을 제시한다. 비슷한 논리의 근거가 반복될 때 토론을 마무리한다.

● **4단계**

변화된 자신의 입장이나 더욱 확고해진 자신의 입장을 다시 한번 정리한다. 교사는 어떠한 상황을 선택해도 정답이 없는 상황임을 다시 한번 강조해주고, 친구들과 토론한 결과를 종합하여 학생들이 자신의 입장을 재차 살피게 한다. 이때 근거의 내용이 어떻게 변화되었는지 유심히 들여다본다. 콜버그의 도덕성 발달 단계에 따르면 1단계는 벌을 받지 않는 것, 2단계는 자신에게 이익이 되는 것 3단계는 사회적 인정, 4단계는 법과 규칙을 따르는 것, 5단계는 상호 간의 공정성, 6단계는 정의나 윤리의 보편적 원칙에 부합하는 것이다. 교사는 딜레마 상황에 대해 학생이 작성한 입장과 근거를 처음의 것과 비교하여 살펴보면서 학생이 지금 어느 단계에 와 있는지 확인해본다. 좀 더 높은 단계의 추론이 이루어질 수 있도록 격려와 마무리까지 해주면 더욱 좋다.

토론을 마무리한 뒤 그림책의 결말 부분을 읽어준다. 결말에서 소년은 사자를 죽이지 않고 살려주는 선택을 한다. 비록 소년은 전사가 되지 못했지만 덕분에 마을은 평화로워졌다. 결말을 들은 학생들은 소년의 결정에 박수를 쳐주었다. 그림책의 부제가 '용기'인 만큼 진정한 용기에 대해 생각해보는 계기가 되었다고도 했다. 토론을 통해 아이들은 도덕적 추론의 상위 단계로 한 발짝 더 나아갈 수 있었다.

87 모의재판 토론

◯ 모의재판은 실제 재판을 본떠서 하는 가상의 재판을 말한다. 재판은 '쟁점 중심 토론 수업'의 연장으로 역할놀이나 연극 형태로 이루어진다. 법률 및 재판 절차에 대한 지식이 부족하여 스스로 모의재판을 준비하기 어려운 학생들의 경우 미리 준비된 대본에 따라 진행하는 방식으로 꾸려나가면 된다. 고등학생 이상 학년의 경우 학생들 스스로 대본을 작성하여 수행할 수 있다. 주변에서 일어날 법한 사건, 실제로 일어난 사건, 책 속에 등장하는 사건 등을 토대로 소재를 정한다면 학생의 흥미를 유발하고 자발적 참여를 이끌어낼 수 있을 것이다. 비판적 사고력, 문제 해결 능력과 협력적 소통 능력을 기를 수 있음은 물론이다.

어떤 그림책이 좋을까?

- 법률적인 찬반이 나올 수 있는 사건이 담긴 그림책이 좋다.
- 홍길동, 허생전, 산타 할머니 등 잘못을 저질렀지만 이해 가능한 사연이 있는 인물의 이야기가 담겨 있어야 한다.
- 실제 사건을 모티브로 하여 어떤 문제나 갈등이 발생한 상황이 등장한다면 그를 바탕으로 토론을 진행하기에 용이하다.

그림책 읽고 토론하기

◎ 『쌍둥이 빌딩 사이를 걸어간 남자』(모디캐이 저스타인 글·그림, 신형건 옮김, 보물창고, 2004)

9.11 테러로 지금은 사라진 뉴욕의 쌍둥이 빌딩이 완공되어가던 1974년, 필립 쁘띠라는 사람이 400미터 높이의 빌딩 사이에 줄을 매고 걸었던 실화를 바탕으로 만들어진 그림책이다. 필립의 도전은 많은 사람에게 용기를 북돋아주었고, 자신이 하고 싶은 것을 이루는 자유의 정신을 심어주었다. 하지만 이런 필립의 행동은 경찰에게 체포될 만한 범죄였다. 책 속에서는 아이들을 공원에 모아놓고 줄타기를 하라는 판결로 끝이 나는데, 모의재판 토론에 이 사건을 도입하여 필립의 행동을 어떻게 판단하면 좋을지 생각해보도록 하자.

토론 순서

1. 사전지식 및 배경 이해 ➡ 2. 대본 구성 및 준비 ➡ 3. 실연 ➡ 4. 평가 및 피드백

● **1단계**

모의재판을 하기 위해서는 재판에 대한 사전 지식을 익히고 책 속 이야기의 배경을 이해하는 시간이 필요하다. 학생들이 재판이라는 형식 자체를 낯설어하는 데다 용어나 절차 등도 제대로 알지 못하기 때문이다. 재판의 과정과 종류, 구성원의 역할 등에 대한 자료를 교사가 직접 준비하여 전달해도 좋고, 학생들 스스로 필요한 내용을 조사해 올 수도 있다.

교사는 학생들과 함께 책을 읽고 책 속에서 다룰 만한 사건을 선정한다. 이번 수업에서는 주인공 필립이 사전 허가 없이 쌍둥이 빌딩 사이에 줄을 매달고 걷는 행위를 모의재판에서 다루기로 결정했다. 저자가 책을 쓴 계기가 된 9.11 테러 사건을 배경으로 테러 조직에 대한 재판을 시행해도 좋다. 실제

재판의 경우 민사재판, 형사재판 등 재판의 종류에 따라 등장인물이 변화하는데, 본 수업에서는 다양한 역할을 구성하고자 별도의 구분 없이 재판을 진행하였다.

● **2단계**

다룰 사건을 결정하였다면 대본을 구성한다. 미리 만들어져 있는 대본을 활용해도 좋으나, 대본이 없는 경우 교사가 사전에 어느 정도의 대본을 작성하는 작업이 필요하다. 이미 만들어진 대본을 쓰더라도 학생들의 수준에 맞게 적절한 수정을 거쳐야 한다.

필요한 역할, 사건 개요 등이 적힌 대본이 작성되었다면 역할을 나눈다. 모의재판에서 필요한 역할은 판사, 검사, 변호사, 피고인, 증인 등인데, 이들을 복수로 구성하여 최대한 많은 구성원이 연기할 수 있도록 한다. 복수로 역할을 맡을 경우 역할별로 팀을 이루어 대본을 작성할 때 서로 도움을 줄 수 있다. 학생들은 각 역할에게 주어진 임무들을 확인하고 대본 내용을 작성한다.

이제 '필립'을 재판정에 세워 유무죄 여부를 판단할 논거를 학생들이 직접 조사하여 오도록 한다. 저학년에게는 교사가 작성한 시나리오를 배부한 뒤 역할을 나누어 연습하고, 일부 대본을 작성할 수 있는 초등 고학년부터는 재판에서 다뤄질 만한 법률 내용과 배경지식을 조사할 수 있는 시간을 충분히 제공한 뒤 재판문을 쓰게 한다. 이 과정에서 각 역할을 맡은 학생들끼리 소통하여 수정과 검토를 거쳐 대본을 완성한다. 모의재판이라는 형식 자체가 학생들에게는 어려울 수 있어 교사의 역할이 매우 중요하다. 대본을 작성할 때 엉뚱한 방향으로 흐르지 않도록 개입하고, 검사, 변호사 양측의 주장을 정리해주는 등의 도움을 건네야 한다.

〈시나리오 예시〉

- 시간: 1974년 8월의 어느 날
- 장소: ○○ 법정
- 등장인물: 판사, 검사, 변호사, 서기, 필립, 필립의 동료, 쌍둥이 빌딩 건물주, 건설사 직원, 시민(목격자), 경찰 등

법정 경위: (자리에서 일어나 방청석을 둘러보며) 곧 재판이 시작될 예정입니다. 법정 내에 계신 모든 분은 휴대전화를 꺼주시고, 재판 중 정숙해주시길 바랍니다.
(판사들이 입장한다.)
법원 경위: 모두 일어서주십시오. (재판장이 고개를 숙여 가볍게 인사하고 자리에 앉는다.) 모두 앉아주십시오.
판사: 안녕하십니까? 지금부터 ○○법원 사건 번호 ( )호 피고인 필립 쁘띠에 대한 재판을 시작하겠습니다. 검사, 변호인, 피고인 필립 씨는 모두 출석하였습니까?
검사, 변호인, 피고: 예. 출석하였습니다.

(중략)

판사: (검사를 바라보고) 검사는 피고인에 대하여 재판을 청구한 내용에 대하여 말씀해주십시오.
검사: (일어나며) 예. 피고인은 1974년 8월 7일 아침, 뉴욕 맨해튼 세계무역센터 쌍둥이 빌딩 사이를 강철 케이블로 걸어 줄을 타고 건너가는 행위를 하였습니다. 이 행위는 경찰의 제지에도 불구하고 거의 한 시간 동안 이뤄졌으며, 빌딩 주인과 경찰에게 허가받지 않은 행위였습니다. 피고인의 이런 행위로 빌딩 주인에게는 인력과 에너지 낭비 등의 재산상 피해와 정신적 피해를 입혔고, 경찰 측에는 인력 낭비를 하게 하는 등 공무를 방해하는 피해를 주었습니다. 이에 검사는 공연법 제40조(벌칙) 2,3,4항에 의거하여 공소를 제기하였습니다.
판사: 피고인은 공소사실을 인정하십니까?
피고인: 쌍둥이 빌딩 사이를 줄로 연결하여 걸어갔던 사실은 인정합니다. 하지만 제게도 이유가 있습니다.
판사: 변호인도 의견을 말씀하시겠습니까?
변호인: 예. 피고인이 쌍둥이 빌딩을 허가 없이 건너간 것은 맞습니다. 하지만 피고인의 직업은 외발자전거를 타고 묘기를 부리는 곡예사로, 죽음에 맞서 자신의 열정과 자유정신을 펼치면서 많은 사람에게 감동을 주었습니다. 비록 허가 없이 공연을 한 것은 맞지만, 재판장님과 배심원분들의 선처를 구합니다.

● **3단계**

완성된 대본으로 실제 모의재판을 실연하는 단계이다. 판사, 검사, 변호사, 피고인, 증인 등 직접 역할을 맡아 연기를 하는 학생들 외 나머지 학생들이 수동적인 관객에 머무르지 않고 적극적인 참여자가 될 수 있도록 배심제와 결합하여 모의재판을 수행한다. 관객 역할을 하는 학생들을 배심원으로 정하고 모의재판이 이루어지는 동안 사건에 대해 평가할 수 있도록 한다. 의상, 법봉, 책상과 의자의 배치 등을 활용하여 최대한 실제 재판과 비슷한 상황을 만들어준다면 학생들이 더 몰입하여 모의재판에 참여할 수 있다. 이번 수업에서는 그림책 속 결말처럼 필립 쁘띠에게 선처를 베풀어 봉사활동의 시간을 부여하는 것으로 재판의 결론을 내렸다.

● **4단계**

모의재판이 끝난 뒤 교사가 재판 절차 및 결과에 대하여 간단히 요약해 설명해주면 판결에 대한 학생들 간의 자유로운 토론이 이루어진다. 또한 모의재판에 대해 교사와 학생들이 서로 평가하고 느낀 점을 공유한다면 교육적으로 큰 효과가 있다. "법원은 어떤 판결을 내렸습니까?" "여러분은 법원의 판단에 동의합니까?" "법원의 판단에 동의하는/하지 않는 이유는 무엇입니까?" 등의 질문을 나눠본다.

모의재판 토론에서 교사가 작성한 대본을 연기하는 것은 연극에 지나지 않는다. 즉, 토론에서 학생들이 수업의 주체로서 더욱 큰 역할을 하려면 직접 대본 작성에 참여하는 것이 좋다. 역할을 맡을 경우 재판의 진행을 위해 어쩔 수 없이 재판을 준비해야 하기 때문에 모의재판의 교육적 효과인 법적 사고능력, 비판적 사고능력 등을 극대화할 수 있다. 또한 평소 활동에 소극적인 학생들에게는 배심원의 역할을 주어 어떤 이유와 근거에서 판단이 이루어졌는지 밝히게 해보는 것을 추천한다.

88. 오픈 스페이스 토론

○ 오픈 스페이스(Open space) 토론은 'talk & do it'이라는 부제를 달고 있는 토론 방법으로 대화를 통해 실천을 이끌어낸다. 의견이 대립되는 찬반 토론이 아닌, 같은 주제에 대해 깊이 있는 대화를 통해 해결 방안을 함께 고민하고, 제안서를 작성하거나 실천 방안을 계획해 결과물을 만들어내는 것까지를 목표로 하기에 생각에만 그치는 것에서 나아가 행동의 변화까지 끌어낼 수 있다. 또한 토론 인원에 제한을 두지 않기에 한 번에 많은 학생의 참여가 가능하다는 장점도 있다.

어떤 그림책이 좋을까?
- 찬반의 주제로 나뉘는 내용보다는 한 번쯤 우리 주변을 둘러보고 함께 고민할 수 있는 내용을 담고 있어야 한다.
- 흥미를 유발하는 가운데 포괄적인 주제를 품은 내용이 좋다.
- 주변의 문제를 자신의 문제로 끌어들여 함께 고민하고 실천을 통해 개인과 사회의 변화를 촉발할 수 있는 내용이어야 한다.

그림책 읽고 토론하기

❍ 『내가 라면을 먹을 때』(하세가와 요시후미 글·그림, 장지현 옮김, 고래이야기, 2023)

내가 행복을 느끼는 순간에 지구촌 어딘가에서는 나와 전혀 다른 삶을 살거나 고통스러운 시간을 보내는 또래 아이들이 있음을 보여주는 그림책이다. 바람이라는 소재를 통해 우리는 서로 하나로 연결되어 있으며, 그렇기에 서로의 문제에 관심이 필요함을 말해 주고 있다. '모두가 행복한 사회, 어떻게 만들 수 있을까'라는 대주제로 오픈 스페이스 토론을 하며 행복한 사회를 만들기 위해 필요한 시민 역량에 대해 고민해보는 시간을 가져보자.

토론 순서

1. 초대장 보내고 그림책 읽기 ➡ 2. 안건 제안하고 대화 모둠 만들기 ➡
3. 모둠 토론 후 행동 계획서 작성하기 ➡ 4. 토론 내용 및 행동 계획 발표하기

● 1단계

토론을 위해 학생들에게 초대장을 발송한다. 초대장은 교사가 작성하며, 토론할 대주제, 토론 방법, 안건 작성 및 제출법에 대한 내용이 자세하게 담겨 있어야 한다. 초대장은 토론 전에 학교 홈페이지나 SNS 등을 통해 전달한다. 교사는 학생들이 초대장을 꼼꼼하게 읽어보며 토론 진행 방법을 숙지할 수 있도록 돕는다. 이번 수업에서는 '모두가 행복한 사회, 어떻게 만들 수 있을까?'를 대주제로 정하였다.

초대장 예시는 다음과 같다.

대주제: 모두가 행복한 사회, 어떻게 만들 수 있을까?

- 부제: 인권, 환경, 평화, 연대, 소통 등 행복한 사회를 만들기 위한 시민성 함양에 대한 이야기

▶ **대화의 진행**
▶ **안건 제출** 그림책과 관련해 인권, 환경, 평화, 연대, 소통 등 행복한 사회를 위한 것 시민성 함양을 위한 모든 것

〈안건 제출 방법 예시〉

주제	질문	그림책 관련 내용
인권	어린이 기아 문제를 어떻게 해결할까요?	어린아이가 쓰러진 장면에서

- 안건 선정
- 모둠별 대화-모둠별 대화 모임 방법

구분	토론 진행 방법
의견 나누기 (20분)	• 상호 인사하면서 시계방향으로 돌아가며 아래 질문에 관한 의견 나눔 • 질문: 모둠별 안건과 관련해 문제점, 문제의 원인, 해결 방안, 사례 등 • 다 돌아가면 안건에 대해 사회자 재량으로 자유 대화
행동 계획 (10분)	• 대화 내용과 관련하여 앞으로 진행해 볼 행동 계획 • 오늘부터 6개월 이내 진행 가능한 내용, 1인당 1개 여러 개 모두 OK! 함께해도 OK! • 개인 행동 계획도 OK!, 여럿이 함께 해보는 것도 OK!
모둠별 토론 내용 정리 발표 (10분)	• 제출된 실천 계획 중 모둠을 대표할 내용 정하기 • 이후 모둠별 발표(토론 내용과 모둠별 대표 실천 계획을 중심으로)

*실제 진행 시간은 현장 상황에 따라 변동될 수 있다.

초대장을 받았으면 그림책을 읽는다. 이번 토론에서는 학생들과 함께 그림책을 읽고 가장 인상적인 장면을 서로 이야기하며 그림책의 내용을 공유했다. 또 책을 읽기 전에 표지와 면지를 보며 어떤 내용의 책일까를 먼저 상상해 보는 것도 좋다.

● **2단계**

그림책을 읽고 난 후에는 그림책 내용을 바탕으로 토론 안건을 제출한다. 토론 안건은 제시된 소주제 영역(시민성 역량)에 맞춰 질문 형태로 만든다. 이때 그림책의 어떤 장면과 연관된 질문인지를 적어야 한다. 각 영역당 한두 개 정도의 질문을 만든 후 개인 대표 질문을 선택해 안건으로 제시한다. 이번 수업에서 제시된 소주제는 '인권, 환경, 평화, 문화의 다양성, 소통·배려, 연대' 등 여섯 개 영역이다.

■ **토론 안건지**
그림책을 읽고 다음 주제와 관련된 질문을 만들어봅시다.
예) 주제: 인권 / 질문: 어린이 기아 문제를 어떻게 해결할까요?

주제	질문	그림책 관련 내용(장면)
인권		
환경		
평화		
문화의 다양성		
소통·배려		
연대		

■ **개인 대표 질문(안건) 선택**

주제	질문	그림책 관련 내용(장면)
인권		

질문을 다 만들었으면 준비된 안건지에 질문을 적어 칠판에 붙인다. 이때 안건지 한 장에 하나의 질문만을 적고, 모든 사람이 볼 수 있도록 크게 쓴다. 제출된 안건은 유목화하여 묶는다. 한 영역에 많은 질문이 몰리면 토론 시 발언 기회가 줄어들기에 한 모둠당 최대 5인을 넘지 않도록 토론자 수를 조정한다.

이번 토론에서는 '인권'에 가장 많은 질문이 몰려 그 안에서 비슷한 내용의 질문으로 유목화해 두 모둠으로 나누었다. 반면 '소통·배려' '환경' '연대'처럼 한두 개의 안건만 있는 경우도 있는데, 두 명 이상이라면 모둠을 만들어 토론한다. 다만 안건을 제안한 학생이 다른 모둠의 안건으로 토론해보고 싶어 한다면 옮기는 것도 무방하다. 토론을 이끌 모둠장은 모둠원들이 정해도 괜찮지만, 그 영역에 가장 먼저 안건을 제출한 사람으로 정하는 것도 좋다.

● **3단계**

소모둠이 정해지면 교실 공간 곳곳으로 적당히 자리를 잡고 토론을 시작한다. 토론할 때 모둠장과 토론을 정리할 기록자가 한 명 있어도 좋지만, 이번 토론에서는 기록자 대신 미리 포스트잇을 나눠주고 자신의 생각을 적어 토론지에 붙이게 했다. 모둠장은 이것을 정리해 발표한다. 모둠장은 우선 모둠 안의 여러 질문 중 모둠 대표 질문을 정한다.

소주제 영역: 평화	
제출된 질문	대표 질문
– 모든 아이들이 평화롭게 살고 있을까? – 전쟁으로 인한 아이들의 무고한 죽음을 어떻게 해결할 수 있을까? – 내가 살고 있는 나라만 평화롭다면 그것은 진정한 평화일까? – 나는 평화를 위해 어떤 노력을 할 수 있을까?	– 내가 살고 있는 나라만 평화롭다면 그것은 진정한 평화일까?

질문이 정해졌으면 그 질문을 왜 하게 되었는지, 그 질문의 원인과 해결 방안 등에 대해 대화한다. 포스트잇에 내용을 적느라 말을 안 하는 경우가 있는데, 오고 가는 많은 대화 속에 생각의 깊이가 더해지기에 교사는 되도록 학생들이 말을 많이 할 수 있도록 격려한다. 그리고 처음부터 질문에 대한 답을 찾으려 하기보다는 평소 자신들의 생각이나 사례 등을 먼저 말하면서 문제에

대한 공감을 우선할 수 있도록 한다.

    대화를 마쳤으면 단기 행동 계획서를 작성한다. 개인이나 모둠별로 정해진 기간 동안 어떤 실천 등을 할 것인지에 대해 적는다. 실천 기간은 자유롭게 정할 수 있지만 너무 길어져서는 안 된다.

단기 행동 계획서

* 1인당 한 개씩 실행 계획을 작성합니다.
* 다른 사람이 작성한 실행 계획이 좋으면, 내 이름을 올려도 좋습니다.
* 두세 명이서 하나의 실행 계획을 수립해도 좋습니다.
* 계획의 실행 가능성이 높을수록 좋습니다.

무엇을	누가	언제까지

● **4단계**

토론을 마쳤다면 토론 내용과 단기 행동 실천 계획을 발표한다. 예를 들어 '나라마다 발생하는 문제가 다른 이유는 무엇일까?'로 토론한 한 모둠은 "각자 사는 환경이 다른 데다 경제적 수준이나 교육률의 차이, 빈부격차로 여러 사회 문제가 발생하기 때문입니다. 우리는 이러한 나라를 향한 관심을 가질 필요가 있으며, 갈등을 해결하기 위해서는 서로의 가치관을 통일하기보다 각자의 입장과 생각을 이해하려는 태도를 길러야 합니다"라는 내용을 발표하였다. 이에 대한 단기 행동 실천 계획으로는 'SNS 등을 통해 개발도상국에 대한 관심 유발 캠페인을 펼친다' '가난한 나라의 사람들이 최소한의 생활을 꾸려나갈 수 있도록 적은 금액이나마 기부한다' 등의 계획을 제안하였다.

89 소크라틱 세미나

○ 소크라틱 세미나(Socratic seminar)는 주어진 텍스트 안에서 질문을 찾고, 협력적인 논쟁을 통해 질문에 대한 답을 모색하는 토론 방식이다. 답을 찾는 과정에서 서로 생각이 다르다면 자신의 가설과 관점을 주어진 텍스트를 근거로 밝혀 상대를 설득하는 논쟁을 거친다. 상대 의견에 대한 치열한 탐색과 내 입장에 대한 고민을 거친 뒤 상대의 주장이 나를 설득시켰다면 그 의견을 받아들일 수 있다. 이는 나의 의견이 다른 사람의 의견으로 대체되는 것이라기보다는 다른 의견에 마음을 여는 것이다. 또한, 텍스트 안에서 질문을 만들고 그 안에서 최대한 답을 찾기 위해 노력해야 하기에 글을 꼼꼼히 읽게 되는 장점이 있다.

어떤 그림책이 좋을까?
- 내용이 훌륭해 학생들이 오랫동안 기억했으면 하는 작품이 좋다.
- 학생들의 읽기 수준에 비해 텍스트 수준이 다소 높거나, 다소 생소해서 학생들이 궁금하거나 알고 싶어 하는 내용이 담겨 있어야 한다.
- 학생들이 곱씹어 생각할 만한 거리가 있는 책이 좋다.

그림책 읽고 토론하기

○ 『암란의 버스/야스민의 나라』(제람 강영훈 글, 쟝민 그림, 섬타임즈, 2020)

2018년 봄 예멘에서 제주로 온 암란과 야스민. 두 사람이 각각 한국으로 오게 된 여정을 그린 이 책은 내전, 기후 위기, 테러 등의 특별한 이유로 고국을 떠나온 이들의 생각과 현 상황을 담고 있다. 우리는 '그들이 얼마나 힘들었는지를 확인하고 도움을 주려 했는가?'라는 질문에 어떤 답을 할 수 있을까? 텍스트를 꼼꼼히 읽고, 그 안에서 답을 찾는 소크라틱 세미나로 깊은 이해와 성찰을 얻어가보자.

토론 순서

1. 소크라틱 세미나 이해하기 ➡ 2. 개인 질문 만들기 ➡ 3. 작은 모둠 소크라틱 세미나 ➡
4. 전체 소크라틱 세미나 ➡ 5. 소크라틱 세미나 스케치 및 평가

● **1단계**

소크라테스는 생각을 불러일으키는 질문을 던지는 교육법으로 유명한 존재이다. 이에 교사는 소크라테스의 연속된 질문으로 자신이 믿고 있던 진리에 대해 의심하고 혼란을 겪는 제자의 모습을 제시한다. 이러한 형식의 질문과 대답을 통해 그림책을 꼼꼼히 읽고 소크라틱 세미나 수업을 위한 주의 사항을 몇 가지 소개한다. 우선, 교실에 있는 학생 전체가 참여하는 수업이기에 발언이 누구 하나에게 집중되는 일이 없어야 한다. 또한 모두가 진행자와 토론자의 역할을 함께 수행해야 한다. 따라서 손을 들어 자신이 발표할 차례임을 드러내지 않고, "제가 대답해도 될까요? 저는 이렇게 생각하는데요" 등의 발언과 함께 대화에 참어해야 함을 주지시킨다. 끝으로 논쟁 중 충분히 생각과 입장이 바뀔 수 있고 이것이 매우 자연스러운 과정임을 안내한다.

● 2단계

주어진 텍스트를 읽고 개인 질문을 만드는 단계로, 총 세 가지 사항을 알려야 한다. 첫 번째, 교사가 임의로 부여한 텍스트의 번호를 밝혀 질문을 쓴다. 두 번째, 글씨를 알아볼 수 있도록 써야 한다. 개인 질문 만들기 과정이 끝나면 모둠활동을 하게 되는데, 이때 글씨를 알아볼 수 있게 써야 서로의 질문을 확인하는 과정이 혼란스럽지 않다. 세 번째, 어떤 질문을 만들어야 하는지 알려준다. 어떤 질문을 만들어도 상관없지만 이왕이면 논쟁이 일어날 만한 질문이어야 한다. 예를 들어 궁금한 것, 더 알고 싶은 것, 친구의 대답을 듣고 싶은 질문을 만들게 한다.

● 3단계

3인 1조를 이루어 작은 모둠 소크라틱 세미나를 한다. 모둠을 선정할 때는 앞은 자리 중심으로 정하되, 남녀 학생을 섞어서 조직하는 것이 좋다. 작은 모둠 세미나에서 해야 하는 것은 크게 두 가지이다.

첫 번째는 질문 가려내기다. '심청이의 아버지는 누굴까?'라는 질문에 모든 아이가 '심봉사'와 '심학규'를 말한다. 이처럼 답이 하나만 나올 수밖에 없는 질문을 가려내는 것이다. 이 질문은 굳이 전체 소크라틱 세미나에서 할 필요가 없기 때문이다.

두 번째는 친구들이 만든 질문들에는 어떤 것들이 있는지 확인하는 일이다. 나의 질문이 적혀 있는 텍스트를 오른쪽 옆 친구에게 건넨다. 건네받은 친구는 내가 쓴 질문과 같은 질문, 함께 얘기 나누고 싶은 질문에 별표를 치고 다시 오른쪽 친구에게 넘긴다. 받아든 텍스트에 같은 행동을 반복하다 보면 나의 텍스트를 받을 수 있다.

별표 표시가 된 텍스트를 받아 확인한 후 묻고 싶은 것이 있다면 질문한다. '5번에 보면 뉴스 진행자가 남의 일이라는 듯이 옅은 미소를 띠고 있었다고 했는데 정말 그랬을까?' 질문을 받은 앞의 두 친구는 최대한 텍스트에서 답을 찾아 답한다. "11번을 보면 그들이 정한 난민의 기준에 맞춰 끊임없이 설명해야 했다고 했어. 여기서 그들도 난민이 아니니까 자신의 일이 아니면 다 그렇게 남의 일이라고 생각하는 거 아닐까?" "나도 그 의견에 동의해. 왜냐하면 10번을 보면 내가 겪어온 슬픔과 절망과 외로움은 그들의 관심사가 아니었다고 말하잖아" "모두가 다 그런 건 아닐 것 같은데. 이건 나중에 전체 소크라틱 세미나에서 물어보고 다른 질문으로 넘어가도 될까?"와 같이 질문에 대답하고 그 대답에 다시 질문을 연결하여 묻고 답한다.

● **4단계**

본격적으로 소크라틱 세미나를 전개한다. 첫 번째 단계에서 말했던 주의 사항을 한 번 더 언급하고 자리를 배치한다. 자리는 도넛 모양으로 만들고, 앞의 원에는 모둠원 중 한 사람, 뒤에 원에는 두 사람을 배치하여 원 모양에 맞춘다.

자리 배치 예시

소크라틱 세미나가 시작되면 원 안쪽의 학생들만 우선적으로 발언하고 원 밖 학생들은 발언할 준비를 하면서 잘 경청한다. 그러다 발언하고 싶은 화제가 나오면 앞 친구의 어깨를 살짝 건드리고 자리를 원 안으로 바꿔 앉은 후 발언한다. 발언 방법은 3단계의 작은 모둠 세미나와 같다.

● **5단계**

소크라틱 세미나를 통해 느낀 점을 총평하는 스케치 단계이다. '스케치'라는 이름에서 알 수 있듯 활동 중 가장 논쟁이 많이 일어났거나 기억에 남는 부분을 글로 나타낸다. 이때 어떤 발문으로 그러한 결과에 이르렀는지 스케치하듯 적어야 한다.

학생들은 공개된 자리에서 친구들의 다양한 생각을 가감 없이 듣고 나누는 과정에서 결국 내 마음을 정리하는 단계까지 이르게 된다. 경쟁이 아닌 상생의 대화가 오고 가기 때문에 다른 의견을 낸 친구에게 "새롭게 생각하는 기회를 줘서 고맙다" "나와 다르기에 신기했다. 다르다는 것이 싫다기보다는 궁금증을 유발해서 더 재미있었다" 등의 소감을 전하기도 한다. 또한, 매스컴에서만 봐왔던 '난민'이라는 낯설고 어려운 주제를 책을 통해 마주함으로써 난민에 대한 자신의 생각을 진지하게 정리해볼 수 있다.

90 주도권 토론

○ 주도권 토론(Initiative debate)을 쉽게 이해하기 위해서는 대통령 선거 토론을 떠올리면 된다. 선거철에 대통령 후보들은 본인들의 정책을 주도권 토론이라는 형식 위에 얹어 이야기하곤 한다. 즉, 주도권 토론이란 논제 혹은 분야에 대해 상호 토론이 활발히 이어갈 수 있도록 토론자별로 주도권을 갖고 발언하는 방식을 뜻한다. 기존의 토론이 발언 순서에 따라 찬반 토론자가 한 번씩 주장하고 반박했던 것과는 달리, 주도권 토론에서는 주도권을 가진 토론자만이 다른 토론자의 발표 내용에 대해 질문하고 답변을 듣고 이어서 반박할 수 있다. 또한, 자신의 입장을 밝히고 이에 대한 구체적인 근거를 찾아 상대와 대립하고자 하는 형태라기보다는 서로의 입장을 존중하고 그 입장에 설득되어 상생의 결론을 도출할 수 있는 등 허용 범위가 넓다.

어떤 그림책이 좋을까?

- 같은 문제를 가지고 최선의 해결책을 찾아내어 모두에게 좋은 방법을 제안할 수 있는 내용이 담겨 있어야 한다.
- 때로는 하나의 주제에 대해 다른 제안을 할 수 있는 형태의 내용이 담겨 있는 책도 좋다.
- 찬반 토론이 아니기 때문에 생각과 감정을 공유하고 자신의 이야기를 편하게 할 수 있는 내용이어야 한다.

그림책 읽고 토론하기

○ 『로보베이비』(데이비드 위즈너 글·그림, 서남희 옮김, 시공주니어, 2020)

가족 구성원을 이룰 때 아기를 배달하여 조립한다는 상상력이 두드러지는 책이다. 가족들이 힘겹게 조립을 마치고 아이가 태어남을 반가워하던 와중, 뒤늦게 택배 상자 밑에 조립해야 할 쌍둥이 아이가 남아 있다는 사실을 깨닫는다는 열린 결말로 끝이 난다. 어쩌면 곧 현실화될 로봇과 인간의 공존을 미리 보여주는 흥미로운 작품이다. 교사가 만든 주도권 토론 논제를 해결하면서 학생들은 로봇과 인간의 공존에 대해 깊이 생각하게 될 것이다.

토론 순서

1. 논제 파악 ➡ 2. 토론 방법 익히기 ➡ 3. 입론 ➡ 4. 주도권 토론 ➡ 5. 최종 발언

● **1단계**

그림책을 읽으며 토론 배경을 미리 머릿속에 떠올린다. 교사는 미리 만들어둔 주도권 토론 논제와 논제 개요서를 한 면으로 편집하여 학생들에게 나눠준다. 학생들은 교사가 제시한 '아직 조립되지 않은 로보베이비 플랜지의 동생에게 로봇과 사람이 함께 어울릴 수 있는 다리 역할을 부여한다면 어떤 기능의 프로그램이 장착되면 좋을까?'라는 내용의 논제가 담긴 활동지를 집중해서 읽는다. 첫 번째 단계는 개별활동이기 때문에 학생들이 주도권 토론 논제에 집중할 수 있는 분위기를 만드는 것에 치중한다.

주도권 토론 논제 개요서는 다음과 같다.

> **논제: 아직 조립되지 않은 로보베이비 플랜지의 동생에게 로봇과 사람이 함께 어울릴 수 있는 다리 역할을 부여한다면 어떤 기능의 프로그램이 장착되면 좋을까?**
>
> 로보베이비를 배달받고 좋아하는 스프로킷, 다이오드, 러그너트, 매니폴드, 개스킷, 피스톤, 클러치. 캐소드의 동생인 플랜지를 이제 막 조립한 그들은 플랜지에게 쌍둥이 동생이 있다는 사실을 알아차리고 동생 OOO까지 조립하려 한다. 플랜지를 사용 설명서대로 조립하지 않아 시행착오를 겪었던 경험 덕분에 쌍둥이 동생 OOO은 쉽게 조립할 수 있었지만, 사용 설명서 마지막 칸에는 플랜지 때와는 달리 다음과 같은 문장이 추가로 쓰여 있었다.
>
> 쌍둥이 동생 OOO은 특별한 임무를 맡았다. 로봇 가족과 사람이 함께 어울릴 수 있도록 중간 다리 역할을 하는 것이다. 이를 위해 쌍둥이 동생에게 프로그램을 하나 선택하여 추가할 수 있다. 다음 네 가지 항목 중에서 가장 중요하다고 생각하는 것을 선정하고 그 이유를 설명해 보자. 또한 제시된 것 외에 추가로 한 가지를 더 제안하여 그 이유를 쓰고 로봇 가족을 설득해 보자.
>
> | 공감 기능 | 미디어 활용 기능 | 의사소통 기능 | 돌봄 기능 | ? |

● 2단계

주도권 토론 방법을 설명하고 모둠을 꾸리고 토론자를 선정하는 등 실제 토론을 위한 준비가 이루어지는 단계이다. 학생들은 개인별 토론 개요서를 받은 후, 논제에 제시된 기능 네 가지 중 하나를 선택하여 첫 번째 논증을 작성한다. 미리 작성한 개인별 토론 개요서는 학생들에게 말할 거리를 제공해준다는 점에서 소외 없는 수업을 만든다. 이때 교사는 학생들이 논제를 제대로 숙지하였는지 확인하며 점검해준다. 또한 같은 프로그램 기능을 선택한 학생들끼리 모둠을 만든다. 모둠별로 학생들이 모였다면 그 안에서 또 하나의 추가 기능에 대한 이야기를 나눈다. 즉, 주어진 논제에 대하여 네 가지 기능 중 하나를 이미 선정했으니 추가로 하나의 기능을 선정하기 위한 모둠별 논의를 거친다. '친화력, 고지능, 청소, 학습 능력, 놀아주기, 이동, 사고, 돈 벌기 기능' 등 다양한 기능들이 나왔다. 모둠 내에서 서로를 설득하여 우리 팀의 두 번째 기능을 선정한다. 이때 의견이 모아지지 않으면 설득력 있게 발언할 수 있는 친구를 모둠의 대표 토론자로 세우거나, 새로 팀을 꾸려 주도권 토론에 참여하겠다고 제안할 수 있다.

〈주도권 토론 발언 순서 및 발언 내용 요약〉

순서	단계	토론자	발언 내용	시간(분)
1	입론	A입론자①	A모둠이 생각하는 논의 배경, 주장과 근거를 논리적으로 설명	2
2		B입론자①	B모둠이 생각하는 논의 배경, 주장과 근거를 논리적으로 설명	2
3		C입론자①	C모둠이 생각하는 논의 배경, 주장과 근거를 논리적으로 설명	2
4	협의 시간		각 모둠의 주장을 검토하여 함께 질문 준비 상대 모둠의 질문을 예상하여 답변 준비	3
5	주도권 토론	B반론자②	A, C모둠에게 질문하며 각각의 주장과 근거 검토	2
6		C반론자②	A, B모둠에게 질문하며 각각의 주장과 근거 검토	2
7		A반론자②	B, C모둠에게 질문하며 각각의 주장과 근거 검토	2
8	협의 시간		우리 모둠의 최초 주장 + 주고받은 질문과 답변을 정리하여 최종 발언 준비	2
9	최종 발언	C최종 발언자③④	C모둠의 최종 입장 제시	2
10		A최종 발언자③④	A모둠의 최종 입장 제시	2
11		B최종 발언자③④	B모둠의 최종 입장 제시	2

● 3단계

모든 준비를 마쳤다면 입론을 한다. 주어진 시간이 2분이기 때문에 학생들은 자신이 고른 기능의 용어 정의와 논제 배경 설명을 빠르게 하고, 설명이 필요하지 않다고 판단되면 생략하거나 앞 팀과 동일하다고 밝힌다.

예를 들어, "의사소통, 미디어 활용, 돌봄 기능을 갖춘 로봇들은 돈을 주고 얼마든지 살 수 있습니다. 그런데 진정한 공감 기능을 갖춘 로봇은 아직 개발되지 않았습니다. 저희는 오랫동안 곁에 두고 싶은 로봇이란 슬플 때 위로해주고, 내 말에 귀 기울이고 반응하는 로봇이라고 생각했습니다. 따라서 플랜지의 쌍둥이 로봇에게 공감 기능 프로그램을 탑재해야 합니다. 또한 두 번째로 선택한 기능은~"이라고 발언할 수 있다.

● **4단계**

주도권 토론을 진행한다. 교사는 주도권을 잡은 팀에서 다른 두 팀에게 골고루 질문을 하라고 권장하고, 상대가 더 설득력이 있다고 판단될 경우 최종 발언에서 나의 주장을 바꾸어도 된다고 언급한다. 그래서 질문은 상대의 논증을 무너뜨리려는 공격적 질문보다는 왜 나와 다른 주장을 선택했는지 궁금해하는 질문인 것이 좋다. 또한 자신의 논증이 훨씬 더 설득력이 있음을 어필하는 질문을 하기도 한다. 이번 수업의 경우 "돌봄 기능을 갖춘 로봇을 돈을 주고 살 수 있나요? 어떤 로봇이 있을까요?"라는 질문에 "영상 통화, 복약 알림 기능 등을 갖춘 로봇이 있고 이 로봇이 돌봄 기능을 갖추었다고 생각합니다"라는 답변이 돌아왔다.

● **5단계**

최종 발언을 한다. 입론에서 밝힌 입장을 번복할 수 없는 일반적인 토론과 달리 주도권 토론은 상대의 논증이 충분히 설득력이 있다면 자신의 입장을 일부 수정해도 된다. 입장 전체를 수정하지 않더라도 주도권 토론 과정 속 날카로운 질문에 대한 답변을 추가한 최종 발언으로 자신의 입장을 탄탄하게 만들 수 있다.

91 프로콘 토론*

○ 프로콘(pro-con) 토론은 모둠 내에 서로 반대되는 미니 모둠을 만들어 갈등 상황을 연출하고, 찬반 대립 토론을 통해 최종적으로 모둠의 의사를 결정하는 토론 방식이다. 프로(pro)는 찬성, 콘(con)은 반대를 의미하며, 입장을 바꾸어 자신의 논리나 자료가 안고 있는 약점을 밝히고 양쪽의 입장을 알게 됨으로써 논제에 대한 의견을 비판, 수정, 평가, 조언해야 한다는 점에서 일반적인 토론과 차이점을 띤다. 찬성과 반대 입장 모두를 대변함으로써 개념 불평형 상태를 경험하고 서로 다른 주장에 대한 근거를 충분히 다룸으로써 양쪽 입장에 대한 보다 정확한 판단을 내릴 수 있다.

* 강문성, 『토의·토론 수업방법 99』(교육과학사, 2022, 336쪽), 권현숙 외, 『생각이 자라는 그림책 토론 수업』(학교도서관저널, 2018, 76쪽) 참고.

어떤 그림책이 좋을까?
- 생태계 보전이냐 개발이냐 등 개인, 가정, 사회, 국가에서 일어나는 다양한 논쟁적 갈등이 담긴 책이 좋다.
- 학생들의 수준에 알맞고 다양한 매체로 필요한 자료를 찾을 수 있는 주제여야 한다.
- 사회적 이슈나 역사적 사건이 담겨 있다면 학생들이 토론 논제를 결정하기에 훨씬 용이하다.

그림책 읽고 토론하기

◐ 『손을 내밀었다』(허정윤 글, 조원희 그림, 한솔수북, 2023)

전쟁으로 가족과 헤어지고 평화로운 삶이 깨져버린 '난민' 소녀의 시선에서 아픔과 고통, 전쟁의 공포감과 잔인성을 담아낸 그림책이다. 옅은 노랑 바탕에 긴 머리칼을 늘어뜨리고 바닷가에 엎드려 있는 소녀가 그려진 표지는 시리아 내전으로 해변에 떠밀려 온 난민 꼬마 '알란 쿠르디'를 떠올리게 한다. 평화와 세계시민을 부르짖는 현재에도 여전히 지구 어느 곳에서는 전쟁이 계속되고 있고, 많은 난민이 조국을 떠나 험난한 여정을 이어가는 중이다. 난민 문제에 관해 학생들과 이야기 나누면서 난민을 어떻게 대해야 좋을지 프로콘 토론을 통해 입장을 정리해보자.

토론 순서

1. 찬반 미니 모둠 만들기 ➡ 2. 미니 모둠의 찬반 주장 펼치기 ➡
3. 서로의 입장을 바꾸어 평가하기 ➡ 4. 모둠 의견 결정하여 발표하기

● 1단계

논제에 대한 찬성 두 명, 반대 두 명으로 구성된 모둠을 만든다. 네 명으로 구성하는 것이 가장 좋지만, 참여 학생 수에 따라 여섯으로 구성해도 무방하다. 미니 모둠을 구성할 때에는 개인의 찬반 의사에 맡기는 게 가장 좋으나, 학생들이 어려움을 겪는 경우 교사가 임의로 만들어줄 수도 있다. 이때 배움이 느린 학생들이 같은 미니 모둠이 되지 않게 주의해야 한다. 또한 토론을 진행하기 전에 학생들에게 개인적인 의견과 다를지라도 자신이 속한 미니 모둠의 입장을 최대한 지지하고 옹호해야 한다고 이야기해야 한다.

미니 모둠은 논제에 대한 각 주장의 근거를 생각하여 토론을 준비한다. 교사는 각 모둠에게 동일한 논제를 제시하고 미니 모둠원끼리 마주 보고 앉게

한다. 본 토론의 주제는 '만약에 우리나라에 난민이 온다면 수용해야 하는가?'로, '수용해야 한다' 쪽이 찬성, '수용하지 않아야 한다' 쪽이 반대 모둠이 된다.

● **2단계**

미니 모둠은 자신의 주장에 대한 근거를 찾아 정리한다. 스마트기기를 모둠별로 제공하거나 교사가 사전에 준비한 자료를 활용하면 근거가 더욱 풍부해진다. 학생들은 각자 정리한 근거를 통해 같은 입장을 가진 학생과 서로의 자료를 공유하고 의견을 나누면서 최종적으로 미니 모둠에서 근거로 제시할 내용을 정리한다. 미니 모둠의 논의가 끝나면 모둠으로 다시 모여 각자의 입장에서 자신의 주장을 근거를 들어 발표한다. 발표가 끝나면 서로 발표한 것에 대해 토론하는 시간을 갖는다. 프로콘 토론은 모둠 토론으로 이루어지기 때문에 토론을 위한 대화가 잘 이루어지는지 교사가 모둠별 상황을 수시로 확인해야 한다.

● **3단계**

두 미니 모둠이 입장을 바꾸어 토론한다. 이때 단순히 입장만 바꾸어 토론하는 것이 아니라 지금까지 논의되지 않았거나 상대가 주장하지 못했던 강력한 근거를 제시한다. 자신의 주장을 뒷받침해주는 통계 자료 등 다양한 근거를 동원하여 상대방의 주장을 분석하고 평가한다. "이런 주장을 했다면 좋았을 것 같다"는 식으로 조언하기도 하고, 상대방의 비판을 재반박하는 과정을 거치며 의견을 수정할 수 있다.

〈난민 수용 찬성 모둠 의견에 대한 평가 예시〉

주장	언제 목숨을 잃을지도 모르는 긴박한 상황에 놓인 그들을 외면하는 것은 옳지 않다.
주장에 대한 근거	과거 우리나라도 6.25 전쟁을 겪으며 많은 전쟁 난민이 생겨났다. 우리나라에 입국한 난민들의 대부분은 내전으로 인한 전쟁을 피해 오는 것이다. 우리가 도움을 받았던 것처럼 위험에 처한 사람들을 불쌍히 여겨 도와주는 것은 당연하다.
평가	불쌍하다고 해서 무작정 우리나라에 난민을 받아들이는 것이 옳을까? 난민을 받아들이는 것은 힘든 사람들을 도와주는 것과 다르다. 난민을 받아들이는 것은 누군지도 모르는 사람을 불쌍하다는 이유로 우리 집에 들여 같이 사는 것과 같다. 무조건적인 수용보다는 필요한 물자를 지원해주는 것이 더 좋은 방법인 것 같다.

● **4단계**

지금까지 나왔던 의견, 주장, 근거를 바탕으로 모둠의 의견을 종합하여 정리한다. 이때 단순히 다수결로 결정하기보다는 찬성, 반대 주장의 장단점과 반론, 조언 등을 바탕으로 모둠 전체의 입장을 정리하여 공유한다.

토론 주제: 난민을 수용해야 한다	
입장 정하기	1. 주장: 난민 수용에 반대합니다. 2. 근거: 1) 폭행·절도 등 사회적 문제가 발생할 것입니다. 　　　　2) 진짜 난민인지 가짜 난민인지 판단할 근거가 없습니다.
같은 입장의 모둠원과 상의하기	1. 주장: 수용 반대 2. 근거: 1) 난민 수용 시 의료보험 및 각종 지원으로 인해 우리가 세금을 더 많이 내야 합니다. 　　　　2) 어디까지 받아주어야 하는지 기준을 결정하기가 어렵습니다.
다른 입장의 모둠원과 토론하기	1. 다른 입장의 주장: 난민 수용을 찬성합니다. 2. 근거: 1) 우리는 인권을 존중해주어야 합니다. 　　　　2) 저출산 시대에 난민은 소중한 국민이 될 수 있습니다.
의견 협의하여 결론 도출하기	저희 모둠원 토론 결과는 **난민 수용을 반대하는 것**입니다. 난민 수용 시 우리가 치러야 하는 기회비용이 너무 많으므로 물자 지원, 기술 지원 등 다른 방식으로 도움을 주어야 한다고 생각합니다.

92 역지사지 토론

○ 역지사지 토론은 토론자가 찬성과 반대 입장을 바꿔가며 토론하고 상대방과 공통점을 찾아 결론을 도출하는 토론 방법이다. 하나의 논제에 대하여 그림책에 등장하는 인물의 입장이 되어 토론한 후, 입장을 바꿔 토론함으로써 상대방을 더 잘 이해하고 서로의 입장에 공감할 수 있다. 상대방의 주장과 근거를 집중해서 듣고 반론해보는 경험은 자신의 의견에 상대방의 주장과 근거를 더해 더욱 논리적이고 타당한 토론을 가능하게 한다. 토론의 승패를 나누거나 꼭 하나의 결론을 낼 필요는 없다. 사회 갈등을 극복하고 공존할 수 있는 역량을 키우는 데 적합하며, 결론을 도출하는 과정에서 논리적이고 종합적인 사고력을 높일 수 있다는 장점이 돋보인다.

어떤 그림책이 좋을까?
- 찬성과 반대의 입장으로 대립되는 논제를 만들 수 있는 책이어야 한다.
- 논제가 개인적인 문제여도 좋고 사회적 문제여도 좋다.
- 전문적 지식이나 구체적인 근거를 필요로 하는 어려운 논제보다는 찬반 토론 형식으로 연계할 수 있는 내용을 담고 있어야 한다.

그림책 읽고 토론하기

○ 『깊은 우물에 개구리가』(실뱅 알지알 글, 루이즈 콜레 그림, 정혜경 옮김, 미래앤아이세움, 2023)

오랫동안 방치된 깊은 우물에 살고 있는 개구리 한 마리. 그러던 어느 아침, 거북이 우물 입구에 얼굴을 쑥 내밀게 된다. 거북은 들어갈 수도 없을 만큼 좁은 우물에 살고 있는 개구리에게 넓은 바다 이야기를 들려주며 자신과 함께 가자고 설득한다. 안락한 우물 안에 안주하고 싶은 개구리와 개구리에게 깊고 넓은 바다를 보여주고 싶은 거북의 입장은 상반된다. 각각의 입장이 되어 하나의 논제를 두고 토론을 하는 것으로도 서로의 입장을 이해할 수 있을 테지만, 토론 후에 입장을 바꾸어 한 번 더 토론해 봄으로써 아집과 편견에 대하여 생각하고 발전적인 미래를 그려보자.

토론 순서

1. 질문 만들고 답하며 역할에 따른 입장 파악하기 ➡ 2. 논제 만들고 짝 토론 하기 ➡
3. 역할 바꾸어 짝 토론 하기 ➡ 4. 결론 도출하기

● **1단계**

그림책을 자세히 읽은 후 개구리와 거북에게 궁금한 점을 한 가지씩 질문해본다. 이때 개구리와 거북의 질문지 색깔을 구분하는 것이 편리하다. 모둠원들은 궁금한 것이나 이해하기 어려운 점을 포스트잇에 한 가지씩 적고 서로 돌려 읽으며 자신이 생각하는 답을 뒷면에 적는다. 이 활동을 통해 개구리와 거북의 특성이나 처해 있는 상황을 정확하게 파악할 수 있고, 나아가 두 인물의 입장이 되어 토론하기 위한 주장이나 근거를 마련할 수 있다.

서로 생각을 나누며 질문에 대한 답을 찾아 적은 후 모둠에서 가장 좋은 질문 하나를 골라 추천한다. 각 모둠의 대표 질문을 모아 살펴보고 함께 답을

확인해본다. 답을 찾기 어려웠던 질문에 대하여 학생들이 함께 생각하고 답을 찾아볼 수도 있다.

교사는 각 모둠에서 추천한 질문을 정리하고 질문의 형식으로 제시하여 학생들이 개구리와 거북의 상황과 입장, 태도를 파악할 수 있도록 한다. 개구리와 거북에 대한 파악이 충분히 이루어졌다면 짝 토론을 위하여 역할을 나누어 맡는다. 토론자 모두 개구리와 거북의 역할을 할 것이기에 역할 분담이 원활하다.

개구리에게 질문하기	거북에게 질문하기
1. 어쩌다가 우물에서 살게 되었나요? 2. 우물에 살면서 행복했나요? 3. 우물 입구 쪽으로 누군가 얼굴을 내밀었을 때 기분이 어땠나요? 4. 우물이 최고라고 생각하면서 왜 거북을 따라 갔나요? 5. 바다에 가서 하고 싶은 것은 무엇인가요? 6. 표지 그림 속에서 무엇을 보고 있는 건가요?	1. 바다에서 어떻게 우물로 가게 되었나요? 2. 여태 바다에 살았으면 개구리를 처음 봤을 텐데 어땠나요? 3. 개구리에게 바다에 대해 말할 때 미안하진 않았나요? 4. 왜 개구리를 바다에 데려가려 했나요? 5. 개구리가 올라탄 것을 알았을 때 아무 말도 하지 않은 까닭은 무엇인가요? 6. 어떤 삶을 살고 싶나요?

● **2단계**

개구리와 거북의 입장에서 대립되는 논제를 만들어 짝 토론을 한다. 학생들이 논제를 직접 만든다면 2단계 활동 마지막에 모둠 질문들을 검토하며 한 학급당 하나의 논제를 만들도록 한다. 모둠에서 만든 질문을 통해 학생들이 논제를 직접 만드는 것이 좋지만, 그림책으로 만들 수 있는 논제가 분명하게 드러나거나 논제를 만드는 데 시간이 오래 걸릴 경우 교사가 제시해줄 수도 있다. 또, 역지사지 토론을 처음 접하거나 학생들이 논제를 만들기 어려워하는 경우에도 교사가 논제를 제시하는 것이 좋다.

논제가 정해지면 역할에 따라 근거를 마련한다. 개구리와 거북 모두의 입장이 되어야 하기에 찬성과 반대의 근거를 전부 생각해야 한다. 양쪽의 입장을 고려하여 근거를 마련하는 과정에서 역할에 대한 이해와 공감이 이루어진다. 토론하면서 떠오르는 근거와 생각도 메모한다.

짝 토론은 마련한 근거를 바탕으로 둘이서 10분 정도만 토론해도 충분하다. 토론 결과 개구리(반대 입장)와 거북(찬성 입장) 중 누가 이겼는지, 혹은 무승부인지 조사해도 좋고, 승패를 떠나 상대방의 입장에 충분히 공감할 수 있었는지 공감 지수(10점 만점)를 조사해봐도 좋다.

논제 : 우물에서 나와 바다로 가야 한다	
개구리의 입장 : 반대	거북의 입장: 찬성
〈근거〉 1. 이미 충분히 좋은 환경에서 살고 있고 만족스럽다. 2. 지금까지 우물에서 잘 살아왔고 앞으로도 그럴 것이다. 3. 우물에서 올라가기 힘들다. 4. 굳이 목숨의 위협을 무릅쓰고 나갈 필요가 없다. 5. 바다에 간다고 행복하다는 보장이 없다. 6. 바다는 개구리가 살기에 좋은 환경이 아니다. 먹을 벌레도 없을 것이다. 7. 폐로 호흡하는 양서류는 바다에서 살지 못한다. 8. 바다에는 포식자들이 많아서 죽을 수도 있다. 9. 바다는 개구리에게 넓고 잘 모르는 곳이라 무섭다. 10. 생태계 교란종이 될 수 있다.	〈근거〉 1. 좁은 우물에 만족하면 사는 것이 한심하다. 2. 세상에 나가 새로운 경험을 할 필요가 있다. 3. 우물이 좁다는 것을 알게 되었으니, 우물에 있으면 슬퍼질 것 같다. 4. 우물보다 공간이 넓고 자유롭다. 5. 넓은 세상을 볼 수 있다. 6. 다양한 생물과 환경이 있다. 7. 바다에 가서 가족과 친구들을 만들어야 한다. 8. 많은 경험을 통해 성장할 수 있다. 9. 바다에 가면 먹을 것이 많다. 10. 우물보다 바다가 살기 좋다. 11. 개구리가 우물에서 나오면 잡아먹을 것이다. 12. 거북과 함께 바다로 가지 않더라도 언젠가는 우물에서 나와야 할 때가 올 것이다.

● **3단계**

개구리와 거북의 역할을 바꾸어 짝 토론을 한다. 이미 한 번 토론했기 때문에 역할을 바꾸어 토론할 때는 흥미가 떨어질 수 있지만, 그만큼 상대방의 입장에 공감할 수 있는 시간이 되기도 한다. 역지사지 토론을 하는 이유가 바로 이 단계 때문이다. 한 가지 역할에만 몰두하지 않고 역할을 바꾸어 토론함으로써 교사가 설명하거나 가르치지 않아도 스스로 상대방의 입장을 이해하며 공감하게 된다.

● **4단계**

역할을 바꾸어 토론한 결과를 바탕으로 모든 학생들이 개구리와 거북의 입장이 되어 토론한 결과를 도출한다. 2단계 짝 토론 결과와 비교하여 개구리(반대 입장)와 거북(찬성 입장) 중 누가 이겼는지 알아보고, 역할을 바꾼 결과 어떻게 달라졌는지 살펴본다. 최종적으로 어떤 입장이 다수인지 알아본다. 개구리가 지금처럼 우물에 사는 것이 좋을지, 거북을 따라 바다로 가는 것이 좋을지 파악한다. 또는 만일 자신이 개구리라면 우물에 남을지, 바다로 갈지 결정하여 결론을 도출한다.

93 청문회식 토론

○ 청문회는 어떤 문제에 대하여 내용을 묻고 답하는 것으로, 주로 국가 기관에서 입법 및 행정상의 결정을 내리기 전에 이해 당사자의 의견을 듣기 위하여 연다. 이를 토론에 접목하여 논제와 관련된 이해 당사자에게 문제에 대한 내용을 묻고 답하는 과정을 거쳐 결론을 도출하는 토론 방법이 바로 청문회식 토론이다. 이해관계가 대립되는 논제에 대하여 이해 당사자의 입장에서 주장과 근거를 충분히 들어본 후 객관적인 결론을 내릴 수 있다는 점이 특징이다.

어떤 그림책이 좋을까?
- 주제가 분명하고 찬반 논제가 뚜렷하게 드러나야 한다.
- 논제와 관련된 이해 당사자가 존재하여 대립 관계가 분명해야 한다.
- 우리 삶과 밀접하게 관련된 논제일수록 학생들의 관심과 흥미를 끌 수 있다.

그림책 읽고 토론하기

◉ 『4번 달걀의 비밀』(하이진 글·그림, 북극곰, 2023)

아주 좁은 집에서 함께 살고 있는 닭 세 마리. 집이 좁아 늘 싸우기 바쁘지만 셋 모두 항상 숫자 4가 적힌 알을 낳는다는 공통점이 있다. 이들이 숫자 4에 얽힌 비밀을 풀다가 알게 된 비밀은 무엇일까? 우리는 건강과 생태환경, 동물권을 위하여 숫자 4에 어떤 의미가 숨어 있는지 알아야 한다. 청문회식 토론을 통해 일상적 식재료인 달걀의 생산자를 청문회장에 세워 4번 달걀에 숨은 비밀을 알아봄으로써 건강한 식생활을 위한 방법을 찾아보자.

토론 순서

1. 논제 정하기 ➡ 2. 역할 정리 및 청문회 준비 ➡ 3. 청문회 열기 ➡ 4. 찬반 투표

● 1단계

청문회식 토론은 학생들이 역할을 배분하여 각자의 역할에 맞게 참여해야 한다. 이를 위하여 그림책을 읽고 논제를 정하는 단계부터 학생들이 주도적으로 참여할 수 있도록 교사가 유도한다. 그림책의 대상 독자는 초등학교 저학년 이하이지만, 그림책의 의미와 시사점은 중·고등학생이나 성인들이 토론하기에도 쉽지 않을 수 있다.

그림책을 읽고 내용을 파악하는 것은 학생들끼리도 충분히 할 수 있기에, 교사는 학생들이 5인 1모둠을 구성하고 모둠원끼리 함께 읽도록 한다. 조용하고 진지한 분위기로 읽어도 좋고 즐겁고 유쾌하게 함께 읽어도 좋다. 어떻게 읽든 주제를 파악하면 된다. 본문이 끝난 후 그 뒷장에서 "여러분은 몇 번 달걀을 먹고 있나요?"라는 질문과 함께 '4번 달걀'에 대한 정보를 자세히 전달해 주기 때문에 학생들은 자연스럽게 그림책의 주제를 파악할 수 있다. 교사는

이 내용을 바탕으로 달걀 껍데기에 적혀 있는 난각번호에 대한 정보를 정리하여 제공하고 학생들이 '4번 달걀의 비밀'을 파악할 수 있도록 한다. 모둠원들은 사육 환경에 따른 달걀의 특징과 4번 달걀을 낳는 닭들이 처한 상황을 바탕으로 그림책의 주제와 작가의 의도를 파악한다.

난각번호에 대한 정보를 파악하고 '4번 달걀의 비밀'을 알게 되었다면 모둠별로 논제를 정한다. 각자 토론하고 싶은 논제를 정하여 붙임 딱지에 적은 후 모둠원들끼리 협의하여 모둠 논제를 정하고, 뒤이어 학급 전체 논제를 정한다. 학생들이 정한 논제는 '4번 달걀을 폐지해야 한다'였다. 이 안건을 국회에 상정하기 위하여 입법하는 절차 중 청문회를 열기로 하였다. 청문회식 토론은 일반적인 청문회의 절차와 같이 '개회-증인 요청-증인 선서-질의응답-폐회'의 순서로 진행했다.

● **2단계**

청문회식 토론을 위하여 필요한 역할은 의장, 의원, 증인, 서기 등으로, 모둠 구성원들이 각자 역할을 맡아 모두 참여하는 것이 좋다. 구성원 모두가 한 번이라도 토론에 참여한다면 삶에 영향을 끼치는 의미 있는 경험이 되는 것은 물론 토론 내용도 오래 기억할 수 있다. 학급 전체 토론을 하는 경우에는 토론 진행자인 의장 한 명, 토론에 참여하여 질의할 의원 서너 명, 증인 서너 명이 필수이다. 여기에 청문회의 형식을 갖추기 위하여 서기와 진행요원 두세 명을 정하면 토론 분위기 형성에 도움이 된다. 역할은 참여 희망자를 우선 배치하는 것이 좋으나 원활한 토론 진행을 위하여 토론이나 회의 경험이 있는 학생을 추천받도록 한다.

역할	맡은 일
의장	진행
의원	질의
증인1	응답
증인2	응답
서기	기록

5인 1모둠 기준 역할 분담

청문회 준비 과정은 맡은 역할에 따라 다르지만, 질의응답을 주로 하게 되는 의원과 증인들의 사전 준비가 추가로 필요할 수 있으므로 모둠원들이 정보 수집과 정리를 도와주도록 한다. 증인으로는 주로 4번 달걀 생산자와 1번 달걀 생산자, 그림책에 등장하는 닭 삼인방, 동물보호협회 관계자, 달걀을 매일 먹는 소비자, 달걀을 좋아하는 어린이 등이 설정되었다. 각자의 역할에 맡게 질의하고 답변할 내용을 모둠 토론을 통해 마련한다. 활발한 토론을 위하여 의원뿐만 아니라 의장이나 서기도 질의할 수 있도록 한다.

● 3단계

역할에 따라 예상 질문과 답변을 준비하고 관련 자료를 조사하여 청문회를 진행한다. 청문회 진행 순서에 따른 의장의 발언은 통일해주는 것이 좋다. 대부분의 모둠이 4번 달걀 생산자를 증인으로 요청하여 질의하는데, 4번 달걀 폐지를 주장하는 의원들의 질의가 매서워 주장을 끝까지 이어가지 못하는 경우가 많았다. 이때 토론이 추궁이나 심문처럼 과열될 조짐이 보이면 교사가 중재해야 한다.

〈4번 달걀 생산자(증인 1)에 대한 질의응답〉

의원: 의장님, 4번 달걀 생산자를 증인으로 요청합니다.

의장: 4번 달걀 생산자님 증인석으로 와 선서를 해주시기 바랍니다.

4번 달걀 생산자: 저는 거짓 없이 진실만을 말할 것을 선서합니다.

의원: 닭을 왜 이렇게 작은 케이지에 세 마리씩 살도록 하는 것입니까?

4번 달걀 생산자: 저는 달걀을 생산하여 판매하고 그 수익으로 살아갑니다. 수익을 최대화하기 위하여 생산 경비를 절감해야 하기 때문에 케이지의 크기를 줄일 수밖에 없습니다.

의원: 아무리 수익이 중요하다고 해도 사업을 하면 어느 정도의 경비가 소요되기 마련입니다. 이익을 보려면 투자도 해야 하는데 너무 인색한 것 아닙니까? 게다가 닭들의 부리를 자르고 잠을 못 자도록 밤새 불을 켜놓다니요! 닭이 불쌍하지도 않으십니까?

4번 달걀 생산자: 그 점은 유감스럽지만 저렴한 달걀을 생산하기 위해서는 어쩔 수 없습니다. 의원님은 달걀 좋아하십니까? 남녀노소 누구나 좋아하는 달걀을 누구나 부담 없이 먹을 수 있어야 하지 않겠습니까! 저는 소비자들을 위하여 4번 달걀을 생산하여 공급하는 것입니다.

의원: 소비자들을 위해서라고 하셨는데, 과연 소비자들이 4번 달걀의 생산 환경을 알면서도 4번 달걀을 구입할 것이라고 생각하십니까?

4번 달걀 생산자: 그럼요! 달걀은 우리 식생활에 필수적인 재료입니다. 달걀이 없으면 먹는 기쁨이 얼마나 줄어들지 생각해보십시오. 어차피 1번부터 4번까지 네 종류의 달걀이 있으니 소비자들은 원하는 달걀을 사 먹겠지요. 소비자들의 선택권도 존중해주시기 바랍니다.

● **4단계**

청문회가 끝난 후 토론 내용을 정리하고 전체를 대상으로 찬반 투표를 진행한다. 반대의 근거로 저렴한 달걀 공급, 선택의 다양성 존중, 생산의 자유 및 재산 보호 등이 있었지만 학생들은 안전한 먹거리를 확보하는 동시에 동물권을 보호하고, 대체할 수 있는 다양한 먹거리의 존재를 이유로 들어 찬성으로 결론 내렸다. 시대적 흐름에 따라 4번 달걀은 비록 없어지겠지만, 건강한 먹거리에 대한 소비자들의 요구와 생태환경에 대한 관심은 지속될 것이기에 토론을 통한 의사결정 과정을 경험한 학생들은 올바른 선택을 위하여 늘 고민하고 실천할 수 있을 것이다.

94 원탁 토론

○ 이름은 원탁이지만 반드시 원 모양의 탁자에 앉아서 진행하는 것에 의미를 두는 것이 아니라, 참가자 전원이 동등한 위치에서 발언권과 발언 시간을 부여받고 동등하게 참여하는 토론 방법이다. 즉문즉답의 형식이 아니라 한 번씩 돌아가면서 발언하고 발언 내용을 적었다가 자신의 차례가 오면 질문한다. 이때 질문을 받자마자 바로 대답하는 게 아니라 자신의 차례가 왔을 때 차분히 대답해야 한다. 순발력을 발휘하기보다는 논점들을 충분히 읽어내고 정리하는 시간적 여유를 가지며 토론에 임하게 되어 수용적이고 능동적인 자세를 갖출 수 있다. 또한 생각할 거리가 있는 그림책과 연계할 경우 그림책 안에서 말할 거리를 찾아내 능동적으로 토론에 임하게 된다는 장점이 있다.

어떤 그림책이 좋을까?
- 친구들의 이야기를 찬찬히 들어볼 수 있는 책이어야 한다.
- 토론을 처음 접하는 친구들이 해보기 좋은 토론 기법이기 때문에 나눌 이야기가 많이 담겨 있어야 한다.
- 찬반으로 의견이 나뉘기보다는 학생들이 함께 해결해볼 수 있는 문제를 다루고 있어야 한다.

그림책 읽고 토론하기

○ 『사자와 세 마리 물소』(몽세프 두이브 글, 메 앙젤리 그림, 성미경 옮김, 분홍고래, 2014)

함께한다는 것에 대한 교훈을 담은 아랍 우화를 어린이들의 눈높이에 맞춰 각색한 글이다. 혼자 힘으로는 물소를 한 마리씩밖에 잡아먹을 수 없었던 배고픈 사자는, 거절할 수 없는 제안과 질투의 감정을 이용하여 함께하기로 약속한 세 마리의 물소를 한 마리씩 잡아먹는다. 물소들은 '비겁해서' 함께 하자는 약속을 지키지 못한 걸까? 갖가지 답이 나올 수 있는 상황에서, 타인의 말을 경청하고 자신의 입장을 신중하게 밝히기 좋은 원탁 토론으로 이 문제의 답을 찾아보고자 한다.

토론 순서

1. 모둠 구성 및 토론 논제 제시하기 ➡ 2. 개인별 토론 입론서 작성 및 1차 발언하기 ➡
3. 2차 발언하기 ➡ 4. 3차 발언하기 ➡ 5. 4차 발언하기

● 1단계

원탁 토론은 교실 전체의 인원으로 진행한다. 교사가 원활한 피드백을 주기 위해 대표로 5~6명 정도만 뽑아서 여러 번 진행하는 것이 가장 좋지만, 여의치 않을 경우 세 모둠 정도로 나눠서 동시에 진행해도 된다.

우선, 그림책을 찬찬히 읽어보고 가장 아쉬운 점이 무엇인지 묻는 마중물 질문을 던진다. 세 마리 물소가 함께 하지 못한 점, 특히 검은 물소의 안타까운 유언이 담긴 결말은 학생들이 아쉬워하는 단골 답안이 들어 있는 부분이다. 이때 학생들에게 '어떤 덕목을 갖췄다면 물소들이 모두 살아남을 수 있었을까?'라는 토론 논제와 다음과 같이 56개 칸으로 이루어진 덕목표를 제시한다.

감사	결의	경청	고귀함	공감	공정함	공존
균형	긍정	끈기	기쁨	노동	능동성	목표의식
배려	배움	봉사	북돋움	분별력	사랑	사려 깊음
성실	성찰	소박함	신념	신뢰	아름다움	열정
용기	우정	이해	인내	인정	자기애	자제력
정직	존중	지도력	지혜	진실함	진취성	집중
책임감	친절	평화	협동	희망	자존감	솔직
관용	명예	사명	예의 바름	정의로움	창조성	근면

56가지 덕목표

● 2단계

활동지를 받은 학생들은 혹시 뜻을 정확히 알지 못하는 덕목이 있는지 확인하고, 모를 경우에는 검색을 통해 찾아본다. 주어진 덕목에 동그라미를 치거나 표시한 후 개인별 주장, 이유, 근거를 작성한다. 그림책을 활용하는 독서 토론이기 때문에 이유를 작성할 때 그림책을 활용해야 한다.

주장	책임감이 필요하다고 생각한다.
이유	**왜냐하면** 세 물소들이 영원히 함께하기를 약속한 만큼, 그 약속에 대한 책임감을 갖고 서로를 지켜주었더라면 물소들이 모두 살 수 있었기 **때문이다**.
근거	'결국 하얀 물소를 포기하고 말았어' '이 말을 들은 검은 물소는 질투심을 느꼈어'와 같은 문장**에 따르면**, 검은 물소와 노란 물소는 약속에 대한 책임감 없이 사자에 대한 두려움에 하얀 물소를 포기했고, 검은 물소 또한 같은 이유로 노란 물소를 저버렸다.

주장, 이유, 근거를 작성했다면 동그랗게 모여 앉아 사회자의 대본에 맞춰 1차 발언을 한다. 사회자는 원하는 사람이 자진하여 발언할 수 있도록 한다. 주장-이유-근거 순으로 1분 30초씩 입론하며, 이때 학생들은 다른 토론자의 생각을 활동지에 적으면서 질문거리를 찾아야 한다.

1차 발언 시 나온 덕목으로는 '용기' '우정' '믿음' 등 일반적인 것들부터 '소박함' '집중' '공존'과 같이 '왜일까?'라는 의문이 드는 것들도 있었다. 학생들은

"소박하게 원래 살던 곳에서 만족하고 살았다면 모두 살아남을 수 있었을 것이다" "사자가 처음에 흔쾌히 공존을 허락했으니, 잘 설득해서 평화롭게 공존할 수 있는 방법을 만들기 위해 노력했다면 모두 함께 살아남을 수 있을 것이다" 등의 입론을 구성했다.

원탁 토론 사회자 대본

안녕하세요. 사회자 (   ), 계측자 (   )입니다. 지금부터 토론을 시작하겠습니다. 오늘 토론은 원탁 토론으로 진행되며, 토론 시간은 1차 입론 1분 30초, 2차 질문 1분 30초, 3차 질문에 대한 답변 1분 30초, 4차 최종 발언 1분 30초입니다. 발언이 끝나면 '이상입니다'라고 말해주십시오.
토론에 앞서 토론자 상호 인사를 하겠습니다. 상호 인사.
오늘 토론의 논제는 _____ 입니다.

> 먼저 1회전입니다. 1회전은 입론 시간입니다. 각자의 주장에 걸맞은 입론을 해주시기 바랍니다. 첫 번째 토론자 발언해주시기 바랍니다. 발언 시간은 1분 30초입니다. 이때 다른 토론자들은 토론자의 의견을 요약하여 적고 1회전이 끝날 때까지 다른 토론자의 의견에 반박하지 않도록 합니다. 1분 30초가 되기 30초 전에 벨이 한 번 울리고, 두 번 울렸을 때 발언을 중단해주시기 바랍니다. 준비되셨습니까? 발언 시간은 1분 30초입니다. 시작하십시오.
> 다음은 2(3~6)번 토론자 1차 발언해주시기 바랍니다. 발언 시간은 1분 30초입니다. 준비되셨습니까? 시작하십시오.

그럼 2차 발언 시작하겠습니다. 2차 발언은 서로의 생각에 반박하고 질문하는 반론 단계입니다. 배심원 여러분은 나누어드린 종이에 토론자들의 주장을 핵심어로 정리해주시기 바랍니다. 2차 발언에서는 질문만 하고, 답변은 3차 발언에서 합니다. 1번 토론자 발언해주시기 바랍니다. 발언 시간은 1분 30초입니다. 준비되셨습니까? 시작하십시오.

● **3단계**

2차 발언은 처음 입론에서 발언한 순서대로 한 명씩 질문하는 단계이다. 학생들은 '우정'을 발언한 토론자에게 "물소들에게 우정이 없었다고 생각하십니까?" "우정이 무엇이라고 생각하십니까?" 등과 같은 질문을 하였다. 또한, '소박함'을 발언한 토론자에게는 "키 큰 풀들과 고운 흙을 바라는 것이 사치입니까?"라는 질문을 던졌다. 2차 발언에서 주의할 점은 반드시 질문만 해야 한다는 것이다. 이때 "3번 토론자에게 질문하겠습니다"와 같이 자신이 누구에게 질문을 할지 명확하게 지목한 뒤 발언하도록 지도해야 한다.

● **4단계**

2차 발언 즉, 질문을 순서대로 마친 후에 바로 3차 발언을 시작한다. 3차 발언 역시 입론했던 순서대로 한 명씩 돌아가면서 2차 발언에서 받은 질문에 대해 답변만 하는 단계이다. 앞서 설명했듯이 즉문즉답을 하는 것이 아니기에 토론자들은 2차 발언 때 자신이 받은 질문이 무엇인지 메모해두어야 하며, 시간을 두고 생각한 뒤 3차 발언 시간에 답변해야 한다. "처음에 우정이 있었기에 우정을 소중히 여겨서 하얀 물소를 모함하는 사자를 물리쳤어야 한다"는 설명형의 대답부터 "네, 사치입니다"와 같은 단답형 대답까지 모두 허용한다. 반드시 모든 질문에 다 성실하게 답해야 할 의무는 없지만 최소한의 예의는 갖춰야 한다.

● **5단계**

자신의 처음 입장에서 추가하여 발언을 정리하는 것이 4차 발언이다. 4차 발언 역시 입론 시 발언했던 순서대로 한 명씩 돌아가면서 발언한다. 토론자는 2~3차 질의응답 과정에서 추가되거나 바뀐 내용 등을 조금 더 풍성하고 선명하게 밝혀야 한다. 예를 들어 "나는 소박함이 필요하다고 생각합니다. 왜냐하면 입론에서도 밝혔듯이 처음에 부족함 없이 살았던 그 골짜기에서 만족하고 살았으면 모두 다 죽지 않았을 것이기 때문입니다. 키 큰 풀과 고운 흙이 있는 것이 사치냐고 물었는데, 저는 풀과 흙을 바란 것이 아니라 더 많은 것에 욕심을 부린 것이 사치라고 생각합니다. 또 마지막 검은 물소는 사자 왕의 보호를 은근히 즐기기도 했습니다. 그래서 저는 이 물소들에게 '소박함'이라는 덕목이 있었더라면 더 오래 행복하게 살 수 있었으리라 생각합니다. 이상입니다"와 같다.

95 하브루타 토론

🔘 하브루타(Havruta)는 유대교 전통 교육 방법으로, 질문을 만들고 짝을 지어 대화와 토론을 통해 지식을 교환하고 문제를 해결하는 방식이다. 이 방법은 학생들이 자신의 관점을 탐구하고 타인의 의견과 비교하는 과정을 포함한다. 한 학생이 자신의 관점을 제시하면 다른 학생이 그것에 도전하여 깊이 있는 토론을 나누고 통찰한다. 이 과정에서 학생들은 문제 해결 능력과 비판적 사고를 강화할 뿐만 아니라, 타인의 의견을 경청하고 수용하는 능력도 함께 기를 수 있다.

어떤 그림책이 좋을까?

- 인물의 행동이나 결정에 대한 도덕적 딜레마나 윤리적 고민 등을 통해 토론의 기회를 제공할 수 있어야 한다.
- 토론을 통해 학생들이 문제 해결 능력을 기르고, 비판적 사고를 촉진할 수 있는 요소를 갖고 있어야 한다.
- 주제나 상황에서 학생들이 자신의 감정을 이해하고, 타인의 감정을 존중하며 공감할 수 있도록 돕는 내용이 좋다.

그림책 읽고 토론하기

○ 『우리가 보이나요?』(발레리아 마리 글, 프란시스카 실바 데 라 세르다 그림, 김정하 옮김, 모래알, 2023)

태어나자마자 크리스마스 선물이 된 강아지 코코가 인간의 편견과 무관심 속에서 고독과 외로움을 경험하는 이야기를 담고 있는 책이다. 동물의 시각에서 인간의 행동을 돌아보게 하며, 동물 입양과 관련된 윤리적 문제와 동물권에 대해 다룬다. 하브루타 토론 질문을 만들고 짝과 이야기 나누면서 인간의 책임과 동물에 대한 배려의 중요성을 생각하고 사회적 책임과 동물복지에 대한 이해를 깊이 있게 탐구하는 시간을 가져보자.

토론 순서

1. 질문 만들기 ➡ 2. 짝과 질문에 관한 토론 ➡ 3. 학급 질문 관련 토론 ➡ 4. 결론 도출

● 1단계

책의 내용과 주제에 관한 질문을 다섯 개 만든다. 이때 표지나 제목을 보고 예상되는 내용에 관한 질문을 먼저 작성해볼 수도 있다. '표지 속 장소는 어디인가?' '표지에 나오는 두 마리 강아지는 어떤 관계인가?' '왜 책 제목을 우리가 보이나요로 정했을까?' 등이다.

그 후 책을 읽으면서 실제로 중요한 장면이나 인물 사이의 관계에 대해 깊이 생각하면서 질문 다섯 개를 만든다. 이번 수업에서 학생들이 만든 질문은 '코코는 왜 집을 떠났나?' '코코의 새로운 이름은 무엇인가?' '내가 주인이었다면 코코를 어떻게 했을까?' '유기견에 대해 어떻게 생각해야 할까?' '반려견을 버린 사람에 대해 어떻게 생각하나?'였다.

● 2단계

짝과 번갈아 가면서 질문을 던지며 자신의 생각을 더욱 구체화하고 탐구하는 단계이다. 각 학생은 자신의 질문에 대한 답변을 살펴본 뒤, 다른 학생의 의견을 듣고 분석한다. 마지막으로 총 10가지 질문 중 좋은 질문 하나를 선정하여 집중적으로 이야기 나눈다. 이를 통해 학생들은 자신의 의견을 더욱 확고히 하거나 새로운 관점을 찾아낼 수 있다. 나아가 서로의 생각을 비교하고 논리적으로 논의함으로써 토론의 깊이와 폭을 넓혀나간다.

〈'반려견을 버린 사람에 대해 어떻게 생각하나?'로 나눈 짝 토론 예시〉
- **의견 1**: 코코를 크리스마스 선물로 포장해서 상품처럼 선물하기도 하고, 자기 아기가 태어났다고 해서 무관심한 태도를 보이는 주인에게 화가 났다.
- **의견 2**: 무책임하게 버리는 것은 잘못이지만 주인에게도 부득이한 사정이 있을 수 있지 않을까 하는 생각이 들었다. 애완동물을 키우기 위해서 어떻게 해야 하는지 주인에게 알려주고 싶다.

● 3단계

학급 전체 토론을 통해 사고를 교환하고 깊이 있는 토론을 이끌어가는 단계이다. 2단계에서 짝과 함께 선정한 질문을 칠판에 직접 작성하거나 보드에 적어서 붙인다. 선정된 질문들을 각자 살펴보고 토론을 위해 가장 좋은 질문을 투표하여 다수결로 질문 하나를 선정한다. 학급 전체 토론은 학생들이 다양한 관점에서 문제를 바라보고 타협점을 찾을 수 있도록 교사가 주도하여 진행한다. 이 과정에서 학생들은 자신의 생각을 자신 있게 표현하고 협력을 통해 차근차근 문제를 해결해나간다.

이번 수업에서 정한 학급 전체 질문은 '유기견을 버린 사람들은 왜 그런 선택을 했을까?'였다. 이 질문으로 사람들이 강아지를 버리는 이유와 어떻게 하면 반려견 유기를 예방할 수 있을지에 대해 토론하였다. 강아지를 버리는 이유로는 '예상치 못한 비용이 많이 든다' '돌볼 시간이나 장소가 마땅치 않다'라는 의견이 나왔고, 예방법으로는 '강아지를 유기할 시 처벌하는 법을 만든다' '입양 캠페인을 통해 유기견 입양의 중요성을 알린다' 등이 나왔다.

● **4단계**

토론 주제에 대해 깊이 있게 이해하고 결론을 도출하는 단계이다. 서로 제시한 주장을 종합하고 다양한 관점을 고려하여 최종 결론을 내린다. 학생들은 토론 과정에서 배운 점을 바탕으로 자신의 의견을 정리하며 주제를 깊이 이해하는 모습을 보인다. 또한 서로의 의견을 존중하며 자신의 주장을 확립해나간다. 마지막으로 토론을 통해 세워진 자신의 생각을 글로 써서 발표한다.

96 서울형 토론 모형

○ 서울형 토론 모형이란 짝 토론과 모둠 토론의 결합을 통해 통합적 사고를 촉진하고 상호 협력을 유도하는 비경쟁 토론 모형으로, 쉽게 따라 할 수 있고 다양한 교과 및 영역에서 적용 가능하다. 책을 읽고 학생 스스로 질문을 만들어 그 질문을 중심으로 모두가 토론에 참여한다는 특징이 있다. 자신의 의견을 자유롭게 표현하고 상대방의 의견을 존중하는 비경쟁 토론을 통해 함께 성장할 수 있음은 물론, 학급 공동체의 문제부터 사회의 문제까지 해결하는 과정에서 갈등을 해결하는 민주시민의 기본 자세와 창의적 문제 해결력을 기를 수 있다.

어떤 그림책이 좋을까?
- 학급 공동체의 문제부터 사회적인 문제까지, 학생들이 일상생활에서 인식할 수 있는 문제를 다뤄야 한다.
- 학생들 주변의 상황과 연계하여 호기심을 갖게 하는 책이 좋다.
- 책을 통해 문제에 대한 다양한 해결법을 생각해볼 수 있어야 한다.

그림책 읽고 토론하기

○ 『배고픈 늑대가 사냥하는 방법』(밤코 글·그림, 미래엔아이세움, 2022)

스마트폰을 손에서 놓지 않는 요즘 사람들의 세태를 풍자하는 그림책으로, 세련된 색감과 과감한 구도의 그림이 예리하면서도 쾌활하게 문제점을 나타내고 있다. 인간 사냥에 나선 늑대들만의 특별한 사냥법은 온라인 생중계를 통해 방송되고, 인간 유인기로 사용되는 와이파이는 인간들이 스스로 늑대 입으로 들어가게 한다. SNS에 올릴 사진을 찍느라 주변을 보지 못하고, 가짜뉴스로 가득 찬 메시지를 구별하지 못하는 인간들의 삶을 통해 스마트폰에 많은 영향을 받는 우리의 삶을 되돌아보게 된다. 서울형 토론 모형과 연계하여 읽는다면 일상에서 문제를 인식하고 각자의 질문을 통해 비경쟁적으로 토론함으로써 스마트폰 문제의 해결법을 찾아나갈 수 있을 것이다.

토론 순서

1. 문제 인식 ➡ 2. 토론 질문 정하기(개인-모둠-학급) ➡ 3. 전체 토론 ➡ 4. 의견 정리

● **1단계**

모둠 구성 후 그림책에서 보여주는 사례들이 우리 생활과 어떤 연관이 있는지 생각하며 책을 읽는다. 그 과정에서 자연스레 스마트폰 사용 실태에 대한 이야기가 나왔다. 스마트폰으로 인해 사람들이 처한 문제는 무엇인지 브레인스토밍으로 이야기한 다음, 안타까운 마음이 들었던 책의 내용이나 그림책에 나타난 현 사회의 문제점들을 모둠별로 도화지에 자유롭게 적는다.

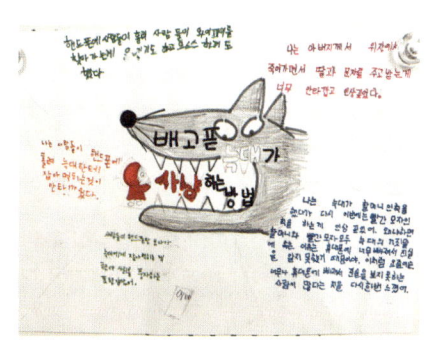

학생들이 나타낸 현 사회의 문제점 및 느낀 점

● **2단계**

개인 토론 질문, 모둠 토론 질문, 학급 토론 질문을 정한다. 개인 토론 질문은 토론을 위해 개인별로 질문을 만드는 것으로, 책을 읽은 후 함께 이야기하면 좋을 내용을 생각하면서 만든다.

학생들은 개인 질문 두 개를 만들고 질문을 만든 이유도 함께 쓴다. 개인 질문으로 만들 수 있는 질문으로는 등장인물의 말이나 행동에 대한 느낌을 묻는 질문, 상황 또는 주제에 대한 생각을 묻는 질문, 문제 발생의 원인을 묻는 질문, 문제 해결을 위한 방법을 찾는 질문 등이다. 처음 질문을 만들고 이야기할 때 많은 학생이 질문에 대한 답을 말하곤 한다. 그러나 서울형 토론 모형에서는 질문에 대한 답을 바로 말하는 것이 아니라, 질문을 만들고 왜 그 질문을 만들었는지에 대한 설명을 통해 더 좋은 질문을 찾아가는 과정이 중요하다. 그러므로 질문에 대한 답을 찾으려 하기보다는 질문 그 자체의 가치에 대하여 생각하도록 한다.

개인 질문을 만든 후에는 모둠 친구들에게 자신이 만든 토론 질문과 질문을 정한 이유를 설명하고, 모둠에서 학급 전체가 토론하기에 적절한 질문이라고 생각되는 토론 질문을 하나 선정한다. 이때 토론에 적합한 질문은 다양한 답이 나올 수 있는 질문이나 함께 나눌 이야기가 풍부한 질문, 학생들의 흥미가 높은 질문, 토론할 가치가 있는 질문이라는 것을 미리 안내하는 것이 좋다. 선정된 모둠 질문은 8절 도화지나 보드판에 적는다. 모둠 대표가 앞으로 나와 도화지나 보드판을 칠판에 붙이고, 모둠 질문으로 선정된 질문을 만든 학생이 그 질문을 만든 이유를 설명한다. 각 모둠의 설명이 끝난 후 학생들은 모둠에서 선정된 질문의 설명을 참고하여 학급 토론 질문을 다수결로 선정한다.

기억에 남은 문장이나 장면	아파트 사람들이 모두 핸드폰을 보고 있는 장면이 인상 깊었다. 왜냐하면 스마트폰을 너무 많이 사용하면 건강에 좋지 않기 때문이다.

개인 질문	질문1. 스마트폰 사용 제한 시간이 필요하다고 생각하시나요? 이유: 스마트폰 사용 제한 시간에 대한 친구들의 의견을 듣고 싶어서. 질문2. 스마트폰의 발전이 더 필요하다고 생각하나요? 이유: 스마트폰에 중독된 사람이 많은데 발전이 더 필요할지 궁금해서.
모둠 질문	스마트폰의 발전이 더 필요하다고 생각하나요?

● 3단계

학급 토론 질문으로 선정된 토론 질문 주제에 대하여, 전체 학생들이 자신의 생각을 말하며 비경쟁 토론을 한다. 학생들이 정한 학급 토론 주제는 '스마트폰은 계속 발전되어야 하는가?'이다. 학급 토론 주제에 대한 자신의 생각을 활동지에 적으며 생각을 정리한 후 토론을 시작한다. 첫 번째 토론자가 의견을 발표하면 나머지 토론자가 질문하고 답변한다. 답변이 부족하다고 생각된다면 발표자와 같은 의견을 가진 학생이 보충 답변을 할 수도 있다. 이러한 토론 과정을 반복하며 발표, 질문, 답변한다. 이때 교사는 많은 학생이 자유롭게 참여할 수 있는 분위기를 조성하고 자신과 생각이 다른 학생의 의견을 무시하거나 비하하는 발언을 하지 않도록 한다. 정답과 승패가 없고 경쟁이 아니므로 모두가 자유롭게 자신의 의견을 말할 수 있다.

● 4단계

토론 소감을 나누고 스마트폰 사용에 대한 최종 의견을 발표한다.

최종 입장(찬성)	최종 입장(반대)
발전은 계속되어야 한다고 생각합니다. 과학 기술이 발달하면서 위험에 대처할 앱도 개발될 것입니다. 스마트폰에 중독 예방과 위험에 대처할 앱을 설치하면 문제를 해결할 수 있기 때문입니다.	발전이 필요하지 않다고 생각합니다. 스마트폰에 의존하는 사람들이 많아져 할 일을 하지 않는 사람들이 늘어날 것이고, 인공지능도 실수를 할 때가 있어서 큰 사고가 일어날 수도 있기 때문입니다.

97 3단계 비경쟁 독서 토론*

○ 보통 비경쟁 독서 토론은 정해진 형식이나 규칙이 없으며, 1단계는 제대로 읽기, 2단계는 질문하며 읽기, 3단계는 토론하며 읽기의 과정으로 진행된다. 누군가를 이기기 위한 것이 아니라 서로 동등한 입장에서 다양한 생각을 들어보는 것을 목적으로 한다. 토론 참여자가 모두 같은 글을 읽고 서로의 생각을 자유롭고 편안하게 나눌 수 있기 때문에 토론 과정에서 나와 다른 사람을 이해할 수 있다. 주의할 점은 교사의 관점을 학생들에게 강요하지 않는 것이다. 교사는 학생들이 다양한 관점으로 문제를 바라보고 토론을 활발하게 펼칠 수 있도록 촉진자 역할만을 해주어야 한다. 모든 의견은 동등하며 소중하다는 것이 기본 원칙이므로 어느 한 사람이 발언권을 독점하지 않도록 하는 것도 중요하다.

* 경상남도교육청, 「비경쟁 독서토론 운영의 실제(초등학교)」(2018. 비매품) 참고.

어떤 그림책이 좋을까?
- 다양한 질문과 토론 주제가 나올 수 있는 책이 좋다.
- 풍성한 층위가 존재해, 같은 그림책이라고 하더라도 누가 보느냐에 따라 다르게 해석되고 다른 점을 발견할 수 있어야 한다.
- 혼자 봤을 때 이해되지 않는 부분이 남아 있는 책이어야 한다. 질문하고 토론하는 과정에서 혼자 이해되지 않았던 부분에 대해 이해할 수 있다.

그림책 읽고 토론하기

○ 『팬티 입은 늑대』(윌프리드 루파노 글, 마야나 이토이즈 그림, 김미선 옮김, 키위북스, 2018)

아기 돼지 삼 형제가 실종되어 어수선한 숲속에 말로만 듣던 무시무시한 늑대가 나타난다. 그런데 숲속 마을 동물들이 생각했던 늑대의 모습이 아니다. 편견에 사로잡혀서 제대로 된 인식과 상황 판단을 하지 못하는 동물들의 모습을 보여줌으로써 비슷한 모습을 보이는 현대인들을 풍자한다. 동물들의 불안한 심리를 이용하여 소비를 부추기는 모습이 씁쓸하기도 하다. 그렇다면 아기 돼지 삼 형제는 어떻게 된 걸까? 재미와 반전, 풍자와 해학이 담겨 있어 천천히 읽고 이야기를 나누다 보면 그 속에 숨겨진 의미를 파악할 수 있을 것이다.

토론 순서

1. 제대로 읽기(정직한 독자 과정) ➡ 2. 질문하며 읽기(질문하는 독자 과정) ➡
3. 토론하며 읽기(토론하는 독자 과정)

● 1단계

책을 제대로 읽는 단계이다. 교사는 그림책을 처음부터 끝까지 한 번 읽어준다. 그런 뒤 모둠을 구성하여 모둠별로 그림책을 한 권씩 주고 읽을 수 읽도록 한다. 학생들은 각자 활동지에 인상 깊은 구절이나 장면을 찾고 그 까닭을 쓴다. 쓰기를 마쳤다면 함께 이야기 나누며 모둠에서 가장 인상 깊은 구절이나 장면을 하나 뽑아 발표한다. 이때 주의해야 할 점은 무작위로 뽑지 않는다는 것이다. 각자 인상 깊은 구절과 그 까닭을 들어보고, 공통되는 의견이 있다면 그것을 모둠 의견으로 채택한다. 공통된 의견이 없다면 모둠 안에서 토론으로 모둠 의견을 정한다.

다음은 『팬티 입은 늑대』를 읽고 인상 깊은 구절이나 장면 및 그 이유를 옮겨 쓴 것이다. 같은 책을 읽더라도 각자 인상 깊은 구절이나 장면이 다르다는 것을 알 수 있다.

- 면지의 빨간색 줄무늬
  : 늑대가 입었던 팬티의 무늬이기도 하지만 감옥 같아 보여서, 다른 사람에 대한 편견은 다른 사람을 감옥에 갇히게 하는 것 같기도 해서
- 늑대가 줄무늬 팬티를 입고 산책하는 장면
  : 사슴이 말했던 늑대의 생김새와는 많이 달라서
  : 작가는 늑대가 무섭지 않다는 것을 보여주려고 우스꽝스러워 보이는 줄무늬 팬티를 입힌 듯
- 칼을 든 다람쥐가 "쉿! 알면 다쳐" 하고 말하는 장면
  : 다람쥐가 숲속 동물들을 해친 범인인 게 소름 돋아서
  : 작가가 사람의 겉모습만 보고 판단하지 말자는 말을 하고 싶은 것 같아서
- 다람쥐가 얼른 간판을 바꿔 다는 장면
  : 다람쥐가 숲속 동물들의 심리를 가장 잘 파악하고 있는 것 같아서

● **2단계**

책을 읽으면서 궁금했던 점을 각자 질문 형식으로 쓴다. 이때 질문을 만든 이유까지 함께 써야 한다. 보통 질문과 함께 답을 쓰기 마련인데, 답이 아니라 질문 생성 이유를 쓴다는 점에서 차별점이 있다. 쓰기를 마쳤다면 역시 모둠에서 모둠 질문을 정하고 공유한다. 모둠 질문을 정할 때는 모둠 안에서 돌아가며 각자가 쓴 질문을 말하고, 어떤 질문이 좋은 질문인지를 의논하는 과정을 거친다. 좋은 질문은 정해진 답이 있는 것이 아니기에 교사는 학생들이 다양한 생각을 할 수 있도록 한다. 또한 좋은 질문이란 사고를 촉진하는 열린 질문을 말한다는 점을 미리 알려준다.

각 모둠에서 정한 모둠 질문을 나누는 방법은 여러 가지가 있다. 먼저 전체에게 발표하는 방법을 쓸 때는 전체를 대상으로 발표한 다음, 자유롭게 질의응답을 주고받는다. 두 번째는 각 모둠에서 모둠 질문을 만든 사람만 남고

나머지는 마음에 드는 다른 질문으로 이동하는 방법이다. 이때는 각 모둠에 남은 사람에게 질문과 질문 생성 이유를 듣고 나서 그 자리에 모인 사람들이 자유롭게 토론한다. 세 번째는 각 모둠 질문을 적은 종이를 벽면에 붙인 뒤 각자 메모지를 들고 마음에 와닿은 질문을 적어오는 방식이다. 그다음 각자 발표를 하고, 보충 설명이 필요한 경우 그 질문을 만든 모둠에게 보충 설명을 듣는다. 이렇게 2단계에서는 수업 여건과 상황, 학생들이 선호하는 수업 방법 등을 고려하여 다양한 방법으로 모둠 질문 나누기를 할 수 있다.

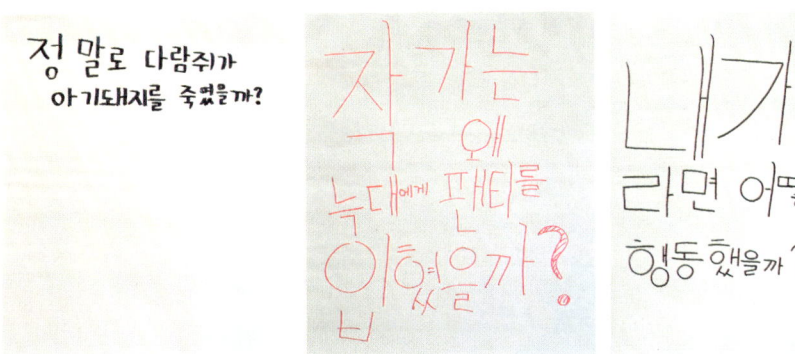

각 모둠에서 뽑은 모둠 질문

● **3단계**

이제 그림책 속 인물이나 상황에서 벗어나 책의 주제와 내 주변 문제를 연결하여 생각해본다. 이때 중요한 점은 토론 주제를 참여자가 정하는 것이다. 주어진 토론 주제에 대해 토론하는 것이 아니기 때문에 참여자는 토론 주제를 찾기 위해 많은 이야기를 주고받을 수밖에 없다. 그래서 3단계 비경쟁 독서 토론에서 가장 활발한 토론이 일어나는 단계이다.

그림책과 관련된 주제를 뽑아 질문 형태로 만든다. "1, 2단계에서는 그림책 속 등장인물의 이름이 나올 수도 있지만, 3단계에서 토론 주제를 만들 때는 나오지 않아요"라고 설명해주면 쉽게 이해한다. 학생들이 주제 만들기를 어려워할 경우 책과 관련된 키워드를 함께 뽑아본 다음 각자 토론 주제를 만든다.

각자 토론 주제를 만들었다면 의논을 거쳐 모둠 토론 주제를 정한다. 자기 모둠 안에서 모둠 토론 주제를 선정하는 것을 1차 토론으로 본다. 만약 시간적 여유가 있다면 다른 모둠으로 이동하여 2차, 3차 토론을 반복한다. 2~3차 토론을 진행할 때는 다른 모둠이 만든 토론 주제를 보고 마음에 드는 곳으로 이동한다. 그러면 다양한 친구들과 의견을 나눠볼 수 있다는 장점이 있다.

각 모둠에서 뽑은 모둠 토론 주제

98 퍼블릭 포럼 디베이트

○ 퍼블릭 포럼 디베이트(Public forum debate)는 찬성과 반대로 나누어 '입안-반박-요약-마지막 초점'의 순서에 따라 정해진 시간에 맞춰 진행하는 토론 방식이다. 각 순서 사이에는 '교차질의'가 있으며, 이때 찬성과 반대 양측이 서로의 발언에 대해 질의응답하는 시간을 갖는다. 찬성과 반대측은 각각 두 명씩이 기본이나 학교에서는 네 명으로 확장하여 진행할 수 있다. 정해진 논제에 대해 자신의 입장을 설득력 있게 주장하면서 학생들의 논리적 사고력이 높아지고, 질의응답을 하는 과정에서 타인의 생각을 주의 깊게 경청하는 자세를 배우게 된다.

어떤 그림책이 좋을까?
- 찬반 토론을 해야 하므로 찬성과 반대가 명확히 나뉘는 토론 주제를 찾을 수 있는 책이어야 한다.
- 양측 주장의 근거를 찾기에 용이한 줄거리가 펼쳐져야 한다.
- 학생들의 관심과 흥미를 끌 수 있고 중심 내용이 하나로 모여지는 책이면 좋다.

그림책 읽고 토론하기

○ 『이 선을 넘지 말아줄래?』(백혜영 글·그림, 한울림어린이, 2022)

맛있는 지렁이를 발견한 분홍 새는 가장 친한 친구와 같이 먹으려고 초록색 새를 찾아간다. 하지만 초록색 새는 수많은 선을 쳐놓고 친구의 방문을 거절한다. 자신의 호의와 애정을 거절하는 것에 놀란 분홍 새의 마음을 보여주는 이 그림책은 수많은 관계 속에서 오해하고 상처받는 사람들의 모습을 생각하게 한다. 논제 '초록색 새의 행동은 옳다'에 대해 찬성과 반대의 입장에서 생각해보고 근거를 찾아 토론하면서 가까운 사이에서의 적절한 관계는 어떠해야 하는지 정리해보자.

토론 순서

1. 찬반 팀 구성 및 토론 주제 제시 ➡ 2. 쟁점 찾기 ➡ 3. 입안문 작성 ➡ 4. 토론하기

● **1단계**

퍼블릭 포럼 디베이트는 2인이나 4인이 한 팀이 되어 진행한다. 토론의 주제(논제)가 주어지면 두 팀의 대표가 나와 동전을 던진다. 자신이 선택한 면이 나온 팀이 '찬성/반대' 중 하나를 선택하거나, '먼저 발언/나중 발언' 중 하나를 골라 선택한다. 나머지 팀은 상대 팀이 정하지 않은 부문에서 선택권을 갖는다. 대부분의 토론이 찬성팀이 먼저 발언하고 반대팀이 나중에 발언하는 것과 달리, 동전 던지기를 통해 찬반 입장과 발언 순서를 정하는 것이 해당 토론법의 특징이라고 할 수 있다. 이번 토론에서는 4인을 한 팀으로 하고, '초록색 새의 행동은 옳다'는 논제를 교사가 제시하였다. 동전을 던져 찬반을 정한 결과 반대팀이 먼저 발언팀이 되었다.

● **2단계**

각 팀이 한 모둠이 되어 활동한다. 교사는 모둠별로 활동지를 나누어준 뒤 각자 토론에서 맡을 역할을 정하도록 한다. 입안, 반박, 요약, 마지막 초점 각 한 명씩 역할을 맡는다. 이어 두 명씩 찬성과 반대 입장을 맡고 쟁점을 찾아 활동지에 기록한다. 쟁점은 '양 팀이 찬성하는 입장과 반대하는 입장에서 서로 부딪히는 세부 주장'이다. 이 과정에서 학생들은 자신의 팀의 논거를 찾고, 상대 팀에서 어떤 논거를 제시할지 논의하고, 어떤 질문과 답변을 할지를 준비하게 된다. 적절한 논거를 찾기 위해 그림책을 다시 읽어본 뒤 대화를 나누면서 활동지를 완성한다.

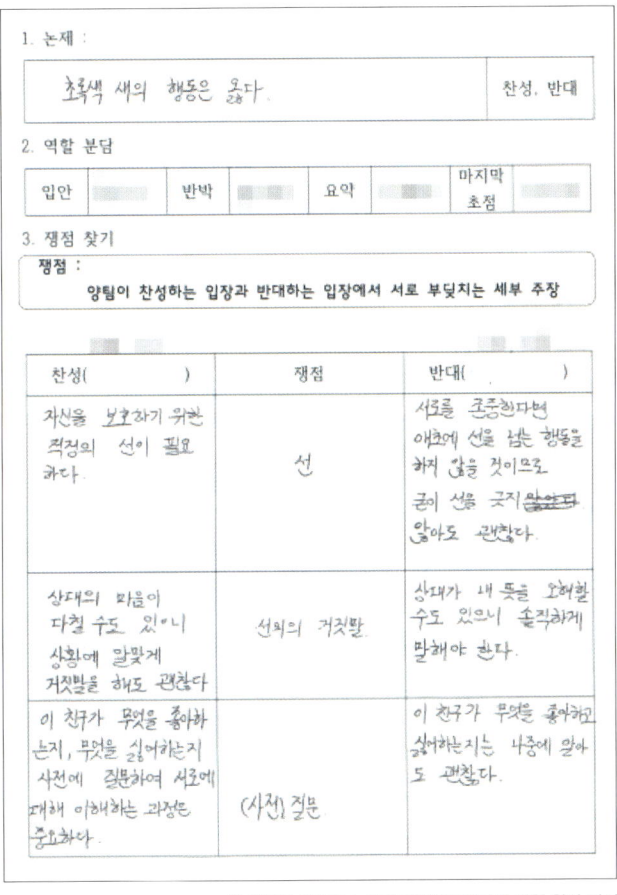

학생들이 작성한 논제와 역할 및 쟁점에 대한 찬반 의견

● **3단계**

쟁점 찾기를 통해 논거가 정해지면 각 팀의 찬반 입장에 맞춰 입안을 작성한다. 입안이란 토론의 기본적이고 논리적인 근거를 제시하는 것이다. 팀 내에서 각자 맡고 있는 역할이 있다 해도 입안은 같이 작성해야 한다. 그래야 학생들이 같은 관점으로 질의응답에 명확히 답할 수 있다.

입안문은 서론에 해당하는 '호기심과 관심을 끄는 시작-토론 주제의 필요성 제시', 본론에 해당하는 '주제에 대한 입장과 논거 제시-논거별 구체적 이유', 결론에 해당하는 '논거 요약'을 중심으로 작성한다. 논거의 구체적 이유를 마련하기 위해서 자료를 찾아보는 활동을 할 수도 있다. 퍼블릭 포럼 디베이

학생들이 작성한 입론

트는 입안 4분, 반박 4분, 요약 2분, 마지막 초점 2분으로 시간이 정해져 있다. 따라서 4분 정도 발언할 수 있는 입안문을 작성하도록 한다.

● **4단계**

발언대를 중심으로 앞쪽을 향해 먼저 발언팀이 오른쪽, 나중 발언팀이 왼쪽에 발언 순서대로 앉는다. 사회자가 시작을 알리면 먼저 발언 팀의 입안을 맡은 학생이 나와 발언한다. 그 뒤로는 토론자들이 스스로 정한 순서에 따라 토론을 진행한다. 입안이나 반박이 끝나면 서로 묻고 답하는 교차질의를 한다. 교차질의 시간은 2분으로, 먼저 발언팀이 시작하지만 두 번째 질문부터는 순서에 상관없이 질문·답변할 수 있다. 교차질의에서는 잘 이해되지 않는 것, 입장 차가 드러나는 것에 대해 서로 발언을 주고받는다. 요약이 끝나면 전체 교차질의 시간을 통해 팀원 전체가 질의응답에 참여한다. 그 후 마지막 초점에서 자신의 팀이 가장 중요시하는 논리적 근거를 다시 한번 강조하면서 토론을 마친다. 토론이 진행되는 동안 각 팀이 요구한다면 총 2분의 논의 시간을 따로 줄 수 있다. 순서와 시간을 지켜 진행하므로 학생들은 상대방의 발언을 집중하여 경청하고 기록하며 자신들의 주장을 설득력 있게 전달하기 위해 자기 팀과 열심히 의견을 주고받으며 토론에 참여한다.

다음은 요약이 끝난 뒤 진행된 교차질의의 일부이다.

먼저 발언 팀: 찬성팀에게 질문하겠습니다. 자신을 보호하기 위해 선이 필요하다고 하셨는데, 그것 때문에 다른 사람이 상처를 입을 수 있다는 생각은 안 하시나요?

나중 발언 팀: 입안 때 말씀드린 것처럼 다른 사람보다 우선 자기가 편안하고 행복해야 다른 사람을 생각할 수 있다고 생각합니다. 그리고 세 번째 논거에서 말씀드린 것처럼 서로를 이해하기 위한 사전 대화가 많이 되어 있다면 충분히 이해할 수 있을 것이라 생각합니다. 제가 묻겠습니다. 선의의 거짓말을 반대하셨는데 반대팀 말씀처럼 진실을 말하는 것이 오히려 상대방을 슬프게 만들 수도 있지

않나요? 저는 그런 경험을 해본 적이 있습니다.

먼저 발언 팀: 그래도 진실을 말하면 나중에 더 큰 문제가 생기지는 않는다고 생각합니다. 상대방의 진짜 마음을 안다면 몰랐다가 알게 되는 것보다 낫지 않을까요? 제가 묻겠습니다. 말씀하신 것처럼 사람들이 서로가 사전에 잘 이해하고 있다면 선을 칠 필요가 없지 않을까요? 서로의 사이에 선을 치기 전에 더 많은 대화를 하고 선을 치지 않아야 한다고 생각하는데, 찬성팀의 의견은 어떠신지요?

나중 발언 팀: 사람이 아무리 서로를 이해한다고 해도 상대방이 그러지 못할 때가 있습니다. 그런 때는 어쩔 수 없이 상대를 위해 선의의 거짓말을 해도 된다고 생각합니다. 상대 팀은 그런 적이 없으신가요?

이처럼 퍼블릭 포럼 디베이트를 하면서 학생들은 자신의 주장만을 내세우는 것이 아니라 상대 팀의 발언에 귀를 기울이는 태도를 보여주었다. 주장의 근거를 찾는 과정에서 자신의 경험을 이야기하는 등, 그림책이 현실적인 쟁점을 다루고 있어 집중도가 높은 토론을 진행할 수 있었다. 또한 토론의 과정에서 모든 학생이 역할을 맡아 빠짐없이 발언하는 모습도 보기 좋았다. 교사는 토론이 끝난 후에 양측의 입장을 모두 반영하여 더 나은 생각으로 나아가자고 말하며 마무리한다.

99 링컨-더글러스 토론*

◯ 링컨-더글러스 토론(Lincoln-Douglas debate)은 일대일 토론으로, 혼자서 토론을 진행한다. 입론으로 혼자서 내 주장을 편 후, 상대 질문에 대답하고 반박한다. 찬성이 반박을 두 번 할 때 반대는 한 번만 한다는 점이 독특하다. 또한 찬성측의 두 번째 반박은 퍼블릭 포럼 디베이트의 요약과 마지막 초점처럼 하면 된다. 혼자서 끝까지 토론해야 하기에 온전히 집중하여 참여하여야 한다. 학생들은 혼자서 토론을 끝까지 하는 것에 큰 부담을 느끼기도 하지만, 그만큼 토론 주제에 대해 깊이 생각해 보고 책임지는 태도를 보인다. 또한 반박의 기회를 잘 살리고자 상대의 발언에 더욱 귀 기울이는 등 관심과 참여도가 높은 편이다.

* 김정순·이영근, 『토론이 좋아요』(에듀니티, 2017) 참고.

어떤 그림책이 좋을까?
- 찬성과 반대 의견으로 입장이 나뉘면서도 다양한 질문거리를 던져주는 내용을 담고 있어야 한다.
- 책의 주제가 일상 속에서 한 번쯤 고민해본 것이라면 좋다.
- 혼자서 토론을 이어가야 하기 때문에 책이 담고 있는 내용이 비교적 쉬운 편이어야 한다.

그림책 읽고 토론하기

♥ 『상냥한 거리』(임민지 글·그림, 다림, 2023)

엄마와 지하철을 타고 어디론가 이동하는 선인장 소녀. 소녀는 가시가 돋은 어른들을 보면서 자신도 어른이 되면 가시가 나는 거냐고 엄마에게 질문을 던지고, 엄마는 마음먹기에 따라 가시가 아닌 예쁜 꽃을 피울 수 있다고 이야기한다. 서로 돕는 사람들의 상냥한 마음을 통해 상냥한 거리를 만들 수 있다는 내용을 담고 있는 책이다. '상냥한 마음이 상냥한 거리를 만들 수 있을까?'를 주제로 상냥한 마음으로 세상을 살아가는 것에 대해 생각하고 토론해보자.

토론 순서

1. 토론 주제 선정 ➡ 2. 찬성측 입론(4분), 반대측 교차조사(3분) ➡
3. 반대측 입론(4분), 찬성측 교차조사(3분), 찬성측 첫 번째 반박(2분) ➡
4. 반대측 반박(4분), 찬성측 두 번째 반박(2분) ➡ 5. 의견 종합 및 공유

● **1단계**

그림책을 읽고 토론 주제를 정한다. 학생들과 토론하기 좋은 주제에 대한 의견을 나누고 정해도 되고, 교사(사회자)가 정해서 제시해도 된다. 가시 돋친 말과 행동에는 어떤 것이 있는지 이야기해본다. 꽃이 피는 것 같은 말과 행동이 어떤 것인지에 대해서도 이야기 나누어본다. '상냥한 마음이 상냥한 거리를 만들 수 있다' '상냥한 거리를 만들기 위해 상냥한 마음이 필요하다' '우리 사회를 아름답게 만들기 위해 상냥한 마음은 필요하다' 등의 논제가 나왔으며, '우리 사회를 아름답게 만들기 위해 상냥한 마음은 필요하다'로 주제를 정하였다.

● **2단계**

토론자 두 명은 각각 찬성과 반대 입장을 정한다. 각자 활동지에 자신의 주장을 적고 근거를 적는다. 찬성측에서 먼저 4분 동안 입론을 한다. 반대측 토론자는 입론을 잘 듣고 3분 동안 교차조사를 한다.

찬성측 입론(4분)	찬성 근거
– 내가 먼저 상냥해지면 다른 사람도 상냥해지기 때문에 사회가 아름다워질 것이다.	– 사람들은 서로 영향을 받기 때문에 상냥하게 말하고 행동하면 기분이 좋아지고 사이도 좋아진다. – 상냥한 사람들의 기사를 접했을 때 사람들은 더욱 행복해진다.
반대측 교차조사(3분)	
사람들이 기분이 좋아지고 사이가 좋아지는 것이 아름다운 사회를 만드는 것과는 다르지 않습니까? 상냥한 사람들의 기사를 통해 사람들이 더욱 행복해진 사례가 있습니까?	

● **3단계**

바로 이어 반대측에서 4분 동안 입론을 하면, 찬성측에서 3분 동안 교차조사 및 첫 번째 반박을 한다. 4단계에서 두 번째 반박(2분)의 기회가 있으므로, 찬성측의 첫 번째 반박 단계에서는 반대편이 앞서 내세운 입안을 하나하나 반박해야 한다.

반대측 입론(4분)	반대 근거
– 우리 사회를 아름답게 만드는 데 상냥한 마음이 도움이 되지 않는다.	– 상냥하기 위해 자신의 마음을 숨길 때 오히려 문제가 생긴다. – 사회를 유지시키는 법이나 규칙은 때로 엄격해야 한다.
찬성측 교차조사(3분)	
상냥하기 위해 마음을 숨긴다고 하셨는데, 마음에서 우러나오는 상냥함과 솔직하지 않은 것을 구분할 필요가 있을까요? 또한 사회를 유지시키는 법, 규칙을 없애는 것과 상냥한 마음은 엄연히 다릅니다. 어떻게 생각하십니까?	

찬성측 첫 번째 반박(2분)
사람의 마음은 여러 가지 감정들이 있으므로 항상 상냥할 수는 없습니다. 상냥한 마음에 대해 부담을 느끼면 다른 감정들을 숨기고 가식적인 관계나 사회가 만들어질 수 있다는 것입니다.

● 4단계

반대측 토론자가 4분 동안 반박을 한다. 이때 반대측은 반박의 기회가 딱 한 번밖에 없으므로 시간을 잘 배부해야 한다. 또한 찬성측이 내세운 입론에 반박하는 동시에 요약과 마지막 초점까지 잘 정리해야 한다.

다음으로 찬성측은 2분 동안 두 번째 반박을 한다. 마찬가지로 요약과 마지막 초점까지 잘 정리하여 마치도록 한다.

반대측 반박(4분)
우리 사회를 아름답게 만들기 위해서는 상냥한 마음만 필요한 것이 아닙니다. 사회를 유지시키는 법이나 규칙은 상냥한 마음과는 다릅니다. 상냥한 마음으로 인해 기분이 좋아지고 사이가 좋아지는 것과 사회가 아름답게 만들어지는 것에는 차이가 있습니다. 또 상냥한 사람들의 기사를 통해 사람들이 더욱 행복해진다고 하셨는데, 아름다운 사회는 경제, 복지 제도 등이 더 도움이 되지 않을까요? 사회를 아름답게 만들기 위해 상냥한 마음은 필요 없습니다. 가식적인 상냥한 마음보다는 엄격한 법과 규칙, 또한 그것을 지키는 태도가 더 중요하기 때문입니다.

찬성측 두 번째 반박(2분)
찬성측에서 이어서 함께 요약과 마지막 초점을 말하겠습니다. 상냥한 마음과 관련 지어 토론을 하고 있으므로 경제, 복지 제도는 맞지 않습니다. 또 우리 사회는 사람들이 모여서 살고 있어서 서로 영향을 주고받습니다. 우리 사회를 아름답게 만들기 위해서 상냥한 마음은 꼭 필요합니다.

● 5단계

교사는 링컨-더글라스 토론에서 나온 의견들을 정리하고 반 전체 학생들과 공유한다. '상냥한 마음이 상냥한 거리를 만들 수 있을까?' '상냥하지 못한 것은 나쁜 것인가?' 등을 생각해보았다. 학생들은 "혼자서 일관되게 말하고 토론할 수 있어서 좋았어요" "상대측의 입론과 대답에 더욱 몰입할 수 있었어요"라고 소감을 말했다.

100 의회식 토론

○ 의회식 토론(Paliamentary debate)은 영국 의회에서 유래된 토론 형태를 말한다. 한 정책에 대해 찬성(여당)과 반대(야당)로 나누어 자신의 입장을 말하고 반박하는 반복 과정으로 구성된다. 보통 토론자당 8분의 시간을 부여하는데, 본 수업에서는 양측의 입론(총 7분), 주장과 반박(총 7분), 정리(각 3분)로 진행했다. 토론 중간에 따로 교차조사 시간을 배정하지 않고, 상대 팀이 발언하는 동안 손을 들어 질문을 요청하는 보충질의를 한다. 또한 별도의 질의응답 시간 없이 발언 중간에 바로바로 질의응답을 하는 것이 특징이다. 3:3으로 나누어 1차 연설자는 입론을, 2차 연설자는 반박과 질의응답을, 3차 연설자는 마무리 발언을 진행한다. 학생들은 의회식 토론을 통해 한 주제에 대한 자신의 의견을 명확히 주장하는 말하기 기술을 기르며, 반박을 위해 상대편 주장을 잘 듣는 과정에서 경청 능력과 존중의 자세까지도 함양할 수 있다.

어떤 그림책이 좋을까?
- 책을 읽으며 떠오르는 생각이나 의견이 찬반으로 비슷하게 분리되어 이야기 나눌 수 있어야 한다.
- 그림책의 주제가 대립되더라도 다양한 근거가 나올 수 있어야 한다.
- 양측의 주장이나 근거를 토론자들의 평소 생활과 밀접하게 관련 지을 수 있는 내용이어야 한다.

그림책 읽고 토론하기

○ 『슈퍼 토끼』(유설화 글·그림, 책읽는곰, 2020)

토끼와 거북 전래동화의 다음 이야기를 상상으로 펼쳐낸 책이다. 우연히 경주에서 이긴 거북이는 쉴 틈 없이 자신을 혹독하게 훈련시키며 두 번째 경기를 준비한다. 한편, 경주에서 진 토끼는 너무나 좌절한 나머지 다시는 달리기를 하지 않겠다고 결심하지만, 결국 자기가 가장 좋아하는 것을 달리기라는 것을 깨닫게 된다. '경쟁 순위에 상관없이 좋아하는 것을 하는 것의 가치'에 대해 이야기해보자.

토론 순서

1. 주제 정하기 ➡ 2. 양측 입론 발표 ➡ 3. 양측 주장 및 반박 ➡ 4. 양측 정리 발표

● 1단계

그림책을 읽고 시합, 즉 경쟁의 필요성에 대해 이야기해본다. 시간이 될 경우 『슈퍼 거북』(유설화 글·그림, 책읽는곰, 2014)을 함께 읽으면 토론에 큰 도움이 된다. 교사가 토론의 주제를 '경쟁에서 승자를 뽑는 것은 가치 있는 일이다'로 정하고 흐름을 이끌어가도 좋다. 주제가 정해지면 찬성측(여당)과 반대측(야당)팀을 각 세 명씩 나눈다. 찬성측과 반대측은 자신들의 입장에 대한 근거 자료를 미리 생각하고 발언 순서를 정한다.

● 2단계

찬성측(여당) 입론 발표를 3분 동안 진행한다. 발언자는 찬성측 사람들과 입론 준비를 한다. '경쟁에서 승자를 뽑는 것은 가치 있는 일이다'라는 주제에 대한 필요 발언을 위해 미리 준비한 연설문을 읽을 수도 있다.

찬성측 입론(3분)

경쟁에서 승자를 가리는 것은 가치 있습니다. 승자가 되면 그동안의 노력에 대한 성취감이 생기고 명예가 주어집니다. 도전에 대한 성공으로 인한 뿌듯함을 느끼고 경험 또한 풍부해집니다. 목표를 향해 노력한 것만으로도 산교육을 받은 것입니다. 패자에게 실패의 경험은 성공의 밑거름이 될 수 있습니다.

그다음 반대측(야당) 입론 발표를 진행한다. 야당측은 반대 의견을 모으고, 대표가 4분 동안 '경쟁에서 승자를 가리는 것은 가치가 있다'에 대한 입론을 펼친다.

반대측 입론(4분)

경쟁에서 승자를 가리는 것이 가치 있다고 말할 수 없습니다. 경쟁에서 패배하게 되면 좌절하게 되고 자신감과 자존감이 떨어지게 됩니다. 토끼도 달리기에서 진 후 좌절해서 달리기를 안 하려고 했습니다. 또 응원했던 팀원들과 사이도 나빠질 수 있어서 패자에겐 의미가 없습니다.

● **3단계**

양측의 주장 및 반박을 펼친다.

먼저 찬성측(여당) 주장과 반박(4분)을 한다. 두 번째 토론자가 입론을 이어가는 주장을 펼친다. 이때 반대측(야당)이 질문을 던질 수 있으며, 찬성측은 연설 도중 그에 대답할 수 있다.

찬성측 주장과 반박(4분)

실패의 경험은 성장의 밑거름이 됩니다. 슈퍼거북을 보면 거북이도 이긴 후 더 열심히 달리기를 하였고 토끼도 이기기 위해 거북이에게 도전장을 내밀었습니다.

반대측 질문: 토끼가 경주에서 졌을 때 오히려 좌절하고 포기하는 모습을 보이지 않습니까? 어떻게 생각하십니까?
찬성측 응답: 처음엔 좌절하고 포기했지만 결국 좋아하는 것이 달리기라는 것을 알고 뛰게 되었고 거북이에게 다시 도전장을 냈습니다.

이제 반대측(야당) 주장과 반박(3분)을 한다. 야당측은 발언자를 정하고 입론을 이어가는 반대 주장을 펼친다. 이때 찬성측(여당)이 질문을 던질 수 있으며, 반대측은 연설 도중 그에 대답할 수 있다.

반대측 주장과 반박(3분)

토끼는 이기지 않아도 자기가 좋아하는 달리기를 되찾았고 오히려 빠른 재주로 다른 동물을 도와 명예를 얻었습니다. 명예는 꼭 이기지 않아도 얻을 수 있습니다. 실패의 경험이 성장의 밑거름이 되기는 극히 어렵고 오히려 자존감 하락을 초래합니다.

찬성측 질문: 대표팀이나 선수를 뽑을 때는 어떻게 해야 합니까? 경쟁으로 승자를 가려내야 하지 않겠습니까?
반대측 응답: 경쟁을 해서 항상 같은 사람이 승자가 될 수는 없습니다. 꼭 뽑아야 한다면 한 번이 아니라 여러 번 경쟁해서 가려내야 합니다.

● **4단계**

양측의 정리를 발표한다.

먼저 찬성측(여당) 정리(3분)를 시작한다. 세 번째 발언자가 마지막 다지기 주장을 펼친다. 또 반대측의 반박에 대한 재반박을 한다.

찬성측 정리(3분)

2018년도 멕시코 월드컵에서 우리나라가 졌을 때, 손흥민은 졌지만 잘 싸웠다고 이야기하였습니다. 패배는 좌절감이 아니라 새로운 도전에 대한 열심과 단결을 줍니다. 그리고 2022년에 한국 대표팀은 포르투갈을 당당히 이겼습니다. 승리를 위해 팀이 더 단결하고 열심히 한 결과입니다. 승자를 가려야 대표 선수도 뽑을 수 있고 스포츠맨십도 기를 수 있습니다. 경쟁에서 승자를 뽑는 것은 여러모로 가치 있는 일입니다.

곧바로 반대측(야당) 정리(3분)를 시작한다. 야당측 세 번째 발언자가 마지막 반대 주장을 펼친다. 찬성측 반박에 대한 재반박을 포함하여 마무리 발언을 한다.

반대측 정리(3분)

거북이는 토끼와의 재경주에서 이기기 위해 극한 스트레스를 받고 하고 싶은 일도 못 하고 여가도 즐기지 못했습니다. 경주가 끝난 뒤, 비록 거북이는 졌지만 잠도 충분히 자고 하고 싶었던 일도 행복하게 했습니다. 경쟁에서 행복을 찾기는 어렵습니다.

경쟁에서 승자를 뽑는 것은 가치 있는 일이다

	시간	발표 내용 정리	내 생각
찬성자1	3분		
반대자1	4분		
찬성자2	4분		
반대자2	3분		
찬성자3	3분		
반대자3	3분		

의회식 토론 활동지

활동 찾아보기

2단 논법 14
3단 논법 17
3단계 비경쟁 독서 토론 456
5WHY 토론 144
6단 논법 21
DVDM 질문 활용 토론 334
E-D-S 토론 231
ERRC 토론 227
K.W.L 차트 토론 235
ORID 질문 활용 토론 343
PMI 토론 103
QAR 질문법 350
SWOT 토론 164
가치수직선 토론 209
강제 결합법 259
개념 탐구 토론 388
갤러리워크 68
구름모형 토론 383
기후위기 해결사 카드 토론 281
꼬리물기 토론 52
논제 도출 80
더블버블맵 36
독서자람 카드 활용 토론 268
독서질문 스틱 활용 토론 272
두 마음 토론 218
둘 가고 둘 남기 73

둘둘 토론 108
디즈니 창의성 전략 토론 194
딜레마 토론 402
띵커벨 토론 301
라운드 로빈 170
롤링페이퍼 토론 64
리치픽처 토론 185
링컨-더글러스 토론 467
마인드맵 토론 60
만다라트 토론 121
만장일치 토론 247
멀티 피라미드 토론 223
메타버스 ZEP 활용 토론 305
멘티미터 활용 토론 324
모둠 문장 만들기 31
모서리 토론 177
모의재판 토론 406
목표나무 토론 181
무지개 독서 토론 카드 활용 토론 263
문제해결서클 토론 366
바람개비 토론 141
반론하기 91
밸런스 토론 239
버즈 토론 56
보석맵 토론 135
불가사리 모형 토론 126

브레인라이팅 149
브레인스토밍 콜라주 153
블룸의 사고수준 질문법 360
사모아 토론 255
사칙연산 토론 117
생각톱니 카드 토론 285
생선뼈 토론 130
생성형 AI 뤼튼 활용 토론 319
서울형 토론 모형 452
소크라틱 세미나 418
스캠퍼 질문 활용 토론 339
스펙트럼 토론 113
신호등 토론 98
싱크트릭스 토론 355
어항 토론 252
역브레인스토밍 156
역지사지 토론 432
오픈 스페이스 토론 411
원탁 토론 442
월드 카페 토론 370
위시리스트 토론 393
웜지컬 활용 가지치기 토론 310
육색사고모자 토론 213
의회식 토론 471
입론하기 85
전지 찬반 토론 375

주도권 토론 423
직소 토론 204
질문 만들기-사실적 질문, 해석·추론적 질문, 비판·감상적 질문 330
질문 피라미드 토론 173
청문회식 토론 437
캔바 활용 플레이스 메이트 토론 315
타블로 토론 189
트리즈 카드 활용 토론 290
패널 토론 397
패들렛 활용 토론 295
퍼블릭 포럼 디베이트 461
포토스탠딩 토론 44
프렙 활용 토론 26
프로콘 토론 428
플로우맵 40
하나 주고 하나 받기 48
하브루타 토론 448
하브루타 토론 스틱 활용 토론 276
핫시팅 160
핵심어 중심 토론 200
헥사 토론 379
회전목마 토론 243

그림책 찾아보기

2053년 이후, 그 행성 이야기 122
30번 곰 161
4번 달걀의 비밀 438
63일 335
B가 나를 부를 때 145
가시 344
가시 소년 367
거인의 사막 174
걱정 유리병 65
겨울 이불 69
고민 해결사 펭귄 선생님 256
곰과 수레 150
그 구덩이 얘기를 하자면 195
그랬구나! 32
기차 타고 부산에서 런던까지 22
깊은 우물에 개구리가 433
꿀오소리 이야기 384
나는 안내견이야 49
나는 요정이 아니에요 320
나도 존중해 주면 안 돼? 186
나의 아기 오리에게 248
내 탓이 아니야 232
내가 라면을 먹을 때 412
내겐 너무 무거운 286
너는 어떤 씨앗이니? 190
네가 되는 꿈 244

노란 길을 지켜 줘 131
누가 진짜 나일까? 361
누구지? 264
늑대의 선거 92, 104
당신을 측정해 드립니다 325
도시에 물이 차올라요 74
돼지왕 57
두더지의 소원 210
디지톨 171
로보베이비 424
마음 체조 253
멋진 하루 376
모르는 게 더 많아 18
무지개 물고기 311
문 밖에 사자가 있다 142
물고기는 물고기야! 61
바나나가 더 일찍 오려면 302
밥 한 그릇 뚝딱! 240
방귀 구름은 어디로 갈까? 282
배고픈 늑대가 사냥하는 방법 453
벌집이 너무 좁아! 86
브로콜리지만 사랑받고 싶어 273
빈칸 277
빙하가 녹으면 피자를 못 먹어? 228
빨간 벽 356
사자와 세 마리 물소 443

산다는 건 뭘까? 118	우리가 보이나요? 449
상냥한 거리 468	이 선을 넘지 말아줄래? 462
상자 세상 109	이상한 동물원 219
샘과 데이브가 땅을 팠어요 201	잊었던 용기 260
선생님은 싫어하고 나는 좋아하는 것 394	작은 당부 15
셀마 389	적 136
손을 내밀었다 429	정답이 있어야 할까? 296
슈퍼 토끼 472	좋은 아침 165
식량이 문제야! 205	지구온난화가 가져온 이상한 휴가 154
쌍둥이 빌딩 사이를 걸어간 남자 407	착해야 하나요? 53
아빠를 화나게 하는 10가지 방법 157	초능력 99
아주 작고 슬픈 팩트 214	친절한 행동 316
안녕, 마음아 236	코끼리는 왜 그랬을까? 45
안녕, 코끼리 380	키오스크 37
암란의 버스/야스민의 나라 419	킹 발타자르 398
암탉은 파업 중 114	탁한 공기, 이제 그만 306
야쿠바와 사자 1 403	팬티 입은 늑대 457
어린이 면허 331	평화 시장 182
여덟 살 오지 마! 269	플라스틱 인간 127
여우 224	형제의 숲 27
오리건의 여행 41	혼자 남은 착한 왕 371
왜 내가 치워야 돼 351	
우당탕탕, 할머니 귀가 커졌어요 291	
우리 가족입니다 81	
우리 학교에 여우가 있어 340	
우리 할아버지 178	

그림책 토론 100
그림책 토론을 고민하는 선생님을 위한 활동 백과사전

1판 1쇄 발행 2025년 2월 28일
1판 3쇄 발행 2025년 11월 3일

지은이	그림책사랑교사모임
펴낸이	한기호
책임편집	이선진
편집	서정원, 박예슬, 송원빈
본부장	여문주
마케팅	윤병일, 신세빈
경영지원	김윤아
디자인	VUE
인쇄	예림인쇄
펴낸곳	(주)학교도서관저널
	출판등록 제2009-000231호(2009년 10월 15일)
	주소	04029 서울시 마포구 동교로 12안길 14(서교동) 삼성빌딩 A동 3층
	전화	02-322-9677
	팩스	02-6918-0818
	전자우편	slj9677@gmail.com
	홈페이지	www.slj.co.kr

ISBN 978-89-6915-177-3 03370
978-89-6915-178-0 04370 (세트)

ⓒ 그림책사랑교사모임 2025

- 이 책은 저작권법에 따라 보호를 받는 저작물이므로 무단 전재와 무단 복제를 금합니다.
- 책값은 뒤표지에 있습니다.